U0519748

救赎的可能

走近史铁生

顾 林 著

商务印书馆
The Commercial Press
二〇一九年·北京

图书在版编目（CIP）数据

救赎的可能：走近史铁生 / 顾林著. — 北京：商务印书馆，2019

ISBN 978-7-100-17829-7

Ⅰ.①救… Ⅱ.①顾… Ⅲ.①史铁生（1951－2010）—思想评论 Ⅳ.①K825.6

中国版本图书馆CIP数据核字（2019）第193824号

权利保留，侵权必究。

救赎的可能
——走近史铁生

顾 林 著

商 务 印 书 馆 出 版
（北京王府井大街36号 邮政编码 100710）
商 务 印 书 馆 发 行
三河市尚艺印装有限公司印刷
ISBN 978 - 7 - 100 - 17829 - 7

| 2019年10月第1版 | 开本 640×960 1/16 |
| 2019年10月第1次印刷 | 印张 22 插页 2 |

定价：58.00元

永远的史铁生（邢仪绘）

# 序　言

顾林的这部书完成了，我在高兴之余也感到欣慰。经过这么多年的努力，这部书终于问世。

顾林于2011年考取中国社会科学院研究生院文学系的博士研究生，我是她的指导老师。2013年博士论文开题前，她告诉我论文要写史铁生。我最初想的是，这应该是一个比较容易做的博士论题。史铁生的作品不多，全部读完，进行一些整理分析，就能写成。我的专业是做美学理论，此前的学生也是以做西学或中国古代美学为主。他们常常选一位当代西方代表性美学家，或者一个受到普遍关注的美学焦点问题为对象进行研究。选中国当代作家作为研究对象的学生，顾林是第一位，此后也还没有过。记得那午在准备开题时，我请来了研究中国当代文学的白烨和李建军等老师，请他们帮助指导。对这个选题，我当然也提出了一些意见。记得我的主要意见是，要写得有思想深度，像一位从事美学理论研究的博士生的著作，而不只是作家作品的评述。后来的事实证明，我过虑了。这本书在理论探索上的努力，大大超出我的意料。

研究一位作家，可以依照生平的线索，进行传记式的研究；可以依照作品的线索，进行内容和意义的分析；也可以依照体裁形式的线索，进行文体学、叙事学、修辞学的分析。但这部著作所做的，却不是如此。这部著作打破这些常规，从一个角度出发，对作家的思想进行介入式的研究。这个角度就是"救赎"。这里的"救赎"，不是阐发法兰克福学派意义上的通过作品对生活进行救赎，而是分析作家如何通过写作进行思想的探索和意义的寻求，从而进行自我救赎。

从这一角度出发，作品讲了几个部分，分别是"命运"、"死亡"、"爱情"、"人道主义"、"上帝观"，还有一个补编讲"佛教观"。所有这些都是巨大而具有永恒意义的话题。这些话题如果抽象地谈，可以写成一部或多部抽象的、专门的哲学论著，那会离日常的生活极其遥远；如果只是结合史铁生的作品语言情节来谈，又会陷入到细碎的作品细节列举之中，无法提升出意义。怎样恰当地把握这种论述与作品的距离、研究者与研究对象的距离，是很难的。但这部作品很好地做到了这一点。通过一些理论的论述，介入到史铁生的作品中去，从而为理解作品做理论上的准备，再深入到作品中，将意义的分析一点一滴地细心抽绎出来。这种做法，就做到了既贴近史铁生，又具有思想的深度；书中所论述的思想，就既是史铁生个人的，又具有普遍的意义。

史铁生的信仰，这是一个很难把握的话题。他"信"，又不信某一个人格化的神；他有"宗教精神"，又不执着于某一种宗教。怎样把握这一点，并且表述好，看起来容易，其实很难。他是无神论者吗？是有神论者吗？一想就俗，一问就偏。只能用心体会，才能得到；但心之所得又只能让有悟性者懂，却说不出；能说出又很难下笔。要写出这本书，就是要克服这重重困难，不仅读懂作品，而且要根据对作品的领悟，看到史铁生这个人，将这种领悟一丝一缕地从心中抽绎出来。这样写出的史铁生，就能实现思想的还原、情感的还原和生命的还原。

顾林有着一种安静而遇事不着急的性格。2013年，她的论文提纲受到史铁生研究会的几位专家的高度赞赏。我说，快点写完吧，人家等着出版。她说，还有一些问题没有想通。2014年，她把论文给我看。我说，差不多了，先答辩，以后再修改完善。她说，还不行，还有一些想法没有表述好。2015年答辩后，我说，稿子整理整理，先出版吧。她说，还不行，写得还很粗糙，要再打磨。这一磨，一下子就又磨了四年。在当今的学术大环境下，人人都很着急，起跑、加速、冲刺，哪一个环节都不能输。像她这样"不着急"，就似乎有一点另类。但是，读了这本书，深感到"着急"和"不着急"还是大不一样的。多年磨一剑，磨成的会是一把好剑。学术就贵在这种"不着急"的"静"的精神。古人爱说，宁静致远，这句话也常被现代人挂在嘴边，但真正懂却不容易。只有"静"，才能"走近"。既是"走近史铁生"，也是走近学术。

这部书，对我们读懂史铁生，有很大的帮助。只有细读史铁生，再读大量的文哲作品，读完后再读史铁生，细心地寻找线索，才能写出这样的文字。同样，读史铁生的作品，再读顾林的这本书，回头再读史铁生的作品，就会有深一层的领悟。当然，这部书本身也有着独立的意义，文字细致优美，读来使人赏心悦目，也充满智慧的闪光点。

再次祝贺顾林！

高建平

2019年8月4日

目 录

绪 论 1

第一章 "爱命运"——史铁生的命运观

生命的悲剧意识 12
绝望的意义 17
  一、极端境遇与坦诚的书写 17
  二、接受命运：原罪与宿命 25
"爱命运" 34
  一、约伯的启示 35
  二、有关"存在"的思考 45

第二章 意义与永恒——史铁生的死亡哲学

死亡不是虚无，"我"不死 63
"无我"与"大我" 78
意义与永恒 88
灵魂不死的道德性确证及实证思路 96
由死观生：永恒即是当下 104

第三章 孤独与爱的救赎——史铁生的爱情观（一）

孤独意识的二重性 110
孤独与爱情 118
  一、人性密码：残疾与爱情 118
  二、宿命的孤独 125
  三、爱情的救赎 131

爱情是属灵的　137

爱情可否 n 对 n?　143

　　一、《爱情问题》：孤独与爱情的悖论　143

　　二、《务虚笔记》：L 的爱情　150

　　三、《我的丁一之旅》：理想的双刃剑　154

　　四、爱情是一种信仰或一项决断　158

存在先于本质——萨特和波伏娃式的爱情　166

第四章　爱情悖论：爱与性的哲思演绎
史铁生的爱情观（二）

"叛徒"的难题　185

"我们"的位置　192

真正的人道主义　201

　　一、有关残疾人和"安乐死"的问题　202

　　二、自由、平等与博爱　207

第五章　"上帝"与政治
史铁生的人道主义思想

两种上帝：创世主与救世主　217

"看不见而信"　228

上帝信仰的合理性　239

　　一、宇宙的不确切性　245

　　二、"精神—经验"的证明　253

　　三、"深渊"境遇　259

第六章　"看不见而信"
史铁生的上帝观（一）

第七章 "人与神有着无限的距离"——史铁生的上帝观（二）

人神距离说　264
　　一、三点认识　264
　　二、自由的辩证法　270
宗教精神的信仰者　279

补编　史铁生的佛教观

佛教的"更为究竟"　294
佛教的"灭欲"　301
佛教信仰的功利性　306
基于大乘佛教思想的回应　309

结语："未完成式"——思想的文学性书写　317
参考文献　332
后　记　340

绪　论

　　本书试图从信仰的角度展开和史铁生的思想对话。什么是信仰？宽泛地来看，理性、科学、某一宗教，甚至对物质的追求、对某一人或物的崇拜等，都可以被放置到信仰的范畴。宽泛意义上的信仰属于社会学研究的领域，本书试图进入的是狭义范畴内的信仰。这一范畴内的信仰与生命的根本问题密切相关，它属于对生命的哲学性探索；它又具有超越性，非日常的理性与经验所能企及。所谓信仰的超越性，指的是将我们的目光从有限的自我和有限的尘世生存中挪移开来，投向超越这有限存在的最高最远者（处），将之视为我们的终极追求和价值源泉之所在。由此，这里的超越性可谓是宗教性。应该说，任何一种宗教信仰都必然具有这种超越性的指向。事实上，只有狭义范畴内的信仰，才切中存在的本质；只有具备超越性意义的信仰，才能为人的个体性存在提供真正的意义指引，也才能为社会的发展及其文明的进程提供真正的启示。

　　从个体角度来看，命运的无常、死亡的必然，以及时不时泛上心头的孤独情绪、空虚体验，等等，无不向人揭示着生命悲剧性的本来面目。尤其是无常的命运和必然到来的死亡，更是如蒂利希所说，是在生命本体的意义上,非存在对存在的威胁。[1]人力之有限、生命之短暂是人无法摆脱的宿命,那么,如果不是沉沦到日常生活的熙熙攘攘中闭目塞听,或是逃逸到思想的惯性中寻找慰藉,人如何能在这宿命的阴影下清醒而又坦然地活着呢?信仰的追问正是从这里开始的。在这个意义上,信仰的追问与寻求,与人建立自我价值的欲求相关,也与人对于安全感的需要有关,人需要为生命找到一个可以信赖并给予最终支持的源泉。既然此世是短暂的、有限的,那么人的安身立命之根基,也就是人的信仰之所指,应该是超越此世的。只有借此超越,人才能突破有限的自我和短暂的尘世,获得最终的、真正的慰藉。

就社会角度而言,一个社会的良性发展,也离不开超越性的精神指引。何光沪曾指出:"这种超越精神使个人能意识到他人的同等人格和天赋权利,从而能彼此尊重、平等相处,从而使'他律'化为'自律',形成'公民社会'。"更重要的是,"受到这种超越精神激励的社会成员,不但不会因'无天'(丧天良)而'无法'(不守法),而且会因'天良'的超越根源而对社会保持批判态度,因'神律'的至上性而意识到'人律'的相对性,从而投身于改良社会和健全法制的实践"[2]。回顾历史、观照现实,中国的大多数问题本质上似乎都与信仰或超越性精神的缺失相关。

从理论层面看,中国文化并非没有超越性的精神指向。儒家的"天"、"帝"、"理",道家的"道",佛家的"真如"、"佛性"、"法性",都和基督教的"神"或"上帝"一样,指向了超越此世的终极存在。事实上,"上帝"之名得自于儒家典籍。明朝末年,利玛窦等耶稣

---

[1] 〔美〕P. 蒂利希:《存在的勇气》,成显聪、王作虹译,陈维正校,贵州人民出版社1988年版,第39页。

[2] 何光沪:《"公民社会"与"超越精神"》,载《三十功名尘与土》,复旦大学出版社2010年版,第86页。

会士之所以用"上帝"来对应翻译《圣经》中的至上神，正是因为他们认为中国本土"上帝"概念的内涵与《圣经》中的至上神是一致的。[1] 但是，中国文化的超越性指向在理论层面上是不彻底的。道家在超越性上虽然贯彻始终，然而其逍遥无为的追求或能使个体的人获得一种超然于世的解脱，也或可应用于理想中的"小国寡民"之域，但面对庞大而复杂的现实社会，终究无法落地；儒家思想作为中国传统文化的主流，对中国人的影响是全方位且最为深远的。春秋孔子创立儒家，其最突出的创举即是将早期思想中的"天帝"信仰转换成了对人事的关注，而后儒基本沿袭此路。不过，孔子尚言"天人合一"，到宋儒，尽管所谈仍不离"天"、"人"，但此时"天"与"人"已不是合，而是"天人本无二"、"天人一体"。如果说，先儒之"天命"、"天道"尚带有人伦道德之"立法者"的色彩，而到宋儒之"天理"，则已成为人之"心性"、"道心"的异称。[2] 一切都回到人自身，回到人之本心，只需"反求诸己"足矣，海外新儒家认为这是一种内在的超越，但这种超越也被认为是一种"心理上的自欺"[3]；就佛教而言，印度本土佛教的"佛性"、"法性"等原具有超越性、本体性内涵，进入中国后，在与儒家的互动融合中，也逐渐剥离了其抽象性特征，转而落到现实的"人性"、"心性"上面，最为中国化的佛教禅宗对此体现得最为鲜明。[4] 有学者指出，禅宗"把一个外在的宗教，变成一种内在的宗教，把传统佛教的对佛的崇拜，

---

[1] 杨鹏：《"上帝在中国"源流考——中国典籍中的"上帝"信仰》，书海出版社2014年版，第7页。

[2] 赖永海：《佛学与儒学》，浙江人民出版社1992年版，第23—24页。

[3] 邓晓芒：《康德哲学讲演录》，广西师范大学出版社2006年版，第179页。

[4] 这里主要是指慧能的"顿悟禅"，这一思想的源头可推至东晋的竺道生，而到慧能将之壮大。"顿悟禅"完全是儒学化了的佛教，而此一时期神秀倡扬的"渐悟禅"，更大程度上保留了佛教原有的精义，但"渐悟禅"在中国的影响远不及"顿悟禅"，某种程度也说明了儒家思想对中国人人格心理的影响是非常深刻而深远的。

变成对'心'的崇拜，一句话，把释迦牟尼的佛教变成慧能'心的宗教'"[1]。慧能的"心的宗教"其实质正是佛教的儒学化，其基本观点"即心即佛，顿悟见性"与儒家走主观内省达成"内在超越"的道路是极为相近的。

从理论层面看，以儒学为主流的中国文化似乎对人是极为重视的。作为儒家活动之依据的《礼记》曰："人者，天地之心也，五行之端也。"（《礼记·礼运》）此类言说在后儒的思想中也不鲜见；儒学化的佛教禅宗则把一切诸法，乃至众生诸佛都归结于"自心"，本心本体本来是佛；除此之外，道家亦然。老子说："道大，天大，地大，人亦大。域中有四大，而人居其一焉。"（《道德经》上篇第二十五章）但正如何光沪在《基督宗教与儒教中的人性尊严——一个比较研究》一文中指出的，以儒家学说为主导的中国文化将人抬升到了与天地齐平的地位，然而在儒家意识形态占领统治地位的三千年中，儒教实践最突出的特点却是人的尊严受到极大的贬损，连儒生自己的权利也同样被踩踏在天子脚下。那么，儒家在理论和实践之间何以造成这样触目惊心的分裂与矛盾？何光沪认为，根本原因在于制度的缺陷。具体而言，即是孔子及后儒所维护的周公创立的制度。这一制度赋予了统治者以至高无上的特权，以"天子"之名篡夺了神位。连佛教传入中国后，也不能维持"沙门不敬王者"的尊严，而只能服从"不依国主，则法事难立"的现实。[2] 人神关系混淆，政权与神位博弈，历史的灾难多源于此；而现代社会的

---

[1] 赖永海：《佛学与儒学》，浙江人民出版社1992年版，第62页。
[2] 何光沪：《基督宗教与儒教中的人性尊严——一个比较研究》，载《三十功名尘与土》，复旦大学出版社2010年版，第197页。何光沪在文中指出，基督宗教的情况与此相反，其在理论上对人性尊严的强调不如儒家那么彻底一贯，但是在实践层面其人性尊严得到了极大的制度保障，而其保障人权的法律、制度的规定正是建立在基督教关于人性及"关系"（包括了人与上帝的关系、人与人的关系及人与自然的关系）的理论之上。

道德沦丧、贪污腐败，以及时不时爆发出的非理性犯罪等，其根源仍在于人心中缺失了一种超越性的精神指引。中国人习惯于在现实现世、在人的维度上思考行事，而缺乏一种超越的视野、一种神性的"他律"。

与我们的本土文化形成对照的是以"上帝"为中心的文化系统。其超越性的精神指向如此鲜明，给予我们深刻的启示，但同时带来的困难也无法回避。人是理性的动物，在知识的探求中，理性是人的有力工具。然而，在以"上帝"为中心的信仰之路上，理性却成了最大的障碍。不是每个人都能像帕斯卡尔那样，在生命中忽然出现一个契机，完成那样的"跳跃"，从而从一个理性主义者成为一个能够聆听启示的人。生而为人，似乎只能在为人的视野和阈限中思考和生存，人该如何跳出为人的局限，而看到那神秘所在？因此，从认识论上，理性与信仰的对峙便成为一个难题[1]；其次，即使我们从认识的角度接受这种具备超越性意义的信仰，也即意味着接受这种信仰指向的绝对存在，或曰天、道，或曰上帝、神。但是，当我们进一步思考这个绝对存在与我们的世界及人类生存的关系时，又会产生另一层困惑：儒家的"天"、道家的"道"，尤其是基督教的"上帝"或"神"，尽管所指是超人格的，但是在它们的经典表述中，却都含着绝对的公正、正义、绝对的仁慈等人格性的隐喻。那么既然如此，为何在这世界上，充斥着如此之多的罪恶和苦难？如果说，这世界上大多数的苦难是由人自己造成的，人之受苦是对人之罪的惩罚，也正体现了一种公正的原则。但不可否认的是，纵观人类的历史，存在着无数无辜受苦的事例，尤其是无辜儿童的受虐，陀思妥耶夫斯基笔下伊万[2]对上帝痛苦的质疑正源于此。那么，我们如何解释上帝的存在？我们又为何需要这样的上帝？[3]事实上，从道德层面

---

[1] 这里的理性，包括了逻辑理性和经验理性。
[2] 陀思妥耶夫斯基名著《卡拉马佐夫兄弟》中的主人公伊万·卡拉马佐夫。
[3] 为了论述方便，以下用"上帝"一词统指天、道等共同所指的超越性的绝对存在。

对上帝的质疑，是无神论的最深根源。然而，所谓人心惟危，没有上帝，人便什么都可以做了。出于道德完善的需要，陀思妥耶夫斯基认为，上帝必须存在，只有上帝存在，人性才能得到最好的监管。或许是因为东正教的文化背景，陀思妥耶夫斯基对上帝的信念是坚定的，但信念无法消除他关于上帝的疑虑与痛苦，这种痛苦伴随他一生。这也是他有时认定自己是个无神论者的根本原因。

从认识论上关于上帝存在的困惑，以及道德情感层面上对于上帝存在的质疑，也是西方神学、哲学始终面临并力图解决的问题。尤其随着科学理性的发展，在现代西方，上帝信仰不管在知识分子中，还是在普通人群中，都已经有所动摇。但是，基督教在西方已经有几千年历史，整个西方的文化文明深深扎根于上帝信仰之中，可以说，西方人的血液里都渗透着基督教的文化因子，潜意识的力量是巨大的，因此科学理性不可能从根本上撼动西方人的信仰。中国的情况则完全不同于西方。中国的传统文化尽管曾有超越性的信仰因素，近年来一些学者也通过源流考证及对思想史的梳理对此做出了论证，但如上所言，这种超越性即使在理论层面也是不彻底的，更遑论实践层面。对于大多数中国人的信仰状况，身为局外人的法国学者葛兰言的判断也许是准确的。他通过对中国宗教史的考察，以及对民间信仰的田野调查指出，在大多数中国人心里，从来就没有明确的宗教信仰。也许只有祖先崇拜，才拥有一点明确信仰的影子。而这信仰也充斥着功利性目的，这功利性，使得中国人的信仰失掉了内在的虔诚和本心的纯粹。[1]因此，尽管我们不能说，中国文化从根本上是无神论的，但或许可以说，与西方人的文化基因相比，中国人的血液里确实流淌着无神论的因子。再加上从小所受的无神论教育，及现代思潮中人的主体性的张扬所带来的理性至上的信念，对于绝大多数现代的中国人而言，要真正具有一

---

[1] 参见〔法〕葛兰言：《中国人的信仰》，汪润译，哈尔滨出版社2012年版。

种超越性的信仰，显然是非常困难的。

但不具备超越性便背离了信仰的真义。不过，也正是这种超越性的信仰之于我们的意义与达成这种信仰的困难之间所形成的张力，构成了本书论述的重要动力。那么，如何在这样一种无神的背景下，建立起一种超越性的信仰？或者说，在无神的背景下，终极的救赎如何是可能的？我认为，史铁生的信仰之路会给予我们重要的启示。何怀宏说，史铁生让他想起19世纪俄罗斯那些伟大的文学家，那些文学家同时也是伟大的思想家。[1] 这样的说法也许并非过誉。在中国当代文坛，史铁生独立的思想追求，使得他的文学创作呈现出殊异的色彩。而他思想的独立性，及思想内涵之丰富、思考之深入，使得他可以与世界上很多的大思想家展开对话，且具有自己独特的价值。

对于史铁生而言，写作一开始只是为了活着。这个活着不仅指向肉体生存，也指向精神生存。因为残疾，在就业、爱情上遭遇的种种不公的待遇，让他愤怒、痛苦乃至绝望。残疾带来的精神重压远甚于肉体上遭受的痛苦，而写作带来的成就感，让他能确认自我的价值。写作，让他在不平等的境遇中，获得一种精神上的解放。而随着思想的深入，当他从个体残疾的境遇看到了人的广义的残缺，即生命的根本困境时，他的写作发生了根本的变化。从写作风格上看，由早期以短篇小说《法学教授及其夫人》（1978年）、《没有太阳的角落》（1980年）、中篇小说《关于詹牧师的报告文学》（1984年）、《插队的故事》（1985年）为代表的写实主义，转向了中期以短篇小说《命若琴弦》（1985年）、《毒药》（1986年）、《我之舞》（1986年）、中篇小说《礼拜日》（1987年）、《原罪·宿命》（1987年）为代表的寓言化写作，而后期则是以思想随

---

[1] 参见何怀宏.《上帝与政治》，载"写作之夜"丛书编委会主编：《生命——民间记忆史铁生》，中国对外翻译出版有限公司2012年版，第272页。

笔《病隙碎笔1—6》（1999—2001年）以及两部长篇小说《务虚笔记》（1995年）、《我的丁一之旅》（2002—2005年）为代表的哲理化写作。写作风格上的三段式发展对应着其思想内容的变化。如果说，早期的现实主义写作主要在于一己之苦痛的抒发，或是对历史背景下具体人物现实遭遇的呈现和思考，那么中后期的写作则超越了一己之苦痛，也逐渐放弃了对具体人物、具体事件、具体境遇的兴趣，而转向了对人作为个体存在，并将之视为人类之一分子的关注。作家李锐曾经把史铁生的写作比作一场生命的行为艺术。[1] 纵览史铁生的作品，可以看到，"信仰与救赎"是这一行为艺术鲜明的主题。史铁生在他的"写作之夜"，以思想者的缜密为普遍意义上的人乃至人类，一步步勘透生命的真相，力图寻找到超越这苦痛生命的良方。这一信仰的追寻，对于他自己苦弱的生命，也构成了一种哲学性的慰藉，从而使他达成精神的自救。

何光沪曾评述刘小枫的《拯救与逍遥》有三大主题：苦难、超越与爱。他指出，刘小枫体察人生苦难，正视世间丑恶；坚信终极救助，仰望只要有心总得依赖的绝对价值。而在这二者之间，还有一条七色彩虹，那就是神圣的爱。[2] 刘小枫对史铁生的影响很大，史铁生曾说他几乎看过刘小枫所编所写的所有的书。尤其是在史铁生创作的中后期，以上帝观为核心的信仰探索，更能看出刘小枫所引介的基督神学及刘小枫本人的思想倾向对他的影响。纵观史铁生的信仰之路，苦难、超越与爱也正是留驻其上的鲜明标记。实际上，信仰的追问往往开始于对生命之苦难的深刻体认。基于自身苦难的经历，史铁生指出，生命有三大根本的困苦：一是命运之苦；二是死亡之苦；三是孤独之苦。此孤独并非情

---

[1] 参见李锐：《自由的行魂或史铁生的行为艺术》，《读书》2006年第4期。

[2] 参见何光沪：《"这个世界最需要爱！"——〈拯救与逍遥〉读后》，载《三十功名尘与土》，复旦大学出版社2010年版，第18—28页。

绪意义上的孤单、寂寞，而是与命运、死亡一样，是生命的本体境遇；除此之外，历史洪流中社会政治所施加于人的苦难，则被他演化为对人道主义的思索。不过，值得注意的是，刘小枫在基督式的拯救中，为人间的苦难与丑恶寻找到终极救助，而史铁生尽管在耶佛思想的比照中，以上帝观为核心的信仰表达是其中后期的思想重点，从社会发展及普遍的人类命运出发，他也突出强调了"终极价值"、"神性之光照"之于我们的作用与意义，但从个体生命的角度，对生命三大困苦的体认并没有让他依附于基督教、佛教或其他具体宗教以寻求终极救助或最终的救赎。他是以一种哲学性的探索来超越生命之苦难的。在史铁生的作品中，我们也看到了那样一条贯穿始终的"七色彩虹"：早期作品中的亲情之爱、友情之爱，以及两性之爱情，在中后期的作品中，进入了一个更为深远更为广博的爱的视域——所谓神性之爱或神圣的爱。在对命运的追问中，他终以尼采的命运之爱超脱尘世的苦难；在关于死亡的沉思中，则以对他者、人类、宇宙的爱建构起生命的意义，表达了对永恒的认知；在有关孤独的探索中，他以爱情拯救孤独，而爱情的远景则是广博的爱愿；在人道主义思想中，史铁生赞同博爱的情怀是人道主义的崇高理想，认为唯有广博的爱愿才是人类的根本拯救之道；而在以基督教上帝观为核心的信仰探索中，除了强调在认识论上信仰的非理性特质外，便是强调基督之爱。

从文学史来看，在现当代的中国，具有宗教信仰和宗教情怀的作家并不在少数，从受洗过基督教的许地山、林语堂、冰心、老舍，到信奉哲合忍耶的张承志、皈依基督的北村，而受佛教熏陶、影响的作家，人数更多。但我认为，由史铁生的思想出发完成对信仰主题的探索，似乎更具理论价值和现实意义。从理论层面看，史铁生思想的对话性赋予其思想独特的价值。史铁生阅读涉猎极广，堪称一位"杂家"。从他的作品所透露的信息来看，他对西方的宗教、哲学、文学、现代物理学，乃至神秘主义，都有浓厚的兴趣和比较深入的阅读。从他的写作来看，他善于在一种中西文化的对话中展开思索，譬如他对佛教和基督教的思考，正是在一种比较的视野下，做出了自己独立而独特的判断；他也在西方文化的烛照下，对中国的儒道两家进行过反思。同时，他的思想之独立、思考之深入，使得他可以与世界级的伟大思想家展开思想的对话和精神的交流。因此，对于史铁生思想的探索，可以毫不牵强地在一种比较文化的视野下展开。而比较文化的研究，将使我们对中国传统文化、政治文化的民族特性及中国人人格心理构成等方面有更深入的洞察。

从现实层面来看，史铁生思想的生成性使得信仰的探索不会踏虚蹈空。这里的生成性，主要是指其思想具有动态发展的清晰脉络，它不是一种"突变"，而是一种相对和缓的"渐变"过程。这种生成性，一方面源于其对信仰的探寻是在生命的境遇中，伴随生命的轨迹生发与延展的；另一方面也在于他重视独立思考而又长于思辨的特质，使得他的思想之路有迹可循。在当代宗教性书写的研究中，史铁生常被拿来与张承志及北村进行比较。但张承志的哲合忍耶信仰可以说是他"种族文化基因拨动的回归"[1]，而北村对于基督的皈依则是在他一贯的悲悯情怀下类似于对神启的突然领悟，由此，他们的宗教性书写中不可避免地流露出一种狂热、执迷或说教的色彩，这对于我们来说，所激发的可能不是共鸣而是困惑。对于当代的中国人，精神的同化很难在一种强迫的激情或启示的状态下去完成，它应该经历一个理性的过程。而史铁生的宗教书写伴随着其生命的轨迹，以一种理性探索的姿态去完成，他在困惑中一点点地拨云见日，提供给了我们一个理性探索的过程。由此，即使不能对史铁生的思想或思维方式产生完全的认同，但不可否认，一旦深入他的思想，我们必然会感受到一种变化在我们的精神与思想深处悄然发生。

---

1 赵毅衡：《神性的证明：面对史铁生》，《开放时代》2001年第7期。

无论对于个体的生命，还是对于一个族群的发展，信仰的意义不言而喻。从宽泛的意义来说，我们并非没有信仰，但是缺少对信仰的质询与反思，因此无法了悟信仰的真义，也就无法建立起一种真正意义上的信仰。回顾历史，历史给了我们惨痛的教训；观照现实，我们看到了一幅"信仰"的乱象。因此，尽管从宗教哲学和神学的角度，本书以史铁生思想为载体有关信仰的探讨很难为之提供什么新的角度和内容，但信仰的探讨对于我们无疑是一个永不过时且正当其时的主题。史铁生曾说，作家不是天命的教员，作家重要的是贡献自己的迷途。他格外推崇怀疑的精神，如陆晓娅所言，"怀疑让铁生不肯在既定的说辞，或者所谓的'真理'面前就范"[1]。而这种怀疑精神则不仅体现了独立的思维品质，其背后实际上站立着一个独立的精神人格。因此，我们也不应该仅仅作为一个史铁生思想的欣赏者、倾听者或者是一个高屋建瓴的理论研究者（真诚的欣赏与倾听的态度，以及有关文学、哲学、方法论的理论修养在关于史铁生的研究中无疑是必要且重要的），而应该同时也是一个"了解的同情的"真诚的对话者。事实上，基于对信仰的困惑，基于信仰之于我们的特殊意义，史铁生的思想是如何达成的，比他的思想是什么更具有吸引力，也更具有价值。因此，探寻史铁生的信仰之路，便不能仅仅停留在对其思想的平面阐述，而应通过细读文本，深入其思想的细部、思维的脉络中寻找线索，并进一步思想他的思考或思考他的思想，才能真正走近史铁生。而救赎[2]之可能的路径和思路也将在这种探索中浮现。

---

1 陆晓娅：《语录史铁生和诘问史铁生》，载"写作之夜"丛书编委会主编：《生命——民间记忆史铁生》，中国对外翻译出版有限公司2012年版，第366页。
2 "救赎"本义是宗教语汇，是基督教的重要教义。本书中提及的"救赎"不涉及具体的宗教意涵，而取其宽泛义，指对种种内在、外在困境的超越，以获得相对而言，在某种终极意义上的解脱或自由。

第一章 "爱命运"
——史铁生的命运观

| 生命的悲剧意识

　　生命是一种悲剧性的存在，这不是一个消极的主观评断，而是生命本体的客观事实。生命根本的悲剧性，主要体现在人作为其生命的主体，却无力掌控自己的命运。你的出生由不得你做主，你是"被抛入"到这个世界中来的，所以，"一个人，出生了，这就不再是一个可以辩论的问题，而只是上帝交给他的一个事实"[1]。上帝在交给我们这个事实的同时，也顺便保证了它的结果，这就是死亡，"死是一个必然会降临的节日"[2]，你何时会走到生命的终点，又将以怎样的方式告别这个世界，基本上也与你的自主选择无关。而在这从生到死的生命走向中，你又会经历怎样的历程？是诸事顺意，还是偶有波澜，抑或是命运多舛？相对

1　史铁生：《我与地坛》，载《我与地坛》（史铁生作品系列3），人民文学出版社2011年版，第2页。
2　史铁生：《我与地坛》，载《我与地坛》（史铁生作品系列3），人民文学出版社2011年版，第2页。

于生死的无法掌控,人的生命境遇不排除人的主观因素的作用,但是当生命的重创,譬如因种种的天灾或人祸,或其他不知底里的原因造成的重病、伤残等巨大的灾难不幸来袭,人依然摆脱不了沉重的无力感。

不过,单纯强调生命客观的悲剧性是没有意义的,生命的悲剧性从根本上源于人对生命的悲剧意识。具体来说,是人对生命悲剧性的深刻体认,及由此生发出的对生命终极性的沉思与追问:作为浩渺宇宙间一种渺小的生灵,人之为人的意义何在?人的终极价值何在?而这种沉思与追问基于生命本体的悲剧性,又会激起更深层次的悲剧感,即生命之无意义或虚无的荒诞感。会有这样一种看法,即强调对生命的悲剧意识,是悲观的,但如上所言,生命的悲剧性是生命的客观事实,因此无关乐观或悲观。对生命的悲剧意识,关联于人对生命本体性的发问与沉思,这发问与沉思基于生命的纵深之处,又必朝向有限生命之外的无限浩渺。对生命的悲剧意识与对超越性信仰的追问是相互关联的。

而如绪论所述,中国文化尽管在理论层面也曾存在超越性的精神质素,但其超越性是不彻底的,更遑论实践层面。儒家思想的出发点和终极目的都在现世的秩序与进步上。作为国家型的宗教,儒家对中国人的影响最为深远,中国人骨子里的现实主义精神、实证主义思维与之有着深刻的关系;道家尽管在其旨向上是对儒家思想的反拨,相对儒家的现实主义,道家确实有着本体论的趣味,但道家的最高智慧则是大音希声、人智若愚、绝圣弃智,它更倡扬的是"坐忘"的悟道实践。在它的"坐忘"与逍遥游的审美情怀中,本体性的沉思实际上被虚化了;中国式的佛教禅宗,一方面体现了印度佛教对中国道家的趋同,但更可看出儒家思想的影响。[1] 它把印度佛教的彼岸世界拉回到

---

[1] 当然,在文化融合的大背景下,也并非佛教单向地接受儒、道两家的影响,三者是互为借鉴、相互补充的。

了此岸，消弭了此岸与彼岸的差别，它看重的是机心立现、一悟成佛。如果说禅宗"渐悟"一派，还保留着印度佛教的理性传统，那么在"顿悟"一派中，对生命、对宇宙的理性思考是完全被摒弃的，当我们阅读流传下来的禅宗公案，对此会有非常强烈直观的体会。总体来看，中国传统文化正如李泽厚所总结的，有两大特点：一是实用理性；一是乐感因子。[1] 二者是相关联的。中国乐感文化最大特征是实用理性思维，中国人讲实用、讲实际，因此重视圆融变通，遇事不愿深究、不喜较真；也正是这实用理性思维培育了中国人血液中的乐感因子。乐感文化在几千年的积淀、传承中影响了中国人的心理结构，成为人的心理本体。

史铁生说，中国艺术中多的是惨剧和喜剧，"惨也归因于（赃）官，喜也归因于（清）官"，中国没有真正意义上的悲剧。[2] 中国缺乏悲剧性的书写与悲剧性的精神，文化是宿因，本质上在于悲剧意识的缺乏，也就是史铁生所说的"感受力的缺失"。"不被感受的东西等于从未发生，

---

[1] 李泽厚在1985年春一次题为《中国的智慧》的讲演中提出，血缘基础是中国传统思想在根基方面的本源，而实用理性则是中国传统思想在自身性格上具有的特色。先秦各家为寻求当时社会大变动的前景出路授徒立说，使得从商周巫史文化中解放出来的理性，没有走向希腊式的抽象思辨，也没有沉入印度式的解脱之途，而是执着人间世道的实用探求。这种实用理性的思维模式自汉代大一统意识形态确定后，也随之确定而难以动摇了。实用理性的传统阻碍了思辨理性的发展，它以儒家思想为基础构成了一种性格—思想模式，使中国民族获得和承续着一种清醒冷静而又温情脉脉的中庸心理；而实用理性思维也造就了中国传统文化的乐感因子，人们很少去空想精神的"天国"，而从幻想成仙到求神拜佛，都只是为了现实地保持或追求世间的幸福快乐。李泽厚认为，相对于西方的"罪感文化"，中国文化用"乐感文化"形容更为恰当。"乐"之精神已经成为中国人的普遍意识或潜意识，成为一种文化心理或民族性格。参见李泽厚：《试谈中国的智慧》，载李泽厚：《中国古代思想史论》，生活·读书·新知三联书店2008年版，第312—340页。

[2] 史铁生：《老好人》，载《扶轮问路 妄想电影》（史铁生作品系列7），人民文学出版社2011年版，第33页。

不被发现的冲突则不能进入灵魂的拷问。"[1]然而生命的悲剧性是无法回避也不应回避的。从个体生命而言，悲剧是生命的本然存在；而如史铁生所言，只有人对悲剧的意识与感受力，才能使人的灵魂成长。[2]人对生命悲剧性的觉察与感受，当然不可能改变生命本然的面貌，不能改变生命的疑难。生命的悲剧性本就是人之宿命，意味着生命疑难处境从根本上的不可改变。但是，对于生命之悲剧性的意识，也并非无所作为。事实上唤醒人们对生命的悲剧意识是有意义的。因为没有一种对生命的真实的否定，没有对绝望的深刻体认，也就不可能产生对生命或人的真正的肯定，这正是蒂利希所揭示的"绝望"的意义所在。[3]而"中国人很少真正彻底的悲观主义，他们总愿意乐观地眺望未来……"[4]余华笔下的"福贵"真正凝练展示了普遍的中国人的心态：绝望是不存在的，因为，人只是为了活着而活着，不是为了活着之外的任何事物。就这样，人和命运和死亡和一切悲剧性的事实达成了和解。大多数中国人标榜这种和解，并为这种和解而感动。在其中，我们看到了道家"齐生死"、"同是非"、"万物皆一元所化"的本体论哲学思想与逍遥游精神的影子。这种思想与精神取消了这样的追问：如果人只是为了活着而活着，那么人和

---

[1] 史铁生：《老好人》，载《扶轮问路 妄想电影》（史铁生作品系列7），人民文学出版社2011年版，第32页。

[2] 参见史铁生：《老好人》，载《扶轮问路 妄想电影》（史铁生作品系列7），人民文学出版社2011年版，第30页。

[3] 蒂利希认为，生命作为一种存在，被包围在非存在的威胁之中，生命的境遇是令人绝望的。在这种情形下，生命的意义被降低为对生命意义的绝望。但这种绝望作为一种生命行为，是忠实于生命的，体现了否定中的肯定。任何一种极端的否定性，只要是主动积极的，都隐含着一种宗教性的悖论："为了能否定它自己，它必须肯定它自己。没有一种真实的否定，就不含有肯定"，而"绝望所产生的隐秘快感，就是对自我否定所具矛盾性质的证明"。正是在这个意义上，蒂利希指出，对绝望的接受，本身就是信仰，它彰显了存在的勇气。参见〔美〕P.蒂利希：《存在的勇气》，成显聪、王作虹译，贵州人民出版社1988年版，第154—155页。

[4] 李泽厚：《中国古代思想史论》，生活·读书·新知三联书店2008年版，第180页。

其他一切有生命之物的区别又在哪里呢？没有这样的追问，便没有人灵魂的成长。而灵魂的成长，最大的标识，便是人能跳出有限的尘世，对着虚暝、对着无限发问，以此追寻或建立起人之为人而不仅仅是一个活物的意义。

从这个意义而言，史铁生的创作成为中国文坛上一个不容忽视的存在。在他身上，我们也不难看到中国传统文化与精神的影子。他的一生从来不缺少儒家式的尘世关怀与热情；在对生命的态度上，他也非常欣赏道家逍遥游的审美情怀与智慧；在对生命的思考中，禅宗之悟起着重要的作用，也可以说贯穿了他整个的生命历程。然而，他一生的创作给我们留下的最深刻的感受，则在于他对理性之思的执着。"诚实与善思"是他的座右铭，正是由此，史铁生超越了中国传统文化的精神旨趣。他从不回避生命的疑难，事实上，他的创作正是由此起步。刚刚跨入青春的门槛，突然而来的残疾便扫荡了生命的一切希望，将他推入不可见底的黑暗深渊，史铁生的写作与他特殊的生命际遇密不可分。有些人推测，也许正是残疾，才催生了史铁生的哲思，使其成为哲人。确实，生活在平淡安逸中的人们，很难产生一种"临渊感"，很难有一种主动的意识去触碰生命悲剧的底色，而苦难，尤其是猝不及防的打击，往往会引发人对生命的追问与思索。但基于经验、基于对社会的观察，这种联系不是必然的。在人群中，偶发的苦难如此之多，但是显然并没有诞生如此之多的哲人。生命的困境是客观的，而如上所言，困境还有赖于人的意识与感受。由此我们认同周国平的判断，即史铁生的哲学慧根更是深植于其天性之中的。[1] 同时，在对其作品的阅读中，也可以看到，史铁生严谨的理性品质与他对西方思想文化的广泛涉猎也有着深刻的关

---

[1] 参见周国平：《孩子与哲人》，载"写作之夜"丛书编委会主编：《生命——民间记忆史铁生》，中国对外翻译出版有限公司 2012 年版，第 306 页。

系。正是他的理性之思，正是他对苦难深度的精神体认，具体小我的生命困境被提升为普遍人类的悲剧意识，借此悲剧意识，史铁生向我们呈现了灵魂的深度与广度，为我们描绘了信仰的图景。

史铁生在早期的一篇文章中曾写道，人有三种根本的困境，一是孤独，二是欲望，三是死亡。[1] 不过，从逻辑性上来看，欲望不能与孤独和死亡并列。因为人对孤独的体认，对死亡的恐惧无不源于人的欲望。人欲求彻底的沟通无碍，所以滋生出孤独感；人欲求长命不死，对死亡的恐惧大抵也与此相关。事实上，也许如佛家所言，欲望是人痛苦之源。而从其具体写作来看，欲望尽管被多次提及，但史铁生不赞同佛教对欲望的消极认识，反而高彰了欲望的合理性和必要性，因此可以说，欲望与他对生命的悲剧意识并没有深切的关联。在他对生命的悲剧性意识中，有三个主题是非常鲜明的，孤独与死亡之外，就是他对命运的思考。而他对死亡的思考、对孤独的体认，及对爱情之于孤独的救赎意义的认识，无不源于他对自身命运的体认与反思。遭遇生命之无常、体认命运之残酷与无解，并力图在无解之中求解，正是其进入生命之哲思的起点。

绝望的意义

一、极端境遇与坦诚的书写

人或多或少在脑海里都盘桓过一些有关命运的念头或想法：命运是怎么回事？一切真的是命中注定吗？人能否掌握甚至改变自己的命

---

[1] 参见史铁生：《自言自语》，载《病隙碎笔》（史铁生作品系列 4），人民文学出版社 2011 年版，第 193 页。

运？……尤其当耳闻或目睹甚至亲历一些突如其来的生命变故,关于命运的念头便不请自来。不过,很多时候,人们一提到命运,便很难产生进一步的追问。"命运"一词本就带着宿命的意思。宿命,即注定的命运,既然人各有天命,一切命中注定,那还有什么能够继续深究的呢?尤其是中国人,骨子里多少都有点宿命论的影子。大多数老百姓就像史铁生《巷口的老树下》(1982年)所写的那样热衷于算命,好命,暗自窃喜,坏命的话,便也摆出一副听天由命的态度,恨恨地咒骂几句,但似乎也为自己的坎坷不幸找到了某种依据,便也不失是一种有效的安慰。我们暂且不去评价宿命论可能具有的客观合理性或它的消极性,但无疑对宿命的笃信影响了我们对命运做深度的思考。我们对命运的平面认识除了文化宿因,也不排除个人方面的原因。蒂利希说,命运和死亡一样,都是对人的本体的威胁或否定。"对死亡的焦虑是永恒的地平线,对命运的焦虑就是在这条地平线以内起作用的。"[1]也可以说,对死亡的焦虑是绝对的,每个人最终都逃不开这种焦虑,但对于命运的焦虑,却是相对的,不必然的。通常情况下,一个生活顺遂美满的人不太可能沉思命运,而一个横遭厄运、历经苦难、品味到绝望之苦酒的人便很难逃脱对命运的焦虑感。对命运的焦虑,有可能使人沉沦于宿命的无奈,但也可能将一个人的生命提升到一个常人不及的层次。对于后者而言,苦难是有价值的,绝望是有意义的。史铁生属于后一种情况。

残疾,是生命巨大的缺憾,不过相比而言,先天的残疾也许远不如后天,尤其是当人正值青春年茂之时突然降临来得残酷。在生命的前20年,史铁生是一个非常健康的人,即使后来安坐在轮椅上,从他健壮的上身,黑红的脸庞,也可以看出如果他不残疾,能够站立行走的话,一定是个相当魁梧有气概的男人。而且,他自小学业成绩便相当优异,不

---

[1] 〔美〕P. 蒂利希:《存在的勇气》,成显聪、王作虹译,贵州人民出版社1988年版,第40页。

仅文理兼修不偏科，还有不少特长，譬如无线电，还有绘画。在中学时，他对无线电的了解，就让后来成为他终生挚友的孙立哲大为震惊。在孙立哲看来，玩儿无线电是清华子弟的专利，没想到，非清华子弟的史铁生除了学业成绩好，谈论起无线电来，竟也是个高手，孙立哲谦逊而幽默地写道："观察着史铁生，回顾上中学以来的见闻，再审视自己，我觉得自己像是井里一只张着嘴看天的大蛤蟆。"[1] 史铁生在美术方面也相当有天赋。他不仅速写人物惟妙惟肖，画起漫画来，下笔极快，而且构思精准巧妙，令人叫绝。[2] 除此之外，让同学们为之惊叹的是，史铁生还是一个运动好手，在中学时期，曾经代表班级夺取过校运会初中男子80米跨栏第一名。孙立哲生动地描写了史铁生在那场比赛中的形象：

> 史铁生代表初64—3班比赛80米跨栏。他跑步姿势奇特，外八字脚带着上身打晃，两个胳膊肘横着往外摆。跨栏决赛枪声响了，史铁生和王志平跑在最前面，难分伯仲。史铁生的跑姿有点像螃蟹。那意思是说，你们都离我远着点儿，我来了，一股子横劲儿。每跨一个栏，头左右一摆。跨过最后一个横栏时已经领先，脑袋向前一挺，冲刺，齐活，第一名！我跳着脚嗷嗷叫，跟大家一起为史铁生叫好，心里说，史铁生你什么都行，你太厉害啦。[3]

如孙立哲所言，史铁生对体育的爱好跟了他一辈子。他曾直言，田

---

[1] 孙立哲：《想念史铁生》，载"写作之夜"丛书编委会主编：《生命——民间记忆史铁生》，中国对外翻译出版有限公司2012年版，第11页。

[2] 参见刘愉：《同桌》、张以童：《永不告别》，载"写作之夜"丛书编委会主编：《生命——民间记忆史铁生》，中国对外翻译出版有限公司2012年版。刘愉和张以童都是史铁生的初中同学，她们在回忆文章中都特别提到了史铁生的绘画才华。

[3] 孙立哲：《想念史铁生》，载"写作之夜"丛书编委会主编：《生命——民间记忆史铁生》，中国对外翻译出版有限公司2012年版，第16页。

径与足球是他的最大爱好。飞人刘易斯一直是他仰慕的对象,而即使残疾后,每逢有重大足球赛事,他都如同节日般兴奋,有条件还会去现场观看。在生命的前20年,史铁生是家长老师的骄傲,是同学们仰慕的对象,真可以称得上是上帝的宠儿。

然而厄运却很快降临了。1971年9月,因为腰腿痛加剧,史铁生从插队的延川回到北京治病。1972年1月5日,也就是他21岁生日的第二天,他在父亲的搀扶下艰难地走进了友谊医院。以为三个月就能完好如初地走出医院,最终的事实却是,在他21岁过去时,他被朋友们抬出了医院,一种叫作"蛛网膜脊髓炎"的病症彻底剥夺了他行走的权利。在1991年《我21岁那年》中,他回忆了在他住院的一年中友情带给他的温暖以及不期而至的爱情带来的隐秘的幸福,也记录了他当时的绝望与痛苦。"双腿日甚一日地麻木,肌肉无可遏止地萎缩",春天来了,但是那一年的春天是如此让人心碎。他这样写道:

> 窗外的小花园里已是桃红柳绿,二十二个春天没有哪一个像这样让人心抖。我已经不敢去羡慕那些在花丛树行间漫步的健康人和在小路上打羽毛球的年轻人。我记得我久久地看过一个身着病服的老人,在草地上踱着方步晒太阳;只要这样我想只要这样!只要能这样就行了就够了!我回忆脚踩在软软的草地上是什么感觉?想走到哪儿就走到哪儿是什么感觉?踢一颗路边的石子,踢着它走是什么感觉?没这样回忆过的人不会相信,那竟是回忆不起来的!老人走后我仍呆望着那块草地,阳光在那儿慢慢地淡薄,脱离,凝作一缕孤哀凄寂的红光一步步爬上墙,爬上楼顶……[1]

---

[1] 史铁生:《我21岁那年》,载《我与地坛》(史铁生作品系列3),人民文学出版社2011年版,第175页。

对于史铁生而言，双腿的残疾，是比死亡更加残酷和不能接受的事实。残疾带来的痛苦并不仅是肉体上的，更是精神上的。2014 年在延安召开的史铁生研讨会上，孙立哲回忆史铁生在残疾后曾有一次在街头被一群地痞小青年侮辱殴打的经历。对于曾经如此优秀健壮的青年，如果不是因为残疾，他不会受此屈辱，而如果不残疾，面对侮辱，他必会奋起还击。但是双腿残疾的他却只能毫无反抗地被连扇了好几个耳光，也只能忍下，回家去。史铁生从没有提及过这段往事，或许，这对他来说，是不堪回首的耻辱，只有忘却才能减轻心里的痛苦；但也或许，在他心里，来自地痞无赖明目张胆的侮辱远不如来自平常人有意或无意的歧视与偏见更令人痛苦。为了找一份工作谋生，他的母亲带着他一遍遍地跑知青办，又一次次地被拒绝，看着"那些像为死人做祈祷一样地安慰我们的知青办干部，那些像挑选良种猪狗一样冲我们翻白眼的招工干部"[1]，看着曾经美丽优雅的母亲，在那些愚蠢肮脏的油脸下低下的头，史铁生心痛愤怒至极，他拒绝再去，也不让他的母亲去。然而母亲依然瞒着他一遍遍地去，一遍遍地跟人求情。三年中不知跑了多少回，但没有结果。最后还是一家小小的街道工厂收留了他。21 岁，正是恋爱的年龄，如他所说，爱情和他的残疾几乎一同到来，"正是这爱情的到来，让他想活下去，想走进很大的那个世界去活上一百年"[2]。但是因为残疾，这爱情带来的痛苦也是刻骨铭心。即使他和 H 恋爱的迹象如此鲜明，但是任何人似乎可以随时推门走进他俩独处的小屋，而没有一丝尴尬。因为没人相信他们是在恋爱，没人相信一个残疾青年可以爱上一个健康漂亮的姑娘。在他们的爱情"曝光"后，有一次当他摇着轮椅到 H 家的楼

1　史铁生：《没有太阳的角落》，载《命若琴弦》(史铁生作品系列 1)，人民文学出版社 2011 年版，第 31 页。

2　史铁生：《老屋小记》，载《命若琴弦》(史铁生作品系列 1)，人民文学出版社 2011 年版，第 404 页。

下，H 的慌乱，被风吹动的窗帘背后 H 父母警惕焦虑的眼神，深深地刺痛了他的心。[1] 残疾了，就连爱的权利也没有了，而且，这种想法还是如此"正当"、如此"寻常"。上帝似乎收回了他原先给予史铁生的所有恩宠。肉体上的残疾固然痛苦，但残疾带来的为人的尊严的丧失，才是生命真正的深渊。史铁生绝望地喊道："够了！既然灵魂失去了做人的尊严，何必还在人的躯壳里滞留？！"[2]

绝望是生命的极端境遇，史铁生以《没有太阳的角落》（1980年）、《夏天的玫瑰》（1983年）、《足球》（1984年）、《山顶上的传说》（1984年）等为代表的早期作品，给我们呈现了他残疾后的深渊处境。有些评论认为，他早期的作品格局太小，拘泥于个体境遇。这是客观评述，但显然带着批评的色调，即认为史铁生早期对个体境遇的书写不及其后期对普遍人类生存境遇的探索来得深刻有价值。但是，这实际上低估了他早期个体化书写的意义，这样的书写是有其独特的价值的。它真实地呈现了一个人完整的精神轨迹，提供了一个真实的史铁生的形象：一个经历绝望最终又走出绝望，一个跌落进生命的谷底又努力地爬出幽暗的深谷，不懈地向山顶攀登的人。史铁生的创作轨迹给我们的思想以深刻启发：绝望是有意义的。正所谓"跃出深渊，则

---

1 这个细节或者来自史铁生的散文，或者来自他的小说，当时给作者留下了深刻的印象，遗憾的是，写作时没能找到确切的出处。也许这一场景并未真实发生，但这一场景所传达出的情绪感受无疑是真实的。在他的自传体式的小说《山顶上的传说》（1984年）中，也有类似的场景："……他只去过她家一回，没有进门，也没有上过那楼梯。只在那楼梯前见过几张严肃的脸——如临大敌般地从楼梯的缝隙间朝下晃了晃。……她慌慌张张地从楼梯上跑下来，站在楼梯前和他说话。他不怪她。他看得出来，她不能让他到家里去坐坐，心里有多难受。楼梯的缝隙间，那几张惊恐的脸仍不时朝下张望，一闪，不见了；又一闪，不见了……"那是第一次他想到她也会受他，不然她的家人以及她自己会如此慌张，这是一个多么痛苦的证明啊！

2 史铁生：《没有太阳的角落》，载《命若琴弦》（史铁生作品系列 1），人民文学出版社 2011 年版，第 31 页。

需陷入深渊"[1]，没有深刻的绝望，便没有深刻的觉醒，生存的辩证法也许就是这样。不过，文化传承下来的乐观因子发挥着巨大作用，大多数中国人并不能看到绝望的意义。在我们眼中，绝望是灰色的，是悲观的，而人活着就应该乐观积极，因此，绝望应该彻底被剔除出我们的生活。这就像史铁生在《山顶上的传说》（1984年）中提到的那些给主人公"瘸腿的小伙子"写退稿信并附上中肯建议的编辑们的态度："……不要过多地去咀嚼苦难。生活，时常需要忘却一些事，否则倒会悲观失望。不要太注意那些倒霉的事、不走运的事。而应该多看看生活中的另一种因素。譬如说你这篇小说的后半部分，如果让主人公在历经艰辛之后，终于追求到了他所追求的东西，就能给人以希望、以振奋，全篇的调子也就会随之高昂起来。你这篇小说也就完全可以发表了……"[2] 可是，有人就是那样的倒霉与不走运，譬如史铁生，因为残疾，似乎一切幸运的美事都与他无缘了。更何况，追求美好也不能担保就一定追求得到。那么，如何去乐观？编辑们给出的药方是忘却。可是依靠忘却所维持的乐观，难道不是一种自欺？不是一种虚假的乐观主义吗？史铁生拒绝这样的自欺欺人，拒绝这样虚假的乐观主义，他就是要写不走运的人，写这个人的不走运。因为他深知，世上就是有这样的事，这样的事就落在他的头上。

史铁生是诚实的，他在作品中，几乎完整呈现了他在艰难处境中真实的心路历程，这种真实在中国的文化语境中难能可贵。他没有掩饰他的绝望、悲观，他曾屡次企图自杀以求解脱，但亲情让他不忍，而真正让他忘记去死的是爱情，所以尽管这爱情最终没有结果，也曾给他带来

---

[1] 〔俄罗斯〕尼古拉·别尔嘉耶夫：《人的奴役与自由——人格主义哲学的体认》"别尔嘉耶夫哲学思想概述——代中译序"，徐黎明译，贵州人民出版社1994年版，第4页。

[2] 史铁生：《山顶上的传说》，载《命若琴弦》（史铁生全集 中篇小说），北京出版社2015年版，第62页。这篇自传体小说在人民文学出版社2011年出版的"史铁生作品系列"里没有收录。

深切的痛苦，但是他始终感念这爱情。他也没有掩饰他的愤怒，愤怒是绝望的真实表现，或者说愤怒就是绝望。他不仅曾经愤恨侮辱过损害过他的人、命运的残酷，甚至曾经让他憎恨整个世界，憎恨所有的健康与美好。2014年在延安召开的史铁生作品研讨会上，甘铁生讲了这样一件事：大概是在1982年，在北京作家协会的组织下，他和史铁生以及其他作家一起去北戴河度假。其间，作家们到海边玩儿，当大家在海边尽情玩耍，沉浸在美丽的海景中，氛围极其欢乐时，甘铁生远远看到史铁生坐在轮椅上的背影显得格外孤单，便走过去和史铁生说话，史铁生冷冷地说了一句，要是这时来一颗炸弹，就好了。这件事，甘铁生在回忆文章中显然出于顾虑省去了，不过也许正如查建英所说，这件事实际上并无损于史铁生的形象，反而让他的形象显得更为真实。这种看似极其冷酷的念头，让我们更加深刻地感受到史铁生曾历经的心灵绝境。

那时候的史铁生就像一头困兽，极度的压抑与愤怒，白日尚有理智的克制，而在夜晚的梦中，理智褪去了，所有负面的情绪便化作了恐怖的景象。甘铁生说，在与史铁生同屋的几个晚上，他常常被史铁生梦境中发出的可怕的叫声惊醒。[1] 在会议上，甘铁生感慨，那叫声不像是人发出的，像是野兽一般的。史铁生在短篇小说《夏天的玫瑰》（1983年）中写的那个因为脉管炎被截去双腿的老头儿三十多年重复做的一个梦应该就是那个时期史铁生自己的梦吧：

他的腿没有了，独自在一片陌生的荒野上爬，想要爬回家去。可是他不知道家在哪儿，应该往哪边爬，他从未见过这片无边际的荒野。他爬着，忽然看见前面有一堆眼睛在盯着他。那是狼！一群

---

[1] 甘铁生：《精神猎手》，载"写作之夜"丛书编委会主编：《生命——民间记忆史铁生》，中国对外翻译出版有限公司2012年版，第333页。

狞笑着的狼！他慌忙往后退，转过一个墙角，屏住呼吸往另一个方向爬。可前面又有两只伴睡的老虎，正眯缝着眼睛瞄着他！他又赶紧往左爬，擦着地皮，一点一点往前挪，爬过一间豪华的大厅，爬进一条幽暗的楼道。又有一堆纠缠在一起的毒蛇向他抬起头，吐着芯子！幸好右边是河滩，他躲在一块礁石后面。那不是礁石，是一群大鳄鱼！没处逃了，无路可走了。他猛地来了一股劲，叫喊着在荒野上东奔西突，用头去撞那些狰狞的猛兽。他看见了自己强壮、庞大的身影在荒野上蹦跳、咆哮……醒了，他正用头撞着床边的桌子，拳头在墙上扎得掉了一块皮，流着血……[1]

因为残疾，歧视与偏见几乎充斥在他生命的每个角落：工作、爱情，而人们对于一个残疾人写作的态度也暗示着残疾人与正常人是不一样的。无论是在那些对伤残怀着明显恶意还是对残疾人有着"高贵的同情"的人那里，残疾人都已被划入了另类。健康的人们也许没有意识到，但是残疾人尤其是敏感自尊如史铁生者，却痛苦地体验到，无处不在的歧视与偏见，就像那些狰狞的猛兽让他的精神四面楚歌。愤怒与仇恨，积聚起潜意识中的反抗，于是梦境中他化身为一头强壮、庞大的斗牛，他要以一己之蛮力横扫一切毒蛇猛兽，他要以反抗的方法保持住做人的尊严。

二、接受命运：原罪与宿命

愤怒与仇恨，也许是一个突然由天堂堕入地狱的人必经的精神之路。一个生性温良并善于自省的人不会停留在愤怒与仇恨之上。白日清醒的理智会让人意识到，愤怒与仇恨是可怕的，是需要警惕的，更

---

[1] 史铁生：《夏天的玫瑰》，载《命若琴弦》（史铁生作品系列1），人民文学出版社2011年版，第139—140页。

何况，愤怒与仇恨有用吗？《山顶上的传说》（1984年）是史铁生自己完整的心路呈现。残疾青年给扫街老人讲述了同《夏天的玫瑰》（1983年）中类似的一个噩梦：在一个古罗马式的大竞技场中央，他是一头骄蛮的斗牛，"四周是人群，是彩绸，是刀光，他凭着一双角，一腔血，一条命，叫喊着，横冲直撞……"。但老人听后，却显出青年从没见过的惊慌与恐惧。老人一步步地劝导青年意识到他心中的仇恨因为渴求平等的对待，他人的眼光让他"心里憋得慌"，才滋生出仇恨与愤怒，并不是真的痛恨，并不是真的希望人人都像他那样倒霉。但是仇恨无济于事，"什么好东西都不是恨好了的，什么坏事都是越恨越坏了的"，而且，仇恨愤怒会让人变得古怪，"让人家怕你，让人看见你就觉得不善净，不像个好人……"。[1] 残疾青年和扫街老人的对话，实际上是史铁生的自我诘问与质询。善良的天性和自省的精神让史铁生走出了愤怒与仇恨，这也应该是他走出绝望深谷的第一步。当史铁生以放松下来的冷静心态去思考他的苦难的原因，他深刻地意识到，他找不到他受苦的外在的、社会的或人的原因，他最终要找的是命的原因。[2] 由此出发，他开始走出个人的苦难来看普遍的人的困境。这种思想与精神的转向，也意味着救赎的真正开端。

如果说，那些光顾我们人生的幸福与美好，可以看作是命运的恩宠，那么那些猝不及防降临的苦难或许才更触及命运的本质。史铁生看到，人的苦难有两种：一种是先天的不幸，一种则是与他一样后天遭遇飞来横祸。在中篇小说《原罪·宿命》（1987年）中，他以两则故事来探讨人的苦难，也即人的命运。"原罪"篇中的"十叔"是先天不

---

[1] 史铁生：《山顶上的传说》，载《命若琴弦》（史铁生全集 中篇小说），北京出版社2015年版，第103—104页。

[2] 参见阎阳生：《透析生命》，载"写作之夜"丛书编委会主编：《生命——民间记忆史铁生》，中国对外翻译出版有限公司2012年版，第74页。

幸的那种人,他心智健全,然而自出生便重度残疾,"脖子以下全不能动,从脖子到胸,到腰,一直到脚全都动不了。头也不能转动","除了睁眼闭眼、张嘴闭嘴、呼气吸气之外,他再不能有其他动作。可他活着。他躺在床上,被子盖到脖子,你看不出他的身体有多长,你甚至会觉得被子下面并没有身体。你给他把被子盖成什么样就老是什么样,把一个硬币立在被子上,别人不去动就总不会倒。他就这么一年一年地活着"。如史铁生在小说开头指出的,我们不需要追究这个故事的真确性,"不妨权当作是曾经进入了他的意识而后又合着他的意识出来的那些东西"[1]。因为不管这个故事真确与否,人世间的确存在这样的苦难,的确存在这样一出生便遭遇不幸的人,只是不幸的程度有所区别罢了。除了"十叔",史铁生的笔下有很多这样不幸的人:《夏天的玫瑰》(1983年)里,卖风车的残疾老汉挂念的那个一出生就残疾的婴儿;《来到人间》(1985年)里,那个先天性软骨组织发育不全的孩子,也即意味着,她长大智力健全却注定是一个永远长不大的侏儒;《命若琴弦》(1985年)中的老瞎子是一落生就瞎了眼睛,从没见过这个世界,而小瞎子可以算是见过这个世界,但是只有三年,而那时还不懂事;《老屋小记》[2]里的傻人三子;《我与地坛》(1990年)里,那个漂亮却先天弱智的少女……史铁生哀叹这样的不幸,可是这样不幸的缘由何在?为何这些人一出生便无辜受难?

"原罪"的篇名隐射出史铁生的态度,即他认为,人的先天不幸,只能认定是人的原罪。"原罪"是基督教的基本教义,是基督教解释人

---

[1] 史铁生:《原罪·宿命》,载《原罪·宿命》(史铁生作品系列2),人民文学出版社2011年版,第213—214页。

[2] 在人民文学出版社出版的"史铁生作品系列"中,《老屋小记》后没有标明写作时间。不过,这篇短篇小说荣获第一届鲁迅文学奖,而且是唯一获得全票的作品。第一届鲁迅文学奖是在1998年2月9日公布的。由此推测这篇作品应该是1997年左右写成发表的。

之苦难的基本学说。关于原罪，基督教最基本的解释也是最具宗教性的解释是，人类的始祖亚当和夏娃在伊甸园中，因为受了蛇的诱惑，吃了禁果，违背了上帝的意志，亏欠了上帝的荣耀，造成了罪过，而这一罪过变成了整个人类的原始罪过，成为人类一切罪恶、灾难、痛苦、死亡的根源。[1] 但是史铁生尽管借用了基督教"原罪"之说，而十叔之名应该也有基督教"十字架"之喻义，意味着人生来就背负着十字架，象征着受苦，但并不意味着他认同基督教"原罪"说对人的苦难的解释。将人的不幸归结为神话中人类始祖犯下的罪过，即便是在有基督教背景的现代西方世界，也是很难被认同的。从命运的意义而言，史铁生并不认为，人是因罪而受苦的。如果人是因罪而受苦的话，那么人的受苦便是理所当然，便不值得同情，但史铁生对这些不幸的人们充满了深深的同情。事实上，他所想表达的"原罪"与它的宗教原义无关，而是"原罪"一词的引申意涵。所谓原罪，也即意味着人之受苦的必然，但这必然超出了必然的因果逻辑性，超出了人的理性认知，人不可能找到自己受苦的原因，人所要做的就是承认这必然性。在这个意义上，"原罪"实则等同于宿命。

"宿命"也是一个宗教性的语汇。在佛教中，宿命观念与它的"业报"、"轮回"思想相关。佛教认为，包括人在内的一切生灵都在六道中轮回，而其命运则与其所作的业相关。业在佛教中称为"羯磨（karma）"，作为宗教概念的羯磨，主要指道德行为。人的道德行为会影响人的命运，这种影响分两种情况：一种是作业前定，即一个人今生的命运是由他前世的作为所决定的，或指一个人今生的作为会影响到他的

---

[1] 原罪的另一种代表性的解释是以加尔文为代表的思想。加尔文认为，人心中罪恶的动机与私欲，被神认为是罪。人之罪与人的本性相关，每个人一出生就带有潜在的罪的根性。这种"原罪"的思想在史铁生后期的思想中被强调。关于原罪说的这一解释旨在强调人之罪，人之罪并不仅指人后天犯下的罪行，人之罪最根本地指向了生而为人本性中原就隐藏的人性恶。

来世；一种则是现世果报，相对前者，这可谓是一种近期效应。不管哪一种，都意味着人的命运与人的道德选择和行为相关。[1]在"宿命"篇中，史铁生尽管借用了"宿命"这一带有宗教意味的语汇作为篇名，但他同样不力图从宗教的神秘性中求解，而是以一种理性推演的形式形象地呈现了命运的轨迹与线索，从而阐明命运荒谬的本质。一个前程似锦的青年，仅仅因为路上一个掉落的圆茄子，就与一辆汽车遭遇，被撞成瘫痪，就是这一至五秒的时间，一个人的命运从此被改写。仔细推演这事情发生的时间序列，最终竟是下班时，那个看上去智力有点问题的学生突然莫测高深地笑个没完引起的，而多年之后，当年的学生来看他，告诉他，那笑只是因为看到一只狗看着学校的标语牌放了一个很响的闷屁。

类似关于命运的推演在《山顶上的传说》（1984年）中已经出现过：一个走夜路的人如果正好被一颗流星砸中，把脊椎骨砸断了，为何就这样的不幸？为何就这样的凑巧？史铁生一定也就自己的不幸这样追问过。但是，一步步追问下去，史铁生承认，即使追问到原始人，追问到总鳍鱼那里，也没有追到头。"宿命"篇中，"狗的一个闷屁"无疑是一个带着一丝幽默又带着一点苦涩的隐喻：命运就是如此的荒谬。在命运面前，人注定得不到合乎情理、合乎逻辑的答案。如果你再去追问这声闷响，那就只能追问到上帝那里，"上帝说世上要有这一声闷响，就有了这一声闷响，上帝看这是好的，事情就这样成了，有晚上有早晨，这是第七日以后所有的日子"[2]。"上帝"在这里也只不过是一个充满幽默

---

[1] 〔英〕关大眠：《当代学术入门——佛学》，郑柏铭译，辽宁教育出版社、牛津大学出版社1998年版，第29—39页。其实，佛教中的羯磨观念并不断言一切事情皆由业力前定，人生中也有很多不能前定的意外发生。但有些佛教徒则持比较极端的宿命观，即认为任何幸运、不幸都根源于所作羯磨业。

[2] 史铁生：《原罪·宿命》，载《原罪·宿命》（史铁生作品系列2），人民文学出版社2011年版，第250页。

自嘲的借用。正如蒂利希指出的，命运是偶然性的法则。[1]在《原罪·宿命》中，无论是先天的不幸，还是后天的灾难，史铁生都意在呈现人的苦难之偶然性。回首命途，命运的轨迹实际上就是由一系列的偶然组成的。但是，"在不可逃避的、由某种原因引起的决定性后果的意义上，命运通常等同于必然性。可是这种必然性又不是那使命运成为焦虑的因果必然性，而是最终必然性的缺乏即非理性，它便是命运的不可穿透的黑暗"[2]。命运的偶然造成了个体不得不去承受的苦难，而与命运的偶然性相关联的，是命运"不可能显示其意义与目的"[3]，人类所遭遇的苦难似那"狗屁"所隐喻的那般荒唐。命运的非理性是对作为理性存在之个体的巨大否定，而人只能去承认并接受这种"否定"："你似乎是被一种莫名其妙的力量抛进了深渊。你怒吼，却找不到敌人。也许敌人就是这伤残，但你杀不了它，打不了它，扎不了它一刀，也咬不了它一口！它落到了你头上，你还别叫唤，你要不怕费事也可以叫唤，可它照旧是落到了你头上。落到谁头上谁就懂得什么叫命运了。"[4]

向前追问，命运由一系列的偶然构成，最终的必然之因是缺乏的，但是对于个体的生命，命运又等同于必然性，命定之途只有一条；而往后推测，命运又呈现出另一种神秘性，即充满了不可预见的未知。在1989年的短篇小说《草帽》中，史铁生以一个简短的故事表达了他对命运的这一洞见。男人和女人，因为捡拾湖边一位钓鱼老人被风吹走的草帽结缘，都认定对方是自己等了许久的那个人。他们去湖边感

---

[1] 〔美〕P. 蒂利希：《存在的勇气》，成显聪、王作虹译，贵州人民出版社1988年版，第41页。

[2] 〔美〕P. 蒂利希：《存在的勇气》，成显聪、王作虹译，贵州人民出版社1988年版，第41页。

[3] 〔美〕P. 蒂利希：《存在的勇气》，成显聪、王作虹译，贵州人民出版社1988年版，第40页。蒂利希认为，"命运"一词所强调的是它们的一个共同因素：它们的偶然性、不可预见性，以及不可能显示其意义和目的。

[4] 史铁生：《山顶上的传说》，载《命若琴弦》（史铁生全集 中篇小说），北京出版社2015年版，第67页。

谢老人，老人说，谁知你们此后的子子孙孙是否都会一切顺遂，也许有人遭遇厄运，那源头在哪里呢？就把这草帽埋在湖边，以让他们能找到痛苦之源吧。这个故事让人联想到中国人关于"塞翁失马"的传统智慧。"淮南子"中的这个故事表达了一种朴素的辩证法，即福祸是可能相互转化的，所以人应该以一种平常心去看待祸福，主旨在于传达一种生命的智慧或人生的态度。但这个故事也有其本体论上的意义：福祸二元的辩证发展，正呈现了命运之神秘，所谓"福之为祸，祸之为福，化不可极，深不可测也"[1]。史铁生关于"草帽"的这个故事着意不在传达人生的态度，正在于表达关于命运的这种本体论上的认识。而1988年《小说三篇》的第一篇"对话练习"，以一男一女关于表演系9选7的对话结构全篇，在对话中推演出"被选中的未必就是幸运，未选中的未必就是不幸"，也是对命运之不可捉摸的认知。史铁生感慨，人间的亿万命途尽管可作无限的推演，然而，其来路和去向都是一贯的神秘。他联系到物理世界的"波粒二象性"指出，微观世界的波粒二象性，大概对于宏观世界的人也是适用的，"你每一瞬间都处于一个位置，都是一个粒子，但你每时每刻都在运动，你的历史正是一条不间断的波，因而你在任何瞬间在任何位置，都一样是命途难测"[2]。然而尽管命途难测，人生可能会有种种排列，但"未及存在便已消失，上帝只取其中一种与你遭遇"[3]，这正是偶然中的必然，在这个意义上，命运等同于宿命或天命。

人无法参透命运之谜，人所能做的只能是接受。这也是有限与无

---

[1] 刘安等：《淮南子 全译》，许匡一译注，贵州人民出版社1993年版，第1067页。

[2] 史铁生：《散文三篇》，载《我与地坛》（史铁生作品系列3），人民文学出版社2011年版，第193页。

[3] 史铁生：《散文三篇》，载《我与地坛》（史铁生作品系列3），人民文学出版社2011年版，第194页。

限的辩证法[1]提供给他的慰藉。在他发表的第一篇小说《爱情的命运》（1978年）以及《山顶上的传说》（1984年）中，史铁生都提到了辩证法在他理解命运上的启示。在《山顶上的传说》中，那个下身瘫痪了多年的老大学生告诉他，人是掌握不了命运的，因为不符合辩证法。在辩证法看来，人要想完全掌握自己的命运，就得把宇宙中一切事物的规律都认识完。可是人的认识能力总是有限的，而宇宙中的事物却是无限的，所以，辩证法认为没有终极真理，也就是说，人不可能把世界上的矛盾都认识完。从史铁生作品中的语调可以看出，辩证法的这一观念，对于一个遭遇命运重创、濒临绝境的人，是一种特别大的思想与心理上的支持。事实上，这种关于人是有限与世界是无限的认识贯穿了史铁生整个的思想历程，这一思想或观念从救赎的意义上，对于史铁生是非常重要的。既然人是有限的，那么对于命运，人所要做的只能是"接受"，"接受天命的限制。接受残缺。接受苦难。接受墙的存在"[2]。这也是一个冬夜，一位老人《苏武牧羊》的箫声给予他的领悟。[3]

在史铁生早期的作品中，他坦诚地书写了他遭遇不幸的绝望处境。正如上文所言，这种绝望不可避免，而关于绝望的抒发也是有意义的。如果把生命比作一根弹簧，那么绝望的处境就像施加在这弹簧上的压力，压力越大，反弹出去的力量也会越大。这大概能比较形象地传达出绝望之于人的生命成长的意义。如果说，在那时，绝望还只是一种伦理学意义上的具体的处境或情绪，那么，在以上呈现的史铁生关于命运初

---

[1] "辩证法"这一哲学术语，在不同的历史时期，不同的哲学家那里，有着不同的内涵。史铁生所言的"辩证法"应该只需理解成通常意义上的科学的世界观和方法论。

[2] 史铁生：《墙下短记》，载《我与地坛》（史铁生作品系列3），人民文学出版社2011年版，第333页。

[3] 史铁生：《墙下短记》，载《我与地坛》（史铁生作品系列3），人民文学出版社2011年版，第332页。

步的理性探索中则体现了另一种更为深刻的绝望,那即是一种本体论意义上的绝望。在蒂利希的思想中,"绝望"就被赋予了本体论上的意涵。在蒂利希的哲学里,命运和死亡一样是对人的本体上的否定,我们无法抗拒这种否定。而事实上,就生命的意义而言,每一种极端的否定性,都必然地含有其主动与积极的意义,因为一切否定性的因素譬如命运或死亡中隐含着这样一种悖论:"为了否定它自己,它必须肯定它自己。没有一种真实的否定,就不含有肯定。"由此,蒂利希指出,在这种情形下,生命的意义便被降低为对生命意义的绝望。但是,这种绝望作为一种生命行为,则是否定中的肯定。因此,绝望是有意义的,"若带一点嘲讽意味,我们可以说对生命进行嘲弄,才是忠实于生命。若带一点宗教气息,我们又可以说,我们把自己作为被接受者而接受下来,而不顾对这种接受所包含的意义感到绝望"。蒂利希认为,对绝望的接受,本身就是信仰,体现了存在的勇气。[1] 在这里,蒂利希所指的"绝望"与他的"勇气"一样已不仅仅是一个伦理学的概念,而是具有了本体论的意味。当史铁生走出个人的痛苦,走出愤怒,直面普遍的生命困境,以其"有限"与"无限"的辩证法,及有关"原罪""宿命"的形象推演,意识到人无法找到命运的确凿之因,人无法掌握命运,也不能与命运抗衡,这是人的原罪与宿命。面对命运,面对生命无来由的苦难,史铁生认为,人要做的只能是承认并全然的接受。这一思想的本质也即符合蒂利希对命运的认识、对绝望的界定。绝望是有意义的,接受绝望也即接受存在中的否定,接受生命的意义从根本上是一种绝望。不过,我们可以看到,在蒂利希的思想里,对生命的绝望恰恰是对生命的最高肯定,体现了生存之勇气,蒂利希的"绝望"具有超脱的本体论的色彩。

---

[1] 〔美〕P.蒂利希:《存在的勇气》,成显聪、王作虹译,贵州人民出版社1988年版,第154—155页。

然而史铁生关于命运初步的理性探索，没有这样一种高昂的理性气质。史铁生尽管认识到命运对于有限的人而言是诡谲不可解的，人既是有限，便难逃宿命，由此"绝望"是生命的本然境遇，但是对于一个真实遭遇命运重创的人，他不可能完全进入哲学家们超然的本体论世界。他对命运的承认与接受，他的"绝望"不可避免地带有消极的色调，正如寒夜中那老人《苏武牧羊》的箫声仍是带着几分凄怆与悲凉。

|"爱命运"

对于绝望的书写，相对于那些肤浅或虚假的乐观主义，更为接近生命的真谛。人生根本的悲剧性，是任何关于生命的哲学所不能回避的。揭开生命悲剧性的面纱，无所谓悲观或乐观，它只是对生命的如实呈现。又如史铁生指出的，从另一个逻辑角度看，敢于面对一切是乐观，而遮遮掩掩肯定是悲观。如此看来，敢于写悲观的作品倒是乐观，而光是叫嚷乐观的人倒是悲观。[1] 这种关于乐观与悲观的悖论，是一种深刻的人生哲学。但如果只停留在对人生悲剧性或命运之"宿命"本质的承认与接受上，又很容易落入一种消极的"宿命论"，或沦为一种低沉的悲观主义。"宿命论"或悲观主义是对人生悲剧性的屈服，其本质是对生命全然彻底的否定。但人生不应该只停留在否定上，生命还应该有更为积极的底色，这就要求在否定之上建立起肯定，也即是在承认人生悲剧性的前提下来肯定人生。蒂利希的存在哲学即是如此。他在"绝望"的前提下赋予了存在的"勇气"，建立起了生命的意义。史铁生关于命

---

[1] 史铁生：《自言自语》，载《病隙碎笔》（史铁生作品系列4），人民文学出版社 2011 年版，第 209 页。

运的进一步探索也体现了他力求走出单纯的否定,在悲剧性上建立人生意义的努力。但他无法像蒂利希那样在"绝望"、在"悲剧性"上实现当下的翻转,他进一步的思想努力来自于尼采思想的激发以及《旧约圣经》中约伯故事的启发。尼采尽管在其探索人生问题的开端,接受了叔本华悲观主义的前提,但最终以他的"命运之爱"超越了叔本华式的悲观主义,当然也超越了自欺或肤浅的乐观主义。[1]在作品中,史铁生不止一次地提及尼采的"爱命运"之说,可见尼采的这一思想对于他是一种重要的激励。尼采是以他的酒神精神与强力意志建构起一种统摄了宇宙整体与个体生命的形而上学,以"笑一切悲剧"的高昂姿态超越了纯粹消极的悲观主义哲学的。而《旧约圣经》中约伯的故事也使史铁生领悟到了一种涉及宇宙整体与作为部分之个体生命关系的形而上学。借此形而上学,他论证了人类苦难存在的必然合理性,阐扬了一种更为释然的面对命运的态度。

一、约伯的启示

《约伯记》是《旧约圣经》中的名篇,它提出并力图解决一个具有普遍意义的问题,即好人为什么受苦。如冯象所说,这不仅是一个宗教上的问题,也是有关伦理和社会正义的问题。[2]实际上这也是涉及生命根本意义的问题。约伯的苦难不是他一个人的苦难,"《约伯记》只是用一个人的痛苦遭遇来演绎整个人生的难题"[3]。人类的受苦是普遍的,史铁生正是现实生活中的约伯。可是人类为什么要无端受苦呢?苦难的意义何在?《约伯记》力图给人们以答案,这是史铁生对约伯的故事情

---

[1] 周国平:《尼采:在世纪的转折点上》(第三部分"从酒神精神到强力意志"),上海人民出版社1986年版。

[2] 参见冯象:《信与忘——约伯福音及其他》"缀言",生活·读书·新知三联书店2012年版,第4页。

[3] 〔澳〕陈廷忠:《苦痛与智慧——〈约伯记〉与生命难题》,宗教文化出版社2010年版,第7页。

有独钟的原因，也是千百年来《约伯记》魅力不衰的原因所在。上帝的忠仆、天下第一的好人约伯，只因为神子撒旦挑动上帝考验其信仰，便无辜蒙难，先是财产尽失，儿女惨死，最后自己也毒疮缠身，生不如死。但是约伯始终毫无怨艾，甚至对其妻子关于神义的质疑和抱怨回以呵斥，不过妻子的话还是刺激了约伯，正如犹太拉比指出的，他"口未入罪，但心已入罪"[1]。当他的三个朋友陪同他举哀七日完毕后，痛不欲生的约伯终于开口，道出了他的委屈与不平。而三位友人不满于约伯的态度，轮番指出约伯的苦难是其罪过所致，力图以此说服约伯，平息其抗争，但却更加激怒了约伯。约伯坚信他的无辜，他也看到这世上好人受难、坏人得福的事情比比皆是，这又该如何来解释圣法与公义？可以说，正是三位友人的指责反而使得约伯彻底放弃了原有的盲信，而成为一个敢于直面上帝的勇敢的申诉者和思想者。最终耶和华奇迹般地在旋风中现身来回应约伯的申诉，耶和华没有直接面对约伯的难题，而是将他所创造的包括各类生灵、各种自然景观的宇宙呈现在约伯面前，约伯终于"以手掩口"，心服口服。他最终也重新被赐福，苦尽甘来。

实际上，如果以一种现代的理性思维去揣读《约伯记》的话，我们可以提出不少的疑问：既然全能者已认定"世上谁也及不上这个好人"，为什么还要将约伯交到撒旦手里，任其一再摧残？而如果降灾考验，不也应该有个限度吗？为何残忍到戕害生命？即使最后约伯重新被赐福，家业兴旺，四世同堂，但约伯真的幸福吗？一想到那些无辜受难的儿女，约伯怕是无法蒙福而不哀伤的……[2] 而基于观者的全知视角，

---

1 《巴比伦大藏／末门篇》16a，转引自冯象：《信与忘——约伯福音及其他》，生活·读书·新知三联书店2012年版，第11页。

2 冯象：《信与忘——约伯福音及其他》"约伯福音（或好人为什么受苦）"，生活·读书·新知三联书店2012年版，第3—46页。"约伯福音"是冯象这本书的第一篇，全篇正是围绕着这些疑问展开对《约伯记》的探索的。

我们知道约伯的苦难只是上帝与撒旦的赌约所致,上帝旋风中的回应并不能解释约伯受苦的原因。不得不说上述问题说明了《约伯记》作为一个古老的故事,其在叙事逻辑上的欠缺。但从普遍意义上人类苦难的问题出发,我们似乎无须在这些细节问题上纠缠。那么,耶和华的回应能否解决神学语境中人类苦难的问题?学者们历来有不少争议,譬如学者D. Roberson 就指出:"耶和华的话根本没有回答约伯的问题,只是用最辉煌惊人的言辞,泰山压顶地堵住约伯的口,让他哑口无言,屈打成招地忏悔于自己对神的不敬。"[1] 类似Roberson 的观点并不少见,不过另有一些学者持不同意见,譬如陈廷忠指出,Roberson 的评断有他偏激的地方。耶和华尽管没有正面迎对约伯的问题,但耶和华将他所创造的这个宇宙呈现给约伯,与约伯的问题是有关联的。那么,该如何理解这种关联?关键便在于如何理解耶和华在旋风中的话语为何意,这是每一位研读《约伯记》的学者必须尝试的努力。[2]

陈廷忠认为,耶和华不是视若不见听若不闻的神,他不藐视人的意见,不是独裁式的只说不听。耶和华的回复实际上无一不是在间接答复

---

[1] D. Roberson, *The Old Testament and the Literary Critic*, Philadelphia: Fortress Press, 1977, pp. 48-50, 转引自〔澳〕陈廷忠:《苦痛与智慧——〈约伯记〉与生命难题》,宗教文化出版社2010年版,第122页。

[2] 〔澳〕陈廷忠:《苦痛与智慧——〈约伯记〉与生命难题》,宗教文化出版社2010年版,第122—123页。陈廷忠认为,Roberson 使用的文学批判让他处处看到《圣经》中所谓的"权力冲突",使其批判出现偏激的说法。(见书第122页,注释②)但类似于Roberson 的观点并不少见。就研究《约伯记》的学者所持意见,陈廷忠归纳出三种:第一种,因为神是神,他能成就他所想所做的事,约伯只好无言低头谦卑地接受;第二种,因为人若经历神的伟大,其他的疑问都不重要了,神的显现就是答案,无须其他解释;第三,因为神在旋风中所说的话,改变了约伯的人生态度,关键在于他所说的话。(见书第106—107页)可以看出,第一种和第二种意见都带有Roberson 观念的影子。而冯象的观点也隐射出类似于Roberson 的态度。参见冯象:《信与忘——约伯福音及其他》,生活·读书·新知三联书店2012年版,第40—41页。

约伯的辩词。[1]耶和华不直接回答约伯的申诉,而是在约伯面前呈现他所创造的这个奇妙的世界,并非仅是以大力压人,而主要意在开阔约伯看待问题的视野,转换约伯的理念和思路。"在约伯看来,神的旨意与创造宇宙的设计必须在黑白分明的逻辑上运行,但神似乎要他从另一个角度来看创造宇宙的和谐与逻辑。"[2]史铁生也正是遵循着这样的思路来理解耶和华的话的,从他言说的语调来看,他似乎比较轻松地就领悟了上帝在旋风中的启示。

在耶和华所呈现的这个伟大而奇妙的世界面前,史铁生意识到,世界是一个整体,而整体有其整体的意图,人只是这整体中的一部分,整体怎能为了部分而改变整体的意图呢?史铁生指出,"这大约就是上帝不能有求必应的原因。这也就是人类以及个人永远的困номом"[3]。《病隙碎笔》(1999—2001年)中,史铁生反复强调着这样的认识,而在《我的丁一之旅》(2002年10月—2005年7月)中,永远的行魂"我"也以类似的思路来劝导被癌症折磨的丁一:

> 是呀丁一,所以你不能抱怨上帝和上帝的创造。那威严而温柔的声音是说:上帝的作品即是旅途,即是坎坷,而你不过是这

---

1 〔澳〕陈廷忠:《苦痛与智慧——〈约伯记〉与生命难题》,宗教文化出版社2010年版,第126—127页。

2 〔澳〕陈廷忠:《苦痛与智慧——〈约伯记〉与生命难题》,宗教文化出版社2010年版,第132页。约伯的逻辑具体说来,就是好人得福,坏人遭祸。如冯象指出的,约伯三个友人对约伯的指责、劝导和约伯的申诉、怨愤都没有脱离这种报应论的观念,而这种观念是建立在《旧约》人神契约的基础上的。在这里,耶和华要启发约伯扭转这种观念。这正是《约伯记》意义重大之处,它意味着宗教思想的一次重大转变。参见冯象:《信与忘——约伯福音及其他》,生活·读书·新知三联书店2012年版,第32—40页。

3 史铁生:《病隙碎笔1》第八篇,载《病隙碎笔》(史铁生作品系列4),人民文学出版社2011年版,第5页。

旅途的一部分，你不过是微不足道的一粒坎坷。或者上帝是说：他一向就是无极之路，就是无始无终的乐章，而你呢丁一？你不过是这无极之路的一小截儿，一小段儿，是这永恒乐章中的一个音符。因而你必须听见：无论是坎坷抱怨旅途，还是音符抱怨乐章，均属无理。[1]

如果说，整体与部分的关系意在说明作为部分之个人在空间意义上的渺小，而行魂对丁一的劝导则主要在于强调个体的生命在漫长无涯的时间旅途中的短暂。无论是指出人之渺小还是个体生命之短暂，都意在指出人应该认清自己在这广奥的宇宙时空中的位置，人只是其中的一个部分而已，世界不是按照人的意图来运转的。回到苦难的问题上，人大多如约伯及其三友人那样认为，好人不会受苦，而人受苦是人的过错所致，便认为世界应该按照这个规律来运行，这实际上是人的自矜。宏大的宇宙有其自身的运转规律，这规律绝不是人的理性来规定的。那么这个规律是什么？在神学的语境里，也即上帝创世的意图何在？上帝创造出的是一个怎样的世界呢？

在《约伯记》中，耶和华在旋风中质疑约伯用无知的言语污染他的设计和计划，他将他创造的世界一一召唤出来，让约伯应对谁的计划与设计更加伟大。在自然界，耶和华召唤出了"地、海"、"晨光、深渊、光暗"，还有"雪雹、甘霖、流云、闪电"等自然天象；在动物界，耶和华则召唤出了"狮子、乌鸦"、"野山羊、母鹿"、"野驴、野牛"、"鸵鸟、马"、"鹰雀、大鹰"。每一组动物基本上都体现着强弱或习性上的比照。这样的奇景异象呈现在约伯眼前，约伯只能"以手掩口"。

---

[1] 史铁生：《我的丁一之旅》，载《我的丁一之旅》（史铁生作品系列6），人民文学出版社2011年版，第61页。

那么，约伯领悟到了什么？便有待学者的解读。陈廷忠指出，约伯被这样的奇景异象所震撼，承认了自己思想的狭隘，意识到上帝的创造与设计的神秘与伟大。宇宙的确是有其特定的规律，但宇宙并非是按照他原先非黑即白、报应论的观念来运行的，正是这样的观念，才让约伯深陷在"义人为何受苦"的问题中痛苦不堪。宇宙的运行呈现的是一种"吊诡"式的、"并存"式的和谐，"在既定的时空内，生死喜忧，义人恶人，有苦有福，这就是吊诡式的和谐，是充满奇特的糅合，却也带出异样的光辉，造成交错的美"。[1]

史铁生在《病隙碎笔》（1999—2001年）等作品中也多次以"人间戏剧"的寓言提出了相似的观点。他认为，生活就是一出人间戏剧，我们的世界就是上演这出戏剧的大舞台。这世界的大舞台同那舞台的小世界一样，必然有矛盾、有冲突，人物的性格、境遇各异，乃至天壤之别，"戏剧"才会精彩。而"所谓命运，就是说，这一出'人间戏剧'需要各种各样的角色，你只能是其中之一，不可以随意调换"[2]。由此史铁生领悟到，在这奇妙而又威力无比的现实世界中，苦难是必然存在的，人所要接受的是不能单单从中拿掉苦难的整个世界。史铁生通过这种整体与部分、戏剧与角色的关系演绎，解释了苦难的必然存在，也暗示了苦难存在的必要性或价值。一个和谐的世界，一出精彩的戏剧，必是充满生死喜忧，苦福并存的。实际上早在1990年的《我与地坛》中，史铁生就建构了一种鲜明的二元论的存在模式来解读宇宙的这种"吊诡式的和谐"，以此论证了苦难存在的价值。

在那个地坛公园，在那几棵挂满精致小灯笼的大栾树下，史铁生认

---

[1] 〔澳〕陈廷忠：《苦痛与智慧——〈约伯记〉与生命难题》，宗教文化出版社2010年版，第128—135页。

[2] 史铁生：《病隙碎笔1》第一篇，载《病隙碎笔》（史铁生作品系列4），人民文学出版社2011年版，第1页。

出了几年前曾在大栾树下捡小灯笼的漂亮的小姑娘,如今已经长成了少女,依然漂亮。但是当看到她紧揪住卷在怀里的裙裾躲避不良少年的追逐,而两条腿裸露着也毫无察觉时,很明显地看出女孩的智力存在问题。他写道:"我几乎是在心里惊叫了一声,或者是哀号。世上的事常常使上帝的居心变得可疑。"紧接着他做出这样的表述:"你可以抱怨上帝何以要降诸多苦难给这人间,你也可以为消灭种种苦难而奋斗,并为此享有崇高与骄傲,但只要你再多想一步你就会坠入深深的迷茫了:假如没有苦难,世界还能够存在么?要是没有愚钝,机智还有什么光荣呢?要是没了丑陋,漂亮又怎么维系自己的幸运?要是没有了恶劣和卑下,善良和高尚又将如何界定自己又如何成为美德呢?要是没有了残疾,健全会否因其司空见惯而变得腻烦和乏味呢?……如果消灭掉一切的丑陋、愚昧和卑鄙,以及一切我们所不喜欢的事物和行为,所有的人都一样健康、漂亮、聪慧、高尚,结果会怎样呢?怕是人间的剧目就全要收场了,一个失去差别的世界将是一潭死水,是一块没有感觉没有肥力的沙漠。"因此,"看来差别永远是要有的。看来就只好接受苦难——人类的全部剧目需要它,存在的本身需要它"。在这种逻辑推演下,史铁生发出感慨:看来上帝又一次对了。[1]

可以看出,史铁生实际上是给予了存在以一种二元对立的预设,没有对立的二元,没有美与丑、善与恶、残疾与健康等的二元对立,一个不存在差别的一元的世界将变成死水一潭,抑或是没有肥力的沙漠,由此苦难的存在或人的受苦不仅是必然的,也是必要的。这便是人不得不承认也不得不接受的现实,这就是人的宿命。在这里,史铁生不是又回到了思想的起点吗?但不同的是,这一"宿命"的结论,已不是《原

---

[1] 史铁生:《我与地坛》,载《我与地坛》(史铁生作品系列3),人民文学出版社2011年版,第11—13页。

罪·宿命》里无奈中的一丝叹息,而是历经了思想的努力,为命运为人的苦难找到了可以解释,在某种意义上似乎为人的理性能够理解的原因。也许正如有学者指出的,有时候,我们并不是企图解决生命的难题,而是企图明白事情的发生,以致能够减轻心灵的煎熬。[1]事实的确如此。在命运或苦难问题上这一思想的推进,对于史铁生而言,无疑是一种有益的人生智慧,使得他能够以一种更为豁然超脱的态度来对待命运与人生。但接受苦难的必然,理解苦难存在的意义,还不是史铁生在这一问题上思想的终点。归根结底,人类的苦难,不仅是一个思想认识的问题,更是需要面对的真实处境。在苦难的问题上,史铁生又从约伯的故事中得到更进一步的启发。

史铁生指出,撒旦挑动上帝考验约伯,是因为撒旦质疑约伯对上帝的信仰抱持的是一种"行贿受贿的逻辑",撒旦认为约伯之所以敬畏上帝,是因为上帝赐福于他。但是,约伯没有让撒旦的逻辑得逞,在接连不断的苦难面前,信者约伯毫无怨言。不过当三友人劝导约伯承认自己的罪过,认为约伯的灾难必是得罪了上帝所致时,约伯开始觉得委屈,开始埋怨上帝的不公。史铁生认为,这时的约伯开始"迷失在另一种对信仰的歪曲"中。[2]但实际上,此时约伯的委屈与埋怨,及三友人的指责劝导,其逻辑与撒旦并无本质的不同,都没有脱离信者得福、不信者遭祸的报应论观念。而这种报应论的思想或史铁生所言的"行贿受贿的逻辑"在其神学背景下是有其合理性的,它秉承的是传统教义的人神契约观念。天下第一的好人约伯不断地遭遇灾难,以及触目可见的好人受苦、恶人享福的现实,无可避免地危及这种人神

---

[1] 参见〔澳〕陈廷忠:《苦痛与智慧——〈约伯记〉与生命难题》,宗教文化出版社2010年版,第145页。

[2] 史铁生:《病隙碎笔1》第九篇,载《病隙碎笔》(史铁生作品系列4),人民文学出版社2011年版,第5页。

关系的担保。[1] 在这个意义上，约伯值得赞赏的，并不是他原先不问缘由、不计代价地对上帝的绝对服从，而是他跳出了固化的信仰框架，对信仰发出了勇敢的质疑。史铁生强调约伯的信心，但早先信仰坚定，甚至斥责心生抱怨的妻子为"蠢妇"的约伯实际上只是一个盲目的愚信者、一个偏狭的卫道士，真正的信仰并不是盲目的信任或信心，而是经过深刻思考后的心悦诚服。约伯真正的可贵之处正在于他在妻子及三友人的刺激下，终于成了一个勇敢发问的思想者。他申诉他的委屈，埋怨上帝的不公，大胆地要求上帝出来应答。上帝现身，把他伟大的创造呈现给约伯，史铁生说，此时约伯终于醒悟：苦难是无穷的，"不断的苦难才是不断地需要信心的原因"[2]，"上帝并不许诺光荣与福乐，但上帝保佑人的希望。人不可以逃避苦难，亦不可以放弃希望"[3]。面对这苦难的宿命，保有不绝的信心与希望，这才是信仰的真意，是信者的路。[4] 简而言之，也即是说，苦难成就信仰。这无疑又奠定了苦难的另一层意义。

约伯的生命离不开他的信仰，而正如有学者指出的，《约伯记》最大的贡献是把问题摆在"信仰"与"信心"之间的张力。[5] 任何一种信

---

1 参见冯象：《信与忘——约伯福音及其他》，生活·读书·新知三联书店 2012 年版，第 40 页。
2 史铁生：《病隙碎笔 1》第六篇，载《病隙碎笔》（史铁生作品系列 4），人民文学出版社 2011 年版，第 4 页。
3 史铁生：《病隙碎笔 1》第十篇，载《病隙碎笔》（史铁生作品系列 4），人民文学出版社 2011 年版，第 6 页。
4 实际上，在这里，旧约人神契约意义上的信仰已经转换成了基督教意义上的信仰。在宗教的意义上，正是约伯无惧地追问"好人为何受苦"，才使得绝对威权的上帝"出空了自己，取一个奴隶形象，诞作众人的模样"（《腓力比书》2:7），下到尘世，与我们同行。而这正如精神分析学家荣格所说，是近东宗教思想的一大突破。参见冯象：《信与忘——约伯福音及其他》，生活·读书·新知三联书店 2012 年版，第 32 页。
5 〔澳〕陈廷忠：《苦痛与智慧——〈约伯记〉与生命难题》，宗教文化出版社 2010 年版，第 144 页。

仰都不应该成为最后的凭据或最终决断,面对信仰,如果信心动摇,人有权提出质询,只有在此基础上建立起来的信仰才有可能提供真正的信心。耶和华在旋风中现身回复约伯的申诉,斥责三友人的"蠢笨","竟不如我的仆从约伯在理"(《约伯记》42:8)即是对约伯作为一个思想者的肯定。经历过激烈的思想斗争,而终于在耶和华的回复中醒悟的约伯,进入了信仰的更高层次,此时,约伯的信心才是真正的信心。史铁生是现实生活中的约伯,不仅是因为他苦难的经历,更因为他也是同约伯一样的思想者。面对残酷的命运,史铁生没有逃避到某种确定的宗教信仰中寻求心灵的依归。尽管他在作品中援引了不少宗教语汇,而《约伯记》更是一个宗教故事,但显然他并不满足于宗教的神秘性。他引用了一些宗教术语譬如"原罪"、"宿命",但没有去深究其宗教喻义,只是借此表达了他对命运的领悟;约伯的故事给他的生命以启迪,但他对《约伯记》的解读也超越了神学的语境,实际上是由约伯的故事传达了自己关于存在、关于生命的理性建构。他以理性深入生命的终极之境,探索自己的信仰之路,终至超越了生命的苦境,达到了超脱如佛的境界:"一个欲望横生如史铁生者,适合由命运给他些打击,比如截瘫,比如尿毒症,还有失学、失业、失恋等等。……抱屈多年,一朝醒悟:上帝对史铁生和我并没有做错什么。"[1] 他高度赞赏尼采"爱命运"之说,认为其是生命的真谛,"爱命运,不等于喜欢命运。喜欢,意味着欲占有;爱,则是愿付出。……上帝并非是让你喜欢存在,而是要你热爱存在"[2]。不过,尼采提出"爱命运",是欲彰显人的强力意志,是力图成为超人取代上帝,而史铁生"爱命运",没有超人的强力与傲慢,体现的

---

[1] 史铁生:《病隙碎笔2》第九篇,载《病隙碎笔》(史铁生作品系列4),人民文学出版社2011年版,第40页。

[2] 史铁生:《欲在》,载《扶轮问路 妄想电影》(史铁生作品系列7),人民文学出版社2011年版,第71页。

是承纳人的有限性的谦卑。所以,尽管尼采的出发点是想超越叔本华式的悲观主义,但其思想隐含着人与命运的抗衡,便仍摆脱不了悲观或者说悲壮的色调。如果说尼采的超人是一位悲壮的战士,那么这时的史铁生则更像一位历经坎坷而终于听闻大道的智者,感受着生之欢欣。尽管其思想仍流露着一丝被抛入世间的生灵无奈接受宿命的悲凉,不过,他对命运的承纳、对苦难的接受则也体现了生而为人应有的理性,及面对无限奥妙之存在的勇气。

二、有关"存在"的思考

面对苦难的命运,史铁生以理性上的努力超越了绝望的处境。他所迈出的关键一步,是在《旧约》故事《约伯记》的启发下对"存在"的领悟。这一关于"存在"的认识,可以说是他走出生命困境最为重要的思想支点,在他中后期的作品中,经常可以看到相关的表述。有关生命的苦痛,显然存在多元的解释,也存在不止一种走出苦痛的方式。对于苦痛中的人来说,没有哪一种思想或方式是必然有效的。史铁生关于"存在"的认识,其在救赎论上的有效性也不是必然的,譬如它可能失效于那些亲近尼采思想与精神的人。史铁生的"爱命运"之说来源于尼采,二者立论的基点却不同。史铁生通过关于"存在"的形而上学,在对存在整体做出肯定的同时,命运(苦难)也由个体生命之否定转换成了存在整体之肯定因素。单纯的福乐之所以不可能,是因为不符合存在整体的意图,苦福共存,构建了世界的和谐景观,由此,命运(苦难)获得了其存在的合理性乃至必要性。这一转换使得人与命运(苦难)握手言和,也消解了生命的悲剧性色彩;而在尼采的思想里,人类苦难的命运譬如生命的永恒轮回,依然是以悲剧性的面貌呈现的,当尼采说"爱命运"时,他所肯定的并非是命运本身,而是直面这悲剧时,所唤起的人的强力意志、超人的精神。在一个"上帝死了"的世界里,超人诉诸一己之强力意志力图克服命运的奴役，人与命运的抗衡强化了生命的悲剧性。

史铁生常被认为是加缪笔下的"西绪福斯"，面对残酷的命运或者必然的死亡，史铁生和加缪都把意义放在了永动的或有限的过程之中。[1]然而，加缪的西绪福斯其直面命运的精神实质更类同于尼采，而并不同于史铁生。加缪让人直接面对生命中的否定、面对荒诞活着，他不力图把否定转换成肯定，不力图将荒诞转换成意义，在他看来，这种转换只意味着理性的徒劳或自欺。生命的意义在于承认荒诞，正视荒诞并充满激情地活着，这从本质上是一种反抗，但正是"这反抗把它的价值给了人生。反抗贯穿着生存的始终，恢复了生存的伟大"[2]。西绪福斯是一位荒诞的英雄，明知一切徒劳，痛苦永无尽头，但依然坚定地一次次走向他的巨石。加缪说，西绪福斯的痛苦与激情令人心碎，但正是由此，他高于他的命运。对于尼采和加缪而言，苦难就是苦难，命运的无情没有它的合理性，意义并非如史铁生那样建立在对客观宇宙规律的领悟上，而是建立在作为生命主体的人身上，人在意识和行动上对命运、苦难的超越，赋予了为人的意义。史铁生关于"存在"的形而上学所指明的超越苦难与命运的道路，并非每个人都能走得通；同样，尼采、加缪的思想也不能使史铁生超脱于他的命运。无论是尼采面向命运的纵舞欢歌，还是加缪的西绪福斯迈向巨石的坚定步伐，体现的都是人面对命运的反抗。然而，史铁生真切痛苦的生存，也许还有他温良的个性，使得他选择做最终顺服的"约伯"，而

---

[1] 史铁生认为，灵魂不死，生命没有终点，人走在不尽的路上，由此生命的意义在于过程；加缪在理性的限度内思考人生，认为生命有限，死亡是必然的，人所拥有的只是这一个有限的过程，在这个意义上，生命的意义也在于过程。详见本书第二章的相关论述。

[2] 〔法〕加缪：《西西弗神话》，引自黄晞耘：《重读加缪》，商务印书馆2011年版，第219页。杜小真译文为："这种反抗赋予生命以价值。它贯穿一种生存的整个过程，是它决定了存在的价值程度。"见〔法〕加缪：《西西弗神话》，杜小真译，人民文学出版社2012年版，第64页。

非反抗着的"西绪福斯"。

救赎是个人化的,指向个体的境遇,它在于人意识深处的扭转,关联于个体的选择。然而不能否认,人赖以获得拯救的思想或基础仍需要进一步评价。在佛教看来,一切以形而上学达成的救赎,都是不彻底的,因为一切的形而上学都是人的主观建构,由此必然意味着它的局限性。史铁生有关"存在"的形而上学也值得进一步思考。如果说,尼采和加缪过分高彰了人的主体性和自由,那么,史铁生的思想则处在另一端,即在他的思想框架里,似乎无法建立起作为个体的人的自由;同时,他的思想一经推演,也会与人的道德意识产生冲突。

史铁生援引约伯的故事指出,存在是一个整体,人只是其中的一部分,整体有整体的意图,整体的意图在于"吊诡"式的、"并存"式的和谐,由此,世界呈现出了异样的光辉、交错的美,而人作为整体之一部分,领受属于他自己的角色,参与到整体的和谐之中。对存在整体做抽象的思考,是古希腊人看待世界的基本眼光,自巴门尼德肇始,"形而上学总企望能成为存在的本体论哲学"[1]。史铁生用角色与戏剧、部分与整体的关系理解并接受了"上帝"的安排与设计,就让人联想到斯多葛学派的观点,爱比克泰德就曾运用过与史铁生同样的比喻:即世界是神或理性的原则所安排的一出戏剧,人的智慧便在于如何把这出戏剧演好。[2] 然而,历史地来看,古希腊式的本体主义早已遭到了以存在主义为代表的现代哲学的挑战。在存在主义哲学的视野里,

---

1 〔俄罗斯〕尼古拉·别尔嘉耶夫:《人的奴役与自由——人格主义哲学的体认》,徐黎明译,贵州人民出版社1994年版,第55页。

2 参见〔美〕S. E. 斯通普夫(S. E. Stumpf)、J. 菲泽(J. Fieser):《西方哲学史 从苏格拉底到萨特及其后》(修订第8版),匡宏、邓晓芒等译,世界图书出版公司北京公司2009年版,第97—98页。

本体主义思维下的"存在"与人作为个体的自由是相冲突的。[1]有关自由的问题，正是斯多葛学派遭受的质疑，如果一切都是上帝决定的，那么，人的自由体现在哪里？[2]这显然也是史铁生的思想要面临的问题。在史铁生关于整体与部分、角色与戏剧的关系演绎中，作为整体之部分、戏剧之角色的个人缺失了主体性，似乎成了满足整体之和谐、实现戏剧之精彩的道具，只能服从与接受。这在史铁生看来，是有限之在的人不得不面对和接受的宿命。他明确申言："上帝不是你的仆人，而你是上帝的仆人。"[3]在这里史铁生所说的"上帝"指涉的是他所建构的形而上学意义上的"存在"。不过，这种本体主义的"存在"实际上具有传统神学的"上帝"色彩。

这样的上帝以创世主自居，以其强力要求着人的无条件的顺从，这样的上帝是"人的偶像崇拜的最后栖身之地"[4]。史铁生没有误读《约伯记》，约伯所面对的正是这一个上帝。面对约伯的质疑，上帝在旋风中现身，他向约伯发问："这是谁，竟敢涂黑我的旨意，满口无知妄言？

---

[1] 别尔嘉耶夫就认为，以"存在"为基础的本体主义哲学是谬误，它落入了抽象化，因而非常冷酷。"占据真理的哲学应朝向具体的真实，朝向生存着的真实。"（第55页）而本体主义哲学中的"存在"不过是人思维的产物，只是概念，并不指向任何具体的生存。但这种抽象化的"存在"一经主体化的思维产出，就被神化，进入了决定化的领域，一切个别的具体的人、事物都被纳入到了存在的强制规范中：存在成为实相、普遍的、最高的，而每一个独特的、真实生存着的个体则成了部分与卑微的。这是"存在"与具体生存者的位置的倒错。别尔嘉耶夫尖锐但不无深刻地指出："存在的先验和谐、整体统一、善、正义，纯属乌有。"（第58页）"存在"对人的奴役是"加诸人的一切奴役之最"。（第60页）参见〔俄罗斯〕尼古拉·别尔嘉耶夫：《人的奴役与自由——人格主义哲学的体认》，徐黎明译，贵州人民出版社1994年版。

[2] 参见〔美〕S. E. 斯通普夫、J. 菲泽：《西方哲学史 从苏格拉底到萨特及其后》（修订第8版），匡宏、邓晓芒等译，世界图书出版公司北京公司2009年版，第99页。

[3] 史铁生：《我的丁一之旅》，载《我的丁一之旅》（史铁生作品系列6），人民文学出版社2011年版，第62页。

[4]〔俄罗斯〕尼古拉·别尔嘉耶夫：《人的奴役与自由——人格主义哲学的体认》，徐黎明译，贵州人民出版社1994年版，第65页。

你束紧腰,学学战士,我倒要问问你,讨要你的答案。"[1] 当上帝将他创造的世界一一呈现在约伯眼前,约伯自认卑微与无知,世间奇妙的一切超乎了他的悟性。约伯信服了吗?为何最后他只能"坐于炉灰,而伤悲"?也许约伯只是被震慑了,上帝呈现奇景,只是将他创世的意图或者说将存在的整体凌驾于人的命运、人的苦难之上。《约伯记》中的上帝还不是那个下到世间,进入人间的苦难,以自己的肉身之苦赎世人的罪,给人以自由、爱与正义启示的上帝。别尔嘉耶夫认为"上帝"的问题与"存在"的问题密切相关。[2] 形而上学的"存在"奴役人,神学则在"上帝"面前交付了人的自由。"上帝"如"存在"一样,经由人的意识造出,却反过来异化人统治了人,"上帝"成了绝对的君主、统治者,而人成了"上帝"的奴仆。别尔嘉耶夫指出,"被人的意识模塑出来的上帝,印着'上帝人形论'和'社会变形论'的遗痕"[3]。这样的"上帝"是人类历史上奴隶式的社会关系和人性中的奴性意识的投射,它无法给予人真正的自由。

真正的自由是另一个上帝给我们的启示。这个上帝所体现的不是全胜全知,而是自由和超乎想象的爱。真正的自由只有在爱中才能实现。这样的上帝给予人自由的启示,而不施于人奴役,他矗立在人的精神体认的极限之内,呼唤着人的意识与精神的提升。这样的上帝也给了史铁生生命的启示,是那个让他在苦难中,依然保有不绝的信心和希望的上帝,是那个启示他爱是终极救赎的上帝。只是那个"绝对的君主"式的

---

1 《约伯记》译注(38:2,3),引自冯象:《信与忘——约伯福音及其他》,生活·读书·新知三联书店 2012 年版,第 429 页。
2 〔俄罗斯〕尼古拉·别尔嘉耶夫:《人的奴役与自由——人格主义哲学的体认》,徐黎明译,贵州人民出版社 1994 年版,第 63 页。
3 〔俄罗斯〕尼古拉·别尔嘉耶夫:《人的奴役与自由——人格主义哲学的体认》,徐黎明译,贵州人民出版社 1994 年版,第 64 页。

上帝始终占据着史铁生的思想。在史铁生的思想中,两个上帝并存。

历史上,有关"存在"的本体主义受到了存在主义的质询,"绝对的君主"的上帝也遭遇了无神论的正义的反叛。尼采宣告死了的那个"上帝",不是启示的上帝,正是神学制造出来的"绝对的君主"。[1] 加缪悬置了"上帝"与"永恒",并非仅是因为对人的理性有限性的意识,根本上在于从道德上无法认同这个"绝对的君主"的上帝。他的西绪福斯以不屈的行动成为自己命运的主宰,把"上帝"驱逐出了这个世界。而信仰东正教的陀思妥耶夫斯基也借着伊万·卡拉马佐夫之口道出了他对上帝充满痛苦的质疑。伊万说,他不是不接受上帝,只是不接受上帝所创造的世界,而且绝不能答应去接受它。人的无辜受苦,竟然归因于为了世界的和谐。最让他痛苦的是那些无辜受难的孩童,他们的苦难难道只是培育未来和谐的肥料?伊万痛苦地声明,为了孩童的一滴苦泪,他也要坚决退还掉和谐之门的入场券,他不愿意有和谐,为了对于人类的爱而不愿。[2]《卡拉马佐夫兄弟》里最动人的形象不是天性虔诚的信徒阿廖沙,而是痛苦的伊万。[3]

---

[1] 尼采认为,"绝对的君主"的上帝是人的强力意志造出来的,尼采把控制权交还给了人的强力意志。然而,尼采没有明了自由的真义。别尔嘉耶夫指出,强力意志里没有真正的自由,强力意志是统治者意识和奴隶意识的合体,而根本上拥有强力意志的超人受着自身强力意志的奴役。参见〔俄罗斯〕尼古拉·别尔嘉耶夫:《人的奴役与自由——人格主义哲学的体认》,徐黎明译,贵州人民出版社1994年版,第41—52页。

[2]〔俄罗斯〕陀思妥耶夫斯基:《卡拉马佐夫兄弟(上)》第二部第二卷"赞成和反对",耿济之译,吴钧燮校,人民文学出版社1981年版,第295—307页。

[3] 伊万所说的"和谐"是基督教许诺的末世的和谐,指向未来;史铁生的"和谐"指向当下,是对现实的描述,但被抽象地升华成了存在的应然状态。在伊万所要否定的基督教的语境里,苦难是通往和谐的手段、途径;在史铁生有关存在的形而上学里,苦难是构成和谐的必要组成部分。这两种和谐的内涵不尽相同,但无论指涉的是哪一种和谐,无疑都造成了人道德上的困境,因为这两种和谐的理念虽然在形式上赋予了人类的苦难以价值,但实质上都看轻了人类的苦难。

史铁生在作品里也提到了那么多苦难的形象，包括那些生来残疾的孩童。为何史铁生没有像加缪、伊万那样对"存在"、对"上帝"、对整体的和谐再做道德上的考量？为什么他的思想始终为那个"绝对的君主"的上帝留着位置，而没有看到这个高高在上的上帝如何无视人类的生存，看轻了人类的苦难？可能的原因首先在于，基督教信仰不是史铁生思考与生存的背景，由此苦难的问题不会造成有关信仰的迷思；同时史铁生所言及的苦难不是伊万所列举的因他人之罪造成的苦难，而是如他的残疾一样，是纯属偶然的命的原因，由此不会激起人对上帝之冷酷或不公正的质疑；但更重要的原因或许还在于史铁生真实痛苦的生存。加缪的西绪福斯这样能够直面荒诞的英雄，并不是任何人能够承负得起的，正如有学者指出，"对未受毁灭威胁的人们来说，加缪的忠告也许会有助于他们更好地度过余生"[1]。可是，对于像史铁生这样遭遇重创，几次自杀，曾濒临绝境的人而言，做加缪的西绪福斯式的英雄，也许是太苛求也太令人痛苦了。对于苦难中的人而言，无意义的受难令人难以忍受，而把意义完全交付到人自己手里，人又难负其重，只有真实遭遇苦难的人才知道，在命运面前，人是多么脆弱和无力。由此史铁生建构了"存在"的形而上学，使得苦难不至于落入偶然，因为偶然只意味着荒诞和无意义。而"存在"的形而上学为苦难提供了必然性的位置，必然性的建立赋予了苦难以价值与意义。史铁生的"存在"给予他的是类宗教性的精神支撑。

史铁生特殊的生存境遇赋予其思想的深度，我们也只有联系他的生命处境才能更好地理解他的思想。但或许应该说他的特殊境遇又在一定程度上限制了他的思想，他受困于自身肉体，及由此带来的精神困境，而未能跳到一个更为普遍的存在的视野里，对思想做更为全面的理性考

---

[1] 〔美〕理查德·坎伯：《加缪》，马振涛、杨淑学译，贾安伦校，中华书局2002年版，第80页。

量。如果苦难只是基于"命"的原因,史铁生所建构的有关存在的形而上学,可能不会引起人们太多情感和道德上的疑问。可这世上还有很多的苦难是因罪而起的。面对因罪造成的苦难,史铁生关于存在的抽象表述和考验约伯的那位上帝会遭遇更强烈的质疑。上帝在约伯面前呈现了吊诡式的一切并存的宇宙图景,就带来这样的疑问:"若是天地间就是这样吊诡并存的,那么不就等于一切都只有吊诡的解释,换言之,一切不就是相对的吗?那还有绝对的善恶吗?"[1]也就是说,如果恶同苦难一样,是构建宇宙和谐的必要组成,那么,基于这样的预设或宇宙图景,恶岂不就成了自然而合理的存在,因此无法对之提出质疑和审判吗?实际在历史上,有一种关于苦罪的解释似乎比宇宙和谐论显得合理一些。这种解释认为,苦罪是上帝完成他美善计划的工具,"人在这计划中经历苦罪,运用他的自由意志,最终能与上帝建立爱的契合"。自由意志有善有恶,恶的意志所实施的罪恶,是为了最终达成善的结果、人类所必要付出的代价。[2]《约伯记》中的邻人青年艾力胡说:"上帝用受苦来搭救受苦人,以灾难开启他的耳扉。"[3]其所表达的也正是这样的救赎观。而史铁生在1992年的《游戏·平等·墓地》一文中,也表述了类似的观点。他说,在现实中,对假恶丑的惩罚与唾骂是有必要的,但是,"没有凶残、卑下、愚昧,难道可以有勇敢、高尚和英明么?没有假恶丑,难道可以有真善美么?总而言之,没有万千歧途怎么会有人间正道呢?"由此看来,"证明歧途和寻找正道即便不可等同,至少是一

---

[1] 〔澳〕陈廷忠:《苦痛与智慧——〈约伯记〉与生命难题》,宗教文化出版社2010年版,第135页。

[2] 〔澳〕陈廷忠:《苦痛与智慧——〈约伯记〉与生命难题》,宗教文化出版社2010年版,第154—155页。这是宗教哲学家约翰·希克(John Hick)的观点。

[3] 《约伯记》译注(36:15),引自冯象:《信与忘——约伯福音及其他》,生活·读书·新知三联书店2012年版,第424页。

样的重要了"。"凡人、伟人、罪人共同为我们走出了一条崎岖但是通向光明的路,共同为我们提供了一个对称因而分明的价值坐标,共同为这出人间戏剧贡献了魅力。"因此,"在俗界的法场上把他们处决的同时,也应当设一个神坛为他们举行祭祀。当正义的胜利给我们带来光荣和喜悦,我们有必要以全人类的名义,对这些最不幸的罪人表示真心的同情(有理由认为,他们比那些为了真理而捐躯的人更不幸),给这些以死为我们标明了歧途的人以痛心的纪念(尽管他们是无意的)"。[1]

罪恶,及罪恶所造成的人间苦难,会加深人们对罪恶的激愤,对人间疾苦的关怀,同时激起人的理性反思,促使人类走上更为正确的道路。人类的历史确乎表明了这样一条从罪恶苦难走向更为人性的文明的历程。然而,我们是否因此就可以在形而上学或神学的语境里,为苦罪与和谐或更为光明的人类前景之间套上一个理性的框架?在这框架里,苦罪作为实现和谐的必要手段、途径获得了其存在的合理性。以目的论的形式表达的思想也许揭露了一部分事实,但却无法显明真理,它试图将复杂的存在包容在人的理性之内,以为理性即是存在的最高法则,但存在超越理性,至高的真理不在理性的演绎中。史铁生此处的表述让人联想到"存在即是合理的"[2]这句名言。这里的"合理"不是说合乎现实社会的公共道理,而是说合乎理性。假恶丑的存在是合乎理性的,合乎理性的就是现实的,一切现实的就是合乎理性的。这种思想认识即使没有取消人们在现实中对于假恶丑的道德评判,但却可能在理论的意义上削减了世俗道德评判的意义。而持有这种思想的人是否更会倾向于对世界罪恶与丑陋的容忍,从而弱化了其道德的行动力呢?

史铁生在对存在整体的构想中建立起苦难的价值,同时,在存在内

---

[1] 史铁生:《游戏·平等·墓地》,载《我与地坛》(史铁生作品系列 3),人民文学出版社 2011 年版,第 292—293 页。

[2] 此句据说是对黑格尔的误译,但无疑已深入人心,成为思想的依据。

部,他通过二元模式的演绎,建构了一种二元对立又相互依存的图景,也以此论证了苦难存在的意义。在1990年的散文名篇《我与地坛》中,一个漂亮小姑娘竟是弱智的事实让史铁生深感震撼与哀痛,细加思量,他做出这样的表述:"要是没有愚钝,机智还有什么光荣呢?要是没了丑陋,漂亮又怎么维系自己的幸运?要是没有了恶劣和卑下,善良和高尚又将如何界定自己又如何成为美德呢?要是没有了残疾,健全会否因其司空见惯而变得腻烦和乏味呢?……"[1]他又做出这样明确的表达:"我常以为是丑女造就了美人。我常以为是愚氓举出了智者。我常以为是懦夫衬照了英雄。我常以为是众生度化了佛祖。"[2]在这里,史铁生是意图通过二元对举,赋予对立二元尤其是低级一元存在的价值或合理性。但在他的表述中看到,低级一元的存在是为了衬托或者成就高级一元的荣耀与美好,这一思想实质上贬低或者说取消了低级一元存在的价值。低级一元譬如愚钝、丑陋、残缺等,指向人间的苦难,而恶劣和卑下则指向恶,苦难是为了衬托美好,恶才能烘托出高尚,显然,这样的思想演绎与以苦罪来成就存在整体的和谐一样,会导致道德上的困惑。这种二元论的演绎也会陷入另一种思维的困境,即无法来解释生命中的偶然。这一点史铁生也意识到了,他这样写道:"于是有一个最令人绝望的结论等在这里:由谁去充任那些苦难的角色?又由谁去体现这世间的幸福、骄傲和快乐?只好听凭偶然,是没有道理好讲的","就命运而言,休论公道"。[3]史铁生的思想终究还是存在着一丝悲观的宿命论的影子。

---

[1] 史铁生:《我与地坛》,载《我与地坛》(史铁生作品系列3),人民文学出版社2011年版,第13页。

[2] 史铁生:《我与地坛》,载《我与地坛》(史铁生作品系列3),人民文学出版社2011年版,第14页。

[3] 史铁生:《我与地坛》,载《我与地坛》(史铁生作品系列3),人民文学出版社2011年版,第13页。

通过对史铁生命运观的解读，我们可以看到史铁生思维中鲜明的二元论模式。二元论似乎是现实世界的通行法则，最基本的二元可以说是"自我"与他者、"自我"与客体的世界，没有这样的二元认识，人们的观察、思考、行为、交流似乎便无法正常进行。在现实的领域，价值的体现很大程度上也是基于二元的理念，价值往往在比较中凸显。然而，在佛教看来，救赎不能建立在二元论上，事实上，人类痛苦的根源正在于思维的二元性。人固执于自我的存在，导致了主客二分，及一切的二元对立，而"要真正从生存的焦虑中解脱出来，得到自由，只有彻底摆脱生死、善恶、好坏的对立矛盾，也就是彻底消除它们之间的二元性，证悟到'空'"[1]。可是人的痛苦如此真切地存在，譬如史铁生所受的残疾之苦，一个好端端的健壮青年突然失去了双腿，不能行走，连正常的起居都困难，后来又不得不承受一周几次的透析之苦，几年被扎了上千针，胳膊上鼓起了鸡蛋大的几个硬包，无时无刻不感受到疼痛。这样的痛苦几乎是难以想象的。证悟到"空"就可以逆转他的命运，让人从真切的肉身痛苦中解脱吗？而"空"不仅指向万物、人，也指向了一切人间的价值、准则、理念，那么，佛教的"空"，似乎与史铁生二元论的思想建构一样，也会带来道德伦理上的困惑：在这个世界上，罪恶实实在在地发生过且还在发生着，如果说一切都是空的，是否意味着我们要放弃社会正义的诉求？那么又何以告慰那些无辜罹难的人们呢？

对于这些疑问，佛教似乎都可给出合理的解释。佛教认为，"空"与社会伦理并不违背，"对于空的觉悟，不但不会让人放弃伦理责任，反而能够在一个更高的高度上更好地承担伦理责任"[2]。这涉及对"空"的内涵的认识。所谓"空"，即指万物皆无自性、无实体，皆是因缘而

---

[1] 李宜静：《空与拯救 阿部正雄佛耶对话思想研究》，宗教文化出版社2012年版，第65页。

[2] 李宜静：《空与拯救 阿部正雄佛耶对话思想研究》，宗教文化出版社2012年版，第164页。

生、因缘而灭。"空"是对世界实相的"如实知见",是般若智慧,而非人的主观建构;而"空性中见悲心",慈悲与智慧同样都属于"空"的重要特质。基于"空"难以测量的智慧与慈悲,"在常识和相对意义上事物之间主导——从属关系被自由地逆转过来,在人类和历史维度的善与恶、对与错等道德和伦理判断都在终极的维度得到了超越"[1]。由此,"最残忍的屠夫也可以得到拯救,罪恶的冲动也可以转化为觉悟"[2]。这让我们联想到基督"爱邻人,也要爱敌人"的教导,可见佛教之慈悲同于基督之爱或上帝之爱,而正是这超越伦理的爱与慈悲才使得普世的救赎成为可能。上帝的归上帝,恺撒的归恺撒,基督教上帝之爱与世俗伦理并行不悖,佛教的慈悲也并不会取消世俗的道德伦理。那么,如何在"空"的基础上又找回世俗伦理的位置呢?阿部正雄指出,佛教与社会伦理的一切张力是与"空"的"不二"观念相关的。[3]"空"不仅空掉了万物,也空掉了"空"自身,所谓"空复亦空"。如果停留在"空"上,仍是一种执着,也会落入虚无。所以,"空不异色,色不异空",通过空的自我淘空,二元的观念和价值的判断被重新建立起来。而这时的伦理价值判断是在对"空"的觉悟的基础上建立起来的,由此,"完全消除了区别善恶的'自我'的存在,善恶就更加清晰地确立了"[4]。阿部正雄指出,对"空"的觉悟"是我们进行社会活动的生存论或者本体论上的根基"[5]。由此,"空"的观念并不违背社会伦理,对"空"的觉悟可以让

---

1 李宜静:《空与拯救 阿部正雄佛耶对话思想研究》,宗教文化出版社2012年版,第80页。

2 李宜静:《空与拯救 阿部正雄佛耶对话思想研究》,宗教文化出版社2012年版,第80页。

3 李宜静:《空与拯救 阿部正雄佛耶对话思想研究》,宗教文化出版社2012年版,第161页。

4 李宜静:《空与拯救 阿部正雄佛耶对话思想研究》,宗教文化出版社2012年版,第162页。阿部正雄套用青原惟信的话说:"开始学佛之前,我说善就是善,恶就是恶。当我对佛教的真理有所领悟的时候,我说善不是善,恶不是恶。但是现在获得觉悟以后,我说善真是善,恶真是恶。"

5 李宜静:《空与拯救 阿部正雄佛耶对话思想研究》,宗教文化出版社2012年版,第172页。

人们更好地承担起社会伦理责任。

但是,"空"又如何让个体从他切身的痛苦中获得解脱呢?表面看来,对"空"的觉悟似乎无法改变苦难的事实,然而,当人觉悟到"空",意识到万物众生一体时,便也意味着在某种程度上自我中心意识的消解,而放下自我的同时,也便走向了慈悲大爱。慈悲与爱是人获得救赎的终极之路,无论基督教还是佛教,指引给人们的都是这样一条救赎之路。由此对空的觉悟所带来的这种意识的觉醒、精神的提升能够从根本上赋予人生命的智慧和能量,从而引领人走出苦难。事实上,史铁生有关"*存在*"的形而上学,其在救赎上的有效性也在于它消弭了自我中心主义:个体的人臣服于存在、整体、和谐之下,人放下了自我中心意识,苦难在宇宙整体的架构中找到了意义,人由此从命运中获得解脱。尽管这种理性的思路,在二元论的演绎下反而背离了人的道德意识,背离了爱的原则,但支持史铁生走出命运困境的精神来源根本上还是爱。残疾让他遭受巨大痛苦,所受的歧视让他愤怒,绝望甚至让他对一切美好的事物都产生了仇恨。但他良善的天性、善于自省的品质让他意识到,什么都不是恨好了的。恨只会让跌落深渊的人更加万劫不复。他转向了爱,他以形而上学建构起了对命运的爱、对存在的爱,以及对罪恶的宽恕、对罪人的同情。尽管形而上学的演绎存在有限性,但史铁生理性表达的背后是对爱的诉求。正是爱让痛苦消融,让史铁生真正走出了命运的困境。

第二章　意义与永恒
——史铁生的死亡哲学

蒂利希说，命运对人的威胁是相对的，死亡对人的威胁却是绝对的。"没有死亡伫立其后，命运就不会产生出不可逃避的焦虑。"[1] 人天性渴望自由，而死亡不由分说，横亘在面前，无疑是对人的自由的最大否定。人是必死的，面对这必死的命运，你毫无办法。死亡可以说是生命最大的悲剧。

人们对死亡的畏惧，很大程度上应该是源于死亡的神秘。死到底是什么，大概是人在有生之年最无法确知的事情。生死相隔，永不相见，死去就意味着消失，肉身化为灰烬、化为尘土，成为活着的人对死亡最为直观而可得到确认的经验，这经验无疑是恐怖而令人悲伤的。忙碌的尘世生活，"立功、立德、立言"的尘世追求，无法真正消除对死亡的焦虑；直面死亡，了悟死亡的真相，才有可能真正走出死亡的阴影。而人的经验、智识终是有限，哲学尤其是宗教对死亡的描述则成为人们认识死亡的主要知识来源。然而，大多数宗教在处理生死问题上表现出极

---

[1] 〔美〕P. 蒂利希：《存在的勇气》，成显聪、王作虹译，贵州人民出版社1988年版，第41页。

强的主观意愿性,其中类似关于永生的承诺或民间传统的"鬼魂论",大多无法应对现代理性的挑战,虔诚信仰者或可由此得到精神的慰藉,但大多数现代人却无法从中获得解脱。

在生死的问题上,或许只有注重客观性,才能提供有关生命的真确思想。道家和佛教可以说是注重思想之客观性的突出代表。妻死,庄子"鼓盆而歌"[1]的故事可以说是道家生死观最为生动的体现。道家之所以能够笑看生死,是基于一种现象性的领悟。所谓"方生方死,方死方生",生生死死循环往复,这是不可抗拒的自然之道。因此,在道家看来,顺天而行、顺应生死,是面对生死的正确态度;而道家达观境界最为本质的思想来源还是其在本体论层面的"齐物"思想。道家认为,现象领域,万物有别,但在道之本体的领域,却是"万物一府,死生同状"[2]。人若能脱离"差别相",立足于道之本体看待生死,便不会为生死所扰。"道"被看作万物的存有之本,也是宇宙的生化之源,只有顺道而行,才可能从精神上超脱生死。不过,总体而言,道家的"道"还处在玄奥幽远之域,是"玄而又玄"、"非常名"、"非常道"的。相对来说,佛教思想要更为深入和系统化。

生死问题是佛教最核心的问题,传说佛祖释迦牟尼正是被人间老、病、死的景象所震撼,而毅然放弃皇宫优越的生活,出家修行,寻找解脱之道。在佛祖的原始教义中得到呈现、而在大乘佛教中得到深入阐述

---

[1] 参见《庄子·至乐》,载《庄子译注》,杨柳桥译注,上海古籍出版社2007年版,第196页。故事大意是:庄子妻死,惠子前往吊唁,却惊讶地发现,庄子竟敲着瓦盆在唱歌。惠子生气质问:在一起生活了一辈子的妻子死了,你竟敲着盆唱歌,这样是不是太过分了?庄子黯然答曰:她刚死的时候,我怎么能不感慨伤心呢!可是仔细一想,她这个人本从无中来,由气聚成人形,而今又回到无中去。这种变化就像四时之运作那样自然。如今她静卧于天地之间,我还哭哭啼啼,岂不是太不通达于天命了。

[2] 参见《庄子·天地》,载《庄子译注》,杨柳桥译注,上海古籍出版社2007年版,第125页。"万物一府,死生同状",意思是,把万物视同一家,把生死看作一样。

的"缘起性空"观是佛教解决生死难题的关键,也是佛教的核心思想所在。所谓"缘起性空",指的是世间万物,包括人,皆是因缘和合而成。宇宙无论从时间维度还是空间维度来看,都重重牵引,互相依赖而存在。万物皆无自性,皆处在片刻不息的变化之中。人也是如此。人人将"我"字挂在嘴上、放在心头,因"我"之成功、顺利、健康而喜悦;因"我"之失意、病弱、衰老濒死而悲伤。但在佛教看来,"我"不过是一个虚幻的概念,"空"才是"我"的本质。既然"我"是空无,那么又何必为"我"之老死而焦虑悲伤呢?

"业报轮回"则是佛教中涉及生死问题的另一重要观念。"业"梵名"karma",意为"造作",指有情众生依凭自己的意志力而产生的活动,分为"身(行动)、口(言语)、意(意念、意识)"三个方面。这些活动有一种潜在的力量存续下去,带来或苦或乐的果报,名为业报或业果。业不尽,生命也便不断地轮回,"业"是生命"轮回"背后的驱动力。"轮回"意味着生命不是有限的,而是处在无限的进程之中。由此,在佛教看来,死亡不是终点,死只不过是生命进程中的转折点。在业力的驱动下,死是生命从一个方向向另一个方向的转换。[1]

"缘起性空"、"业报轮回"或许超乎常人经验,却不应被轻易地斥为虚妄。事实上,佛教最重"如实知见","如实知见"四字在佛经中随处可见。如果说哪一门宗教与科学的关系最亲近?那无疑便是佛教。佛教称得上是科学之宗教。如梁启超所说,"对于一切现象,(佛教)用极忠实的客观考察法以求得其真相,不容以自己所愿望所憎嫌者而加减于其间"[2],"宗教上的兴奋剂或麻醉剂,虚构没对证的话令信徒

---

[1] "缘起性空"与"业报轮回"常会引起人们的困惑,既然任何生命都没有本自具足的实体存在,那么,又是什么为业力推动而轮回呢?这个问题在下文会涉及。在此略去。
[2] 梁启超:《原始佛教教理纲要》,载吴平编:《名家说佛》,北京图书馆出版社2003年版,第41页。

因自欺而得安慰，佛所最不取也"[1]，"佛教是建设在极严密、极忠实的认识论之上，用巧妙的分析法解剖宇宙及人生成立之要素及其活动方式，更进而评判其价值，因此求得最大之自由解放，而达人生最高之目的者也"[2]。事实上，几千年后，科学的发展也逐渐证明了佛教思想的真确。史铁生在遗稿《昼信基督夜信佛》中感叹说，"佛门智慧，单凭沉思默想，便猜透了很多物理学几千年后才弄懂的事；比如'唯识'一派，早已道出了'量子'的关键"[3]。史铁生所推崇的《物理学之道——近代物理学与东方神秘主义》一书，将近代物理学的研究成果与道家、印度教而主要是佛教思想进行了比较论述，可以看出近代科学向佛教等东方神秘主义的趋同。

死亡，可以说是史铁生生命中最重要的一个主题，他的一位朋友刘树生说，史铁生一生中思考得最多的就是"了生死"的问题。[4] 青春年茂之时，残疾不期而至，残疾带来的肉体痛苦以及精神重压，让死成了一个自然摆放在史铁生面前的问题。然而，作为残疾人活下去需要勇气，为了逃避残疾的事实而主动寻死可能更需要勇气。死，如果意味着消失，意味着灰飞烟灭，一了百了，难道不是比残缺地活着更为残酷的事吗？活着，尽管是残缺的，但总归还是一个"有"；而死，则意味着"无"。刘树生回忆说，那个时候，史铁生在活下去的问题上，非常缺乏勇气，他时时会想到死，但真的要死时，又难做了断。对于非常了解史铁生的刘树生来说，这是因了史铁生一贯怯懦的本性。因此，当史铁生

---

[1] 梁启超：《原始佛教教理纲要》，载吴平编：《名家说佛》，北京图书馆出版社2003年版，第41页。

[2] 梁启超：《原始佛教教理纲要》，载吴平编：《名家说佛》，北京图书馆出版社2003年版，第41页。

[3] 史铁生：《昼信基督夜信佛》，载《昼信基督夜信佛》（史铁生全集 未竟稿涂鸦·手迹），北京出版社2017年版，第8页。

[4] 刘树生：《懦之勇——回忆好友史铁生性格杂事》，《三月风》2014年第10期。

某次在他面前又说想死时，刘树生一改往日的劝导法，改用激将法说，一个人真要想死，谁也拦不住，既然你想清楚了，那你就死吧。结果史铁生被惊得面无人色，"如拔了气门芯般一下泄了气"，从此再也不敢在刘树生面前说"死"这个字了。终于在 80 年代末的某一天，史铁生突然对刘树生说："树生，我现在不胆小了……死我不怕！事也不怕！"刘树生笑问："何以有这变化？"史铁生说："大智才能大勇！以往的怯懦，是佛学上的'无明'使然。先贤们所以能无所畏惧，是因为他们有大智慧。"[1]

因为大智，而生大勇。通过智性上的努力，史铁生走出了生命的幽暗之地，死都不怕，又怎么怕活着呢？史铁生景仰佛门大德的智慧和生命境界，在死的问题上，他明言，他相信佛说。刘树生说他在信仰佛教后，常拿一些佛学方面的书籍给史铁生看，也曾请青年高僧在史铁生家中讲过法。[2] 孙立哲也提及史铁生与佛教的隐秘因缘：史铁生从 1966 年的初识喇嘛庙，到 1976 年比邻雍和宫隔墙论道，至此终生探问生死迷踪，"这偶然之间难道没有内在关联，没有上帝的神来手笔？"[3] 不过史铁生对死亡的认识却不仅体现出佛教思想的影响，而是融合了包括佛教、近代物理学、哲学在内等多方面的思想资源，他在作品中也偶尔流露出道家顺应自然、清静无为思想的影响。史铁生对死亡的论述，早期倾向于逻辑的演绎，后期则多用形象的譬喻。他的"死亡哲学"并不那么通俗易懂，其理性论证有时看上去似乎只是一种逻辑自洽，譬喻等文学性的表达往往又因其诗意简约的风格而一时深奥难明。但是，这种对

---

[1] 刘树生：《懦之勇——回忆好友史铁生性格杂事》，《三月风》2014 年第 10 期。

[2] 刘树生：《懦之勇——回忆好友史铁生性格杂事》，《三月风》2014 年第 10 期。

[3] 孙立哲：《想念史铁生》，载"写作之夜"丛书编委会主编：《生命——民间记忆史铁生》，中国对外翻译出版有限公司 2012 年版，第 28 页。

死亡的晦涩演绎似乎是一种"隐微术"[1]，它的曲折难解在一定程度上也吸引着人们踏上自己的理性探索之路。

死亡不是虚无，"我"不死

小时候，史铁生问奶奶，死了就怎么了，奶奶说，死了，你就再也找不到奶奶了。小小的他吓得不敢嚷、也不敢问了，老老实实依偎在奶奶的怀里。这是世界给他的第一个可怕的印象。[2] 死了就意味着消失，就意味着什么都没有了。我们对死亡的恐惧，主要就在于两点：一是害怕遁入虚无，害怕到了一个什么都没有的世界；一是害怕再也找不到我了，世界上没有了我。这两点惧怕又是相互联系的：一个什么都没有的世界，我又何以为立？而没有了我，世界的有对我也仍是虚无。死亡的可怕真相正在于它使人朝向彻底的虚无。史铁生超越死亡的第一步，便是力图否定绝对的虚无。绝对的虚无是不存在的，死并不意味着落入虚无，从而证明了"我"之不死。

在短篇小说《我之舞》（1986年）中，史铁生第一次完整地呈现了他的生死观。小说的主人公"我"这一年18岁，原本成绩优异，前景美好，却横遭厄运，双腿残疾，从此成了社会的"弃儿"，毕业了没有一家工作单位肯收留。无事可做，又无处可去，"我"便一天到晚耗在家旁

---

[1] 隐微术是古老的哲学写作技巧，意指将真理隐藏在种种复杂的修辞手法背后，甚至实话、谎言交织，增加理解难度，意在排斥多数读者，而吸引少数真正的读者。此处将史铁生关于死亡的演绎比作一种隐微术，意指他写作中的逻辑理性倾向，及象征、明喻等修辞手法所造成的理解的难度，但史铁生或许意不在隐微。

[2] 史铁生：《奶奶的星星》，载《命若琴弦》（史铁生作品系列1），人民文学出版社2011年版，第169页。

边一座僻静的古园里。"跟上班下班一样,别人去上班我就摇了轮椅到这儿来,别人下班回家我也回家吃饭,别人又上班去我就又来。在人口密集的城市里,有这一处冷清的地方,看来像是上帝的苦心安排,是天无绝人之路的一种。"[1] 了解史铁生的经历,或者看过《我与地坛》(1990年)的人,一定会联想到,小说中的"我"就是史铁生当时的写照,小说中的古园便是地坛。荒僻又沉静的古园(地坛)对于一个失魂落魄的人而言,是一个"可以逃避一个世界的另一个世界"[2]。"我"用轮椅走遍了古园的每个角落,更多时候,"我"把轮椅开进古木杂草中间,或坐或躺,看书或者想事。小说中的描写生动且富有诗意:"蜂儿像一朵小雾,稳稳地停在半空;蚂蚁摇头晃脑捋着触须,猛然间想透了什么转身疾行而去;瓢虫爬得不耐烦了,累了,祈祷一回便支开翅膀,忽悠一下升空了;树干上留着一只蝉蜕,寂寞如一间空屋;露水在草叶上滚动、聚集,压弯了草叶轰然坠地摔开万道金光","满园子都是草木竞相生长弄出的响动,窸窸窣窣窸窸窣窣片刻不息"[3]。在《我与地坛》中,史铁生引用了《我之舞》中的这些描写,如他所说,这些都是真实的记录。这"荒芜但并不衰败"的古园让"我"能够静观自然之美妙与奇妙,也如一个禅修之境,能够让"我"静思关于"死"以及关于"生"的事。对于一个18岁的孩子来说,思考"死"似乎过早了,但对于一个遭受如此巨大打击的人来说,"死"是一个逃之不去的问题。在《我与地坛》(1990年)中,史铁生写道:"记不清都是在它的哪些角落里了,我一连几小时专心致志地想

---

1 史铁生:《我之舞》,载《命若琴弦》(史铁生作品系列1),人民文学出版社2011年版,第267页。

2 史铁生:《我与地坛》,载《我与地坛》(史铁生作品系列3),人民文学出版社2011年版,第2页。

3 史铁生:《我之舞》,载《命若琴弦》(史铁生作品系列1),人民文学出版社2011年版,第270页。

关于死的事，也以同样的耐心和方式想过我为什么要出生。"[1]在小说《我之舞》中，关于"死"与"生"的观点不是在"我"的思考中呈现的，而是借由一件既奇幻又诡异的事件来传达的。

这件既奇幻又诡异的事就发生在古园，给"我"以及"我"在古园结识的三个朋友碰上了。这三个朋友和"我"一样，都是境遇不佳的残疾人：腿坏了、两只眼睛还瞎了的老孟。老孟60岁，成天酒不离身，喝得醉醺醺的。24岁的路是先天愚型，两只眼睛分得很开，嘴唇很厚。路和老孟在同一家工厂糊纸袋，上班下班路上推着老孟，路喜欢拿着一只放大镜到处看，看树叶、看昆虫。在老孟看来，路不傻。世启，比老孟小两轮，36岁，和"我"一样，也是腿坏了，坐手摇轮椅。世启的老婆是山里人，在前一年带着刚满周岁的孩子回娘家，就一去不回了，又来信总说回，让世启到回家必经的古园门口等她。于是，老孟、路和"我"就陪世启在古园一块儿等。就在这古园的乱草丛中，在两棵老柏树下，我们发现了让人毛骨悚然的一幕：几天来一直不解是什么东西的那两蓬白亮亮的东西，竟是并肩坐在地上死去的一男一女两位老人的白发。两位老人显然已死去多时，"几条野豆蔓儿已经在他们垂吊着的胳膊上攀了几圈"[2]。虽然时值盛夏，却没有特殊气味，也没有苍蝇蚂蚁爬到他们身上。"四周是没腰的野草，稀疏的野花开得不香也不雕琢。两蓬静静的白发与周围的气氛极端和谐，恐怕是这么久没有被人发现的原因。"[3]无意中发现草丛中死去的老人，这一幕颇令人心惊。但更奇异

---

[1] 史铁生：《我与地坛》，载《我与地坛》（史铁生作品系列3），人民文学出版社2011年版，第2页。

[2] 史铁生：《我之舞》，载《命若琴弦》（史铁生作品系列1），人民文学出版社2011年版，第267页。

[3] 史铁生：《我之舞》，载《命若琴弦》（史铁生作品系列1），人民文学出版社2011年版，第267页。

的事情是，某日黄昏，"我"在古园竟"邂逅"了两位老人的"鬼魂"：暮霭四起时，在古园的祭坛上，隐约的风铃或鼓声中，紫气蓝烟缭绕，"我"听到了两个鬼魂关于死亡的对话……

小说《我之舞》的核心主体便是男女鬼魂关于死亡的形而上探讨。在以男鬼魂主导的男女鬼魂的对话中，这一探讨在小说中分成三个部分递进呈现。男鬼魂首先指出，除了一个人们所知道的世界就没有别的世界了，这一判断的依据主要在于几位出色的物理学家最新的研究成果，即认为世界独立于我们之外而孤立地存在着，这一观点已不再真实了，世界本是一个观察者参与着的世界。由此证明了没有脱离开主观的客观，一切存在都是主观与客观的共同参与。

男鬼魂上述的推导是"我"与鬼魂第一次"邂逅"时听到的论证。在"我"把这一奇异的经历告诉老孟他们后，"我们"又到祭坛等了几天。第七天的黄昏，"我们"在祭坛又听到了鬼魂的讨论。这一次男鬼魂论证了虚无。他以例证的方式做出这样的推导：无是相对于有说的，无是相对的，而有是绝对的。其例证是：杯子里没水，杯子有；屋子里没杯子了，屋子有；山上没屋子了，山有；世界上没山了，世界有。有即是存在，也就是说存在是绝对的，而虚无是相对的。其中女鬼魂指出，如果空间、时间、一切一切都没有了，那意味着什么？男鬼魂说，意味着绝对的虚无，而绝对的虚无是个零，零的意思是绝对的没有，因此，也就是说，绝对的虚无是绝对没有的。

在鬼魂的第三次现身中，基于前两次做出的两点推论，即一切存在都是主观与客观的共同参与，而存在是绝对的，男鬼魂指出，这也意味着主观也是绝对的，绝对即是无始无终、无穷无尽，无穷无尽、无始无终。而主观也可以说是主体，主观或主体，是以"我"命名的。因此，"我"也就是绝对的，无始无终、无穷无尽。

小说中男鬼魂的推论应该说代表了史铁生这一时期关于死亡的认

知，即死不是虚无，"我"不死。关于死亡的这一看法在后来《病隙碎笔》等作品中也不断地被表达。和史铁生有关命运的二元论演绎一样，此处男鬼魂的推论思路同样可以看出史铁生思维中的逻辑理性主义倾向，这种思维倾向在史铁生的作品中十分鲜明。逻辑是有力的理性工具，可以帮助我们澄清、强化认知，但逻辑有时也成为迷惑的种子。尤其对于死亡这一"最本己的可能性"（海德格尔），脱离经验范畴的抽象演绎似乎无助于澄清困惑。而就小说中男鬼魂的论证本身来看，也并非无懈可击。

男鬼魂第一部分的论点建立在"几位出色的物理学家最新的研究成果"上。根据论点，即除了一个人们知道的世界外就没有别的世界了，世界是观察者参与着的世界，可知这一观点来自量子力学的"哥本哈根解释"[1]。尼尔斯·玻尔、沃纳·海森堡以及马克斯·玻恩是"哥本哈根解

---

[1] 之所以称之为"哥本哈根解释"，是因为这一解释的主要奠基人玻尔于1921年创办的理论物理研究所位于哥本哈根，海森堡也曾在此担任玻尔助手。玻尔的哥本哈根研究所是量子力学研究的主要基地，因为在量子力学研究方面的突出成就，而成为世界量子力学的研究中心。关于量子力学的解释并不止一种。譬如在1927年10月举办的第五届索尔维会议上，法国贵族理论物理学家路易斯·德布罗意提出了称为"导波理论"的量子力学解释。在"导波理论"中，"粒子和波的特性是同时存在着的，粒子就像冲浪运动员一样，乘波而来"。而"哥本哈根解释"则认为电子要么具有粒子的性质，要么具有波的性质，这取决于实验的类型。这是玻尔的"互补性原理"的内容；其次，在"导波理论"中，波是真正的、引导粒子运动的物理波，由此在任何给定时间，粒子具有精确位置和速度确定的轨迹。这显然又违背了海森堡的"测不准原理"，以及玻恩的"波函数"概念，波函数只是一个抽象的概率波，并不具有实体。在这次会议上，德布罗意的"导波理论"受到了几乎一致的抨击，而玻尔、海森堡、玻恩的"哥本哈根解释"却赢得了绝大部分物理学家的认可，由此奠定了他们在量子力学研究中的权威地位，以至于在近代物理史上，"哥本哈根解释"成了量子力学的代名词。直到若干年后，才有物理学家意识到，"导波理论"并非全无研究的必要。至少德布罗意的"导波理论"在数学上是更完善和一致的。参见〔英〕曼吉特·库马尔（Manjit Kumar）：《爱因斯坦与玻尔关于世界本质的伟大论战》，包新周、伍义生、余瑾译，重庆出版社2012年版，第206—207页，第266页。

释"的奠基人。在史铁生后来的作品中,经常可以看到他提到海森堡的"测不准原理"、物质的"波粒二象性",以及玻尔在"波粒二象性"基础上提出的"互补性原理"。玻尔和海森堡在理论的细节处存在分歧,但他们都坚持这样一个核心观念,即不存在超越测量或观察行为所揭示的量子现实世界。这一核心观点的依据之一是海森堡的"测不准原理"(海森堡更愿意称之为"不确定性原理")[1]。它指的是:"在任何假定的时间里,量子力学都无法就粒子的位置和动量给出准确的判断。只能准确地测出电子的位置或其运动的速度,而不能同时测出这两个量。"[2] 而之所以"测不准",是因为测量行为所带来的不可避免的干扰。最初,有些物理学家认为,测不准现象是由于实验中所使用仪器的技术缺陷造成的,认为只要对仪器加以改进,那么不确定性就会消失。但是"测不准原理"所强调的是,不确定性或者"测不准"是客观现实性的本质特点。[3] 海森堡是从粒子的角度做出"不确定性"的推论的;玻尔则认为,波粒二象性才是"不确定性"的结果。玻尔主要是从电子的波动模型推导出测不准关系的。[4] 在玻尔的推论中涉及一个称之为"波函数消失"的概念。"波

---

[1]〔英〕曼吉特·库马尔:《爱因斯坦与玻尔关于世界本质的伟大论战》,包新周、伍义生、余瑾译,重庆出版社 2012 年版,第 188 页。

[2]〔英〕曼吉特·库马尔:《爱因斯坦与玻尔关于世界本质的伟大论战》,包新周、伍义生、余瑾译,重庆出版社 2012 年版,第 188 页。

[3]〔英〕曼吉特·库马尔:《爱因斯坦与玻尔关于世界本质的伟大论战》,包新周、伍义生、余瑾译,重庆出版社 2012 年版,第 189 页。

[4] 1925 年,海森堡草创,马克斯·玻恩和帕斯库尔·约旦加以完善的矩阵力学成为第一个逻辑上一致的量子力学表述。这一年海森堡才 24 岁,这一成果是其天才的证明。但第二年初,也就是 1926 年,薛定谔提出了量子的波动力学。海森堡的矩阵力学描述的是粒子,薛定谔的波动力学描述的是波。相对于以"量子跃迁"、"间断性"为核心概念的矩阵力学的抽象、枯燥,坚持"连续性"的波动力学受到了物理学界的热烈欢迎。很快,连玻恩也高度认同了薛定谔的波动力学,认为其是"量子定律的最深刻形式"。海森堡对此非常生气。在玻恩开始使用薛定谔的波动方程后,海森堡盛怒之下把他称作"叛徒"。可能是因为对薛定谔理论不断

函数"是玻恩在薛定谔波动力学的启发下提出的一个概念。"波动函数本身没有物理现实性;它存在于那神秘的、梦幻般的可能发生领域",涉及"抽象的可能性"。[1] 玻尔随后就这一概念进一步做出论证:"在做出观察或测量之前,像电子这样存在于微观物理学中的物体,并不存在于任何地方。在两次测量之间,除了存在于波动函数的抽象可能性之中,它并不存在于其他地方。只有在进行观察或测量,当一个可能的状态成为'实际'状态时,'波函数消失',所有其他可能性的概率变为零。"[2]

玻尔、海森堡、玻恩对量子力学的解释完全颠覆了在传统力学框架中人们对世界的认知。传统力学告诉我们,世界可以分解为一个个独立的单元,人可以作为一个独立的客观观察者对世界进行观察和研究;而海森堡的"测不准原理"告诉我们,整个宇宙具有无法分割的统一性。人无法作为独立的客观观察者,而是被卷入自己所观察的世界。人以及人的观察方式、观察工具不可避免地影响着被观察对象的性质。由此,"观察者"一词应该被"参与者"所代替[3];而结合"波函数消失"的概念,量子力学则得出了一个更为大胆的关于世界本质的推断,即在没有观察的情况下,客观现实性不存在。这里的"客观现实性",在"哥本哈根解释"里,有时候含蓄地仅仅指向原子的微观世界,在他们看来,

---

(接上页)普及心怀嫉妒,海森堡在做出"测不准原理"的推论中只取用了物质粒子的特性,而没有从波粒二象性的角度加以考量。参见〔英〕曼吉特·库马尔:《爱因斯坦与玻尔关于世界本质的伟大论战》,包新周、伍义生、余瑾译,重庆出版社 2012 年版,第 153—195 页。

1 〔英〕曼吉特·库马尔:《爱因斯坦与玻尔关于世界本质的伟大论战》,包新周、伍义生、余瑾译,重庆出版社 2012 年版,第 177 页。

2 〔英〕曼吉特·库马尔:《爱因斯坦与玻尔关于世界本质的伟大论战》,包新周、伍义生、余瑾译,重庆出版社 2012 年版,第 177 页。

3 惠勒(J. Wheeler)认为,观察者的介入是量子力学最重要的特点。由此,"我们不得不抛弃'观察者'这个旧词,代之以'参与者'这个新词。在某种奇妙的意义上来说,宇宙是共享的宇宙。"参见〔美〕卡普拉(Fritjof Capra):《物理学之"道"——近代物理学与东方神秘主义》,朱润生译,中央编译出版社 2012 年版,第 107 页。

一个微观物理的物体没有本征性质。但在更多时候，又不加区分地包括了宏观的日常世界与微观原子世界。如库马尔[1]所说，玻尔从来没有非常明白过微观和宏观的界限该从哪里划起，因为归根结底，我们的宏观世界不过是微观原子的集合体。[2]

玻尔、海森堡的"哥本哈根解释"非常深入人心，但有一个伟大的人物终其一生没有放弃对玻尔量子力学的反驳，他就是爱因斯坦。爱因斯坦和玻尔之间的主要分歧便在于现实性的本质问题。对于玻尔和海森堡来说，独立于观察者的基本的（量子）现实不存在。爱因斯坦的认识则恰恰相反，基于他的科学直观，他坚定地认为，存在着独立于观察之外的现实性，即世界并不依赖于人的观察而存在。在爱因斯坦看来，玻尔的量子力学是不完整的，他需要寻找一个更加完整的概念。自1927年第五次索尔韦会议[3]后，爱因斯坦一再对玻尔理论提出有力的反驳。其中对"哥本哈根解释"的真确性造成最大冲击的是1935年爱因斯坦和他的两名助手合作发布的EPR论文[4]，以及同年，在爱因斯坦的启发

---

[1] 曼吉特·库马尔，《爱因斯坦与玻尔关于世界本质的伟大论战》一书的作者。这本书被认为是有关量子理论的著述中"最为宏大传奇、明了详尽的一部"。

[2] 〔英〕曼吉特·库马尔：《爱因斯坦与玻尔关于世界本质的伟大论战》，包新周、伍义生、余瑾译，重庆出版社2012年版，第230页。

[3] 索尔韦会议是顶级物理学会议。1911年10月，比利时企业家厄恩斯特·索尔韦（Emst Solvay）出资创立了第一届索尔韦会议。以后每三年举行一届。1927年在布鲁塞尔举办的第五届索尔韦会议名声最为响亮。玻尔、海森堡等的"哥本哈根解释"在此会议上确立了它在量子力学上的核心地位，而爱因斯坦与玻尔的争论也就此发轫。

[4] EPR论文是爱因斯坦和他的两名助手鲍里斯·波多尔斯基（Boris Podolsky）、弥敦道·罗森（Nathan Rosen）合作的一篇论文。EPR是三人名字的缩写。这篇论文主要通过对"现实性元素"的重新定义，及一个两粒子的思想实验，力图证明客观存在有量子理论没有抓住的"现实性元素"，以反驳玻尔的量子力学是完整的论断。详见〔英〕曼吉特·库马尔：《爱因斯坦与玻尔关于世界本质的伟大论战》，包新周、伍义生、余瑾译，重庆出版社2012年版，第242—246页。

下，薛定谔所提出的"猫的实验"。我们不妨对"薛定谔的猫"做具体一点的阐述。

"薛定谔的猫"是这样一个思想的实验：假设一只猫被关在一个铁笼里，笼里还有以下恶魔般的设备（要确保不能让猫直接抓到这些设备）：在一个计数器中有一小点放射性物质，放射性是如此之小，以致大约在一个小时的过程中只有一个原子蜕变，也可能有同样的概率不发生蜕变。如果发生蜕变的话，通过蜕变将松开一个锤子，这个锤子打碎一小瓶氢氰酸，那么猫便会被毒死；如果保持这个系统一个小时不变，那么猫便仍然活着。[1]按照"哥本哈根解释"，在观察行动之前，只存在波函数描述，而不存在客观现实，只有观察才能决定是否有蜕变，从而决定猫是死还是活。由此在一小时后打开笼子前，"猫是处在量子炼狱之中，一种不死不活的叠加状态"。但根据薛定谔的看法，也是人们的常识，猫是死是活，并不取决于人们的观察行为，而是取决于在这一小时内有无放射性蜕变。通过"薛定谔的猫"，爱因斯坦指出，量子力学所说的一个包含活猫和死猫的波函数"不可能认为它描述一个真实的状态"。[2]

尽管"薛定谔的猫"的实验造成了对玻尔、海森堡量子理论的有力冲击，但在很长一段时间里，大多数物理学家仍然坚持"量子理论描述了现实，甚至是完全描述了现实"[3]。而爱因斯坦则因为对玻尔量子理论的批评，在生命中的最后30年，受到物理学界普遍的冷落。但时间最终证明爱因斯坦的反驳并非没有道理。1999年7月在剑桥大学召开的量

---

1 〔英〕曼吉特·库马尔：《爱因斯坦与玻尔关于世界本质的伟大论战》，包新周、伍义生、余瑾译，重庆出版社2012年版，第251页。

2 〔英〕曼吉特·库马尔：《爱因斯坦与玻尔关于世界本质的伟大论战》，包新周、伍义生、余瑾译，重庆出版社2012年版，第252页。

3 〔英〕曼吉特·库马尔：《爱因斯坦与玻尔关于世界本质的伟大论战》，包新周、伍义生、余瑾译，重庆出版社2012年版，第252页。

子物理会议期间所做的一项民意调查显示,玻尔的"哥本哈根解释"已失去了它的统治地位,接受调查的90位物理学家只有4位赞成哥本哈根解释。[1] 玻尔、海森堡的量子理论是否存在局限性?在有关世界本质的问题上,玻尔、海森堡为何始终未能说服爱因斯坦?EPR论文、"薛定谔的猫"从物理学的角度对量子力学提出了质疑,而我们还可以从宗教的视野对之进行考察。

《物理学之"道"——近代物理学与东方神秘主义》是史铁生十分推崇的一本书。书的作者是美国物理学家卡普拉。[2] 在这本一版再版的著作中,卡普拉将量子理论、相对论等近代物理学理论与东方宗教哲学思想做了一个相似性的比较,给我们留下了这样的印象,即近代物理学为东方神秘主义提供了科学的论证,而东方神秘主义则可被看作近代物理学的哲学基础。但量子理论终究与佛教等东方神秘主义存在着不容忽视的差异。量子力学解释说没有独立的客体存在,观察者不可避免地影响着被观察者的性质,构造了一幅互相交织的宇宙图景,这接近了佛教的重要观念"空"。"空"的核心内涵便是万物皆无独立的实存,而是通过因缘的线索互相联系着的。但量子力学和佛教之"空"仍存在着重要的区别:在量子力学家们看来,观察者和被观察对象尽管不可分割,但是仍然可以区别;而在神秘主义者深度的沉思中,则"达到了观察者与被观察对象之间的区别完全消失,主体与客体融为统一而无区别的

---

[1] 〔英〕曼吉特·库马尔:《爱因斯坦与玻尔关于世界本质的伟大论战》,包新周、伍义生、余瑾译,重庆出版社2012年版,第282—283页。

[2] 卡普拉对玻尔、海森堡的量子理论评价很高。在其著作第四版后记中,卡普拉提到海森堡对他的影响。他说是海森堡"播下了《物理学之'道'》一书的种子"。在书写完后,海森堡也逐章审阅了书稿。在卡普拉看来,相对于爱因斯坦的相对论,玻尔和海森堡以他们对量子力学的解释所引起的变革更为彻底。参见〔美〕卡普拉:《物理学之"道"——近代物理学与东方神秘主义》,朱润生译,中央编译出版社2012年版,第268页。

整体的境界"[1]。可见,量子力学没有克服神秘主义所要超越的二元论思维;其次,量子力学指出,在观察之前,只有波函数描述,而无客观现实;一旦进行观察,波函数消失,一种可能性转化为现实性,其他的可能性概率为零。可见,量子力学赋予观察者以绝对的主体地位,在宇宙的因缘之网中,观察者处于主因的地位。但是佛教的"空"是无中心主义的,万事万物包括人在内是绝对的平等无碍,万事万物缘缘相系,互为因果。而来自科学层面对量子力学的合理质疑则是:"所有的物质都是由原子构成的,因此服从量子力学规律,那么这个观察者或测量仪器怎么会有特权位置呢?"[2]量子力学以人(观察者或测量者)为中心的思想,类似于贝克莱"存在即感知"的极端唯心主义,一种"生物中心主义"[3]的思想也正建基于"哥本哈根解释"的支持上。将人的观察放置在一个绝对的地位,或许正是玻尔量子力学无法应对"薛定谔的猫"的挑战的主要原因。最后需要指出的一点是,量子力学所描述的,在观察之前,事物所处的"波函数"状态,在一定意义上也同于"空"。"波函数"状态同佛教的"空"一样,所指的不是一般的空无一物,而是蕴含着无限的可能性。但是佛教之"空"与"形"或"色"是一种矛盾的统一体,所谓"色不异空,空不异色,色即是空,空即是色"(《心经》)。在深度的悟境中,色、空实现了动态的统一。但是,量子力学所言的"波函数"状态,尽管不能说是一种"死空"或"绝对的空",但却没有实现与"色"的统一。在量子力学中,可能性状态要转化为现实

---

1 〔美〕卡普拉:《物理学之"道"——近代物理学与东方神秘主义》,朱润生译,中央编译出版社 2012 年版,第 107 页。

2 〔英〕曼吉特·库马尔:《爱因斯坦与玻尔关于世界本质的伟大论战》,包新周、伍义生、余瑾译,重庆出版社 2012 年版,第 252 页。

3 参见〔美〕罗伯特·兰札(Robert Lanza)、鲍勃·伯曼(Bob Berman):《生物中心主义》,朱了文译,重庆出版社,2012 年版。这本书的核心观念便是"动物观测者创造了现实","生物上的存在之外并不存在独立的外在宇宙",其立论基础主要便是玻尔、海森堡的量子力学。

之"色",需要借助于人之观察,可见"波函数"状态与"色"本质上是对立的。这大概正是玻尔的量子力学在世界本质的问题上,始终不能让爱因斯坦感到满意的原因。而如卡普拉所言,印度教的"梵"、佛家的"空"、道家的"道",或许可以看作爱因斯坦晚年一直致力于寻求的终极的统一场。[1]

在1986年的小说《我之舞》里,史铁生显然是受到了"哥本哈根解释"的影响,而在2008年9月的随笔《门外有问》及遗稿《论死的不可能性》(2010年)中,史铁生则改变了认识,转而倾向于爱因斯坦的观点。在反驳玻尔及《上帝掷骰子吗》[2]一书的观点时,他承认了"一个客观、绝对的世界"的确在,并引用了爱因斯坦的话强化了这一认知。爱因斯坦认为,在我们的"视野之外有一个广阔的世界,它独立于我们人类而存在,如同一个伟大而永恒的谜摆在我们面前,然而至少能被我们的观测和思维部分地理解"[3]。前面我们主要是从物理学及佛教的角度对玻尔的量子力学进行思考。在《门外有问》(2008年)中,史铁生则是基于一种哲学性的直觉,及有关"世界(神)是无限的、而人是有限的"坚定信念[4],对玻尔有关"现实性"的看法提出批评的。他针对量子力学的观点做出了这样三点评价:首先,"我们能够观测到的世界"

---

[1] 〔美〕卡普拉:《物理学之"道"——近代物理学与东方神秘主义》,朱润生译,中央编译出版社2012年版,第167页。

[2] 《上帝掷骰子吗》一书生动介绍了量子力学的发展,它所秉持的正是玻尔量子力学的观点:"不存在一个客观、绝对的世界。唯一存在的,就是我们能够观测到的世界……测量行为创造了整个世界。"史铁生说,这让他——一个物理学的门外汉,不免深陷迷茫。见史铁生:《门外有问》,载《扶轮问路 妄想电影》(史铁生作品系列7),人民文学出版社2011年版,第76页。

[3] 史铁生:《门外有问》,载《扶轮问路 妄想电影》(史铁生作品系列7),人民文学出版社2011年版,第76页。

[4] 世界(神)是无限的,而人是有限的,是史铁生后期的核心思想,是他的信仰支撑。本书第七章有关于史铁生这一信仰的详细论述。

一语，已然暗示了还有我们观测不及的世界，或拒绝被我们观测的世界；其次，"测量行为"又怎么会"创造了整个世界"呢？最多只能说它创造了一个人的世界，即被人的观测半径所限定的世界，或是人可赖以建立意义的世界，因而它还是主观或相对的世界；为示区分，则不得不称那"整个世界"为"一个客观、绝对的世界"；第三点显然是史铁生基于自身命运的反思。他认为，一定存在着一个人智所不知、人力所不及的世界，它并不因为我们的观测不及，就满怀善意地不影响我们，甚至伤害我们。这是史铁生坚信"一个客观、绝对的世界"之确在的另一证明。在史铁生看来，"测量行为创造了整个世界"不过是洞穴中的认识，所谓"整个世界"仅仅还是个"人性投射"的世界。[1]

史铁生对量子力学观点的反驳是富有说服力的，可以看出，他主要针对的正是上文指出的玻尔量子力学以人类（观测者）为中心的思想。在玻尔的量子力学中，观测者的观测决定了"波函数"何时消失，也即决定了存在何时由可能性转变为现实性，这样玻尔的量子力学便赋予了人在存在领域的绝对特权。但史铁生认为人不可能成为万物的尺度，他不是从佛教平等观的思想出发，而是基于对"人是有限而神（世界）是无限"的信念，他坚定地认为："人——这一有限之在，不过沧海一粟，不过是神之无限标尺中一个粗浅的刻度。"[2] 人仅能把握一个主观的世界，但是无法像玻尔量子力学所言"创造整个世界"[3]。

---

[1] 史铁生：《门外有问》，载《扶轮问路 妄想电影》（史铁生作品系列 7），人民文学出版社 2011 年版，第 76 页。

[2] 史铁生：《门外有问》，载《扶轮问路 妄想电影》（史铁生作品系列 7），人民文学出版社 2011 年版，第 78 页。

[3] 不过，尽管承认了有一个独立于"我"之外的"客观绝对的世界"的存在，史铁生关于死亡的观点并没有变化。在遗稿《论死的不可能性》（2010 年）中，他不是从本体论的角度，而是从"有"与"无"、"生"与"死"之辩证关系的认识论的角度做出判断的："有"——是观察的确认，"无"也一样是观察——准确地说是观察之不及——的确认，因而仍不过是"有"

《我之舞》中，男鬼魂的第一部分论证涉及世界或存在的本质问题，我们做了比较烦琐的分析。回到男鬼魂的第二部分论证，思路则要明晰多了。在这一部分，男鬼魂主要是以例证的方式指出绝对的虚无是没有的，是不存在的。对此，我们可以提出这样几点疑问：第一，"无"一定是相对于"有"来说的吗？难道没有绝对的无吗？譬如就实存与否的意义来说，我们可以指出没有一种人面马身的动物。当然也可以指出，人面马身动物的无是相对的，但它相对的不是有，而是人的经验的有限性；第二，男鬼魂是从有无的论证过渡到对生死的证明，但当我们在谈论生死的时候，显然谈及的是同一事物时间层面上的存在与消失，一种明显的变化现象。而男鬼魂所举例证的有无关系均是空间意义上的，涉及不同事物空间上的存有关系。很明显，生存层面上的有无不能以空间意义上的有无作比；第三，男鬼魂关于绝对虚无的推理也明显是令人困惑的。他是将绝对的虚无意味着或等同于绝对没有、绝对空无，置换成了"绝对的虚无是绝对没有的"。"绝对没有"本是同义宾语，被偷换成了判断式谓语。在史铁生和友人的信中，也出现过同样的推理。[1]这种类型的推理还出现在其他地方，譬如这样一段文字："死是什么？死就是什么都没有了，什么什么都没有了。可什么什么都没有了，怎么会还有个死呢？什么什么都没有了，应该是连'没有'也没有了才对。所以，如果死意味着什么什么都没有了，死也就是没有的。死如果是有的，死就不会是什么什么都没有了。故而'有'是绝对的。"[2]

（接上页）的一种形态。推而演之，死也就是生的一种形态了。就这样，仍然可以得出"生"、"有"是绝对，而"死"、"无"是相对的观点。见史铁生：《回忆与随想：我在史铁生》之《论死的不可能性》，载《昼信基督夜信佛》，北京十月文艺出版社2012年版，第34页。

1　史铁生：《给XL》，载《病隙碎笔》（史铁生作品系列4），人民文学出版社2011年版，第302页。

2　史铁生：《回忆与随想：我在史铁生》之《论死的不可能性》，载《昼信基督夜信佛》，北京十月文艺出版社2012年版，第34页。

如果男鬼魂的前两部分论证不能成立,那建立在前两部分论点基础上的第三部分论证也显然不能成立。而这一部分论证本身也让人费解。由存在之绝对,推导出主观、主体之绝对,并进而得出,"我"或"我们"不死。看似顺理成章,但这种类似于古希腊埃利亚学派[1]的在抽象层面上概念与语词的演绎,却与我们的经验理性与认知是割裂的。在他的抽象演绎中,"我"、"我们"只是抽象的代名词,"我"、"我们"不死,即这个抽象的代名词永存,而抽象代名词的永存与那个事实上的我及我们的生存与消失有什么关系呢?

纵观史铁生的创作,可以发现,抽象的逻辑推演是他很重要的一种思维方式。不过这种思维需要谨慎对待。有时候,它看似是"纠缠词句、折磨逻辑"的"狡辩"[2],但有时,"狡辩"又似以悖异形式呈现的真理。譬如他说,绝对的虚无可以证明是没有的——一旦有就不是绝对的无了[3],这种不经推演直接表述的悖论,反而引人深思。因此,尽管在《我之舞》(1986年)中,史铁生关于虚无和死亡的抽象的理性论证本身似乎缺乏说服力,但或许这正是他的隐微表达。在这篇小说里,他只不过意在以一种奇诡的构思或艰深的逻辑演绎传达他所领悟的死亡之真理,即他坚信"我"之不死。

但是抽象的"我"不死并不会给人带来什么安慰,人们惧怕的是那

---

[1] 埃利亚学派是古希腊一个重要的哲学派别,诞生于公元前6世纪意大利西南部的埃利亚城邦。创始人是巴门尼德,芝诺是巴门尼德的学生。这一学派最重要的特色便是深信要获得真理,思想之路远比感觉之路可靠,逻辑推理远比眼睛看到的东西更值得信服。参见〔美〕S. E. 斯通普夫、J. 菲泽:《西方哲学史 从苏格拉底到萨特及其后》(修订第8版),匡宏、邓晓芒等译,世界图书出版公司北京公司2009年版,第13—16页。

[2] 史铁生:《给S兄》,载《病隙碎笔》(史铁生作品系列4),人民文学出版社2011年版,第380页。信中透露出,史铁生的朋友S曾质疑他类似的推理是一种纠缠词句、折磨逻辑的狡辩。

[3] 史铁生:《给XL》,载《病隙碎笔》(史铁生作品系列4),人民文学出版社2011年版,第302页。

个具体的"我"是必然要死的。执念于这个具体的"我",正是佛教所言的痛苦之根源,破除我执方能超越死亡。

| "无我"与"大我"

在《我之舞》(1986年)中,当男鬼魂推导出那个抽象的主体"我"永远不死时,女鬼魂指出,每一个具体的"我"会死的,而即使人有来生千秋不断,动动相连,但那也已不是我和你了。男人的回答是:"但那依然故'我'。姓名无非一个符号,可以随时改变。主体若为绝对,就必是无穷无尽地以'我'的形式与客体面对。"这样一种论说方式也延续到十年后的作品《说死说活》(1996年)中,譬如开篇的这一段论述:

> 要是史铁生死了,并不就是我死了——虽然我现在不得不以史铁生之名写下这句话,以及现在有人喊史铁生,我不得不答应。
>
> 史铁生死了——这消息日夜兼程,必有一天会到来,但那时我还在。要理解这件事,事先的一个思想练习是:传闻这一消息的人,哪一个不是"我"呢?有哪一个——无论其尘世的姓名如何——不是居于"我"的角度在传与闻呢?[1]

基于这样的逻辑,就可以得出,史铁生≠我,又可以得出,史铁生就是我,或我就是史铁生,因为我就是张三,我就是李四,甚至,我就

---

[1] 史铁生:《说死说活》,载《我与地坛》(史铁生作品系列3),人民文学出版社2011年版,第373页。

是我。这在史铁生看来,是一个必要的"思想练习"。史铁生的意思或许是,通过这样反复的思想操练,人就可以放下对那个具体的自我的执念,而将自我代入到那个抽象的绝对的"我"中,绝对的"我"是永生的,由此人就不必惧怕死亡。这样一种"思想练习"不能说不具备有效性,但是关于死亡,似乎无法通过回避讨论一个具体的实存的"我",而直接跳到一个抽象的"我"上来实现意识的扭转。在佛教看来,执念于这个具体的"我",正是一切恐惧与痛苦的根源,所以佛教首先启示世人的是,要直面"自我",勇于揭开"自我"的面纱。通过"闻、思、修"的实践,人得以顿悟:原来人人挂在嘴边的"我"不过是被欲念推动、思维习惯捆缚的一个幻象。事实上不仅自我,连自我所处的整个宇宙的万事万物,都是空无,所谓"诸法皆空",无常亦无我。但佛教所说的"空"并不意味着绝对的空、彻底的无,它包含两个方面的意思:一方面意味着一切都是无常的。一切事物,包括这个被我们所珍惜的有着鲜活肉体、情感、思想的"我"都没有任何持久、稳定的存在,万事万物都处在不断的变化之中;另一方面,"空"则意味着任何事物包括这个具体而鲜活的"我"都没有各自独立的实体,因缘合则生,因缘灭则灭。

尽管史铁生很少直接援引佛教思想,但还是可以看到佛教思想对他的影响。佛教的"无我"观,在他的作品中,常常是以一种形象的方式被表述的。在《我之舞》(1986年)中,傻人路走进一个漆黑的球里,球壁是用无数颗宝石拼接成的,路点丁一把火照亮,"轰"的一声再也看不见边儿了,"每一颗宝石里都映出一个人和一把火,每一颗宝石里都映出所有的宝石也就有无数个人和无数把火,天上地下轰轰隆隆的都是火声,天上地下都是人举着火"[1]。这段描述让我们联想到佛陀所描述

---

[1] 史铁生:《我之舞》,载《命若琴弦》(史铁生作品系列1),人民文学出版社2011年版,第275页。

的因陀罗网[1]，史铁生构思的灵感应该来源于此。佛陀借这个比喻，形象地说明了宇宙万物间的相互依存与联系，你中有我，我中有你，我在世界中，世界也在我之中。另外，史铁生经常引用的"音符与音乐"、"浪与水"的比喻，可能也来自于佛教思想的启发。[2]而他在量子理论的启发下关于"魂（波）脑（粒）二象性"的猜想也与佛教的"无我"观有着相近之处。他说，生命应该不仅是有形的、单独的粒子，也是无形的，呈互相干涉的波，因此人的生命，或生命的意义，也就不能孤立地理解，生命就像"浩瀚音乐中的一个音符，一个段落，孤立看他不知所云，惟在整体中才能明了他的意义"[3]。对生命之整体性的强调，正是佛教"无我"观的核心思想，这或许也是史铁生在诸多作品中一再跳过具体的"我"，而强调抽象的"我"背后真正想要表露的思想。这一个抽象的"我"牵连着无数具体的"我"，无数具体的"我"只有融入这抽象的"我"才能真正走出对具体之"我"的执着，从而超脱生死。

佛教的"无我"不会导向虚无，落入消极，其目的在于引领人进入

---

[1] 《华严经》中记载，在忉利天王的宫殿里，有一种用宝珠结成的网，一颗颗宝珠的光，互相辉映，每一颗宝珠都映现着自他一切宝珠之影，一重一重，无有穷尽，这种由宝珠所结成的网，叫作因陀罗网，也叫作帝网。在《西藏生死书》里，也提到因陀罗网，说是遍满整个宇宙的发光网，网上镶有摩尼宝珠。参见〔美〕索甲仁波切：《西藏生死书》，郑振煌译，中国社会科学出版社、青海人民出版社1999年版，第50页。

[2] 尤其是"浪与水"的比喻，大概直接受到佛教的启发。《西藏生死书》中也举到浪与水的例子："从某一个方面看，海浪似乎具有明显独立的个体，有始有终，有生有死。从另一方面看，海浪本身并不是真的存在，它只不过是水的行为而已，空无任何个体，而是'充满'着水。所以，当你真正思考海浪时，你将发现它是由风和水暂时形成的，依存于一组不断在改变的条件。你将发现每一波海浪之间都有关联。"书中通过对浪与水的描述，形象地类比了世间万物一切皆空，万物相互依存的实相本质。参见〔美〕索甲仁波切：《西藏生死书》，郑振煌译，中国社会科学出版社、青海人民出版社1999年版，第50页。

[3] 史铁生：《病隙碎笔5》第六十一篇，载《病隙碎笔》（史铁生作品系列4），人民文学出版社2011年版，第132页。

一个更为高远和开阔的境界来看待宇宙和生命。"无我"既是一种真确的智慧，在救赎论上也具有重要的意义。对于个体的人来说，当我们深度体察到无我的实相，便会放下对于自我的执念，学会放下也许经历万般艰难与痛苦，但是"放下是通往真正自由的路"[1]。死亡是对人的最大奴役，只有放下那个虚幻的自我，人才能超越死亡。因此，认知并体察无我是个体的解脱之道；而从群体的角度来看，无我让我们看到世界并不是由一个个孤立的实体组成的，而是一张巨大的网络，关系是世界唯一的实在，万事万物都相互联系与依存。个体的意义需在整体性中才能明了，于是，便呼唤着爱与责任。一位西藏圣者说：见空性，发悲心。佛教在空无观中推演出慈悲，慈悲既是觉悟的中心，也是觉悟的动力。而史铁生也说，这正是"爱的昭示"[2]。史铁生的爱愿正等同于佛教的慈悲。[3]因此也可以说，无我观也提供了群体的救赎之道。

　　史铁生在作品中很少显明地直接援引佛学思想，但如上所述，他的思想确实潜藏着佛教"无我"观的影响，这主要表现在他对宇宙万物相互联系，宇宙具有不可分割之整体性的理解上。然而需要指出的是，史铁生关于宇宙、生命的思悟与佛学还是有着根本的区别，在他前期作品中作为绝对主体的"我"，尤其是在后期作品中反复强调的永恒的"大我"，其思想内核并不完全等同于佛教的"无我"。佛教的"无我"观

---

1 〔美〕索甲仁波切：《西藏生死书》，郑振煌译，中国社会科学出版社、青海人民出版社1999年版，第47页。

2 史铁生：《病隙碎笔5》第六十一篇，载《病隙碎笔》（史铁生作品系列4），人民文学出版社2011年版，第132页。

3 史铁生的爱愿，除了建立在对宇宙之整体性的理解上，也建立在他对人的隔离与相异的认识上。"异，不是要强调隔离与敌视，而是在呼唤沟通与爱恋。"参见《病隙碎笔4》第三十五篇，载《病隙碎笔》（史铁生作品系列4），人民文学出版社2011年版，第118页。这主要体现在他关于孤独、爱情的生命主题及以人道主义为中心的社会哲学的探讨中。同时，史铁生的爱愿也建立在他有关宇宙和谐的思想及对历史的感悟里。

是一种囊括了天地万物的宇宙主义，这种宇宙主义反一切中心主义，呈现了人与万物之间横向的平等关系，人在对这种平等关系的认知中成为觉者，了悟生死；但史铁生的"大我"思想建立在有限与无限、个体与群或类、部分与整体的二元划分的基础上，则似乎暗含了一种"不平等的关系"：群、类、整体——"大我""凌驾于"有限的个体——"小我"之上，"小我"要想突破有限、短暂，获得永恒和意义，只有融入"大我"，这在史铁生看来，既是宇宙之大奥秘，也是历史发展的本然规律和要求。

在《病隙碎笔》中，史铁生在经验理性的范畴内对存在的二重性进行分析，指出，人既是肉体的生存，又是精神的生存。既是有形之物，而无形的思绪也是存在，甚至更是。从科学的生命观来看，细胞的新陈代谢，人的血肉之躯不知更新过几回，因此就肉身而论，现在的你早已不是原来的你了。所以，一个人不能两次踏入同一条河流，而从生命同样的流动不居来看，一条河流也不能两次被同一个人踏入。但既然肉身早已面目全非，我们又是依据什么确定自我，也确定他人呢？史铁生说："根据什么都不如根据记忆，惟记忆可使你在一具'纵使相逢应不识'的肉身中认出你曾熟悉的那个人。根据你的记忆唤醒我的记忆，根据我的记忆唤醒你的记忆，当我们的记忆吻合时，你认出了我，认出了此一史铁生即彼一史铁生。"[1] 而记忆的是什么呢？记忆的是行为，及行为背后的思想、情感和思绪。由此可见，肉身的存在因其流动不居不能成为一个人的本质存在，相对而言，无形之记忆、情感、思想、思绪倒更是人的本质所在。他认为这颇像是笛卡尔的"我思故我在"。

但是，还存在一个关键的疑问，便是肉体变动不居，但终有一天毁

---

[1] 史铁生：《病隙碎笔5》第十五篇，载《病隙碎笔》（史铁生作品系列4），人民文学出版社2011年版，第106页。

灭，那么精神之存在就能持存吗？那些情感、记忆、思想、思绪，难道不会随着肉身的消亡而消亡吗？史铁生认为，精神是一种能力，它既可能为肉身束缚，沦为肉身的一项机能，那么肉身所携带的只能是一点点自行封闭和断绝的消息，这样的精神就不能算是精神，它当然随着肉身的消亡而不复存在；但是，精神也可以向上超升，走向灵魂，融入"类的精神"，从而连接起部分和整体，连接起暂时和永恒，从而也便从"小我"走向了"大我"。[1]

精神作为一种能力，它为"小我"走向"大我"提供了可能。但是精神能够向上超升，精神也会自甘堕落。那么，有什么原动力能够支持精神的超升？在这里，史铁生提供的是一条理性的思路：生命要求意义，因此生命拒绝死亡带来的荒诞，而渴望永恒。囿于一己之欲随着死亡的到来，必使意义中断。那么如何才能永恒？如何才能使意义接续？他赞同尼采的观点。尼采认为，"个人必须奉献给比他更高的事物——那就是悲剧的意义所在；他必须摆脱死亡和时间。……所以人类在一起共同成长，作为一个整体出发"，也就是说，只有"作为类，人便有了永恒完善自己的可能了，而不至于在某一肉身（个人或片断）的中止处看一切都是虚无"[2]。个体融于类，作为整体出发的思想，不仅是出于个体对于永恒的欲求，在史铁生看来，这也是宇宙之大奥秘和历史的本然规律和要求。但实际上，宇宙之大奥秘和历史的本然规律究其根本源于人对永恒的欲求，是对救赎的渴望的客体化。

---

[1] 以上参见史铁生：《说死说活》，载《我与地坛》（史铁生作品系列3），人民文学出版社2011年版，第373页；《病隙碎笔2》第三十一篇，载《病隙碎笔》（史铁生作品系列4），人民文学出版社2011年版，第59页；《病隙碎笔5》第二、十四、十六篇，载《病隙碎笔》（史铁生作品系列4），人民文学出版社2011年版，第99页、第105页、第106页、第107页。史铁生多是用譬喻等形象的、文学化的语言来表述这一思想的。

[2] 史铁生：《给FL（1）》，载《病隙碎笔》（史铁生作品系列4），人民文学出版社2011年版，第433—434页。

史铁生关于宇宙之奥秘的思悟,不仅体现在以上理性思辨的表述中,在作品中,他也多次以"浪与水"、"音符与音乐"的譬喻对之做了形象的表达。在《老屋小记》里,他第一次提到"浪与水":

> 长久地看那一浪推一浪的河水,你会觉得那就是神秘,其中必定有什么启示。"逝者如斯夫"?是,但不全是。"你不能两次踏进同一条河"?也不全是。似乎是这样一个问题:浪与水,它们的区别是什么呢?浪是水,浪消失了水却还在,浪是什么呢?浪是水的形式,是水的消息,是水的欲望和表达。浪活着,是水,浪死了,还是水,水是什么?水是浪的根据,是浪的归宿、是浪的无穷与永恒吧。……水知道每一个死去的浪的愿望——因为那是水要它们去做的表达。可惜浪并不知道水的意图,浪不知道水的无穷无尽的梦想与安排。[1]

在《病隙碎笔》里,史铁生则多次以"音符与音乐"的譬喻表达对生命奥秘的领悟:"不是音符连接成音乐,而是音乐要求音符的连接。那是固有的天音,如同宇宙的呼吸,存在的浪动,或神的言说,它经过我们然后继续它的脚步,生命于是前赴后继永不息止。"[2]

在这里,我们似乎看到了尼采悲剧哲学的一种温和的表达:个体生命是在"个体化原理"下宇宙意志的形式化。宇宙生命生生不息,而个体生命稍纵即逝,这是个体的悲剧,是个体的宿命。宇宙生命整体新陈代谢的法则要求着个体生命的生死更迭,前赴后继。尼采在个体的毁灭

---

[1] 史铁生:《老屋小记》,载《命若琴弦》(史铁生作品系列1),人民文学出版社2011年版,第412—413页。

[2] 史铁生:《病隙碎笔4》第四十篇,载《病隙碎笔》(史铁生作品系列4),人民文学出版社2011年版,第121页。

之中，体会到宇宙意志之万能，体验到与原始存在融为一体的狂热的激情与欢愉。[1]而史铁生在对宇宙之大奥秘的冷静思悟中，同样感受到浪、音符（个体）之有限，有限的欢愉必应朝向对无限之整体的皈依。

从"浪与水"、"音符与音乐"的譬喻中，我们可以注意到，史铁生关于宇宙的思悟与佛教是存在差异的。《西藏生死书》里也曾援引"浪与水"的例子形象地说明世界万物空无的实相。书中借用这个例子，着重表明"浪"（个体）的虚无，"浪"是风和水因缘和合而成。当然，如果我们推问下去，风又是什么？水又是什么？那么得到的回答，必是风和水也同样没有实体，它们同样是其他条件、因素和合而成。推演下去，万物皆是空无，但是空无只是万物的实相或本来面目，并不是一种不变的"终极实在"，因为空自身也需破掉，所谓"空亦复空"，空破掉，便是色，所以色空一体，即《心经》所言的"色不异空，空不异色，色即是空，空即是色"。在这种色空的悖异之中，色（现实万物）也得到了充分认同。由此可见，佛教并不是虚无主义，它立足于空的实相，但是并没有虚化掉现实的个体与人生。[2]但在史铁生的譬喻中，我们看到了这样一种宇宙观。他空掉了"浪"、"音符"（个体），而"水"与"音乐"则成为类似于梵、上帝、道的终极实体。在这种宇宙观下，个体处在宇宙规律之必然性中，处在终极实在的支配之下，个体参与到宇宙和谐与美丽的进程中，但个体的独立性和自由却成了问题。而尼采尽管在这种小我融入宇宙大我的思想里，高彰人的自由与创造，但他的自由同样是以否定掉有限个体为代价的。[3]

从小我融入大我的思想也体现在史铁生对历史的感悟中。在他的名篇《我的遥远的清平湾》（1982年）里，他写下这样一段文字：

---

[1] 周国平：《尼采：在世纪的转折点上》，上海人民出版社1986年版，第59—60页。
[2] 李宜静：《空与拯救 阿部正雄佛耶对话思想研究》，宗教文化出版社2012年版，第71—74页。
[3] 周国平：《尼采：在世纪的转折点上》，上海人民出版社1986年版，第61—64页。

火红的太阳把牛和人的影子长长地印在山坡上，扶犁的后面跟着撒粪的，撒粪的后头跟着点籽的，点籽的后头是打土坷垃的，一行人慢慢地、有节奏地向前移动，随着那悠长的吆牛声。吆牛声有时疲惫、凄婉；有时又欢快、诙谐，引动一片笑声。那情景几乎使我忘记自己是生活在哪个世纪，默默地想着人类遥远而漫长的历史。人类好像就是这么走过来的。[1]

在农人日常劳作的场景中，史铁生恍然领悟到了历史的真谛：人类世代更迭，而历史之河长流不息。历史的浩瀚与沉重最容易令人肃然起敬；相对漫漫无涯的历史，个体人的生存渺小而短暂。然而人类依然辛勤劳作、生生不息。他格外喜欢听陕北民歌，"陕北民歌里多半都有一种忧伤的调子。但是，一唱起来，人就快活了"[2]。陕北民歌唱出了人类的悲壮与热情。这世代更迭的人们，正如那生长在山坡上的一种叫山丹丹的野花，红的，年年开。

然而，当史铁生的笔端抽离了生动的生活情境，个体的人在永恒的历史中便似乎失去了悲壮而感人的力量，化约成了"永远的乐曲中走过的一个音符"、"永远的舞蹈中走过的一个舞姿"、"永远的戏剧中走过的一个情节"、"永远的跋涉中告别了一个村庄"，"当一只蚂蚁（一个细胞、一个人）沮丧于生命的短暂与虚无之时，蚁群（细胞群、人类，乃至宇宙）正坚定地抱紧着一个心醉神痴的方向——这是唯一的和永

---

[1] 史铁生：《我的遥远的清平湾》，载《命若琴弦》（史铁生作品系列1），人民文学出版社2011年版，第104页。

[2] 史铁生：《我的遥远的清平湾》，载《命若琴弦》（史铁生作品系列1），人民文学出版社2011年版，第107页。

远的故事"[1]。历史之河流淌的是永恒的消息,而"踏入河流的人,以及被踏入的河流,各有其怎样的尘世之名,不过标明永恒消息的各个片段、永恒乐曲的各个章节"[2]。

以音符来成就音乐,以局部来成就整体,以个体来成就人类,以个体的有限来成就历史的永恒,这是历史的本然规律和要求,而个体的意义唯有融入历史之大我中才能得到永恒。这样的表述让我们联想到"命运观"中,史铁生通过部分与整体的关系演绎对苦难之价值的论证。从理论形态上,这一个体之小我与历史之大我关系的表述,似乎与黑格尔个体的人是"世界精神的实体性事业的活的工具"的历史观没有太大的不同。只是史铁生的历史属于自然主义的客观历史,而黑格尔是逻辑决定论的精神演绎的历史。相对于以"绝对实在"为中心的宇宙主义,这种历史主义的诱惑或许更值得警惕,别尔嘉耶夫就曾指出,"施予人的最大的诱惑与奴役,关联于历史"[3]。自由,并非只是一个理论前提,更是人真实的生存所需。人怎会甘心被置于历史、整体与无限的奴役之下呢?[4]

在回溯史铁生的思路时,还可以注意到,史铁生从小我融入大我的思想是在这样的思维脉络中呈现的:即生命需要意义,意义则须建立在永恒之上,没有永恒,必是荒诞,生命便成了悲剧,而悲剧是不可忍受

---

[1] 史铁生:《说死说活》,载《我与地坛》(史铁生作品系列3),人民文学出版社2011年版,第376页。

[2] 史铁生:《说死说活》,载《我与地坛》(史铁生作品系列3),人民文学出版社2011年版,第375页。

[3] 〔俄罗斯〕尼古拉·别尔嘉耶夫:《人的奴役与自由——人格主义哲学的体认》,徐黎明译,贵州人民出版社1994年版,第229页。

[4] 这也让我们注意到史铁生思想中的矛盾性:在社会哲学的探讨中,他质疑中国传统文化中个体的缺失,对真正的人道主义进行了深入的辨析,指出人道主义应该尊重每一个个体的存在,给个体的自由以很大的空间;然而在生命哲学的探讨中,譬如命运、死亡,他与古希腊的斯多葛主义有很大的相似之处,顺应宇宙生命之逻各斯,顺应历史之必然性,但是这种顺应至少在形式的层面与人的自由之本性相抵牾。

的。个体是必死的，每一个音符都会被度过，唯有将小我融入大我，小我才能分享其永恒，个体生命借由集体记忆才能得以传承和传扬。这似乎是一种理智计算的逻辑，同时带来的疑问是，"个体通过永恒获得意义，永恒却需要个体去意愿"[1]，那么，这种建立在永恒上的意义是否流于纯粹的主观意愿，从而只是为个体提供了一种慰藉呢？这是史铁生在《文明：人类集体记忆——张文涛的〈尼采六论〉读后》（2007年）一文中，引用的张文涛在《尼采六论》一书中对尼采"永恒复返"观点的质疑。这是尼采的困境，不也正是史铁生的思想带给我们的困惑吗？

在后期《病隙碎笔》等作品中，史铁生以象征、譬喻等形象化的表述所呈现出的小我融入大我的思想，确实让人自由之本性感到了一种逼迫，同时意义与永恒之间的"理智计算"，也让人产生疑问。不过，在反驳张文涛对尼采的质疑时，史铁生却提供了关于意义与永恒的新的认知。在他的表述中，意义与永恒之间构成了一种极富张力的关系。由此提示我们，对于史铁生永恒之大我的思想，不应只在思想的形式中把握，而更应深入到其精神的中心去领悟。

意义与永恒

奥地利心理学家弗兰克说，追寻生命的意义是人生存的基本动机，如若不能发现生命的意义，人便不能活下去。这也是他创立"意义治疗

---

[1] 对于尼采的"永恒复返"，张文涛在《尼采六论》中提出了这样的问题：人都是会死的，永恒对个体生命的拯救不过是一种意愿，而意愿并非事实，甚至也不能算是信仰。"个体通过永恒获得意义，永恒却需要个体去意愿"，这便是尼采的困境。参见史铁生：《文明：人类集体记忆——张文涛的〈尼采六论〉读后》，载《扶轮问路 妄想电影》（史铁生作品系列7），人民文学出版社2011年版，第44页。

法"的基础。[1]而死亡无疑是对生命意义的最大威胁，它让生命陷入荒诞，似乎一切意义都化为虚无，那么人该如何从这悲惨的命运中发掘出生命的动力？不同的哲学家或思想者做出不同的选择。

史铁生将生命的意义建立在永恒之上。加缪则拒绝永恒，拒绝上帝，将生命的意义建立在荒诞的生命背景中，折返有限的人生。在有限之中，以人的自由、反抗与激情建构起生的意义与价值。在加缪看来，永恒或永生，超越了人有限的经验理性。对于永恒或永生的信念，是一种非理性的"跳跃"。而这种"跳跃"，在他看来，实际上是对生命真相的逃避[2]；而罗素更加坚定地断言，对于永生的渴望是出于对死亡的畏惧，是怯懦的心理，实际上一切宗教都源于恐惧。[3]在"我与万物同一"的迷醉之中体会永恒的尼采，则痛苦而矛盾地意识到：生命仍旧是悲剧的，所谓的生命意义只不过是骗人的，但生命需要谎言，否则人该如何活下去呢？[4]因此，尼采学说其根本仍是悲观主义的。如此看来，不仅人对永恒的渴望，甚至生命的意义本身都成了问题。同时上文提到的张文涛在评论尼采思想时所指出的意义与永恒的循环论证[5]，也使得永恒的观念，近似人的自我欺骗了。

然而，史铁生提供了关于意义与永恒的不同的认知。他的表述启发我们意识到：意义不仅属于认识论范畴，意义也应在本体论的范畴内被认知；不仅是永恒提供意义，更重要的是个体通过真确的意义获得永恒，而永恒是以质的而非量的无限性为前提的。

---

1 参见〔奥〕弗兰克：《活出意义来》，赵可式、沈锦惠、朱晓权译，生活·读书·新知三联书店1998年版。
2 参见〔法〕加缪：《西西弗神话》，杜小真译，人民文学出版社2012年版，第42—51页。
3 参见〔英〕罗素：《自由之路》，李国山等译，文化艺术出版社1998年版，第579页。
4 参见周国平：《尼采：在世纪的转折点上》，上海人民出版社1986年版，第80页。
5 即上文"个体通过永恒获得意义，永恒却需要个体去意愿"。这是张文涛在《尼采六论——哲学与政治》一书中，对尼采"永恒复返"的思想提出的质疑。

当尼采指出生命的意义只是谎言时,似乎隐藏着这样的意思,即一个不是谎言,能够成为真理的意义应该是被给予的、客观的,而不是人的主观建立,可惜死亡的必然性摧毁了人找到客观意义的可能性。因此,人只有自己建立意义,在谎言中才能生存下去。然而,正如弗兰克(奥地利心理学家)所说:"人不应该去问他的生命意义是什么。他必须要认清,他才是被询问的人。一言以蔽之,每一个人都被生命询问,而他只有用自己的生命才能回答此问题:只有以'负责'来答复生命。"[1] 也就是说,并不存在一个作为客观真理的生命的意义,生命的意义无法向外获取,而在于向内的建立。生命的意义建立在人对生命负责的态度上,有赖于人对自我的追问。

这也正是克尔凯郭尔的"主观性真理"和俄罗斯思想家弗兰克《生命的意义》一书给予史铁生的启发:生命的意义从根本上是"主观性真理","在这些真理中,是不存在供人们建立起合法性以及使其合法的任何客观准则的,这些真理必须通过个体吸收、消化并反映在个体的决定和行动上。主观性真理不是几条知识,而是用来整理并催化知识的方法。这些真理不仅仅是关于外部世界的某些事实,而且也是发扬生命的难以捉摸、微妙莫测和不肯定性的依据"。[2] 由此,生命的意义(主观性真理)就不仅是被认识的,而更是被建构的;不仅是知识,更需在个体的决定和行动中反映。

加缪立足于荒诞的背景,以个体的自由、反抗、激情及对世界与人类的爱,建构起生命的意义,彰显着人的尊严与价值;而史铁生认为生命的意义要求永恒,但是他又深刻地指出,从来就不是"个体通过(假

---

[1] 〔奥〕弗兰克:《活出意义来》,赵可式、沈锦惠、朱晓权译,生活·读书·新知三联书店 1998 年版,第 114 页。

[2] 史铁生:《病隙碎笔 2》第三十九篇,载《病隙碎笔》(史铁生作品系列 4),人民文学出版社 2011 年版,第 64 页。

想的）永恒获得意义"，而是"个体通过真确的意义而获得永恒"。个体的从生到死尽管仅仅意味着"永恒复返"的一个个环节，但是"每一个音符都因自身的展现而获得意义，都以自身的被度过而构造着永恒"。[1]

在《我之舞》（1986年）、《说死说活》（1996年）及《病隙碎笔》等若干专论生死的文章中，史铁生或抽象，或过于诗意简约的表达，让人如入迷宫。从理论形态来看，史铁生有关"小我"与"大我"的辨析，与去中心主义、追求终极平等的佛教，以及同以个体人为本位的存在主义哲学，都有悖逆之处。主要问题便在于，在史铁生的思想表述中似乎无法找到人的主体性、人的自由的位置。而以上史铁生为尼采辩护提出的有关意义与永恒的表述，尽管简短，这篇写于2007年的文章也并非专论生死，却如黑夜中照射来的一缕光线，让我们看清了史铁生死亡哲学的真实意涵。尽管史铁生的"大我"并非立足于佛教绝对平等主义的视野之上，但是其"大我"思想深处的精神指向与佛教乃至存在主义都是相通的。在史铁生的死亡哲学中，自由并未缺失，自由存在于爱中。他始终强调的"小我"超越到"大我"的思想，并非是对个人主体性的摒弃，而是个体置身精神中心对生命意义的领悟及由此做出的自由选择。

无论是从小我走向宇宙之大我，或历史之大我，史铁生的思想本质上都基于这样美善的意愿，即个体能够放弃一己之私，去爱他者、宇宙、人类。"我"之生命的意义正建立在"我"对他者、人类、宇宙的爱与责任的决定与行动中，当然也包括了牺牲。这里没有尼采融入宇宙大我的英雄主义的迷狂，让我们体认到的是一种忘我、无我、舍我的慈悲情怀。永恒便建立在这种对生命意义的道德认知上。这里的永恒指向质的而非量的无限性，它是精神人格的永恒，而非生物学意义上的无

---

[1] 史铁生：《文明：人类集体记忆——张文涛的〈尼采六论〉读后》，载《扶轮问路 妄想电影》（史铁生作品系列7），人民文学出版社2011年版，第44页。

限。史铁生强调指出,关键是要意识到这一点,"否则没有永恒,也没有当下。永恒和当下,都是由于对意义的认知与联想"。"恰恰是意义使一个东西可以成为永恒。甚至瞬间也是用意义来界定的,它是一个意义所形成的最短过程。"[1]这也是周国平在和史铁生进行有关死亡的探讨时很欣赏的一个思路。[2]

救赎从根本上而言,源自精神的体认,而非仅是理性的认知。史铁生的死亡哲学在救赎论上的有效性不容否定。而史铁生对于生死的豁达、平和,他的超脱、慈悲如佛的形象,便是对其思想有效性的证明。史铁生的思想也让我们联想到胡适的"不朽观"。在《不朽——我的宗教》一文中,胡适指出,在种种关于不朽的说法中,有两种是真有区别的:一种是将"不朽"解作灵魂(神)不灭的意思;一种则是《左传》所言的以"立德"、"立功"、"立言"成就不朽。但在胡适看来,这两种不朽观都存在问题或缺憾。[3]他提出了第三种"不朽"观,他称之为"社会的不朽论"。胡适指出,社会的生命无论纵向来看,还是横向来看,都是有机的组织。纵向来看,个人造成历史,历史造成个人;横向来看,个人造成社会,社会造成个人。正是从这有机的社会观和世界观上,胡适提出了"社会的不朽论",其不朽论的大旨是:

---

1 史铁生:《文明:人类集体记忆——张文涛的〈尼采六论〉读后》,载《扶轮问路 妄想电影》(史铁生作品系列7),人民文学出版社2011年版,第45页。

2 参见周国平:《孩子和哲人》,载"写作之夜"丛书编委会主编:《生命——民间记忆史铁生》,中国对外翻译出版有限公司2012年版,第310页。

3 关于灵魂不灭,胡适的否定意见主要有两点,后文会提到;关于《左传》提出的"三不朽",胡适认为比"神(灵魂)不灭论"要好得多,但也存在三层缺点:一是排除了无量平常人不朽的希望,成了"寡头"的不朽观;一是"三不朽"说,只从积极方面着想,却没有消极的制裁,而就这一点,"灵魂不朽论"就是全面的,是积极与消极两方面兼顾的;最后一点是,"三不朽"的"德、功、言"范围很含糊。怎样的人格才算"德"?怎样的事业才算"功"?怎样的著作方才算"言"呢?界限是很含糊的。参见胡适:《不朽》,载《胡适文选(朱自清点评本)》(上册),中国文史出版社2017年版,第143页。

我这个"小我"不是独立存在的，是和无量数"小我"有直接或间接的交互关系的；是和社会的全体和世界的全体都有互为影响的关系的；是和社会世界的过去和未来都有因果关系的。种种从前的因，种种现在无数"小我"和无数他种势力所造成的因，都成了我这个"小我"的一部分。我这个"小我"，加上了种种从前的因，又加上了种种现在的因，传递下去，又要造成无数将来的"小我"。这种种过去的"小我"，和种种现在的"小我"，和种种将来无穷的"小我"，一代传一代，一点加一滴；一线相传，连绵不断；一水奔流，滔滔不绝——这便是一个"大我"。"小我"是会消灭的，"大我"是永远不灭的。"小我"是有死的，"大我"是永远不死、永远不朽的。"小我"虽然会死，但是每一个"小我"的一切作为，一切功德罪恶，一切语言行事，无论大小，无论是非，无论善恶，都永远留存在那个"大我"之中。那个"大我"，便是古往今来一切"小我"的纪功碑、彰善祠、罪状判决书，孝子慈孙百世不能改的恶谥法。这个"大我"是永远不朽的，故一切"小我"的事业，人格，一举一动，一言一笑，一个念头，一场功劳，一桩罪过，也都永远不朽。这便是社会的不朽，"大我"的不朽。[1]

尽管胡适有关灵魂的认识，不同于佛教的说法，也不同于史铁生，

---

[1] 胡适认为他所指出的"社会的不朽"回避了"三不朽论"的三个层面的缺点，即只限于极少数的人；没有消极的制裁；能够不朽的范围太含糊。因为社会、宇宙是一个有机体，因此一切人、一切的言行都是不朽，因此扩大了不朽的范围，便回避了"三不朽论"的第一和第三条缺点；其次，既然一切言行都将不朽，行善将不朽，作恶也将不朽，"稍一失脚，必致遗留层层罪恶种子于未来无量的人，——即未来无量的我，——永不能消除，永不能忏悔"。这就是消极的裁制了。参见胡适：《不朽》，载《胡适文选（朱自清点评本）》上册，中国文史出版社2017年版，第147—148页。

史铁生关于灵魂的看法是同于佛教的,这个在后面会提到,但是胡适建立在有机的社会观、宇宙观上的"社会的不朽"说,与佛教的无我观,及史铁生有关永恒"大我"的思想,具有相近的思想内涵和一致的精神指向。或许这样一种不朽或永恒,是每一个对人类、对宇宙深怀大爱的灵魂都必然向往或追求的。

在《文明:人类集体记忆——张文涛的〈尼采六论〉读后》(2007年)一文中,史铁生基本还是在认识论的范畴谈论"意义"。不过,在他的思想中,还可以看到他在生命本体的意义上对"意义"的认知,这可以称得上是关于意义认识的革命。史铁生说,不管是我们从始至终、所言与所思的那个"有"或"在",还是对观察不及之域的猜想,都是源于人的"内部透视",都是"人性投射"的知与觉,而这也符合物理学中的"人择原理"。由此当他指出,意志(权力意志)是创生的而非派生的,是它使"有"或"存在"成为可能[1],便不是如尼采一般是在宇宙本体论上对宇宙生命创造力的肯定,而是立足于人的本体上对意志创生的肯定。而权力意志源于人对意义的建构,权力意志是创生的,意味着意义是创生的而非派生的。

意义是创生的,听来似乎难以理解,然而,这种认识并不是主观而虚妄的。事实上,这一认识深入到宗教信仰的核心。而在一些科学家的论述里,我们也得到同样的信息。譬如《西藏生死书》中就提到物理学家大卫·波姆曾有这样的认识。大卫·波姆曾指出,宇宙以三个互相包藏的层面显现:物质、能量和意义,而这三个基本概念中的任何一个都隐藏着其他两个。但他认为,其中意义是最重要的,"意义是整体实相本有而基本的部分,而不是只存在于我们心中的,纯粹抽象和虚无的

---

[1] 史铁生:《人间智慧必在某处汇合——斯坦哈特的〈尼采〉读后》,载《扶轮问路 妄想电影》(史铁生作品系列7),人民文学出版社2011年版,第37页。

性质而已。换言之，概略地说，在人生中，意义就是存有……""在诠释宇宙的同时，事实上我们是在创造宇宙：在某个程度上，可以说我们是自己意义的整体"。[1]《西藏生死书》一书则进一步将意义、能量和物质与佛教的三身理论进行比较，指出意义的角色类似法身，能量类似报身，而物质则是化身。[2] 而另一位物理学家彼得·罗素更加明确地指出，意识即是神，意识是我们所知的一切的源头和创造者。[3] 这确实是关于意义或意识的颠覆性认知，然而这并不是妄想，而是科学的理性和灵性

---

[1] 〔美〕索甲仁波切：《西藏生死书》，郑振煌译，中国社会科学出版社、青海人民出版社 1999 年版，第 398 页。

[2] 参见〔美〕索甲仁波切：《西藏生死书》，郑振煌译，中国社会科学出版社、青海人民出版社 1999 年版，第 399 页。

[3] 参见〔英〕彼得·罗素：《从科学到神——一位物理学家的意识探秘之旅》，舒恩译，深圳报业集团出版社 2012 年版。"意识是神"是罗素这本书的核心结论。类似关于意识的探讨，还可以参考肯·威尔伯（Ken Wilber）的《意识光谱》。威尔伯利用物理学电磁光谱的概念，提出了意识光谱之说，指出人类的意识也是一种多层次的连续体。他用意识光谱勾勒了人类经历的六种主要的意识层次。认为其终极阶层"大心境界"抵达了宇宙生命之实相，这是真正觉悟者才能达到的境界。通过分析，威尔伯得出了"实相即意识"的结论，基本同于彼得·罗素"意识是神"之说。不过，彼得·罗素尽管也提到了宗教觉悟者所达到的大心境界，但是他的科学精神也使他认同康德的"物自体"之说，因此他的"意识是神"的说法，并没有绝对否定掉一个客观世界的存在，而是说在意识领域，意识的能力是绝对的，它是所有体验的基础——包括对时空的体验。肯·威尔伯也是一个具有科学精神的人，但同时也是一个实修者，因此他"实相即意识"相对更加绝对，同于宗教的绝对唯心主义。但我认为，客观世界存在与否基于人的有限性是一个很难得出确定回答的问题。宗教觉悟者们指出"精神创造物质"是对自身体验的描述，但这种体验是否仍带有有限性，或者说"大心境界"之上就没有更高的意识层次了吗？抛开这一细节上的分歧，目前这些以科学精神关于意识的探讨以及宗教觉悟者们关于意识的洞见，实际上都意在说明人实现自我意识超越是可能的也是重要的。而深入理解并体察这一观点，对于个体生命乃至世界，都大有裨益。尤其重要的是，"意义是创生的"将改变我们对于信仰或救赎论的认知：信仰根本上是一种意义系统，它源自人对意义的建构，它诞生于意识之中。而基于意义的本体论价值，即使是一个坚定的无神论者也会在某种程度上，认可任何一种宗教或信仰的意义价值。这对于信奉科学与理性的现代人，尤其是深受无神文化浸染的我们而言，无疑是很重要的启示。

的觉醒所达成的和解。

当然,史铁生是在有限的范围内,认为"权力意志"(意义)是创生的,而把全知全能最终还给了上帝,还给了神秘和无限,他以此树立起绝对价值,反对一切人造的偶像。但是,他的这个不可证实、只被相信的神,实际上依然源自他的意识(意义)建构。也许,史铁生对意义或意识的评价尚未达到大卫·波姆和彼得·罗素的高度。不过,他对意义的认识却扫除了我们对其救赎思路及其有效性的困惑,进而帮助我们认识到自我思维的盲点,引导我们在意识结构的变革之中,实现精神的转化,从而感悟永恒,为生命找到最终的皈依。

| 灵魂不死的道德性确证及实证思路

生命的意义要求永恒,永恒又建立在真确的意义之上,而意义的实相本质又使得永恒不会落入虚妄与抽象。"我"之永恒并不意味着对生理性生命无限的妄想,而是对精神生命质的要求。因此,史铁生的渴望永恒,并不是如加缪所说出于逃避,或如罗素所言出于畏惧,相反他的永恒观倡扬的个体的无我、忘我与舍我,体现的正是佛教徒一般的无畏、开放和真正英雄式的胸怀。

而史铁生认为"我"之不死,并不仅仅建立在他对意义与永恒的认知上,也是因为他相信人确实存有灵魂而灵魂不死;同时,他也认为灵魂不死的信念从道德的意义上对于人非常重要,因此做出了类似于康德的关于灵魂不死的"道德证明"。

胡适"社会的不朽论"和史铁生追求的"大我的永恒",在精神取向上是一致的。不过,在有关灵魂的看法上,二者是不相同的。在灵魂的问题上,胡适是范缜的信徒。范缜在《神灭论》中说:"神之于形,犹利之于刀;未闻刀没而利存,岂容形亡而神在?"胡适说,在他11岁时在《资治通鉴》上看到司马光引述的这几句话,"心里受了一大感动,后来便影响了他半生的思想行事"[1]。胡适深信范缜所说的形神不可二分,形亡神也随之消亡,所谓灵魂的不朽是不存在的。史铁生则认为,灵魂不死虽然是一个既没有被证实也没有被证伪的猜想。但猜想却不一定要由证实来支持。相反,猜想支持着希望,支持着信心。如果说,胡适是持一种实证主义的态度否定了灵魂的永生,史铁生则可以说是以一种信仰主义的态度肯定了灵魂的不朽。

胡适否定灵魂永生的另一原因在于,他认为,从实际效果来看,灵魂灭或不灭,对于人生行为都没有什么重大影响,既没有实际的影响,简直可说是不成问题。因为信神不灭论的固然有好人,但相信神灭论的也未必全是坏人。他进一步指出,那些迷信天堂、天国、末日审判,从而修德行善的,这种修行只能算是自私自利,不能认为是真道德。[2] 不过,史铁生却认为,灵魂的有无在道德生活中有着实际的影响。他指出,关于灵魂有无体现了两种泾渭分明的信奉。信其有者的推演是:于是会有地狱,会有天堂,会有末日审判,总之善恶终归要有个结论;而宣布其无者的推演当然与之相反。由此,信其有者,为人的行为找到了终极评判乃至奖惩的可能;而信其无者则为人的为所欲为铺开了坦途。[3]

有关灵魂灭或不灭在道德生活中的影响,胡适和史铁生认识上的分歧,主要应归结为二者对人性认识的不同。胡适或许是认为,人性是可

---

1 胡适:《不朽》,载《胡适文选(朱自清点评本)》(上册),中国文史出版社2017年版,第146页。

2 参见胡适:《不朽》,载《胡适文选(朱自清点评本)》(上册),中国文史出版社2017年版,第141页。

3 参见史铁生:《病隙碎笔1》,第二十五—二十九篇,载《病隙碎笔》(史铁生作品系列4),人民文学出版社2011年版,第15—17页。

靠的，人可以依靠自力过有道德的生活，相反，依靠外力而行善，并非真道德；史铁生却认为人性是靠不住的、是脆弱的，由此人性需要外在的监督，以成就道德的生活。基于这样一种对人性的认识，史铁生在灵魂灭或不灭的问题上，做的是一个逆向的推导，即认定灵魂不死会限制恶行，也只有灵魂不死，善恶才能得到最终公允的评断。在他看来，灵魂不死是符合人道的高贵的猜想。史铁生的这个理路非常类似于康德对于灵魂不死或上帝的论证，只是康德的灵魂不死主要是从其"至善"学说做出的推证。康德尽管认为，道德是自律的，人的实践理性为自身立法，道德不受自身之外任何东西的限制。但是基于理性在实践领域内对"至善"的要求，上帝的存在或灵魂的不朽在道德上却是必然的。因为康德所说的"至善"指的是人的德性，及与之相配的幸福达成绝对的精确一致，而只有上帝存在和灵魂不朽才能保证这种一致，也即康德所言的"至善"的可能性。同史铁生认为灵魂不死只能是一种猜想一样，康德承认，关于上帝存在或灵魂不死的论证，存在理性上的必然局限，但他认为并不排除其他证明的可能性：一种建立在道德确定性上的证明会因此而"更其明晰和更富于力量"，相信上帝和来世与他的道德感情是紧密交织在一起的。在这个意义上，康德认为什么都动摇不了他的这种信仰。[1] 当然，这种"道德性确证"不必然会激发关于灵魂不死的理性认同。信仰的发生，尽管从根本上源自精神的体认，但对于现代人而言，精神的体认似乎仍离不开经验理性的认知。人们即使相信人类需要建立上帝或来生的信念以成就至善或完美的道德，但却不必然会激发有关上帝或灵魂不死的信仰。理性上认知的需要可能导致的是另一种更为普遍的态度，即不可知论的态度。更何况，善似乎也并不一定要建立在上帝或灵魂不死的信念之上。然而，这种基于道德关怀及道德情感对灵

---

[1] 参见段德智：《死亡哲学》，湖北人民出版社1996年版，第193—194页。

魂不死的信念，仍因其高尚的意图而具备动人的力量，它否认了知识而为信仰留下了地盘。

事实上，关于灵魂之永存，对于史铁生，也不单单是一种基于理智推演或主观情感的信念，它还基于一些实证思路所提供的支持：一是灵感，因为一本书或某句话，让人的困顿一朝畅通。那么灵感是什么呢？在史铁生看来，对灵感最合理的解释便是，灵感是心魂的隔世接续；其二，史铁生在文章及与友人的交谈中也多次提到柏拉图的"学习即回忆"[1]说，认为回忆只能是对前世的回忆；其三，他认为，"天赋"、"天才"最能证实"转世"的猜想。他提到莫扎特4岁就会写协奏曲，也以数学天才高斯为例。如果不存在轮回，如若天赋不是前世的知识或才华的延续，便很难解释世间为何会有这样的天才，有些人为何小小年纪就能拥有非凡的才智。[2] 其实，世间无奇不有，有关"灵魂"的永生或轮回，还可以找到一些更具体的事例。《西藏生死书》中就提供了一些或许称得上是实证的例子。[3]

但即使灵魂永存，轮回成立，可关键的问题在于：如果记忆——或者说自我意识——不能接续，那么转世或轮回对于我的意义在哪里呢？下一世的我和这一世的我又有什么关系呢？这也是周国平在听了史铁生关于死亡论证的思路后提出的异议。史铁生说，死是不可能的，并

---

[1] 柏拉图认为灵魂是不朽的，而且多次降生。灵魂见到过这个世界及存在的一切事物，所以具有万物的知识。学习不是一个从无到有的过程，而只不过是在现实世界的刺激下，回忆起以前所知道的关于德行及其他事物的一切。柏拉图的"学习即回忆"之说，是受到毕达哥拉斯灵魂不死思想的影响，也与柏拉图自己对现象世界和理念世界的划分有关。可参见柏拉图《美诺篇》和《斐多篇》。

[2] 参见孙立哲：《想念史铁生》，载"写作之夜"丛书编委会主编：《生命——民间记忆史铁生》，中国对外翻译出版有限公司2012年版，第29页。

[3] 参见〔美〕索甲仁波切：《西藏生死书》，郑振煌译，中国社会科学出版社、青海人民出版社1999年版，第102—108页。

不意味着转世以后的我一定是上一世的我。事实上，他认为转世以后的我不太可能与这一世的我完全相同，而执念于这种相同也是不必要的。因此，尽管他常引用尼采的"永恒回归（复返）"来表达对灵魂不朽的认识，但是他并不赞同尼采对永恒回归的表述。尼采认为，永恒回归即是生命的完全重复，即一切细小或重大的事情必重新光临你，并且是以同样的先后顺序和序列。而在史铁生看来，彻底一模一样的再现不大可能，也不重要。他认为"永恒回归"指的是生命的主旋律、精神的大曲线。人不必执念于个体的"复返"或"轮回"，应该跳出个体，看到种的接续、族或类的生生不息。这也正是他从雍和宫的那间小屋里，望到远处牌楼上的鸽子所产生的感悟："不注意，你会觉得从来就是那么一群在那儿飞着，细一想，噢，它们生生相继已不知转换了多少回肉身！一群和一群，传达的仍然是同样的消息，继续的仍然是同样的路途，克服的仍然是同样的坎坷，期盼的仍然是同样的团聚……凭什么说那不是鸽魂的一次次转世呢？"[1]

于是，史铁生的思路又从小我回到了大我。不过，他倒仍然坚信小我在精细的意识层面是可能接续的。灵魂不死、人有来生对他来说已是几可确证的事实，而他的希望和忧虑都在一件事上，即"能不能在临死之时保持住镇静，能不能在脱离史铁生的瞬间免于惊慌，以便今生的某些思绪能够扼要地保存下来"[2]，这也是他对朋友的告诫[3]。因为，"倘若来

---

[1] 史铁生：《人间智慧必在某处汇合——斯坦哈特的〈尼采〉读后》，载《扶轮问路 妄想电影》（史铁生作品系列7），人民文学出版社2011年版，第38页；也可见史铁生：《回忆与随想：我在史铁生》之《所谓轮回，或永恒复返》，载《昼信基督夜信佛》，北京十月文艺出版社2012年版，第38页。

[2] 史铁生：《回忆与随想：我在史铁生》之《论死的不可能性》，载《昼信基督夜信佛》，北京十月文艺出版社2012年版，第33页。

[3] 参见李鸿桂：《永远的印象》，载"写作之夜"丛书编委会主编：《生命——民间记忆史铁生》，中国对外翻译出版有限公司2012年版，第41页。

生一切都还是要从头来过，疯牛似地转个没完，生命岂不太过荒诞？但愿我一直清醒，闻死神之逼近，仍能够有条不紊，携带好今生记忆，以备来世那位尚不知其姓名的我少走弯路"[1]。而如何能够尽可能多地携带着今生的记忆和思绪，还在于你这一生的努力。只有经过艰难的跋涉、困苦的思索、深刻的疑问而超越了生理性存在，心魂才能隔世接续与相认。灵感忽现与天才的存在正是对此的证明。

史铁生有关"灵魂"的认识及其轮回观与佛教是相通的。在生死的问题上，佛教一方面主张"缘起性空"，一方面主张"业报轮回"。这往往引起人们的困惑：既然佛教认为"诸法皆空"，不存在一个不死的灵魂，或不灭的"我"，那么究竟是什么处在生死的流转中，因为业力而轮回不息呢？但深入佛教思想，会发现轮回之说并不违背缘起法。因为佛教的"轮回"虽然不涉及一个真常不变的实体的灵魂或"我"，但仍有一个前后关联的东西在参与流转，那指的是"最微细层面的意识"[2]。史铁生虽然时时言及"灵魂"，但他所言之"灵魂"并非是佛教所反对的永恒不变之实体，而是"记忆"、"思绪"或"心魂"，也正是佛教所言"最微细层面的意识"。史铁生不执念于前生后世之"我"的永恒或相同，但他认为，"生命的主旋律"、"精神的大曲线"一定是存在的，这体现的应该正是佛教所言的"意识"或"心"的连续。那么，究竟何为一种"心的连续"？或者说轮回究竟是怎样一个过程？史铁生的理解显然近于佛教，但对于不谙佛理的人来说，他的表述或许过于简约了。关于这个问题，一些佛教书籍常以譬喻作答，相对而言，梁启超在《原始佛教教理纲要》中引用的一位黎士德威夫人（Mrs. Rhys Davids）

---

[1] 史铁生：《回忆与随想：我在史铁生》之《论死的不可能性》，载《昼信基督夜信佛》，北京十月文艺出版社2012年版，第33页。

[2] 〔美〕索甲仁波切：《西藏生死书》，郑振煌译，中国社会科学出版社、青海人民出版社1999年版，第110页。

的一个图对轮回的说明似乎更为形象易懂。

梁启超指出，依照佛的意思，人生时时刻刻都在轮回之中，只是有急性和慢性之分。慢性的叫作"生灭"或"变异"。因为生理和心理上时时刻刻的变化，现在的你和出生时还是个小婴儿的你已经不知循环生灭了几回。[1]只是这种变异细微而慢，我们不觉得、不惊异。急性的则叫作"轮回"，这是生命的突变状态。黎士德威夫人做的一个图对轮回做了形象的说明：

A—A'—A"—A'"……—An……anB—B'—B"—B'"……Bn……bnC……

譬如 A 是假定的一个人本来的性格，他时时刻刻活动不休，活动的反应（即业）渐渐添上别的新成分，变为 A'，次第往前活动去。从前的业依然保留，随时又添上新的变为 A"、A'"，到最后把这一时期的经验都积集起来变为 An，便是这一期生命所造业的总和。这个人的肉身，受物理原则的支配，到某时期当然会死去，但 An 的业依然不灭。得个机会，他便变而为 B。其实 B 是由 An 突变而成。表示他突变的关系，可以写为"anB"。以后"bnC"、"cnD"、"dnE"递续嬗变下去，都是如此。从表面看，ABCD 截然不同形，实则 B 的原动力由 A 来，A'A"A'" 的种种业，都包含在 B 之中。A 为 B 因，B 为 A 果。所谓三世两重之因果便是如此。这样看来，轮回恰像蚕变蛹，蛹变蛾。表面上分明三件东西，骨子里原是一虫所变。说蚕即蛾也不对，说蚕非蛾也不对；说蛾即蚕也可以，说蛾非蚕也可以。[2]

---

[1] 史铁生对此也有认识，可参看本章第二节。
[2] 梁启超：《原始佛教教理纲要》，载吴平编：《名家说佛》，北京图书馆出版社2003年版，第49页。

尼采的"永恒复返"的观点是为了给予原本无意义的生命以意义，他说："为了抵制一种全面崩溃和不知将伊于胡底的令人瘫痪的感觉，我提出了永恒轮回的思想。"[1]然而，他又认为意义是骗人的，只不过生命需要意义，否则便无法活下去。同时，他的永恒轮回，又意味着个体的完全重复、毫无变化地一切从头来过，由此永恒轮回成了他沉重的梦魇。为了摆脱梦魇，他诉诸"命运之爱"。爱命运，意味着要将无意义的生命彻底地承付起来，肯定永恒轮回则意味着对命运最大的爱和最高的肯定，而这正是强力意志、酒神精神、超人思想的最高表现。然而，尼采的哲学依然是悲剧性的，永恒轮回即是生命的最大悲剧。在他的强力意志、酒神精神、超人思想中，我们并没有听到胜利的凯歌，却看到了人对生命悲壮的抵抗。尼采高扬生命的自由与创造，但他的自由、创造似乎只是一种审美的迷醉，这种迷醉所提供的也许只是虚幻的"脱出"、暂时的自由，再加上他精神深处及思想的种种矛盾，使他归根结底没有摆脱生命的奴役。尼采说，超人应该有着高蹈轻扬的舞蹈、欢乐豪放的音乐，然而，未能从根本上超越生命之悲剧性的超人又如何能真正的高蹈轻扬与欢乐豪放呢？

永恒复返对于尼采来说，是最大的重负，但对于史铁生，也许是他最大的解脱。首先他通过对意义与永恒的深刻认知，给予了意义以创生的地位，永恒也便不是人借以自我慰藉的虚假的想象，而具有了现实的价值；其次，他通过对灵魂不死的道德确证，肯定了灵魂不死是人最高贵的猜想；再次他提供的几条实证思路又让他确信灵魂不死的必然性；而他不认同个体的完全的复返，尽管他渴望在临终之时，能尽可能多地保留此生的思绪，却并不执念于自我记忆的完全接续以确定小我的永恒。

---

[1] 周国平：《尼采：在世纪的转折点上》，上海人民出版社1986年版，第80页。

由此，史铁生的死亡哲学有着乐观的格调。"我"之不死，"我"之永恒，所体现的不是尼采般迷狂的激情，而是基于冷静思悟的坚定信念。

| 由死观生：永恒即是当下

史铁生如《我之舞》里总是端着放大镜观察点线面的有如先知的路，又如那个早已勘破生死之谜的"酒仙"老孟，站在宏阔的"宇宙"与"历史"之上俯瞰人间，通过对意义与永恒的深刻认知及对灵魂不灭的一次次证明与猜想，抓住了永恒。"没有创始，也没有穷竭"，这是世界的本来面目；"死，不过是一个辉煌的结束"，"同时是一个灿烂的开始"；"这一回有限的我结束了，紧跟着就是下一回有限的我"，从而实现"无限的'我'"。[1]

如果说，加缪所承认的只是"有限的我"，那么史铁生努力想要抓住的却是这"无限的我"。在加缪看来，正是因为有限，生命露出了它荒诞的本质，那么由荒诞引发的第一个思考便是自杀的问题。既然生命毫无意义，那么是否就可以为此放弃生命？由此，加缪认为，真正严肃的哲学问题就是"自杀"。不过，他推论认为，自杀并不是荒谬必然的逻辑结果，带着荒诞生活，这正是意识对荒诞的反抗，这种反抗赋予生命以价值。[2] 而史铁生的"无限的'我'"，却从根本上取消了生命的荒诞，人具有了无限的时空性质。然而，"无限的我"似乎也将遭遇与"有限的我"同样的问题，即是否可以自杀。既然"我"将经历无限回，"我"的丰裕是否会导致对每一回"有限"的懈怠和不珍视，譬如当某一"有限"，所感受到的并不是命运的恩宠，而是承受着无尽的小痛苦、大痛苦

---

[1] 史铁生：《我之舞》，载《命若琴弦》（史铁生作品系列1），人民文学出版社2011年版，第286—287页。

[2] 〔法〕加缪：《西西弗神话》"荒谬的推论"，杜小真译，人民文学出版社2012年版，第11—73页。

的时候，人是否就可以放弃这一回的"有限"，而期待下一回的圆满呢？

在史铁生的作品里，他并没有明确提出这一问题，但是他的思想里隐藏着这一假设。史铁生关于自杀的思考，并不像加缪那样是从一个哲学性的推论开始的，而是从自身的困境出发的。残疾之后的几年，他确实自杀过好几回。自杀是他突遭残疾厄运的第一个念头。关于自杀的问题，他并没有一味地否定。相反，在某些作品里，他流露出自杀是对人之为人的肯定。《老屋小记》里的傻子三子，最后赴水自杀。在史铁生看来，一个"傻人"的自杀代表了他生而为人的意识的觉醒，自杀的行动是身为一个人的有意识的反抗。因此，史铁生的"傻人"的自杀与加缪笔下荒诞的人的拒绝自杀，具有同等的性质和意义。不过，尽管如此，史铁生仍然从普遍的意义上否定了自杀。在生命最困顿的时候，他最终放弃了自杀的念头，这来源于顿悟及无须论证的对生活的热情的信念。其顿悟的直接源头来自于他多次提到的卓别林那句幽默的表达：人总是要死的，着什么急呢？

在《我之舞》中，史铁生则是用简单的逻辑演绎否定了这一假设[1]。在男女两个鬼魂关于生死的问答之中，男鬼魂赞颂"死，不过是一个辉煌的结束，同时又是一个灿烂的开始"，喝着酒的老孟，却打断了他们的话，说："我知道你们活得既不灿烂，死得又不辉煌，这一回可是太不精彩太不漂亮了。"男的说："我们也还在跳呢。""那是因为你们找不到别的。"老孟捂着嘴咏咏地笑，"你们真要是找到了天堂，至少你们死得还算聪明"。男的又说："可我们还有下一回。"女的说："我们下一回会跳得好。"老孟把嘴里的酒全喷出来，狂笑不止。老孟说："你们要是说还有下一回，我就跟你们打个赌，我说没有下一回。"男的劝女的不

---

[1] 即上文提到的，既然生命是无限的，而这一回又是如此不完满，是否就可以自杀，以等待下一回的圆满之假设。

要跟老孟打这个赌,因为"我们活在下一回的时候,下一回又成了这一回。我们赢不了他"[1]。在这里,我们可以简单梳理一下老孟的思路:并没有一个作为终点的天堂,因此人永远找不到;人所拥有的就是这一个过程,无论你活在哪一回,永远都是这一回。所以,人要好好对待这一回,将它跳得精彩而漂亮。正像那可闻而不可及的地方人的合唱:"永远只有现在,来生总是今生,永远只有现在,来生总是今生,是永恒之舞,是亘古之梦……"[2] 因此最后,史铁生又以他玄奥的辩证法重新恢复了"有限"的意义。目的并不存在,人永远走在路上,人要做的就是如何把路走好,而不是轻言放弃。这就是过程的意义。

在加缪看来,在与荒谬相遇前,芸芸众生都为着目的活着,他们关心的是未来和证明。然而,可能的死亡的荒诞感一旦袭来,一切便都动摇了,目的不存在了,人生实有的只有这有限的过程。不存在什么明天,人只有牢牢把握住这一过程,纵舞欢歌。[3] 而在史铁生这里,他的"过程论"也是在目的为空的思想上提出来的。目的为空,一方面在于世间苦难的无法根除,矛盾无限,而智力有限,并不存在一个圆满的作为终点的所在;同时他预设灵魂的不息,从而以无限的世界、无限的"我"消解了死亡的悲剧性,但同时也取消了目的的存在,并没有一个最终的"天堂"可望企达,人永远走在不尽的路上。最终又通过他玄奥的辩证恢复了有限的意义,将永远转化成了现在,将来生看作今生。最终与加缪殊途同归。

不过,加缪由生命的荒诞,合乎逻辑推导出的是一种倾向于数量的

---

1 史铁生:《我之舞》,载《命若琴弦》(史铁生作品系列1),人民文学出版社2011年版,第287—288页。

2 史铁生:《我之舞》,载《命若琴弦》(史铁生作品系列1),人民文学出版社2011年版,第288—289页。

3 参见〔法〕加缪:《西西弗神话》,杜小真译,人民文学出版社2012年版,第67页。

伦理学，即人在这有限的人生中，应该自我穷尽，穷尽既定的一切，而一切的理性秩序与道德要求都应被否定，唐璜的行动与态度正是对这种伦理学的诠释[1]；相对而言，史铁生从灵魂不死或灵魂"永恒复返"所启示我们的，则是一种倾向于质量的伦理学，它要求着人的道德的自律与完善，呼唤着人们对他人、对世界乃至对宇宙整体的爱心与责任感；同时告诉我们求知的重要性，人应对自我的生命负责，尽管"我"是永恒，但永恒就是现在，生命并非只是用来消耗或享受，它提供的是一个殊为难得的精神成长与转化的机会。

死亡，在世界文学及思想的谱系里，都是一个重大的主题。而在中国，或许是因为孔子"未知生焉知死"的祖训影响深远，很少有人能够像史铁生这样畅谈死亡，并谈得如此深刻。但正如藏传佛教所言，生死一体，"死亡是反映生命整体意义的一面镜子"[2]，未知死又焉知生呢？史铁生对死亡的探讨，不仅引导我们从一个更为广阔的视域来看待死亡，从而超越对死亡的恐惧；同时也启发我们由死观生，明了生命的意义与价值。"我"之不死、"我"之永恒，并不是他对生命在量上之无限性的奢望，而是对于生命的质的要求。爱与求知应该成为生命最基本而又最重要的主题，这是史铁生的死亡哲学给予我们的重大启示。

史铁生关于死亡的探讨，融合了哲学、宗教及近代物理学等多方的思想资源，再加上他乐思善思，使得其作品充满了理性思辨色彩。然而，正如邵燕祥所言，史铁生做形而上的思考，是由自己血肉体悟支撑

---

1 参见〔法〕加缪：《西西弗神话》，杜小真译，人民文学出版社2012年版，第81—91页。唐璜是西班牙传说中的一个人物，也在欧洲文学中不断出现，譬如拜伦长诗《唐璜》。唐璜诱惑女人，也为女人所诱惑，他穷尽无数的女人，并且与无数的女人一起穷尽生活的际遇。在加缪看来，唐璜的行动和态度体现的是"一种全部沉浸在荒谬之中的生活逻辑的结果"。唐璜是加缪所推崇的荒谬的英雄。

2 〔美〕索甲仁波切：《西藏生死书》，郑振煌译，中国社会科学出版社、青海人民出版社1999年版，第18页。

的。[1] 在他关于死亡的理性之思背后是他具体的生存境遇及深刻的精神感悟。他的不同寻常的苦难命运、痛苦的肉身境遇、插队延川时黄土地上的人们使他感受到的人情温暖、黄土地上的生活及文化给予他的深刻的历史感悟,生命中的亲情、友情与爱情等,都是他丰厚的精神资源。在史铁生关于死亡的探讨中,理性之思常常是显明的,感性之悟又常常是少而意涵深隐的。但我们唯有透过他的精神体悟,透过其精神人格,才能真正领会其倾向于逻辑演绎的理性表达背后真正的思想与情怀。同时他对于理性之思的重视,也充分调动起了我们理性求索的热情。正如陆晓娅所说,读史铁生的文章,会有一种心理上的紧张,这种紧张源于他的写法,他在那些"令人迷惑而激动的"问题上总是抽丝剥茧,逼自己给自己一个能自圆其说的答案,由此也会让人忍不住加入其间,质疑、辩驳。[2] 而精神的转化与成长正是在这种质疑或对话中悄然发生的。史铁生以诚实、善思作为自己的人生格言,他也以他的理性之思,引导我们不要停留于他的教导之上,而应踏上自己的理性探索之路。

史铁生认为,对于个体生命,只有主观性真理,并没有什么客观准则。人为自身建构意义,并在决定和行动中反映。史铁生的一生正是对其死亡哲学最生动的演绎。他以不懈的精神探索超越肉身巨大的痛苦,他对爱的敏于感受乐于付出,他的慈悲超脱如佛的人格形象,让人们深受感动并得到莫大鼓舞。而他在生命的终点,以超强的毅力与死神抗争,只为顺利完成遗体捐赠,则是他对这个世界最后的爱的表达。[3] 陪

---

1 参见邵燕祥:《回忆他 读他 认识他》"序言",载"写作之夜"丛书编委会主编:《生命——民间记忆史铁生》,中国对外翻译出版有限公司 2012 年版,第 6 页。

2 陆晓娅:《语录铁生和诘问铁生》,载"写作之夜"丛书编委会主编:《生命——民间记忆史铁生》,中国对外翻译出版有限公司 2012 年版,第 365—367 页。

3 参见何东:《弦断之夜》,载"写作之夜"丛书编委会主编:《生命——民间记忆史铁生》,中国对外翻译出版有限公司 2012 年版,第 58—69 页。何东在这篇文章里,详细记述了从 2010 年 12 月 30 日晚 6 点史铁生突发脑溢血,直到隔日凌晨 3 点 46 分顺利完成遗体捐赠的全过程。出

伴史铁生度过生命最后一夜的何东说，并不是由史铁生生前的言传，而是由"此铁生"的"身教"，一下就完全明白了他之前所写的一切"说死说活"。[1] 似乎还不能忘了史铁生的那几首小诗，这些诗是他给希米最后的留言。在他关于死亡形而上的表达中，我们看到他早已参透生死，无惧死亡。而这些诗告诉我们他仍有他的牵挂，他牵挂他走后这个顺水飘来的孩子还年轻，她该如何面对和生活。她的心情是他唯一的牵挂，他最后的祈祷则是他们爱的重逢，"陌路之魂皆可以爱相期"[2]。在陈希米的《让"死"活下去》一书中，我们似乎感受到史铁生所言的灵魂的确在。这颗牵挂着的灵魂，是否在希米一年之后真的能坦然面对他的离开时，才真正踏上了他的无极之旅呢？[3]

（接上页）于实施捐赠手术的需要，处于深度昏迷之中的史铁生被转了三家医院，其间费尽周折。从病发到最后完成捐赠，历经9个多小时。对于脑溢血已经极度恶化的史铁生而言，这9个多小时是非常艰难的。但因为心跳停止15分钟后便无法实施捐赠，深度昏迷的史铁生以超强的毅力维持着其有力的心跳，直到最后顺利完成捐赠。

1　何东：《弦断之夜》，载"写作之夜"丛书编委会主编：《生命——民间记忆史铁生》，中国对外翻译出版有限公司2012年版，第68页。
2　参见史铁生的诗：《最后的练习》、《节日》、《遗物》、《希米，希米》、《永在》、《预言者》、《生辰》、《秋天的船》，载《扶轮问路 妄想电影》（史铁生作品系列7），人民文学出版社2011年版。
3　史铁生生前和陈希米畅谈死亡，对死亡有共同的理性认知。死亡的虚无在言谈中落入普遍性，而当真实的死亡来临时，虚无便不是仅需在理性中被认知，而变成了生命真实的担负。希米说，死亡的真相是慢慢显露的。在史铁生临终时刻，她遵循史铁生生前意愿，冷静果断地处理一切事宜。然而尘埃落定之后，她才开始真正经历史铁生的死亡，死亡变得具体，因此残酷而荒诞。对于陈希米而言，只有写作而没有别的方式，才能想象史铁生的依然在场，只有写出来，想念才落成了想念，悲伤才能驱走悲伤。《让"死"活下去》充满了形而上的追问，这些追问浸透着她真挚浓烈的情感体验，读来令人动容。借由写作，她度过生命中艰难的时光。书中，她多次提到一个有异次听力的朋友告诉她史铁生从那边传来的讯息。史铁生放心不下她，提醒她要爱自己。还传来他在另一个时空的感悟：宇宙没有时间，只有转动。而在一年多后，那位朋友又带来史铁生的讯息：……当舞台空了，真正的笑声才会充满离开的那一刻！陈希米听懂了，直到这时，史铁生才终于决定要走了。我们似乎没有理由质疑其中的真实性，而恰恰有理由因此走出我们狭隘的理性。

第三章　孤独与爱的救赎
——史铁生的爱情观（一）

| 孤独意识的二重性

命运和死亡之外，孤独，是史铁生意识到的生命的第三大主题。孤独，不同于孤单，孤单，只是对人形单影只的客观处境的描述，一个孤单的人，并不一定会体会到孤独，而一个孤独的人也许还倾向于选择孤单而不是遁入人群；孤独，也不同于寂寞，寂寞只是一种情绪反应，一个容易感觉寂寞的人，在其心灵深处，也许从来就没有孤独的位置，他们可能从根本上是惧怕孤独的。而一个孤独的人也许会感觉到寂寞，但是他们却从不会害怕寂寞，正如他们不害怕孤单一样。孤独是对人的生命本体境遇的客观描述，同时，孤独又是主观的，它有赖于人思想认识和精神体认的深度。

人为什么会产生孤独感？或人因何会生出孤独的意识？史铁生借由西方神话将之追溯到人类的童年时期来寻找答案。在史铁生看来，人类的孤独感是由于意识到彼此的区别与差异造成的。偷食智慧果前的亚当和夏娃正像人类的原始阶段，或人的童年时期，处在一种与周围世界的原始和谐之中，他们蒙昧未开，即使光着身子，也毫不羞耻，就像《我的丁一之旅》中那天生情种丁一，幼时最喜赤条条冲入女孩堆里欢呼乱叫。可是偷食智慧果后，亚当和夏娃产生了羞愧，这种羞愧并不是因为看到了对方的性部位，而是意识到了彼此间的区别与差异，这种区别和差异很鲜明地表现在性部位的不同，由此他们遮蔽住了自己的性器官。性成了禁忌，而孤独感也由此产生。[1] 史铁生对孤独感的探索止步于人对彼此区别与差异的意识，由此他执意于在作品中描述各类有形无形之"墙"与"衣"，"墙"与"衣"正隐喻着人与人之间的隔阂与距离。但是人的善恶之辨、人对彼此区别与差异的意识，实际上也正是人之成人的开端，因此，亚当夏娃的故事进一步传达出这样的哲学寓意，即人之孤独感与人对于自我与他者的意识是分不开的。人偷食了智慧之果后，产生了"我"的概念，并意识到与"我"相对的他者的存在，区别形成，距离被构筑，孤独感便产生了。在这个意义上，可以说，孤独意识是人之为人的标识。

既然认为人的孤独感源于对彼此区别与差异的认识，源于人与人之间构筑的心墙，孤独由此成为人恐惧的来源，那么史铁生全部的思想努力，便意在走入"空墙之夜"[2]，构想不可能中的可能，以此摆脱孤独的

---

[1] 这个观点与弗洛姆是相似的。在《爱的艺术》一书中，弗洛姆指出，在西方19世纪有一种拘泥的道德观认为，亚当和夏娃之所以羞愧是因为他俩看到了对方的性部位，弗洛姆认为这种解释是不对的。亚当和夏娃是在意识到自己和对方后，也就是意识到了他俩之间的区别和距离，而对不同性别的意识也正是对区别和距离的意识，才相互陌生起来，因为还没有学会爱对方，这是羞愧的根源，也是负罪和恐惧的根源。参见〔美〕艾·弗洛姆：《爱的艺术》，李健鸣译，上海译文出版社2008年版，第8—9页。

[2] "空墙之夜"是长篇小说《我的丁一之旅》中丁一创作的剧本片名，也是小说的主体意象，意指在白日，人逃脱不了区别意识的挟制，但是在夜间人却往往着自由，也更有可能获得自由，彼此的心魂呼唤着、敞开着、回应着，那一堵堵"墙"就消失了。丁一创作并和娥、萨私下演出的这场剧目，正是在现实的不可能中构筑一种他们所向往的绝对的坦诚无碍、绝对的自由。

囚禁，而重回伊甸园、回归童年便是人美好的心愿；但另一方面，如果把孤独意识的萌生看作人之为人的开端，那么人便理当为走出了伊甸园终于成人而欢呼，人的孤独意识便具有其值得彰显的意义。在《灵之舞——中西人格的表演性》一书中，邓晓芒就曾指出，人格的首要前提就是人的孤独意识，而"只有把孤独视为'我之为我'的根本，而肯定并且需要这种孤独，这才是一个人初步意识到自己的人格的标志"[1]。这两种认识看似冲突，但却准确点明了人本质中的两面性：一方面，人需要走出孤独，走向群体，无论从现实生存的角度，还是单纯感情的角度，人都难以承受完全的孤独；而另一方面，人又需要自我确认，确认他的独特性与不可替代性，由此人需要在群体之中享有自我内在的封闭性，也即人有渴望孤独的内在需求。

在孤独的意义上，邓晓芒认识到人本质的这种两面性，但是他的着力点主要在于通过中西方文化的比较指出中国文化中孤独意识的欠缺，而实质上是中国人独立的个体意识的欠缺，并对此提出批判与反思。他回顾了西方人的精神历程指出，西方自古希腊起，"就开始摆脱原始群体意识那温情脉脉的怀抱"。到了西方中世纪的基督教那里，人尽管找到了一个上帝来陪伴自己以逃避孤独，但是也并没有取消个体人格，因为人必须独自面对上帝，向上帝祈祷，而"与上帝合一"也许可以看作是人渴望成为像上帝那样绝对独立精神的隐秘欲求。而当尼采宣布上帝死了之后，现代的西方人则完全落入了彻底的孤独之中无路可逃，但是这一强烈的孤独意识非但没有摧毁个体人格，反而使西方人对个体人格的肯定与推崇达到了极点。譬如存在主义哲学家萨特就将孤独强化到了极致，孤独不仅使"他人"成了地狱，自己也成了自己的地狱。如果说，在早期，孤独还能在孤独中获救，而对于现

---

[1] 邓晓芒：《灵之舞——中西人格的表演性》，东方出版社1995年版，第88页。

代西方人而言，既然一切都是那么恶心，连自己也要唾弃，那么孤独又何以拯救呢？萨特开出的拯救药方则是通过写作的形式突破个体存在的孤独。[1]但值得深思的是，现代西方哲学对孤独感的强调，以至于这个世界包括自己，已经让隐藏于背后的那个"我"在生理上都难以忍受，是否已经走得太远太极端了？

邓晓芒没有发出这样的追问，因为他旨在强调孤独意识的价值，而孤独意识从本质上正是人具备个体人格意识的体现。恰恰在这一点上，中国文化值得反思。他指出，庄子追求的"天地与我并生，而万物与我为一"的境界，道家的遁世、避世，只不过是逃避尘世的孤独而托迹山林，寻找寄托；佛教（尤其是大乘佛教）则以"涅槃"和"破我执"来消除孤独感，从根本上是借助消除"我"的唯一性，来摆脱由孤独带来的一切痛苦和烦恼；而在中国历史上，最受孤独感折磨的是那些以民胞物与、治国安邦为己任的士大夫和儒生，其孤独感的爆发，往往是在其经世济民的理想破灭，遁入佛门或道门以求解脱但又尚未完全绝望之时。[2]但在这里，邓晓芒应该会赞同的是，儒家之孤独并非是建立在生命本体意义上的孤独，而是"众人皆醉我独醒"、壮志难酬的情绪或情感上的孤独。因为他随后即指出，中国文化深远地影响了中国人，即使是今天的中国人在人生选择中也惯常在儒家和道家之间摇摆。但无论是儒家奋发有为，将个体融入群体的主张，还是道家洁身自好，将个体融入未被世俗污染的大自然的方式，"都是为了否定个体、排除孤独，孤独的个体毫无价值可言。实际上，中国人从来没有对孤独的真正需要"。真正的孤独与个体人格意识相关联，但是在中国的文化语境里，抽象的群体具有绝对的价值，而"个人只是群体价值的寄生者、分有者，个人

---

[1] 参见邓晓芒：《灵之舞——中西人格的表演性》，东方出版社1995年版，第88—110页。
[2] 参见邓晓芒：《灵之舞——中西人格的表演性》，东方出版社1995年版，第89—90页。

作为孤独的个人，没有丝毫的价值"。中国人从生到死，很少有人不是把自己交付到固定的群体之中来摆脱孤独。[1]

邓晓芒将人的孤独意识与个体人格意识联系起来，他强调人的孤独意识，实际上是在强调人的个体人格意识。这种强调有他的现实指涉，即对中国文化及国民性格的反思。中国人惧怕孤独也逃避孤独，因为中国人无勇气承担作为独立个体存在的自我，孤独意识的缺失说明了人作为一个独立的精神个体的意识尚未建立，根本的因果关系则是后者决定了前者。而根源仍在以儒家思想为主导的中国文化上，在其中独立的个体人的位置是缺失的，抽象的群体利益凌驾于具体的人之上，要求着无条件的归顺与服从，当然同时也提供了一种"保护"，保护人远离"孤独"之苦，但付出的代价便是个性和独立人格的消失。这也正是史铁生和他的朋友们所意识到的中国文化的不足之处。[2]

邓晓芒立足于对中国文化的反思强调人的孤独意识的价值，而史铁生对孤独的认识并不建立在文化的背景上，而是基于对人的生命本体的认识以及对普遍的人类的观照。史铁生认为，孤独是人生来就有的困境，人类自从走出了童年时代，走出了伊甸园，便产生了差别意识，人与人之间便有了距离，由此人与人之间彻底的和谐与完全的沟通成了奢

---

[1] 邓晓芒：《灵之舞——中西人格的表演性》，东方出版社 1995 年版，第 88—110 页。这里，邓晓芒对道家、佛家的认识可能需要进一步思考。道家遁世、避世的隐逸思想，和它天人合一的世界观分不开，很难说只是消极的逃避世间的责任或尘世的孤独，无论是在抽象的思想层面，还是回归历史的语境，它体现的也许恰恰是对人格独立、精神自由的追求；而佛教的"涅槃"、"破我执"，其精神核心应该说并非是借助消除"我"的唯一性，即消除小我，来消除孤独感，以求自我的解脱，而在于以此摆脱小我之私，唤起一种大爱的情怀，正所谓"空性中见悲心"。佛教的"空性"之我应该看作是一种更高境界的个体人格意识。

[2] 孙立哲在《想念史铁生》一文中回忆，大约 2007 年，史铁生和朋友聚谈，当时大家的共识是，中国历史的主流文化是太监文化，中国文化的特性造成了中国人个性及独立人格的消失，正所谓文化治人不用刀。参见孙立哲：《想念史铁生》，载"写作之夜"丛书编委会主编：《生命——民间记忆史铁生》，中国对外翻译出版有限公司 2012 年版，第 30 页。

望,人的孤独便不可避免。他在作品中反复地陈述人的孤独的处境,而他思想的方向便在于如何摆脱或克服孤独。人究竟如何才能走出孤独?人与人之间有无可能达成彻底的和谐与完全的沟通呢?

弗洛姆在《爱的艺术》一书中,分析了这样几种克服孤独达成人与人的统一或结合的方式:第一种方式是不同形式的纵欲,譬如在原始部落时期作为集体行为的性纵欲,而酒和毒品则是生活在非集体纵欲时代的一些人选择的方式。但是他指出,无论是性纵欲还是酗酒、吸毒所提供的结合只能是暂时性的,由此只能不断地重复纵欲行为,从而形成恶性循坏。第二种方式也是克服孤独感常用的方法,是"通过同一组人保持一致,通过同一组人的习惯、风格和看法保持一致来达到同其他人的结合"。他比较详细地描述了这一方法在西方社会发展的历史过程,这一克服孤独的方式,与工业社会的兴起、现代社会的理念,同时也与人自发的渴望融入群体的心理相关。可以说,这一方式也正是普遍的中国人选择的方式,我们(曾经)是那样渴望融入集体或投身组织的怀抱,害怕成为异见分子,成为人群中的异类。不过,弗洛姆指出,这种方式提供的统一仅仅是一种假统一。他的意思也许是,这种方式并没有真正地克服孤独,只是借此回避了孤独;达成统一与和谐的第三种可能性是创造性的劳动。艺术家的创作、手工业者的劳动都属于此类劳动,不过现代化工业中流水线作业不存在这种劳动的特性。弗洛姆指出,在创造性劳动中所达成的这种统一也并不能真正地拯救孤独,因为孤独的产生在于意识到人与人之间的距离,那么孤独感的克服或消除便在于人与人之间的结合或统一,而创造性的劳动所达成的统一是劳动者与其对象的统一。[1] 弗洛姆对创造性劳动的评价基于他的孤独是需要克服的认识,但是如果认为孤独意识的存在是有价值的,那么创造性劳动便会得到也

---

[1] 参见〔美〕艾·弗洛姆:《爱的艺术》,李健鸣译,上海译文出版社2008年版,第10—16页。

许是更为公允的评价,即创造性劳动也许不能直接地达成人与人之间的统一,但是它以其劳动产品为中介可以间接地与其受众达成统一与和谐,同时创造性劳动又充分体现了创造者作为独立个体的唯一性和独特性。萨特选择写作拯救孤独,大概正是基于这样的认识。写作,并不单纯是为了克服孤独,而是确认其作为独特个体的存在。这正如邓晓芒所言,是萨特所理解、所寻求的"一个孤独者的生存"[1]。

但是不管如何,基于孤独的另一重特性,即孤独是人需要摆脱的恐惧或困境,弗洛姆给出的唯一答案是,只有爱才能拯救孤独,他说:"对人类存在问题的真正的和全面的回答是要在爱中实现人与人之间的统一。"[2]而史铁生为孤独开出的药方也是爱。他用诗意激情的语言这样写道:"那巨大的存在之消息,因分割而冲突,因冲突而防备,因防备而疏离,疏离而至孤独,孤独于是渴望着相互敞开——这便是爱之不断的根源。"[3]孤独渴望相互的"敞开",互相敞开心魂,正为爱的情感所独具。但回到现实,史铁生指出爱又是艰难的,心魂的敞开甚至是危险的,"他人也许正是你的地狱,那儿有心灵的伤疤结成的铠甲,有防御的目光铸成的刀剑,有语言排布的迷宫,有笑靥掩蔽的陷阱"[4]。不过尽管如此,"仍有孤独的心在战栗,仍有未熄的对沟通的渴盼"[5]。孤独呼唤着爱,只有爱才能拯救孤独,史铁生说:"爱之永恒的能量,在于人之

---

[1] 邓晓芒:《灵之舞——中西人格的表演性》,东方出版社1995年版,第110页。

[2] 〔美〕艾·弗洛姆:《爱的艺术》,李健鸣译,上海译文出版社2008年版,第16页。

[3] 史铁生:《病隙碎笔1》第四十九篇,载《病隙碎笔》(史铁生作品系列4),人民文学出版社2011年版,第29页。

[4] 史铁生:《病隙碎笔1》第四十六篇,载《病隙碎笔》(史铁生作品系列4),人民文学出版社2011年版,第27页。

[5] 史铁生:《病隙碎笔1》第四十六篇,载《病隙碎笔》(史铁生作品系列4),人民文学出版社2011年版,第27页。

间永恒的隔膜。爱之永远的激越,由于每一个'我'都是孤独。"[1]由此看来,超越孤独的渴望并非是简单否定孤独的存在,恰恰相反,只不过是稍加曲折地肯定了孤独或孤独意识存有的价值。因为没有孤独的存在或孤独的意识,人类便没有爱的强烈的追求,也便没有爱的实现,而只有在爱中人类才能"用一种新的、充满人性的和谐去取代永不复返的类人猿时代的和谐"[2]。

这里的爱是一种广义之爱,弗洛姆按照爱的对象将之分成五类:博爱、母爱、性爱、自爱、神爱。并分别进行了论述。史铁生则主要将视点聚焦在两性之爱即爱情上(在弗洛姆的书中,爱情是广义的爱,而狭义的爱情,即两性之爱,他称之为性爱)。因此,和他关于命运与死亡的探讨不同的是,命运和死亡是作为单一主题来探讨的,而孤独的主题则是和爱情观缠绕在一起的。实际上,孤独及对孤独的阐述是其探讨爱情的生存背景及理论前提。在弗洛姆看来,一切爱的形式都是以博爱为基础的。[3]而孤独,或人与人之间的难以沟通融合是人类生存的普遍境况,那么我们要超越孤独,首先需要谈论的似乎应该是博爱,而史铁生为什么独独看重狭义之爱情呢?

史铁生自己也提出了这样的问题:"倘博爱像空气一样均匀深厚,为什么要独独地赞美它的一部分呢?"他认为这是出于现实的缘故。人类的现实是,人吃了善恶树的果实后,便偏离了上帝之爱的角度,独独看重人的社会价值、肉身功能(力量、智商、漂亮、潇洒),以及物质的拥有,这样的现实不可能如愿消散,因此博爱也只能成为理想,但爱情却是其中可期实现的部分,由此爱情担负起了爱的理想,便超出了其

---

[1] 史铁生:《病隙碎笔1》第四十八篇,载《病隙碎笔》(史铁生作品系列4),人民文学出版社2011年版,第28—29页。

[2] 〔美〕艾·弗洛姆:《爱的艺术》,李健鸣译,上海译文出版社2008年版,第7页。

[3] 参见〔美〕艾·弗洛姆:《爱的艺术》,李健鸣译,上海译文出版社2008年版,第43页。

本身的意义。[1] 史铁生由此将爱情由一个情感的主题变成了一个哲学的命题。在他的思辨中,爱情从两性情感的领域升华成对于人的根本困境孤独的救赎。广博的爱愿是难以实现的理想,但我们至少可以通过对爱情的探讨去仰望。可以看到,在弗洛姆的思想中,博爱与爱情是两种不同性质、不同类型的爱,而在史铁生看来,博爱兼并了爱情,二者变成了整体与部分的关系。也正是因为这一预设,使得他在随后关于爱情的哲思演绎中陷入了思维的困境。

史铁生对孤独的敏感,及对爱情的重视,与他的天性及生命境遇有直接的关系。一方面他深刻的孤独意识与他的先天素养有关,应该说,史铁生天生就是一个具有形而上追求的思想者;而另一方面,他的残疾的处境、痛苦的命运深刻地影响到他对生命的感受。因为残疾所遭受的种种歧视与不平等的对待,正是其深重的孤独意识的发源地。而现实中,正是爱情将他从冰冷的孤独之地解救出来,让他的心态日趋平和,不再局限在个体残疾的境遇里哀叹感伤,最终走出一己之视野,看到了残疾与爱情原来是上帝向人隐喻的两条最本质的人性密码。

孤独与爱情

一、人性密码:残疾与爱情

作家刘孝存曾有一次问史铁生,假如让他选择,一个是得到真正的爱情,一个是身体恢复健康,他选择哪一个。史铁生毫不犹豫地回答他选择爱情。史铁生的回答当时让刘孝存非常惊讶,不过大凡听到他如此

---

[1] 参见史铁生:《病隙碎笔 2》第二十一篇,载《病隙碎笔》(史铁生作品系列 4),人民文学出版社 2011 年版,第 50 页。

选择的，应该都会有所不解吧。正如刘孝存所说，一个健康的人这样回答是不足为奇的，可是一个因为残疾经历过且正经受着如此巨大的肉体痛苦的人做出这样的选择，的确有点出人意料。在史铁生看来，如果没有真正的爱情，仅有健康的身体，人生是没有意义的。[1] 可见，爱情在史铁生的生命中占有着多么重要的地位。爱情的主题贯穿了史铁生一生的创作，而爱情始终与残疾缠绕在一起。史铁生早期有关爱情的作品还侧重于感性的抒发，主要描写的是由于残疾所带来的爱情困境，有着不平与怨愤的情绪流露；而随着思想的深入，以及个人情感生活的最终安稳，从1987年的中篇小说《礼拜日》、1994年的随笔《爱情问题》、1999年开始发表的随笔《病隙碎笔》中的大量篇章，到两部长篇小说《务虚笔记》、《我的丁一之旅》[2]，史铁生便逐渐将爱情提到了哲学的高度进行探索。残疾也依然是爱情的背景，只是这时的残疾与爱情已经具有了形而上的更为广义的内涵。

1978年，史铁生在西北大学内部刊物《希望》的创刊号上发表了他人生中的第一部作品，题目为《爱情的命运》（也许是冥冥之中的巧合，10年后，一个毕业于西北大学数学系的女孩走进了他的生活，成为他的妻子）。这是一篇短篇小说，讲述了大海和秀儿相爱却终不能在一起的爱情命运。这篇小说属于社会写实类作品，大海和秀儿的爱情是被历史与政治操弄的悲剧，作品的主旨并不在于写爱情，而是以两个年轻人的爱情为线索对社会现实进行反思。在随后几年的创作中，爱情依然没有成为史铁生创作的主题，却总能在他的作品中看到爱情

---

1 参见刘孝存：《那幅孩童时代的照片》，载"写作之夜"丛书编委会主编：《生命——民间记忆史铁生》，中国对外翻译出版有限公司2012年版，第338页。
2 《务虚笔记》爱情是主线，不过囊括的主题很多，尽管史铁生在给柳青的信里曾说，如果将《务虚笔记》称作爱情小说，他也不会反对。不过，真正称得上爱情小说的应是《我的丁一之旅》，爱情的探讨是其唯一的主题。

的影子,爱情是伴随着残疾的书写出现的。这一阶段史铁生的作品基本都是自身生活和心境的写照。残疾和残疾人在他的作品中频频出现,以至于有评论者认为史铁生写作的格局太小,然而,残疾人,尤其是一个原先健康的正常人突然残疾了,残疾无疑就成了其生命中必须直面的最大的问题,那么又如何能苛求他们在创作中跳过自身的困境而仅为符合某种外在的规定?写作不应该是一种真实情感的抒发吗?反之,岂不是虚伪?史铁生拒绝虚伪自欺,拒绝一种虚假的乐观主义,他早期的作品真实呈现了他所遭遇的生命绝境。不过在他的笔下,我们几乎看不到他关于残疾带来的肉体痛苦及其他一些现实困境的叙述。在他看来,残疾最根本的困苦并不在于这些,而在于因为残疾所遭受的权利的被剥夺、尊严的被践踏。

对于一个青年来说,最大的痛苦则莫过于爱情权利的被剥夺,"年轻人啊,残废了,却还有一颗年轻的心在跳!"[1]然而现实中爱情却成了残疾人的禁忌,旁人的眼光和态度让"我"明白:"我没有爱和被爱的权利,我们这样的人就像是瘟疫,是沾不得的,可怕的。"[2]当爱情被人们诗之歌之,那些残疾了但同样有欲望有渴求的年轻人却被迫活在了爱情之外,"之外"不是尚未进入,而是不能进入,或不宜进入。"'不能'和'不宜'并不写在纸上,有时写在脸上,更多的是写在心里。常常是写在别人心里,不过有时也可悲到写进了自己的心里。"[3]一旦"我"意识到"我"爱上了那个漂亮又单纯的姑娘王雪,"心上的防御工事就又

---

[1] 史铁生:《没有太阳的角落》,载《命若琴弦》(史铁生作品系列1),人民文学出版社2011年版,第36页。

[2] 史铁生:《没有太阳的角落》,载《命若琴弦》(史铁生作品系列1),人民文学出版社2011年版,第38页。

[3] 史铁生:《病隙碎笔2》第十三篇,载《病隙碎笔》(史铁生作品系列4),人民文学出版社2011年版,第44页。

自然地筑起来了——那是一道深壕沟,那是一道深深的伤疤,那上面写着三个醒目的大字'不可能'"[1]。还有那样一封信:"你不要和他来往过密,你应该慢慢地疏远他。因为他可能会爱上你,而你只能使他痛苦,会害了他。"[2]也许这种诚挚的关心恰恰是最伤害人的。那个漂亮、单纯又善良的姑娘王雪"像一道电光,照亮了这个角落,又倏地消逝了"[3]。

在史铁生的现实生活中,也曾有这样一位后来一直被称为 H 的姑娘照亮过他的生活,她与他的残疾几乎同时到来,都在他 21 岁那年。史铁生从来没有正面写过这一段爱情故事,但是作品中又无处不能看到这段爱情的深刻烙印。正如史铁生的朋友李子壮所说,《我们的角落》[4]实际上演绎的正是史铁生和 H 在雍和宫大街 26 号内从爱恋到斩断情丝的全过程。只不过在小说中,他把自己一分为三,写成了三个残疾人。而这三个人不同的说辞想法,实际上就是史铁生那时对自我的反复辨析,也是他对自我灵魂的追问。[5]因为史铁生的残疾,善良漂亮的 H 迫于家庭的压力最终远走他乡。徐晓《我的朋友史铁生》里记述了史铁生当时令人心碎的绝望:

> 一九八五年夏季的一天,正是吃晚饭的时候,他来到我家,丈夫背他进屋坐在专为他准备的躺椅里,一贯食欲极佳的他不吃不

---

[1] 史铁生:《没有太阳的角落》,载《命若琴弦》(史铁生作品系列 1),人民文学出版社 2011 年版,第 36 页。

[2] 史铁生:《没有太阳的角落》,载《命若琴弦》(史铁生作品系列 1),人民文学出版社 2011 年版,第 38 页。

[3] 史铁生:《没有太阳的角落》,载《命若琴弦》(史铁生作品系列 1),人民文学出版社 2011 年版,第 41 页。

[4] 人民文学出版社出版的《史铁生全集》中,此篇篇名为"没有太阳的角落"。

[5] 李子壮:《绝地自拔——记忆碎片》,载"写作之夜"丛书编委会主编:《生命　民间记忆史铁生》,中国对外翻译出版有限公司 2012 年版,第 103 页。

喝，连西瓜都难以下咽……在那些日子里，铁生不能正常起居、进食、写作，他甚至要求我，为他保存一些有用的东西。除了默默地流泪，我无话可说，我有什么资格去劝慰一个从死亡线上挣扎过来仍然想死的人呢？面对无数怯懦地苟活着的人，我又能用什么理由去阻止他呢？对于他来说，重要的不是活着或者死去，而是怎么活和为什么死。如果活着对他已成为一种痛苦的忍受，让他为别人，特别是为朋友而继续忍受下去不是太残酷了吗？[1]

尽管史铁生和H的爱情没有坚持到最后，史铁生却一辈子感念这段爱情，感念H。李子壮说，H在史铁生的生命中起到了关键的作用，当史铁生双腿残疾陷入生命的低谷，而那几年，这个世界上最疼爱他的两个女人，史铁生的母亲和奶奶又相继离世，如果没有H，史铁生真有可能会垮（疯）掉。[2] 在史铁生生命最黑暗的时候，他曾屡次自杀，是H的爱情真正地挽救了他，"让他想活下去，想走进很大的那个世界去活上一百年"[3]。"他坐在轮椅上吻了她，她允许了，上帝也允许了。他感到了活下去的必要，就这样就这样，就这样一百年也还是短。"[4] 在他的散文名篇《我与地坛》（1990年）中，也正隐藏着这一个故事："要是

---

1 徐晓：《我的朋友史铁生》，载"写作之夜"丛书编委会主编：《生命——民间记忆史铁生》，中国对外翻译出版有限公司2012年版，第124—125页。徐晓记忆的时间是1985年，但如果像李子壮所说的，《没有太阳的角落》记述的是史铁生和H从相恋到分手的过程，而《没有太阳的角落》写于1980年2月，那么这里显然因为记忆误差出现了矛盾。

2 参见李子壮：《绝地自拔——记忆碎片》，载"写作之夜"丛书编委会主编：《生命——民间记忆史铁生》，中国对外翻译出版有限公司2012年版，第104页。

3 史铁生：《老屋小记》，载《命若琴弦》（史铁生作品系列1），人民文学出版社2011年版，第404页。

4 史铁生：《老屋小记》，载《命若琴弦》（史铁生作品系列1），人民文学出版社2011年版，第404页。

有些事我没说,地坛,你别以为是我忘了,我什么也没忘,但是有些事只适合收藏。不能说,也不能想,却也不能忘。它们不能变成语言,它们无法变成语言,一旦变成语言就不再是它们了。它们是一片朦胧的温馨与寂寥,是一片成熟的希望与绝望,它们的领地只有两处:心与坟墓。"[1] H 的爱情带给他激情与希望,引领他走出绝望的死谷,也给他带来痛苦,但不管是幸福还是痛苦,对于史铁生,这份爱情都是其"永远的珍藏和神圣的纪念"[2]。

　　第二次带来爱情的正是后来成为史铁生妻子的陈希米。他们在1989年结婚,他们的结合给那个原本冷清压抑的家庭增添了暖色和喜气。他们的爱情是朋友圈里口口相传的佳话。和他们关系非常亲密的朋友刘瑞虎曾对史铁生说:"铁生,你真是好命,没有希米,你早死了。"[3] 史铁生自己也曾经多次感慨地说过同样的话。在朋友眼里,这两个人加起来只有一条好腿的家庭永远是那么其乐融融。在刘瑞虎和其他朋友的回忆中,我们不得不为陈希米对史铁生的付出,为两人之间温暖真挚又情志相投的爱情而打动,在他们身上似乎看到了爱的真谛。史铁生一向低调,很少在作品中写他们的爱情。那首题为《希米,希米》的诗在陈希米看来,是一直徘徊在生死线上的史铁生有意留给她的纪念。希米"这顺水漂来的孩子",更像是上帝派来的天使,真正照耀了史铁生黯淡的生活。因为她的到来,"黑夜才听懂期待","白昼才看破藩篱"。[4] 因为

---

[1] 史铁生:《我与地坛》,载《我与地坛》(史铁生作品系列3),人民文学出版社2011年版,第17页。

[2] 史铁生:《我二十一岁那年》,载《我与地坛》(史铁生作品系列3),人民文学出版社2011年版,第178页。

[3] 刘瑞虎:《高山流水 四海神游》,载"写作之夜"丛书编委会主编:《生命——民间记忆史铁生》,中国对外翻译出版有限公司2012年版,第158页。

[4] 史铁生:《希米,希米》,载《扶轮问路 妄想电影》(史铁生作品系列7),人民文学出版社2011年版,第125页。

陈希米，史铁生觉得自己是"命运的宠儿"。在朋友眼里，婚后的史铁生活得愈来愈像尊佛，而他的创作也提升到一个高开高去、挥洒自如的全新境界。所以，如果知道 H 的爱情之于史铁生生命的意义，又见证过史铁生和陈希米的爱情，那么史铁生宁可选择真挚的爱情而非健康的身体，也许便不那么难以理解了。残疾将他置于生命的绝地，而爱情救他于水火之中。如史铁生说，残疾与爱情这两种消息，在他的命运里特别地得到强调。[1] 除了他自身强大的理性追求与努力，可以说，正是真挚的爱情起着决定性的作用，使他走出了个体残疾的阴影，而将关注的目光投向了普遍的生命困境。正是这一思想的转向，使他如茧化蝶，从束缚中破茧而出，获得了精神上的新生。

在后期的作品中，史铁生不止一次地感慨道，残疾与爱情原来是上帝向人类隐喻的两条最本质的人性密码。残疾，并非仅限于肢体或器官，因此并非残疾人所独有；事实上，"人所不能者，即是限制，即是残疾，它从来就没有离开过"[2]。生而为人，即意味着人之有限，人的有限性即意味着广义上的残疾或残缺。而广义上的残缺，不仅指向由于人能力或智慧上的有限，人无法勘透命运之谜，亦无法摆脱死亡之阴影，更指向了人心灵上的压迫和损伤，譬如歧视。史铁生指出，在这个世界上，歧视不仅是针对残疾人的，实际上歧视的目光无处不在。而人间的歧视源于人类的差别意识。史铁生从亚当、夏娃的神话故事里探究差别意识的根源：人类的先祖在蛇的诱骗下吃了智慧树上的果实，由此具有了分辨善恶的能力。然而，人智是有限的，并不真能像神那样明辨善恶。但是人与生俱来的虚荣心与权力欲使得人自命为神，凭借人智划

---

[1] 参见史铁生：《病隙碎笔2》第十二篇，载《病隙碎笔》（史铁生作品系列4），人民文学出版社2011年版，第42页。

[2] 史铁生：《病隙碎笔2》第十三篇，载《病隙碎笔》（史铁生作品系列4），人民文学出版社2011年版，第43页。

分人间等级，结果神的声音渐悄渐杳，而人只能在自己设置的高低贵贱中挣扎，奋斗，抗争，厮杀……[1] 在史铁生看来，正是善恶树的果实使人与人的差别醒目起来，于是"在荣耀与羞辱之下，心灵始而防范，继而疏离，终至孤单。"[2] 基于这样的看法，面对人间的防备、猜忌、歧视、种种的敌意，面对人类孤独的根本处境，从史铁生的作品中可以看出，他始终怀揣着一份童真的梦。他热爱描写赤诚的童心，天真无邪的童年时光在他笔下显得格外生动美好。在他对童年时光的向往中，流露出了对人类现实处境的无奈与失落，也表达了以孩童般的纯洁之爱超越普遍的残缺与孤独的渴望。这最早即体现在他1981年的短篇小说《绿色的梦》中。

二、宿命的孤独

《绿色的梦》（1981年）以第一人称叙述，主人公"我"是一个已经步入婚姻的女人。某天，不知为什么，"我"异乎往常的高兴。"我"想起童年的儿歌、童年的伙伴、童年的事情，感叹童年的迷人和童年的不懂防备，而"我"的思绪则透露出"我"的婚姻并不如意，甚至曾悲观到有遁入空门之念。"我"想起了和丈夫的争吵，但是这一天"我"却无比释怀，"我"记起了丈夫的许多优点及对"我"的关心爱护，感觉从未如此地爱他；美好的心情让"我"经过传达室时，看到了看大门的还俗的老和尚的孤独，停下脚步和老人聊了半天佛教，而往日绝没有这样的心境，"我"甚至动念想让老人住到家里去；在大街上"我"的包容、谦让化解了一个不讲理的老太太的敌意；在公交车上"我"又以真诚的关心制止了一场打斗，那个鲁莽野蛮的小伙子竟像姑娘似的红了

---

[1] 参见史铁生：《我的丁一之旅》第49节"蛇是怎样诱骗了人的"，载《我的丁一之旅》（史铁生作品系列6），人民文学出版社2011年版，第86—87页。

[2] 史铁生：《病隙碎笔2》第十六篇，载《病隙碎笔》（史铁生作品系列4），人民文学出版社2011年版，第46页。

脸。就这样,"我"像一个放假的小学生愉快地回到了家,"我"意图调皮地吓丈夫一跳,丈夫却在这时扭过脸来,但"目光充满了怀疑","微笑中掺杂着狡诈",而"动作显得那么戒备",因为他在"我"的梦中听到了一个名字"辉辉"。顿时,周围的一切变得灰暗,"眼前滚动着一堆互相猜疑、防范、敌视和憎恨的脸……"。而这时"我"也明白了"我"今天为什么如此高兴,只因为前一晚的梦,梦中"我"和童年的伙伴辉辉手拉手唱着歌走在一片晨光熹微满眼绿意的树林中……一个美好的童年的梦唤醒了善良、单纯的童心,以童心去面对世界,让"我"看到了世界的美好,然而最终仍落回到灰暗的现实中。这篇早期的作品流露出史铁生面对人类根本困境的悲观心态,以及童年不可复返的惘然。而他在后来作品中经常穿插描写鹿群、狼群天然的欲望、繁衍、本能的悲壮献身,以处在原始和谐中的动物和身处文明世界中的人类境遇作比,也隐含着对回归人类童年的向往。然而,尽管童心可贵,但走出伊甸园的人类已经踏上了一条永不复归的为人之路,人要做的也许不是回首瞻望那蒙昧状态的自然和谐,而只能如弗洛姆所说的,不断地向前去寻找新的更为人性的和谐。

  新的更为人性的和谐不能在梦想中寻求,只能在现实中建立。然而人间的现实充满了如许现实规则或逻辑或种种所谓的共识或公约。种种现实的规定或禁忌犹如无形的墙与衣,似乎无处不在提醒着人与人之间的差异和距离,由此,走入人群也许能驱走孤单,但却无法排遣更深层次的孤独。你投身人群,但人群中处处都是"别人",都是他者,世间的逻辑从根本上制约着人与人之间的坦诚无碍。在史铁生看来,一种深重的孤独感甚至会让人质疑世界的真实性,或者即使这个世界是真实的,但是它之于我们又有何意义呢?我们又为何不能就把它视为舞台或视为一出戏剧?1993年的短篇小说《别人》和1996年的《关于一部以电影作舞台背景的戏剧之设想》传达出的就是这样一种深重的孤独。

《别人》(1993年)的主线是一个刚刚失恋的人试图弄明白电视上正播放的一场跳水比赛背景中的城市、楼群及楼里的每一个窗口是否是真实的，还只是一道布景。他选定了其中一个窗口，出门去寻找，最终发现他要确定的这个窗口就是自己的家。小说结尾则暗示着这场寻找似乎只是主人公枯坐桌前的玄思。小说中，这个失恋者不断地提示我们，我们对世界的判断、对他者的判断，其后有着各种逻辑的支持或制约，然而逻辑只不过是理论体操，无法满足人对真实的渴望。所以，尽管这个失恋者从电视画面中凭借逻辑已经判定了其后的背景应该是一座真实的城市，和城市中真实的楼群，他仍要亲自去寻找，去确认。因为在他看来，"最能证明真实的是触觉。……别无他法，唯一能够证明那不是布景不是幻景的，是触觉。也许这就是人们渴望接触，渴望亲吻、肌肤相依、抚摸和渴望做爱的原因吧？渴望证明：那不是幻景，那是真的"[1]。由此，结尾他祈祷人间的科学技术千万不要有一天发展到也能够模仿触觉。小说没有直接描写这个失恋者的痛苦与孤独，然而贯穿全篇的何为真实何为虚幻，何为存在何为不存在的哲思却更深刻地传达了生存的孤独体验。渴望真实的触摸，隐喻着对彻底沟通的向往。然而在人群中，真实的触摸被现实的逻辑拒之门外，违反逻辑的后果就是被歧视与愤怒围剿。所以你走入人群，但围绕着你的却都是"别人"，人失去了对他者存在的真实感受，由此人也失去了对自我存在的确认。

《关于一部以电影作舞台背景的戏剧之设想》(1996年)是一个构思巧妙的中篇小说，也可以说是一个戏剧设想，传达出同样的孤独体认。一个戏剧的舞台上，真正的剧中人只有一个——酗酒者A，再加上一个偶尔出来搬运道具的白发黑衣老人。全篇以A在家、小公园、派

---

[1] 史铁生：《别人》，载《命若琴弦》(史铁生作品系列1)，人民文学出版社2011年版，第384—385页。

出所、动物园等不同场所，及在夜梦、白日梦、幻觉等不同情境中的醉话自语贯穿，其余的人基本都出现在作为舞台背景的一幅宽阔的银幕上，也即是在电影里，或者只是在 A 的台词里，这意味着他们对于 A 以及对观众来说，都仅仅是幻影、梦境或消息，而电影中的人根据需要有时也走到舞台上，但对于 A 及观众来说，仍是不可贴近与触摸的，仍然只是幻影、梦境或消息而已。这样的戏剧设置，加上戏剧中 A 的连篇醉话，共同诠释了这样的思想："……每个人都是孤零零地在舞台上演戏，周围的人群却全是电影——你能看见他们，听见他们，甚至偶尔跟他们交谈，但是不能贴近他们，不能真切地触摸到他们……当他们的影像消失，什么还能证明他们依然存在呢？唯有你的盼望和你的恐惧……"[1] 由此，酗酒者 A 不过是一个深刻而痛苦的孤独者，他酩酊大醉，却是人群中的清醒者。在他眼中，这个世界充斥着表演，真实不可见，真心难得。他渴望人们之间能够真切地触摸，也即意味着能够无碍地沟通，然而他的渴望与祈盼却只能是一种奢望。在这两个作品中，史铁生表达了对于人与人之间能够坦诚无碍沟通的强烈渴求，伴随而来的则是对于彻底沟通的悲观体认。

联系史铁生的生命经历，可以设想，史铁生对于沟通的深刻认知与强烈渴求，并非仅是形而上的追问与演绎，而是与他曾经真切的精神困境不可分的。残疾之后，充斥于四周的嘲笑的目光、甚至是同情的话语，无一不在提示，他即使活着，也已经被划入了另类。然而肢体的残缺即意味着灵魂也失去了做人的尊严吗？史铁生深刻地体会到，对于残疾人，最重要的并非是肉体上的关心，而是听到一个残疾人他也跳动着一颗渴望平等的心。他渴望着被理解，渴望着那些正常的人也能听到一

---

[1] 史铁生：《关于一部以电影作舞台背景的戏剧之设想》，载《原罪·宿命》（史铁生作品系列 2），人民文学出版社 2011 年版，第 300 页。

个残疾了的青年灵魂的呼声，然而现实是让人苦闷的，像《没有太阳的角落》（1980年）里王雪那样平等的眼光、像现实中 H 那样单纯的爱显得如此难能可贵。这大概也是他后来听到那个小号手的故事，禁不住热泪盈眶的原因。[1] 那个不幸的小号手的号声由凄凉转为昂扬，正是由于那些听众日复一日地倾听。在吹奏与倾听之中，达成了心灵的沟通与了解。这则西方童话走进了不幸者的灵魂：对于他们而言，爱愿并不只是物质的馈赠，而是心灵的沟通、精神的支持与信任。由此也能理解为什么在 1996 年的《私人大事排行榜》中，史铁生将沟通的欲望列于"出生"之后，作为其生命的第二件大事。在文章中他提出了对沟通的客观认识，他说沟通的欲望暗含了沟通的悲观处境："沟通既是欲望和永远的欲望，这欲望就指示了人之间的阻障和永远的阻障。人所期盼的东西必不是已经成为现实的东西，人之永久的企盼呢，当然就表明着永久的不可实现。"[2] 尽管人与人之间的阻障永远存在，而彻底的沟通永远地不可实现，但是却不能抹灭人的梦想。而"戏剧是设法实现的梦想"，或

---

[1] 史铁生在不少文章中提到这个故事。这是一则英文童话，是陈希米推荐给史铁生看的。故事讲述了战争结束后，年轻的号手终于可以离开战场回家。然而等他回到家乡，他日夜思念的未婚妻却已同别人结婚了，因为家乡流传着他战死的消息。年轻的号手痛苦地离开了家乡，四处漂泊。孤独的路上，陪伴他的只有那把小号。他吹响小号，号声凄婉悲凉。有一天他走到一个国家，国王听到他的号声，派人把他找来，问他号声为何如此悲哀。小号手把自己的故事讲给国王。国王非常同情他。但故事没有遵循国王把他留在王宫把女儿嫁给他的老式套路，而是国王请国民都来听号手讲他的故事，并听那号声里的哀伤。日复一日，年轻人不断地讲，人们不断地听。这样，他的号声不知从什么时候起，不再低沉、凄凉。又不知从什么时候起，那号声开始变得欢快嘹亮、生机勃勃了。故事就这么结束了。当意识到故事就这样结束时，史铁生说突然间他热泪盈眶。转引自史铁生：《病隙碎笔3》第三十六篇，载《病隙碎笔》（史铁生作品系列4），人民文学出版社 2011 年版，第 90 页。史铁生为什么热泪盈眶？我想是因为这个童话走进了他的内心，道出了他灵魂深处的渴望。而这故事也契合了史铁生一生的写作，他一点点地书写，一层层地追问，一遍遍地抒发，最终苦难升华成了对生命的礼赞。

[2] 史铁生：《私人大事排行榜》，载《我与地坛》（史铁生作品系列3），人民文学出版社 2011 年版，第 362 页。

者"戏剧,是实现梦想的设法"。[1]戏剧"让不可能成为可能,让不现实可以实现",戏剧圈定了一块自由之地,在这块自由之地中,"心魂将不在意现实要说什么,只在意现实之外可能怎样,以及还可能怎样"。[2]这正是《我的丁一之旅》中丁一与秦娥就戏剧与梦想达成的共识,随后也为吕萨大为赞赏。于是,由丁一创作,先是丁一与秦娥,随后吕萨也加入,演绎了戏剧,名为《空墙之夜》。所谓"空墙之夜",即指在白昼人们受着种种现实规则的约束,这些约束或概念就像一道道有形无形的墙。只有进入黑夜,在梦境中,那些白昼的规则约束、那一道道有形无形之墙才会消失,人的真愿与梦想才会出现,而人才真正获得了自由平安。[3]

然而,戏剧真的提供了一块自由之地吗?罗兰·巴特"裸体之衣"的观点给了史铁生启发。他在很多文章,包括《务虚笔记》与《我的丁一之旅》中,都提到这一观点,并对罗兰·巴特的明察洞观深表赞赏。所谓"裸体之衣",即指裸体有时也可为衣,"比如裸舞,舞者一丝不挂但其实她穿了一件'裸体之衣'!此衣何名?其名舞蹈,或曰艺术。舞蹈或艺术,也可为衣为墙,从而遮蔽了她的赤裸"[4]。而在《务虚笔记》中,史铁生则以裸体浴场为例,诠释了这一观点。在裸体浴场中,人人赤裸,似乎是坦诚相对,似乎是绝对的自由与平安,然而试想一下,假如一个人穿着衣服走进裸体浴场会怎样?可想而知,这个人要不脱掉衣

---

[1] 史铁生:《务虚笔记》,载《务虚笔记》(史铁生作品系列5),人民文学出版社2011年版,第367页。

[2] 史铁生:《我的丁一之旅》第89节"梦想与戏剧",载《我的丁一之旅》(史铁生作品系列6),人民文学出版社2011年版,第202—205页。

[3] 参见史铁生:《我的丁一之旅》第109节"空墙之夜",载《我的丁一之旅》(史铁生作品系列6),人民文学出版社2011年版,第276—282页。

[4] 史铁生:《我的丁一之旅》第48节"衣与墙",载《我的丁一之旅》(史铁生作品系列6),人民文学出版社2011年版,第84页。

服，要不只能尴尬离场。因为在裸体浴场，赤裸是约定，着装则是违约，裸体在这样的现实中就变成了裸体之衣。所以人并没有真正地赤裸，而是将心魂藏进了裸体之衣。裸体浴场从本质上就是一个戏剧。而戏剧只不过是把梦想乔装成了现实，既然人人都知道那远不是现实，人人都知道那是约定的表演，那么人人便都看见一条不可逾越的界线。由此，史铁生意识到，无论在舞台上的戏剧里，还是在本质是一出戏剧的裸体浴场中，自由与平安远未到来。人们只不过借由戏剧之名，或穿着裸体之衣模仿梦想，祈祷自由平安。"那是梦想的叠加，是梦想着梦想的实现，以及，梦想着的梦想依旧不得实现。每一场演出都是这样。每一场演出都在试图消灭这虚伪的戏剧，逃脱这强制的舞台。"[1]

三、爱情的救赎

那么，哪儿才能逃脱这舞台？可有什么地方不需要表演，梦想可以成为现实？史铁生说，唯有一处，那便是爱情。那儿唯一的规则是爱情。"爱情是不能强制的，爱情是自由。爱情是不要遮掩的，爱情是平安。"在爱情中，"裸体脱去裸体之衣，作为心魂走向心魂的仪式"[2]。由此，爱情是对人的孤独的拯救，也便是对人之残缺的补救。只有在爱情中，人才能获得真正的自由与平安。如果说残疾是属物的，是现实，那么爱情便是属灵的，是梦想。史铁生深刻地认识到，残疾与爱情，原来是上帝为人性写下的最本质的两条密码，"地狱和天堂都在人间，即残疾与爱情，即原罪与拯救"[3]。然而，爱却是艰难的，爱情尽管是理想

---

1 史铁生：《务虚笔记》，载《务虚笔记》（史铁生作品系列5），人民文学出版社2011年版，第367—368页。

2 史铁生：《务虚笔记》，载《务虚笔记》（史铁生作品系列5），人民文学出版社2011年版，第368页。

3 史铁生：《病隙碎笔2》第十篇，载《病隙碎笔》（史铁生作品系列4），人民文学出版社2011年版，第42页。

或人们想象中的自由平安之所,在理想中,爱情的双方可以沟通无碍,但爱情并不只活在理想中,爱情终要落入现实,而现实并不常常符合理想。1987年的中篇小说《礼拜日》就呈现了爱情与婚姻的现实困境:在婚姻中,即使是相爱的两个人,彻底的理解和真正的自由也只是理想而非现实。如果说在此之前,"爱情"还只是拖在"残疾"身后的一道阴影,那么在《礼拜日》中,"爱情"则第一次成为作品的主题。

小说通过男人与女人、女孩与老人的对话结构全篇,将现实与回忆、梦幻与神话有机结合,从宏阔的宇宙的角度领悟生命,呈现了史铁生关于爱情的思考。从时间轴上看,小说包含了现实与回忆两部分。现实中男人在不断地寻找女人的住地:太平桥。回忆部分是男人和女人的相识、相知、相爱到分开。其间穿插了女孩与母亲的隔阂,女孩与老人的交往,女人一点点回忆起来的梦,以及对鹿群、狼群和鹰群的描写。小说的主体并不是现实部分,而是回忆部分男人和女人在交往过程中步步深入的爱情探讨:人活在世上,一个个都像戴了假面具,个个"仪表端庄",却又"戒备森严",因此"得找一个把所有假面具全都摘下来的地方","得有一个能彻底休息休息的地方",而爱情就是这样一块自由之地,"男女之间那种赤裸的相见都是为了这个,为了彻底的自由,彻底的理解"。更准确地说,"是因为互相彻底理解,才彻底自由"。[1] 如果说,孤独是人的宿命,那么爱情便是对孤独的救赎。然而彻底的理解、彻底的自由,这是爱情的理想,但是理想一进入现实,却又陷入悖论之中:好不容易找到了理想的爱情,却又怕失去,可一旦怕失去就面临着有可能失去,甚至最终失去。正如他们各自的朋友天奇和晓堃,尽管都认同爱情的理想,并彼此相爱,却因彼此都害怕失去而产生隔膜与

---

[1] 史铁生:《礼拜日》,载《原罪·宿命》(史铁生作品系列2),人民文学出版社2011年版,第163—176页。

误会，最终离婚。而正陷入热恋的这对男女因为在理性上找不到爱情的出路，看不到在爱情中能够达到彻底理解和真正自由的希望，也陷入了沮丧、绝望。最终女人离开了男人。穿插在其中的片段，则辅助完成这一主题的建构。女孩与母亲的隔阂意味着人的根本困境——孤独；女孩与老人的交往，则意味着孤独的消除正在于心与心的敞开；女人一点点回忆起来的梦，隐喻着其内心深处巨大的矛盾，一方面渴望向所爱的人彻底敞开心扉，一方面又对彻底的敞开感到深深的恐惧。这三方面共同呈现了一个主题，即孤独以及消除孤独的渴望。而男人对于"太平桥"的不断寻找，却始终没有找到，象征着爱情的理想与现实的矛盾将永远存在，得不到化解。他最后在梦中所领悟到的，"自由是写在不自由之中的一颗心，彻底的理解是写在不可能彻底理解之上的一种智慧"[1]，传达出的正是这样的爱情或生命感悟：绝对的自由、彻底的理解是不可得的，即使是在爱情之中。生命的真谛只呈现在理想与现实的悖论之中。而鹿群、狼群、鹰群的生死轮回，则隐喻着亘古不息的生命讯息，"无尽无休的以往继续下去成为无尽无休的未来。花开花落，花落花开，悠悠万古时光"[2]。爱情的探讨被提升到了一个宏阔的宇宙和生命空间。

针对人类孤独的困境，史铁生始终将一种彻底的理解与沟通，和绝对的自由作为一种生命的理想，而这理想即使在最可实现这一理想的爱情中也会陷入困境。由此，他以自由与不自由、彻底的理解与不可理解的悖论句式传达出对生命、爱情的感悟，但似乎掩不住一种理想难竟的无奈与失落。实际上，也正如他所认识到的，生命始终交织着残疾与爱

---

1 史铁生：《礼拜日》，载《原罪·宿命》（史铁生作品系列2），人民文学出版社2011年版，第212页。

2 史铁生：《礼拜日》，载《原罪·宿命》（史铁生作品系列2），人民文学出版社2011年版，第212页。

情、现实与梦想这两种消息,没有残疾的现实,便没有爱情的梦想。所以理想也许不是设置一个最高的标杆,而只意味着不断地超越,由此我们便不会陷入悲观,而只会永远看到希望。这样看来,在《礼拜日》(1987年)中,男人和女人爱情的困境只不过是落入了一种抽象思维的陷阱,在现实中并非不可化解。而他们的朋友天奇和晓堃的婚姻破裂,根本缘由在于两人没有沟通或没有良好的沟通造成的误解。尽管彻底的沟通无望,但努力去沟通总会带来希望。同时,将彻底的理解与沟通视为理想之境,也有违人的本性。正像前面提到的,人本质上具有双重属性:一方面,人需要走入群体,无法承受绝对的孤独;但另一方面,人又是独立存在的个体,需要享有自我存在的内在封闭性,在这个意义上,人又需要享受孤独。由此,从人的生命属性、本体欲求出发,彻底的理解与沟通非但不是理想,而是对人的自由的篡夺。史铁生对此其实也有认识,只是这种认识零散分布在不同的作品里,且没有加以强调。譬如,1996年的《私人大事排行榜》中的这句话就透露出这种理解:"写作(或文学)自然也就是这样,唯一可能的共识就是这条路的没有尽头,而每个路口或路段都是独特的个人的命运,其不可替代性包含着相互不可彻底理解的暗示。"[1] 而在《我的丁一之旅》第109节"剧本《空墙之夜》"中,丁一提及了"家"的作用,他说人还是需要有个家的,没有别人的干扰,没有别人的注目和挑剔,"在一面面由砖石构筑或者由概念竖立起来的墙的遮蔽下,围护下",人才可以得到自由、平安,可以随心所欲。[2] 可见,"家"提供了一个个人存在的私密空间,在家中,人享受自由,也享受孤独,或者说,享受孤独本身即是享受人的自由。

---

[1] 史铁生:《私人大事排行榜》,载《我与地坛》(史铁生作品系列3),人民文学出版社2011年版,第362页。

[2] 史铁生:《我的丁一之旅》,载《我的丁一之旅》(史铁生作品系列6),人民文学出版社2011年版,第279页。

然而，丁一的主要理想还是在于进入"空墙之夜"，进入心魂的无碍的交流与融合。

1987年的《礼拜日》呈现了现实中爱情与婚姻的困境，但其主旨并不在爱情与婚姻，而是从爱情与婚姻角度强调突出了人的孤独的普遍境遇。作品透露出的情绪格调与他之前的作品基本是一致的，有一种深重的孤独感，及渴望走出孤独，而愿望难竟的失落。不过我们可以看到，从90年代开始，史铁生作品中那种略带感伤的格调已渐渐消失不见，即使是回顾往事，也呈现出一种超然的气质，形而上的思辨开始成为其作品的主要特色，即使小说的写作也是如此。应该说，他作品中的那种平和与超然，与陈希米的到来是不无关系的。尽管如《礼拜日》中所呈现的，现实之中的爱情与婚姻往往不尽如人意，总会遭遇困境，但是他年届四十终于迎候而来的这份爱情不仅鼓舞了他的人生，也使他跳出了现实爱情可能遭遇的困境，而进入了爱情形而上的层面。从1994年的《爱情的问题》到完稿于1995年的第一部长篇小说《务虚笔记》，从1997年于肾透析期间开始写作的《病隙碎笔》到于2002年10月开始写作的最后一部长篇小说《我的丁一之旅》，关于爱情形而上的探讨贯穿了他中后期的主要创作。这种探讨主要集中在这样两个主题：第一个主题是，爱情是一种梦想，是对人的现实残缺的补救，也即是对人的根本困境孤独的救赎，这正是这一节探讨的内容；第二个主题则聚焦到爱情本身，探讨这样一个具体问题：爱情既然如此美好，为什么一定要止步于一对一，而不能扩大为n对n呢？而与爱情紧密相关联的性，显然也应做如此的推演，并提出这样的疑问。第二个主题是基于第一个主题衍发的思考，同样立足于人的孤独的背景及对孤独救赎的祈望之上。从史铁生的作品可以看出，他对第二个主题投入了更多的思考，史铁生承认这对他来说是一个不小的难题。长篇随笔《爱情的问题》主要目的即在于解决这一难题；而这一难题在《务虚笔记》中则被放到诗人L身上去呈现并力图解决;《病隙碎笔》中也有不少章节涉及这一问题;生平的最后一部小说《我的丁一之旅》则完全是"这一句诘问的引发,又是这一句诘问的继续"[1]。史铁生对这个问题的执着,体现了一个思想者的激情。从他就《我的丁一之旅》给邹大立的一封回信中可以看出,一直到《我的丁一之旅》,史铁生才完全走出了困惑,他对《我的丁一之旅》中最终得出的解决思路显然是满意的。然而,他对爱情的预设、推理,及最终的解决思路,仍然是可提出疑问的。

---

[1] 史铁生:《我的丁一之旅》第115节"标题释义",载《我的丁一之旅》(史铁生作品系列6),人民文学出版社2011年版,第303页。

第四章　爱情悖论：爱与性的哲思演绎
—— 史铁生的爱情观（二）

| 爱情是属灵的

1989 年，有位叫吴俊的青年学者发表了题为《当代西绪福斯神话 —— 史铁生小说的心理透视》[1]的论文，从心理学的角度对史铁生的创作进行了比较深入的解读，提出了很多独特的观点和意见。譬如，他基于奥地利心理学家阿德勒的"自卑情结"理论和弗洛伊德潜意识中压抑的性欲理论指出，史铁生的作品折射出一种性自卑心理，史铁生并没有一部真正意义上的爱情小说，他对爱情的描述是潦草的。编辑部谨慎起见，曾将文章转给史铁生，征求他的意见。史铁生给予了宽厚的回复，他说，吴俊基本说对了，除了他自己还没说出来的。不过，他也含蓄地指出，作者大概也如弗洛伊德那样，偶尔犯着牵强的毛病。史铁生在简短的回复中尽管没有指出他所认为的牵强到底意指何处，但从他信中流露的对阿德勒的欣赏，而认为弗洛伊德学说有牵强之嫌的说法，再联系

---

[1] 吴俊：《当代西绪福斯神话 —— 史铁生小说的心理透视》，《文学评论》1989 年第 1 期。

他此后关于爱情的探讨,可以看出,他不赞同的应该是吴俊在文章中如弗洛伊德那样一味地强调性爱,以至于在其笔下没有爱情的位置,或者是将性爱等同于爱情。譬如吴俊在文章中指出,《礼拜日》(1987年)中女人的梦,实际上是她潜意识中被压抑的性欲,《礼拜日》全篇表现得最深刻的即是对性爱的向往与恐惧的两难心境,而其根本原因则在于史铁生由于性受挫引发的性自卑。从史铁生对阿德勒的赞赏可以看出,他是承认自己存在或者说曾经存有自卑心理的,当然也包括性自卑。对于一个突然残疾的年轻人来说,经历一段自卑的心理历程,完全是可以想象得到也可以理解的。但史铁生显然不太赞同完全用弗洛伊德的潜意识中被压抑的性欲理论来阐释其作品。当然在有些地方这种阐释也许是合理的。譬如吴俊提到《山顶上的传说》(1984年)中的一个情节:主人公路过一家照相馆,看到橱窗里的一张婚纱照,主人公觉得"新郎太严肃了,一身黑西服,倒像是在参加葬礼"。吴俊指出,主人公关于"葬礼"的联想不排除和他当时正与恋人讨论死亡的话题有关联,但是,当注意到这时主人公已经意识到由于残疾已经不可能最终与恋人结合,那么吴俊认为这种心境用弗洛伊德式的解释应该是合理的,即主人公在结婚这种具有幸福、欢乐或性的暗示的场景中投射上死亡的黑暗阴影,与他潜意识中的性嫉妒和性受挫及压抑心理相关。如果说,弗洛伊德式的阐释在《山顶上的传说》这篇自传式的小说中确实有它合理之处,那么,吴俊用弗氏的理论对《礼拜日》的解读应该便是史铁生认为有所牵强的地方。

吴俊尽管意识到《礼拜日》这部小说也提到了人与人之间的友爱与理解,不过显然他更倾向于用弗洛伊德的理论把它放到一个具体的性爱的层次来阐释。然而如上文所说,史铁生应该是以两性之爱来传达普遍的生命境遇,因此小说中屡次提到的女人的梦,很难有理由认为应该用弗洛伊德的潜意识理论来解读。而联系整篇小说的主题应该认为这是一种象征的手法，象征人的孤独的处境和对沟通与自由的渴望。这大概也正是史铁生在回信结尾中提出吴俊可以再就人的广义的残缺写篇文章的原因。同时，吴俊的解读中折射出的弗洛伊德理论中有关性与爱情的关系，也应该是史铁生无法认同的。正如弗洛姆所言，弗洛伊德对爱情的评价很低，在弗洛伊德看来，爱情本身是一种非理性的现象，"爱情是同荒谬为邻，是盲目地对待现实，是童年所爱对象的一次转移"。在其理论中，爱情本质上就是一种性现象，爱情是性吸引力的产物。[1] 也就是说，在弗洛伊德的理论中，爱情已经被等同于性了。这样，我们便不难理解，在吴俊对史铁生作品的解读中，为什么充满了性欲或性爱，却鲜少看到爱情之说。然而正如弗洛姆不赞同弗洛伊德的理论一样，史铁生对爱情和性爱的理解也不同于弗洛伊德。在《爱的艺术》一书中，弗洛姆将狭义之爱情命名为"性爱"，可见他承认并强调了性行为与爱情之间天然的联系。但在性与爱情的本质关系上，他毫不犹疑地否定了弗洛伊德的观点，而认为与其相反的观点才恰恰是正确的，即爱情不是性满足的结果，而相反的是，性的幸福，甚至掌握所谓的性技巧恰恰是爱情的结果。[2] 史铁生也认为，"美满的爱情必要包含美妙的性，而美满的性当然要以爱情为前提"，爱情和性密不可分，但是爱情不等同于性，性不能取代爱情，爱情是包含性并且大于性的。[3] 性爱固然美妙，但没有对爱情的正确理解，性行为大抵只能是一种由于荷尔蒙分泌造成的本能冲动。

如果说弗洛伊德对爱情的理解建立在人的非理性的生物本能之上，那么史铁生则与弗洛姆一样，是将爱情作为对人类生存问题的回应，尽

1　参见〔美〕艾·弗洛姆：《爱的艺术》，李健鸣译，上海译文出版社 2008 年版，第 83 页。
2　参见〔美〕艾·弗洛姆：《爱的艺术》，李健鸣译，上海译文出版社 2008 年版，第 82 页。
3　史铁生：《爱情问题》，载《我与地坛》（史铁生作品系列 3），人民文学出版社 2011 年版，第 334—335 页。

管并不排斥生理性要求，但更多是将爱情建立在人的精神需要之上。爱情的需求源于人孤独的生命处境，孤独从根本上是心灵问题，孤独是由于人类的差别意识，造成的人与人之间的距离、隔阂、防范与歧视所致，由此人渴望爱情。孤独因于心魂的遮蔽，而爱情的本质则是心魂的敞开。史铁生说："互相敞开心魂，为爱所独具。这样的敞开，并不以性别为牵制，所谓推心置腹，所谓知己，所谓同心携手，是同性之间和异性之间都有的期待，是孤独的个人天定的倾向，是纷纭的人间贯穿始终的诱惑。"[1]心魂的敞开是世间所有爱的共同特征，就此史铁生提到的爱情等同于广义之爱。那么，史铁生为什么要格外赞赏与性爱相关联的狭义之爱情呢？更何况，正如他所承认的，如果心魂的敞开是走出孤独的前提，那么敞开的形式也不限于爱或爱情，譬如还有绘画、音乐、戏剧、写作等，而就他个人的生命体验，写作是如此美妙与自由的一种状态，他这样写道：写作"不如是倾诉和倾听，不如是梦幻、是神游。……那是天地间最自由的一片思绪呀，是有限的时空中响彻的无限呼唤"[2]。那么爱情之外何不也推崇写作或其他创造性的活动以走出孤独？史铁生没有回答这个问题，但他可能会认同弗洛姆的观点，即我们在前面提到的，弗洛姆认为，克服孤独在于实现人与人的结合，而艺术的创作并不能真正实现人与人的结合，也便不能真正地克服孤独。

史铁生对爱情的格外推崇除了与他个人的情感经历有关，也是因为他意识到爱情具有超越其本身的意义。在他看来，博爱是理想，但显然难以实现，而爱情则是可期实现的部分，爱情就像是"上帝为广博之爱保留的火种，像在现实的强大包围下一个谛听神谕的时机，上帝以此危

---

[1] 史铁生：《病隙碎笔1》第四十五篇，载《病隙碎笔》（史铁生作品系列4），人民文学出版社2011年版，第27页。

[2] 史铁生：《病隙碎笔1》第四十九篇，载《病隙碎笔》（史铁生作品系列4），人民文学出版社2011年版，第30页。

险性最小的一对一在引导着心灵的敞开,暗示人们:如果这仍不能使你们卸去心灵的铠甲,你们就只配永恒的惩罚"[1]。另外,爱情的特殊之处还在于爱情特殊的表达语言,那就是性。史铁生说性是爱情的仪式,"性,以其极端的遮蔽状态和极端的敞开形式,符合了爱的要求"[2]。既然爱情并非是一种生理行为,而是相互间心魂的敞开与融合,那么在爱情中的性行为也随之成长为一种语言,"在爱人们那儿,裸露肉体已不仅仅是生理行为的揭幕,更是心灵自由的象征;炽烈地贴近已不单单是性欲的催动,更是心灵的相互渴望;狂浪的结合已不只是繁殖的手段,而是爱的仪式。爱的仪式不能是自娱,而必得是心灵间的呼唤与应答……"[3]。

如此来领悟爱情,及爱情之性的表达,史铁生认为,在残疾人和性之间那个尴尬的问号是应该被取消的。他不避讳地指出,残疾人的爱情之所以遭受世俗冷面的最沉重的一个原因即是性功能障碍,然而这是基于人们对爱情与性的偏狭的理解。在他看来,世人认定残疾人一定性无能的原因无非两点:一是不识爱为何物,以为爱情只是繁殖的附庸;二是缺乏想象力,认为性爱只是原始遗留的习俗,只能照本宣科地模仿繁殖,却想不出什么更美丽的作为。但是,性早已摆脱了繁殖的垄断,而化身为心灵最重要的表达与祈告,残疾人便无性障碍可言,甚至完全可能,"在四面威逼之下,一颗孤苦的心更能听出性爱的箴音,于是奇思如涌、妙想纷呈把事情做得更加精彩"[4]。在《病隙碎笔》、《务虚笔

---

[1] 史铁生:《病隙碎笔2》第二十一篇,载《病隙碎笔》(史铁生作品系列4),人民文学出版社2011年版,第50页。

[2] 史铁生:《病隙碎笔1》第四十七篇,载《病隙碎笔》(史铁生作品系列4),人民文学出版社2011年版,第28页。

[3] 史铁生:《爱情问题》,载《我与地坛》(史铁生作品系列3),人民文学出版社2011年版,第339页。

[4] 史铁生:《病隙碎笔2》第十七篇,载《病隙碎笔》(史铁生作品系列4),人民文学出版社2011年版,第47页。

记》等很多作品中，史铁生用充满激情的文字论证残疾人性行为的可能性，呼吁人们放弃对残疾人性能力的质疑或者说歧视，也提议社会能够对残疾人的性有所关注，譬如提供一些性行为的辅导，提供一些辅助用具，更鼓励残疾人应该走出内心无言的坚壁，大胆找到属于自己的爱的表达。在作品中，他也不避讳对残疾人性行为进行较为直接的描写，譬如在《务虚笔记》中，他就用诗意的语言描写了残疾人 C 如何跨越性的恐惧和绝望，而终于因为一个不假思索的细节触动了万缕生机。他这样写道："……像一个技穷的工匠忽然有了创造的灵感，使那近乎枯萎的现实猛地醒来，使伤残的花朵刹那间找回他昂然激荡的语言……孤独消散孤独消散，孤独消散我们看见爱情，看见羞耻是一种罪行，还有防备、遮掩、规矩，都是罪行，是丑陋。如醉如痴的袒露如癫如狂的交合，才是美丽。放浪跟随着欲望，'羞耻'已沉冤昭雪，自由便到来……"[1] 史铁生中后期作品中毫不避讳对性的言说，从某个角度而言也算是对吴俊观点的回应。史铁生终于走出了性自卑的阴影，这既与他现实的爱情生活有关，也与他自身的思想努力有关，可以说，他对爱情与性的深刻认知是他超越性自卑的关键因素。没有对爱情的深刻理解，人便无法真正体会到性的美妙，爱情是属灵的，性也绝非是一项生理行为。史铁生言说性，永远离不开爱情的前提，也即是说，他言说性，实际上是为了言说爱情，而言说爱情，则与人孤独的根本处境相关。孤独是现实，而爱情是梦想。这正是我们不能完全赞同吴俊用弗洛伊德的理论来解读史铁生的原因，史铁生的爱情观近于弗洛姆，却是完全不同于弗洛伊德的。

---

[1] 史铁生：《务虚笔记》，载《务虚笔记》（史铁生作品系列 5），人民文学出版社 2011 年版，第 244 页。

爱情可否 n 对 n？

然而，面对如此美好的爱情，史铁生却陷入了另一个难题。他说，既然爱情是一种美好的情感，为何只能一对一，而不能是 n 对 n？这一问题不仅是由于理性推演导致的困境，也是因他对现实情爱关系的了解，以及由于现实发生的情爱事件引发的思考。从随笔《爱情问题》、《病隙碎笔》到他的两部长篇小说，可以看出，这个问题对史铁生来说，是一个艰难而重要的问题，而《我的丁一之旅》如他所言正是为了解决这个问题而创作的，也直到《我的丁一之旅》，史铁生才最终找到了让他满意的答案。我们可以按照他创作的时间顺序来梳理他对这个问题的解决思路。

一、《爱情问题》：孤独与爱情的悖论

这个问题最早是在 1994 年的思想随笔《爱情问题》中提出的。[1] 所谓爱情问题，主要指上面提到的爱情难题，他围绕着这一难题以 14 个章节的篇幅步步推演，希望找到满意的解决方案。[2] 史铁生认为，爱情是人类最美妙的语言。爱情必然地包含了性，而美满的性也应是以爱情为前提的，但是爱情不等于性，性也不能代替爱情，由此产生一个问题，即包含性又大于性的爱情到底是怎么一回事？

而要解决这个问题，还要再回到性上。他从对自身爱的体认出发指出，性吸引的多向性是客观存在，是天然的也应该是必然的；而从物种繁衍的角度来看，假如不如此，物种便要在无竞争中衰亡，由此性吸引的多向性具有了其合理的地位。可是既然我们可以接受性吸引的多向，

---

[1] 顾城激流岛杀妻又自杀事件发生在 1993 年 11 月，由此可以设想，1994 年的《爱情问题》兴许是由于这一事件的激发。
[2] 每一章节都不长，但章节与章节之间有着比较严密的逻辑联系，可以看出他思维的特色。陈希米说，史铁生写文章犹如在演算算术题。这篇文章最能体现他的行文特色和思维特点。

为何不能接受性行为的多向呢？史铁生指出，就其本人而言，他是不能接受的，而且他相信大多数人都是不愿接受的，可是为什么？史铁生认为，这是一个最严重也最有价值的问题。

而这个问题显然要回到"爱情"上，人们之所以不能承认和允许多向的性行为，"毫无疑问，是因为爱情，因为必须维护爱情的神圣和纯洁，因为专一的爱情才受到赞扬"。但是，这一回答又引来了两个问题：第一个问题是："爱情既然是一种美好的情感，为什么要专一？为什么只能对一个人？为什么必须如此吝啬？为什么这吝啬或自私倒要受到赞扬和被誉为神圣与纯洁？"第二个问题是："为什么多向的性吸引可与爱情共存，而多向的性行为便被视为对爱情的不忠？"在通常意义上，既然爱情和性不可分，那么这两个问题也是相互关联的，性的专一在一定程度上正表明了对爱情的专一。但关键是为什么。

史铁生首先解决的是第二个问题，他认为，不忠的观念，可能源于早先把爱情与婚姻、家庭混为一谈，源于婚姻、家庭所关涉的财产继承，曾经是一个经济问题，而现在也许不过是这种旧观念的遗留问题。史铁生的这种观点基本同于罗素对性道德的认识。罗素也认为，性道德起源的最大因素是涉及财产继承的经济原因，以及男子要保证得到父权的纯粹本能性欲望，由此，罗素指出，在现代追求男女平等的社会，人们不应该再由旧道德产生的那种不合理的旧式感情来支配我们的性行为了。[1]罗素的观点大概是把性权利作为一种人权，超越性道德是人自由的宣言。但史铁生不是在社会层面上探讨性，而是在人的生命本体的领域，在纯粹的精神性追求的领域探讨。当性与爱情联系起来时，性的专一问题便不只是一个旧习俗或观念的遗留问题了。

---

1 参见〔英〕伯特兰·罗素：《自由之路》，许峰、上官新松译，文化艺术出版社1998年版，第704—712页。

史铁生列举了他认识的一位现代女性的情感例子指出了问题的根本所在。这位现代女性认为,只要她丈夫爱她,她丈夫的性对象完全可以不限于她。然而,当其丈夫确实如此实行,且婚外性对象越来越多时,这位女性却陷入了痛苦。但她并不推翻原来的诺言,她的痛苦不是因为旧观念的遗留,也不是性嫉妒,而是出于这样一个始料未及的问题,即如何来确认她的丈夫还是爱她的,她想要知道的是,在她丈夫的心中,她和其他女人到底有什么不同?尽管她的丈夫还一如既往地关心、体贴她,可是关心、体贴在爱情之外的其他感情中也是可以得到的。也就是说,多向性的性行为引发的人的痛苦和困惑,其根本原因在于,它威胁到了人对爱情的确认,究竟什么能够证明爱情?史铁生说爱情是需要证明的:"需要在诸多爱的情感中独树一帜表明那不是别的那正是爱情!"

接着,史铁生通过孤独与爱情关系的梳理,作出这样的论断:寻找爱情,不仅仅是寻找性对象,而根本是寻找乐园,寻找心灵的自由之地。因此,爱情是可以证明的,"自由可以证明爱情。自由或不自由,将证明那是爱情或者不是爱情"。而"自由的降临要有一种语言来宣告","孤独是从遮掩开始的,自由就要从放弃遮掩开始"。性行为正是这样一种自由的语言,在爱人那里,袒露肉体已不仅仅是生理行为的揭幕,更是心灵自由的象征。这大概也就回答了爱情为什么必然地包含性的问题。

而既然性行为是爱的仪式,那么"爱情有多么珍重,性行为就要多么珍重"。因为仪式,大约有着图腾的意味,是要虔敬的。因此,"改变一种仪式,意味着改变一种信念,毁坏一种仪式就是放弃一种相应的信念"。由此,性行为,至少是爱情中的性行为,便被坚定地与爱情联系在一起,或者说爱情中的性行为已经为爱情所限制,身在爱情中,而有超出爱情之外的性行为便有了一种亵渎信仰的意味。

史铁生最终得出了这样的结论,他说,爱情的扩大化,当然也包括了由此带来的性行为的扩大化，应该是一个美好的理想，而且从抽象的逻辑来论，也无法否定。但是"不是理想的不该，不是逻辑的不通，也不是心性的不欲，而是现实的不能"。而不能的原因，史铁生认为非常奇妙，恰恰是爱情本身的原因。他说："孤独创造了爱情，这孤独的背景，恰恰又是多向爱情之不能的原因。倘万众相爱可如情侣，孤独的背景就要消失，于是爱情的原因也将不再。"[1]

在这里，我们有必要回顾和梳理一下史铁生的思路。文章围绕着这样一个"爱情问题"展开，即爱情既然如此美好，为什么不能扩大化？因为爱情必然地包含了性，所以爱情能否扩大化的问题实际上也就是性能否扩大化的问题。而性又可分为心理层面的性欲求、性吸引和实践层面的性行为。性吸引的多向是生而为人的天然欲望，不可控，因此是必然的，而从生物繁衍的角度来看，又具有必要性和合理性。由此"爱情问题"最终具体化为在爱情中性行为为什么不能扩大化的问题。接下来为了说明问题的根本在哪里，史铁生举了一个现代女性的例子，就又产生了一个问题，也就是什么能够证明爱情。实际上这个问题与最核心的"爱情问题"可以合并成一个问题：现代女性的丈夫婚外的性行为不断，让现代女性陷入痛苦，不知何以证明爱情，那么是不是说与之相反的性行为的专一就证明了爱情呢？而当我们提出"爱情问题"，即爱情中性行为为什么不能扩大化时，其实就隐含着性行为的专一是爱情的证明的意思，在爱情中，性行为即使不是唯一的，也是必不可少、极其重要的一项证明。由此我们需要继续追问的就是为什么要把性行为的专一看作是爱情的证明。但到了这里，史铁生不再像一个数学家那样遵循步步紧扣的逻辑，而是回到了他文学家的位置，对这两个问题分别做了诗意的

---

[1] 史铁生：《爱情问题》，载《我与地坛》（史铁生作品系列3），人民文学出版社2011年版，第334—344页。

阐述。

关于什么能够证明爱情这个问题，史铁生从孤独与爱情的关系出发，指出爱情是孤独的解药，孤独是封闭，爱情是绝对的敞开，也即意味着心灵的绝对的自由，在这个意义上，他说自由可以证明爱情。但这样诗意而又"玄奥"的回答实际上无法解决现实中那位现代女性的困惑。她和她的丈夫在彼此面前是完全自由的，这个自由不仅体现在行为层面的互不干涉，也包括了心灵层面的完全敞开，但是自由并没有能够向她证明这就是爱情，反而正是这自由让她陷入了困惑和痛苦，因为这样的自由也可能同样发生在她丈夫和别的那些女人那里。归根结底，对于这位现代女性而言，所谓爱情的证明并不是自由与否的问题，而是如何在她丈夫众多的性对象中确认她在其丈夫生命中的独特性的问题。丈夫性行为的放纵的自由，无法使她确认她在他生命中的独特性，反之，性行为的节制和专一，倒可能确认这种独特性，从而成为爱情的证明。当然这仍是一种假设，仍需要继续的追问，譬如为何人需要确认这种独特性才能证明二者之间确实存在爱情？再如除了性行为的专一表明这种独特性以成为爱情的证明外，难道就没有其他方式了吗？……史铁生在他所举的现代女性的例子中，没有意识到"独特性"可能是破解"爱情问题"的关键，也就没有提出以上这样的追问。

关于爱情为什么不能扩大化的问题，明确地说也就是在爱情中性行为为什么不能扩大化这个问题，史铁生追问了一圈最后仍陷在复杂的矛盾情绪之中。当他说出自由是爱情的证明后，指出性行为以其互相袒露的形式成为了心灵自由的最好的象征，性行为便成了具有图腾意味的爱的仪式，因此爱情有多珍重，性行为就要有多珍重，在某种意义上似乎可以说明为什么爱情不能扩大化，为什么性行为的专一可以成为爱情的证明。但史铁生或许意识到性是爱的仪式这样一种文学性的表达，并不能代表现实中人们对爱情、对性的真实感受，因此他无法用仪式之说对爱情扩大化这一理想做出否定。最终他只能万般无奈地指出无论从人的心性还是爱情理想本身以及逻辑推理来看，爱情的扩大化都无可反驳。然而，他本能的情感和道德取向又使得他不甘心接受这样的结论，那么如何来否定这爱情扩大化的理想呢？史铁生又回到了孤独与爱情的关系上。我们知道他做出爱情应该扩大化这一推论，正是建立在对孤独与爱情关系的认识上的，那么又如何从这二者的关系中做出了反向论证呢？乍一看，这种思路着实让人迷糊。我们不妨来分析一下。史铁生说孤独是人类普遍的处境，所以呼唤着爱，广博的爱愿是对孤独的拯救，但这只是理想，唯有爱情可成为现实，而爱情只有走向广博之爱，才能拯救普遍的孤独。由此他得出了爱情应该扩大化的推论；那么他又如何得出反向的推论的呢？他是这样说的："孤独创造了爱情，这孤独的背景，恰恰又是多向爱情之不能的原因。倘万众相爱可如情侣，孤独的背景就要消失，于是爱情的原因也将不再。"[1]也就是说，爱情是因孤独而存在的，爱情的存在是为了克服孤独，而反过来说，则是孤独创造了爱情，由此爱情不能扩大化，爱情扩大化后，孤独不存在了，也便没有了爱情。史铁生认为这是对现实的描画，正是这"现实的不能"否定了爱情扩大化的理想。可以看到，在第一个推论里，"拯救孤独"是思想的核心，是他关注的焦点，而在这个推论里，可以说"保卫爱情"成了核心，成了最重要的事。关注的焦点不同，同样都是孤独与爱情的关系演绎就推导出了相反的两个结论。究竟哪个结论是正确的，在这里并不是最重要的，主要的问题在于这两个推论本身实际上都存在问题。关于第一个推论，在上一章开篇我们已经点明了它的问题在哪里，而在下文还会有更深入的分析，这里主要看第二个推论。爱情是为了克服孤独，但

---

[1] 史铁生：《爱情问题》，载《我与地坛》（史铁生作品系列3），人民文学出版社2011年版，第341页。

爱情又因为孤独而存在，没有了孤独也便没有了爱情。史铁生认为正是这种"现实"，正是基于这种"现实的不能"，所以爱情扩大化这一理想应该被否定。这一推论简单地说就是用孤独与爱情的现实关系否定了爱情理想的存在，其逻辑实质即是用现实否定了理想。但是现实并不能够否定理想。正如他在《私人大事排行榜》中所提到的，"人所期盼的东西必不是已经成为现实的东西，人之永久的企盼呢，当然就表明着永久的不可实现"[1]。可见理想是在一个戏剧的位置上，它给现实呈现出一幅引人神往的图景，但某种意义上，理想并不奢望着实现，而只是指明一条行走的道路、一个努力的方向。而基于社会的尤其是人性的现实，所谓爱情的理想，即史铁生所说的万众相爱如同情侣，又或人类大同，更是永无可能变为现实的，这样的爱情理想与现实之间有着永恒的距离，那么，这一爱情理想的设定又怎会颠覆以致危及现实呢？由此孤独与爱情的现实关系无法成为否定爱情理想之真确性的合理理由。要判定某种理想是否正确，主要应看这理想的方向是否正确，具体来说，即是这一理想是否有利于促进人的幸福感，是否有利于促进人性的进步，是否能让人类的发展在文明的台阶上又前进一步。由此，理想的问题确实最终要回到现实中来，理想的真确性的问题确实要从现实的角度来考量，但这个现实不是凝滞不动的固化的现实，而是发展中的现实。同时，我们也意识到史铁生的这个推论体现出他一贯的二元论的思维特色。正如在关于命运的阐述中他对善与恶、美与丑的论述一样，这里的孤独与爱情也处在一种对立又相互依存的二元关系中，但是如果跳出这种二元论的思维，我们就会看到善、美、爱情等具有不依附于他者的独立存在的合理性和意义，也就是说善与恶、美与丑，以及孤独与爱情之间实际上并不

---

[1] 史铁生：《私人大事排行榜》，载《我与地坛》（史铁生作品系列 3），人民文学出版社 2011 年版，第 362 页。

存在那样一种"辩证"或者说吊诡的关系。这样一种辩证关系并不是对现实或真实的描画，本质上只是人二元论思维的主观设定。

在《爱情问题》中，史铁生应该也意识到了在这个爱情问题上他并没有能够提出令自己也令他人信服的解答，由此在文章的结尾他写道，问题永远比答案多，爱情的问题即是爱情的答案。不过他并没有停留在问题即是答案的解释上，而仍然在苦心思虑。

二、《务虚笔记》：L的爱情

在《务虚笔记》中，这个爱情难题被交给了诗人L。诗人L是个"天生情种"，自小就喜欢往女孩堆里靠，他对女性有着天生的好感。L不仅多情，而且崇尚诚实，他从小就希望能把自己的一切心意原原本本地都告诉女孩们，让她们既看到他的美好，也看到他的丑恶，希望女孩们在看清他的真相后，也依然不会离开他。而成年后，在他深爱的恋人面前，他也充分体现出了他的真情，但同时也表现出了他的诚实。他对爱人坦然承认，他既是一个真诚的恋人，但同时又是一个好色之徒。他深爱她，不能想象没有她该怎么办，但同时他也对所有美好的女人着迷，他对很多女人都会有性的欲望。最终爱人没有像他所希望的那样，在他袒露他所有的真实后依然留在他身边。恋人的痛苦也正是在《爱情问题》中那位现代女性的痛苦，她质疑L，如果这样的话，在他心中，她和其他女人的区别在哪儿呢？她的出现对他只是偶然，而女人对他来说才是必然。那有什么理由认为他只爱她？在L那儿，她和其他女人是否就是性的实现和性的未能实现的区别？爱人的连番诘问让L无法回答，实际上这也常常是多情而又坦诚的L对自己的追问，但追问最终都结束于糊涂之中。史铁生是意图在诗人L的爱情事件中呈现那个困扰他的爱情难题的，但仔细分析，尽管L自己在这个爱情难题上痛苦不堪，在恋人离开后，他踏上了漫漫长途去追问去求索，但实际上他的爱情事件并不是这一难题的正确呈现。

客观来分析，我们应该对 L 的失恋抱以同情。因为在 L 身上，我们看到他尽管多情，但其多情仅表现在他性幻想的丰富、性欲望的多向，并不表现在性行为的放纵上，至少在遇到他深爱的女人后是如此。在《爱情问题》中，已经得出性吸引的多向是无可指责的结论，但是在这篇小说里，L 的恋人却吊诡地阐释了性幻想与性实现之间的关系，她认为，幻想如果是幻想，就不会是不想实现，而仅仅是不能实现，或者尚未实现。由此，她痛苦地得出，也许她和那些成为 L 性幻想对象的女人之间的区别就是性的实现和尚未实现。可见，她实际上否定了原先在《爱情问题》中对性吸引或性幻想的认识。对异性的性幻想或者在异性身上所感受到的性吸引，这是人的类似于动物性的本能。所谓本能，也就是说它不受意志的控制，但是爱情是在人的自主意识的领域，爱情是人作为人的自主选择和决断。L 无法控制自己的性幻想，和对别的女人的性欲望，这是完全可以理解的，因为这是他的潜在本能，不在他的意志范围之内。且他也已经明确地告诉恋人，尽管如此，他并不想实现，他只要她一个，这就已经是爱情的表白了。而这出自一个情种之心与口，其实是更显爱情之珍贵的，因为他需要克服自身相比其他人来说更大的本能欲望。所以，如果说恋人的那句"看见他们就想起你，看见你就忘记了他们"是她的爱情证明，那么，L 的表达则是：尽管我无法克制自己对其他女人的性幻想，但是因为你的存在，我不想实现这些性幻想，甚至我还为此痛恨自己的性幻想。这就是我因为对你的爱情做出的决断，而这种决断从未在别的女人那里发生。如此解释的话，小说中 L 恋人的离开只能怪罪于 L 的太过诚实，他要完全地袒露自己，但是他的爱情还没有成熟到足以承受他全部的真实。史铁生显然意识到了，所以说，"要袒露还是要隐藏，自己可要慎重"，因为还有另一种情绪，会是一样地真切、强烈、不可遏制。它要"越过袒露本身去看袒露的内容，便又在那内容里看见别人的不可把握，看见因此自己可能受到的伤害，看见了孤独的绝对"[1]。

在 L 的爱情故事里,将 L 恋人的离开归因于滋长的"这另一种情绪"是非常准确的。"情绪"这个词传达了其非理性的特色,她离开的决定在她的逻辑推演里找不到合理的原因,她只是被情绪掌控,忍不住去想 L 曾经爱恋过的那些女人,也无法逃避对他们爱情未来的恐惧。所以就 L 的爱情本身而言,并无什么难解的困惑,L 对爱情的困惑是他自身理性追求造成的形而上的困惑。可以注意到,除了美好的爱情为什么不能 n 对 n 的追问外,L 也格外注意到有关"区别"的问题了。L 的恋人让他说出在他心中她和其他女人的区别,而 L 在爱人离开后的一场噩梦中,也意识到自己对区别的在意。在噩梦中,诗人爱恋着的那些女人反问他,为什么是我们大家爱你一个?为什么不能是很多男人都爱我们?为什么不能是我们去爱很多男人?诗人痛苦地喊,但你们要最爱我,或者你们中至少要有一个最爱我。女人们嬉笑着说:"行了行了,我们爱的都是我们最爱的,我们像爱他们那样爱你就是了。"L 心神恍惚:"像爱他们一样地爱我,可哪一个是我呢?……我与他们有什么区别?"[2] L 显然意识到,假如没有区别,假如得不到最爱,他无法确认自己的独特存在。实际上这里已经可以得出一个很重要的结论了。如果说,在《爱情问题》中,史铁生指出自由能够证明爱情,那么在这儿 L 应当意识到,"区别"是爱情的证明,也即当一个人确认了自己在爱人心中具有他人不可替代的位置时,也便确认了爱情,而这一要求背后深层的合理的心理诉求则是人需要确认自己的独特存在。

在这时,我们可以意识到,当我们将这一结论与爱情为何不能 n 对

---

[1] 史铁生:《务虚笔记》,载《务虚笔记》(史铁生作品系列 5),人民文学出版社 2011 年版,第 227—228 页。

[2] 史铁生:《务虚笔记》,载《务虚笔记》(史铁生作品系列 5),人民文学出版社 2011 年版,第 368—369 页。

n 这个问题联系起来思考时，应该是可以得到深刻的启示的。但是，L，当然也就是史铁生，显然还没有注意到这两个问题之间的联系。L 还是在那孤独的大背景下去苦苦寻觅爱情为何不能扩大化的答案了。而立足于人孤独的境遇，基于人对博爱的渴望，爱情的扩大化确如在《爱情问题》中所阐明的那样完全具有理论或逻辑的合理性。在 L 看来，绝对的自由与平安恰是荒原上那些自由的动物，和动物般的自由向人们昭示的：荒原上的那些鹿群、狼群，还有天空中的雄鹰，它们的生殖、繁衍，甚至角斗，一切都是赤裸裸、袒露的，一切都是光明豪勇，而没有阴谋嫉恨、假面恭维。L 在那无人之域，心醉神痴、流连忘返，甚至泪流满面，他深深感慨：为什么人不能这样？人又为何要离开那伊甸园？然而面对这无人之域的自由平安，L 又意识到，"它们没有孤独，那儿没有心魂对心魂的伤害、阻隔、防范，也没有依恋和思念，没有爱情。性欲和爱情在它们是一回事……"[1]。而人，是否也应该如此？也不过如此呢？L 陷入了矛盾。这种矛盾的心态，实际上意味着史铁生思想又迈进了一步。1995 年的长篇小说《务虚笔记》中关于荒原动物的描写来自于 1987 年的中篇小说《礼拜日》。在《礼拜日》中，以荒原动物的自由平安比衬人类的孤独与隔阂，更多表达的是重返伊甸园的向往；然而在《务虚笔记》中，L 由对动物般的自由的感动转而产生了对为人之路的反思：人对孤独的惧怕，是否意味着人要重返伊甸园，重返动物般的境界呢？在《务虚笔记》中，L 对"区别"的意识、对伊甸园的反思，对解决那个爱情难题都是有益的启示。不过，显然 L（也就是写作《务虚笔记》时期的史铁生）还未得出最明晰的结论。同《爱情问题》一样，在《务虚笔记》中，面对爱情可否扩大化的问题，史铁生的心态依

---

[1] 史铁生：《务虚笔记》，载《务虚笔记》（史铁生作品系列 5），人民文学出版社 2011 年版，第 388 页。

然是矛盾的，在 L 的探索中，困惑依然没有得到最终解决。

三、《我的丁一之旅》：理想的双刃剑

这个问题便继续延伸到他的第二部长篇小说《我的丁一之旅》中。第一部长篇小说《务虚笔记》几乎囊括了史铁生思考的所有主题，尽管主线是爱情，几组爱情关系穿插，共同呈现了史铁生对爱情多方面的思考，但这个爱情可否扩大化的难题仅作为其中一方面，被放置在 L 的情爱思索中，不过在《我的丁一之旅》中，这个爱情难题被摆在了中心位置。这部小说如史铁生所说，即是为解决这个爱情难题而写的。通过这部小说，史铁生认为他找到了这一难题的最终解决方案。

尽管史铁生写《我的丁一之旅》并不是直接起因于顾城的事件，但可以看出，丁一、娥、萨的戏剧之夜，无疑是顾城激流岛理想之国的模拟再现。[1] 丁一和娥志同道合，他们对人生现实、爱情理想的认识是一致的，他们的观点实际上也正是史铁生在《礼拜日》、《爱情问题》、《务虚笔记》中此类探讨的重复或延续：现实是差别的存在、歧视的蔓延，不过人心的隔离，也成就了人间的爱愿。所有的心都在互相渴望，爱情则是上帝给团圆的一项启示，给博爱的一条思路。在现实中理想难成，丁一和娥这两个奉行理想主义的人物，便将爱情之理想或理想之爱情放置到戏剧之中。在他们看来，戏剧是一处理想性或可能性生活的试验场，戏剧的舞台并非照搬现实，相反是要把不可能变成可能，使非现实可以实现。于是"他们奇想迭出，成规尽弃，在自编自演的戏剧中品尝着爱的平安——谎言激流中的相互信任；体会着性的放浪——假面围困

---

[1] 在《理想的危险——就〈我的丁一之旅〉给邹大立的回信》（载《扶轮问路 妄想电影》[史铁生作品系列 7]，人民文学出版社 2011 年版，第 81 页）中，史铁生说，他写丁一并不直接源于顾城事件，甚至到那时他也不完全了解事件全貌。不过，他在 1994 年《爱情问题》一文中对爱情扩大化难题的探索，与 1993 年 11 月发生的顾城事件，从时间上看有一定的因果关系，可能正是顾城事件强化了他对这一问题的关注。

下的自由表达；甚至模拟心灵的战争与戕害——性虐；性虐之快慰何来？先造一个残酷的现实模型，再看它轰然毁灭于戏剧的可能性中"[1]。

而关于爱情那个最关键的难题，在小说中则由娥的哥哥秦汉的一句诘问引出，即爱情既然如此美好，为何不能扩大化呢？在奉行博爱主义的秦汉那里，这还是一个问题，但是这一句诘问却成了情种丁一"欲爱多向"的理论资源和道德支持。于是，在娥的默认下，萨也在丁一的鼓动下加入了他们的戏剧。萨的到来，再加上"丹青岛"的传说（影射的正是顾城三人行的激流岛），丁一私欲膨胀，逐渐将现实与理想混为一谈，其将理想变成现实的热望不断升温。然而这时，娥原来的爱人商周的到来打破了他们戏剧的进程，或许是娥又爱上了商周，又或者完全是为了女儿问问，娥决定退出这"三人的戏剧"。丁一对娥的决定愤怒而失望，而萨的一句反问则让他坠落深渊。萨问他，既然你说人间最美好的情感要尽量扩大，那么商周是否也可以加入到我们的戏剧中来？萨的这一句反问，正如《务虚笔记》中 L 的那个噩梦一般，扎到了丁一内心的最痛点：他脑袋"嗡"的一响，心里忽悠悠地像是有个深渊，人不由得就往里坠落，坠落……睁大的眼前竟是一片昏黑，闭上眼睛呢，是无边无际的血红……小说结尾丹青岛上惨案发生，而丁一实则也走到了危险的边缘，但是史铁生没有让丁一走顾城的老路，而是安排丁一在"弥留之梦"中，最终看清了理想中埋藏的危险。

所谓理想，即是人之向往，应该是美好的，那么美好的理想为什么是危险的呢？史铁生在《理想的危险——就〈我的丁一之旅〉给邹大立的回信》中对此进行了阐述，在小说中，则是由丁一爱恋的另一位女孩依去揭示的。在信中史铁生纠正邹大立"欲望双刃剑"的提法，他指

---

[1] 史铁生：《理想的危险——就〈我的丁一之旅〉给邹大立的回信》，载《扶轮问路 妄想电影》（史铁生作品系列7），人民文学出版社2011年版，第85页。

出,《我的丁一之旅》实则写的是"理想双刃剑"。理想一方面是美好的,是人之向往与追求,但理想之中又先天地埋藏着一份危险,理想的危险在于理想的推行。既为理想,便是希望推行与扩大的,然而推行或扩大的欲望却极有可能走向强权,由劝诱、宣扬走向威逼与强迫,从而毁灭了理想,也剥夺了人权。价值尽管有高低,但我们必须承认权利的平等。"人有此一种理想的权利,也有彼一种理想的权利,否则就不叫理想的权利。人有坚持理想的权利,也有放弃理想和改变理想的权利,否则还是没有理想的权利。"[1] 由此,理想应该放置在理想的位置上,理想不应该与现实混同。在丁一之爱情戏剧中,夜晚之戏剧是实现理想之地,但是白日之现实自有现实的规则。小说中的女性如娥与萨对此是颇为清醒的,但是丁一却逐日混淆了理想与现实的差距,尤其是萨的出现,使得他越发被理想变成现实的热望所控制。由此,当娥离开,而萨也将告别他的戏剧时,丁一的失望便化成了怒火,指向了娥与萨,甚至指向了秦汉、商周,乃至所有人。在他看来,那些不欲求理想实现的人都是庸人,娥指出,追不追求理想,过怎样的生活是她的自由,丁一则尖锐地讽刺她是"自由地堕落进平庸",而他不能容忍这样的平庸。娥敏锐地指出,他的爱愿理想已经不能自圆,自称要过充满爱愿的生活,但是却正在孵化仇恨。娥提醒丁一,戏剧的要领,也正是理想的要领,在于"有限的时间,有限的空间,有限的人物和有限的权——力!"娥与依的思想达成了共识,她们并不反对这爱情的理想,依在看到《空墙之夜》的剧本时,就表示对这爱情的理想无异议,而尽管最终娥远走他乡,但小说结尾她给丁一的信里却依然透露出对这个戏剧的执着,与对其理想设定的肯定。不过她们都认识到,爱情的理想尽管美好,但却

---

[1] 史铁生:《理想的危险——就〈我的丁一之旅〉给邹大立的回信》,载《扶轮问路 妄想电影》(史铁生作品系列7),人民文学出版社2011年版,第87页。

埋藏了危机。可怕的并不是这爱情的扩大，而是在理想的鼓动下权利的扩大。从史铁生给邹大立的信中不难看出，到《我的丁一之旅》，史铁生终于放下了缠绕在心头多年的爱情难题。

从《我的丁一之旅》及史铁生给邹大立的信中对小说的诠释，可以看出，关于"爱情理想"的探讨不知不觉中被置换成了关于"理想"的讨论。理想固然是美好的，但理想又先天地蕴含了危险的种子，理想的危险在于理想的强制推行，由此造成对人权的侵犯，是一种强权的暴力。基于此，史铁生申明了人自由的权利。这种对理想二重性的认识，无疑是一种深刻的思想洞见，自然地引发了我们对历史的回顾与反思，更不乏其重要的现实意义。同时，这一思想或思路也是对具体爱情事件，即小说中"丹青岛"（现实中顾城激流岛杀妻、自杀事件）的灾难缘由，及丁一爱情事件中潜在危险的准确揭示。但不得不说它实际上偏离了史铁生原有的思想意图。理想问题的解决，并不意味着"爱情理想"的解决。"爱情理想"固然也存在理想强制推行导致的权利扩张的隐患，但是从《爱情问题》、《务虚笔记》到《我的丁一之旅》，写作的起因都源于这样一个问题，即爱情为什么不能扩大化。也就是说，对于史铁生而言，爱情理想的难题主要还在于这理想的设定究竟是否正确的问题。《爱情问题》中那个吊诡的"现实的不能"显然是个不得已的解答；《务虚笔记》中 L 对于重返伊甸园的矛盾心态则暗示了史铁生的困惑；而《我的丁一之旅》中这一爱情理想也是作为秦汉的一句诘问提出来的，只是这一诘问到最后逐渐被不证自明地加以肯定了，无论是丁一，还是娥、萨和依，都对爱情的扩大这一理想表示赞同或欣赏。

在小说的第 114 节（小说总共 156 节），丁一为把萨也引进他的戏剧，便把秦汉的那句诘问告诉了娥，意在探明娥是否有可能同意萨的加入。娥极其肯定地认为爱情的扩大、也即爱情走向博爱的理想是美好的，她表现得如同洞晓一切的哲人，认为实际上人人心里对此都是说好的。娥的回答让丁一稍感意外，但更多是兴奋，因为这意味着娥将能接受萨的加入。而娥的这一说法，显然代表着史铁生的态度。可以看出，此时史铁生已经不纠结于这个爱情理想是否正确是否合理的问题了。随后依、萨对此的进一步肯定，更说明了史铁生对这一爱情理想的坚信。而他在这一问题上突然的超脱，正在于他发现了另一个思路，即114节的标题"好≠行"，爱情理想固然美好，但不同于现实，也不意味着一定要实现，爱情的理想只能被圈定在戏剧的位置上。在这一节中，这是娥的思想，随后又得到依的强调，而萨也是认同的，唯有丁一为此失望、愤怒以至绝望到癌症复发，气息奄奄。正是对"好≠行"这一理想之悖论的领悟，让史铁生以为找到了困惑已久的答案，但实际上却只不过是跳出了原有的问题，爱情理想的设定正确与否的问题被理想与现实或实现的关系问题所掩盖了。

四、爱情是一种信仰或一项决断

那么，将爱情的扩大化作为爱情的理想这一设定究竟该如何认识？娥认为人人心里对此都是说好的，似乎是有点唐突和武断了。实际上，在《爱情问题》一文中可以看出，从情感上，史铁生也并不太愿意接受这一设定，而从道德层面来看，这一爱情理想的设定是否为纵欲、滥情提供了道德与理论支持呢？在《我的丁一之旅》中史铁生对于这一点是有所意识的。也许正因为潜在的这种情感与道德倾向，在找不到否定这一爱情理想的理性思路时，史铁生仍要勉力而行，另辟蹊径，在肯定的同时，对这一爱情的理想加以限定或有限的否定。然而这一爱情的理想在理性上是否是完美的呢？为此我们需要回溯史铁生的思想历程，沿着他的思想轨迹来进行探究。史铁生思想的起点在于他对生命的根本处境孤独的深刻体认，孤独是源于人的差别意识造成的人与人之间的隔阂和距离，而唯有爱才能实现人与人之间的结合，从而消除隔阂，消除孤独。但是博爱，或曰人类的大同是难以实现的。史铁生认为，爱情是其中可期实现的部分，上帝是以此一对一的最小形式，引导着人类心灵的敞开，也即是引导人走向对博爱、人类大同的向往。由此思路，爱情的理想便自然也必然是爱情的扩大，以至 n 对 n，也就是最终走向博爱。可见，在史铁生的思想中，爱情和博爱没有质的差异，只有在爱的对象上量的区别，二者之间是部分与整体的关系，爱情的扩大化既然是走向博爱，而博爱是无可推翻的美好理想。那么这一关系的界定，便决定了爱情理想的真确。

但史铁生对爱情与博爱的认识是否正确呢？如第三章开篇指出的，弗洛姆对爱情与博爱的认识与史铁生是大不相同的。弗洛姆也认为，人唯有在爱中结合才可克服孤独。按照爱的对象的不同，他将爱分成了博爱、母爱、性爱、自爱、神爱五种类型。其中"性爱"即指两性之爱情。博爱是对所有人的爱，其特点是这种爱是没有独占性的。博爱的基础是认识到所有人都是平等的；而性爱（即爱情）从性质来看，却与之完全不同，性爱（爱情）奉行的是专一原则，而不是面对所有对象。由此可见，具有独占性的性爱（爱情）是不同于博爱的，性爱（爱情）的理想也不可能是走向众生平等的博爱，恰恰相反，独占性或专一性才应该是理想爱情的特征。但如何来理解爱情的独占性呢？这是否仅是出于性嫉妒的本能？弗洛姆认为，性爱的这种独占性是必须进一步研究的。

他首先指出，性爱的独占性并不排斥性爱中的博爱因素，因为在他看来，博爱是一切爱的基础。性爱的博爱表现在于，两个互相爱着的人，通过爱对方，进而爱全人类，爱一切生命。弗洛姆指出，那种两者互爱，却对其他人毫无情感的所谓爱情，实际上是一种共同的自私，他们的结合只是一种幻觉，并不能真正克服孤独。但同时，性爱又是具有独占性的，"性爱的独占性只表现在我只同一个人完全地、即在灵魂和肉体上融为一体"。也就是说，"性爱只有在性结合这点上，在生活的全部范围彻底献身这一点排斥他人，而不是在一个更深的博爱的意义上"[1]。很显然，关键的问题是，爱情为什么要具有这种独占性呢？爱情独占性的合理性表现在哪里？从弗洛姆的思想可以看出，人的博爱的理想和性爱的独占性要求从根本上是源于人的本质的矛盾性。

弗洛姆指出，我们所有的人是一体的，但同时我们每个人又都是只存在一次、不可重复的生命。"从我们都是一体的意义上来看，我们能从博爱出发爱每一个人；但从我们是不一样的角度出发，性爱就要求具有特定的、独一无二的、完全是个性的成分。"[2]也就是说，人既是芸芸众生中的一分子，但同时又是具有独立性和独特性的个体。这样一种双重属性才是对人的准确界定。而上一章中所提到的人的孤独的双重意识也正源于人的双重本性：人一方面需要走入人群，克服孤独；而另一方面，人又需确认自己的独特存在，因此又享受其孤独。无论是敞开自我走向人群，还是自我封闭享受孤独，都是人的自由。但史铁生设想的万众相爱如同情侣的爱情则抹消了人的独特性存在，也忽略了人除了有克服孤独的要求之外还有享受孤独的自由。在有些地方，我们可以看出，史铁生对孤独的二重性还是有所意识的，譬如在《我的丁一之旅》第109节"剧本《空墙之夜》"中，他一方面指出，人渴望靠近，这是人灵魂深处的梦愿；但另一方面，他也意识到，"只有独处中的人才有彻底的解放，或者说是，最大程度的自由"，"在一面面由砖石构筑或者由概念竖立起来的墙的遮蔽下，围护下，大家都可以自由，平安，可以随心所欲……"。[3]但在爱情的问题上，史铁生无疑忽略了孤独或人的本质的二重性。总之，将万众相爱如同情侣视为爱情的理想，不得不说是一

---

1 〔美〕艾·弗洛姆：《爱的艺术》，李健鸣译，上海译文出版社2008年版，第51—52页。

2 〔美〕艾·弗洛姆：《爱的艺术》，李健鸣译，上海译文出版社2008年版，第53页。

3 史铁生：《我的丁一之旅》第109节"剧本《空墙之夜》"，载《我的丁一之旅》（史铁生作品系列6），人民文学出版社2011年版，第279页。

种倒退的历史观，是对伊甸园时期万物同一的原始和谐的缅怀。从文明发展的历史来看，偷食禁果并非是人之罪，而恰恰是为人之开端，走出伊甸园的人类，如弗洛姆所言，已没有回头之路，而"只能继续前进，不断发展人的理智，用一种新的、充满人性的和谐去取代永不复返的类人猿时代的和谐"[1]。实际上，史铁生作为一个真诚的探索者，在他的思想中，已经提示了原有爱情思路的局限，譬如人对"区别"的需要，譬如对重返伊甸园的矛盾心态，而在《我的丁一之旅》中，丁一对于"墙"与"衣"之于人的自由的意义，都是打破原有思路的重要节点，但最终史铁生对理想二重性的发现又让他跳过了这些节点，自认为找到了解决爱情难题的最佳方案。推而想之，史铁生对爱情理想的设定，及对这一理想的困惑、矛盾而终未找到最为令人信服的解决途径，其深层的根本原因或许在于，因为自身深重的孤独体验，他不自觉地强化了要"拯救孤独"的意识，而未能像弗洛姆那样认识到人的本质的二重性及由此而来的人的双重的孤独意识。

由此，史铁生的爱情理想一方面需要我们进行理性的再思考，而在现实中，大概也如他所意识到的，这样的爱情理想倒可能为所谓的"欲爱多向"提供了理论和道德支持。史铁生说，自由能够证明爱情。但是在《爱情问题》中，夫妻双方绝对的自由和坦诚却使得那位现代女性陷入了深深的痛苦与困惑之中；而《务虚笔记》中 L 的绝对坦诚，也"吓跑"了深爱的女人，由此史铁生又反省，爱情是否意味着绝对的坦诚，也即意味着人在爱情中是否可以拥有绝对的自由呢？如果自由不能证明爱情，那么究竟什么才能证明爱情？弗洛姆的思想给我们的启示是，真正的爱情既包含着博爱的因素，但同时又是专一的。也就是说，博爱与专一共同证明了爱情。如上所述，弗洛姆的博爱之于爱情与史铁生所

---

[1] 〔美〕艾·弗洛姆：《爱的艺术》，李健鸣译，上海译文出版社 2008 年版，第 7 页。

理解的爱情与博爱的关系是不一样的；而弗洛姆所指的专一则特别地指向了性的专一。史铁生在《爱情问题》中曾指出，性吸引的多向性是正常的，而性行为的多向性则是要被大多数人说不的，包括他自己。然而我们注意到，在他的思想演绎下，当爱情的多向性作为一种理想获得理性上的认同时，性行为的多向性也在理性的层面获得了认可。史铁生认为，倘有三人之恋，是当赞美、感动、甚至颂扬的，而四人之恋，甚至更多呢，也并非不可，只不过可能性微乎其微。当然他指出，这种值得赞美的三人之恋或者更多人之恋，并不意味着滥情、纵欲，而都是基于爱情。但正如他所列举的现代女性和那位性解放人士的例子，多向的性行为在现实中非但不能表达爱情，反而让人怀疑爱情的存在。那位现代女性为丈夫的性放纵而痛苦，并不是因为性的嫉妒，而是困惑究竟什么能证明丈夫对她的爱情；那位性解放人士，自认为对每一个与其有性爱关系的女人都是爱情，但正如史铁生所言，其也许只不过是借着爱情的名义去满足自己多向的性欲。

性是爱情的语言，性行为的放纵，不仅是轻视了性本身，也使爱情失去了最恰当的语言。当史铁生做如此表述的时候，我们可以看出，他即使不把性的专一作为爱情的理想，但也是认为性行为是理当节制的，因为爱情是需要证明的。在爱情或性是否要专一，还是可以扩大化的问题上，史铁生充满了纠结与矛盾。而弗洛姆则无这样的纠结，他的思想清晰地表明性的专一是爱情的本然属性。但是在这里，我们仍不妨对此做进一步的追问，即真正的爱情必定是与性的专一有关的吗？在爱情中会否存在一些特例呢？这种追问主要来自于昆德拉的小说《生命不能承受之轻》的启发，小说中，托马斯对特蕾莎的爱情显然不是以性的专一来表达的，如果不是后来去了乡下，他的性乱史也许会持续他一生。在他的梦中，在他对自己内心的逼视中，他深深地体会到，这个顺水漂来的孩子在他心目中具有别人无法取代的位置。

他看到特蕾莎因他的性乱所受的痛苦也痛苦不堪，他想造物主把爱情和性联系起来真是一个奇怪极了的主意，为什么不能让人在看到燕子的时候兴奋呢？如果那样，他就可以爱着特蕾莎而不被性欲的愚蠢冲动所纠缠了。在托马斯那儿，性并不是爱的表达。可是关键是，特蕾莎和大多数人一样，是将性视为爱的表达的。所以，在爱情中要取消性的专一之于爱情的意义，大概只有在爱情双方都不以性作为爱的表达，而另寻到其他途径。但是想来，似乎没有什么比性更好的方式了。这也正是《爱情问题》中那位现代女性的困惑所在，而她在她丈夫心中，也许也如特蕾莎在托马斯心中那样重要，但是何以证明呢？托马斯最后随特蕾莎去了乡下，其实可以看作是他因为爱情做出的决断，去了乡下，即意味着其不得不结束他的性乱史，托马斯最终还是以性的专一表达了他对特蕾莎的爱。

　　而且，在性方面的专一实际上也传达了更深层的关于爱情的认识。正如史铁生所指出的，性吸引具有天然的多向性，这便决定了要做到性的专一并非那么容易。而毛姆正是由此对人类的爱情怀着悲观的态度，他说人类最大的悲哀，是他们会终止相爱，其主要原因即在于，对于大多数人而言，同一的对象不能永久引发其荷尔蒙的分泌，而随着年事增长，性腺萎缩了，爱情也就不存在了，只不过人们在这个问题上十分虚伪，不愿意面对现实罢了。[1] 史铁生对此观点表示不赞同。他指出，毛姆将爱情等同于性爱是不对的，"在荷尔蒙的激励下，昆虫也有昂扬的行动；这类行动，只是被动地服从着优胜劣汰的自然法则，最多是肉身之间短暂的娱乐"[2]。史铁生并没有否定爱情中的性爱，但是他认为被毛

---

[1] 参见史铁生：《病隙碎笔5》第二十九篇，载《病隙碎笔》(史铁生作品系列4)，人民文学出版社2011年版，第115页。

[2] 史铁生：《病隙碎笔5》第三十篇，载《病隙碎笔》(史铁生作品系列4)，人民文学出版社2011年版，第115页。

姆看轻的怜爱实则是高于性爱的，怜爱是通向仁爱或博爱的起点。史铁生在指明毛姆思想的问题时，没有进一步去探明爱情中的怜爱与性爱之间的关系，或者说怜爱之于性爱会产生怎样的影响。而从托马斯身上及弗洛姆的思想中，我们可以获得一些启发。

托马斯对特蕾莎的爱情中就有着强烈的怜爱之情，即使梦遇他所认为的真正的夏娃，他也无法想象他能够过着理想的日子，而看着特蕾莎从他窗前落寞地走过，他知道自己不会为了夏娃而放弃特蕾莎。他随特蕾莎去乡下固然有时代环境的因素，但主要还是因为对特蕾莎的爱。在城里，他无法克制自己的性放纵，而托马斯追逐女性，沉迷于性，与L、丁一及那些性解放人士都不相同，L、丁一出于天性的多情，性解放人士只不过借着时代的"开明"欲求感官的享乐，而托马斯则是基于其反叛的心态，他在性行为中、在性的放纵中，表达对一切外在、内在必然性的反叛，要反抗一切的"非如此不可"。托马斯的性放纵是时代环境与个体人格共同决定的。相对而言，也许可以说，托马斯要保持性的专一，需克服的阻力更大些。所以，他选择随特蕾莎去乡下过那种田园牧歌式的生活，这正是为了爱情做出的一项决断。由此可见，即使在性方面随意如托马斯者，怜爱之情也会让其克制强烈的潜意识或本能欲望，而保持性爱的专一，以证明自己的爱情。这其中实际上涉及爱情的一个重要因素，这正是弗洛姆所强调的意志的因素。

弗洛姆指出："爱一个人不仅是一种强烈的感情——而且也是一项决定，一种判断，一个诺言。如果爱情仅仅是一种感情，那爱一辈子的诺言就没有基础。一种感情容易产生，但也许很快就会消失。如果我的爱光是感情，而不同时又是一种判断和一项决定的话，我如何才能肯定我们会永远保持相爱呢？"[1]在弗洛姆看来，爱情从根本上是意志

---

1 〔美〕艾·弗洛姆：《爱的艺术》，李健鸣译，上海译文出版社2008年版，第52页。

的行为，是人做的一项把全部生命交付对方的决定。没有基于爱怜或怜爱基础上的意志的决断，永恒的爱情便只能是一个神话。这种观点显然不同于毛姆。认为爱怜不等于是爱情的毛姆只能对爱情持悲观的态度。而毛姆的观点在今天也并不罕见，实际上，在众多的情感变故中，爱怜或曰同情不等于是爱情，正是普遍的说辞。毛姆式的观点并非不可理解，那么弗洛姆对爱情中意志的强调是否只是一种偏执的信仰？实际上，毛姆和弗洛姆的不同最根本的还是建立在对爱情的理解上。毛姆基本上是将爱情等同于肉欲之爱，而弗洛姆则认为，爱情的一个先决条件是"我从我生命的本质出发去爱对方，并且去体验对方的本质"[1]。这种哲学性的表达换成史铁生充满诗意的表述则是，真正的爱情是两个不甘于肉身的灵魂之爱，是二者"一同去承受人世的危难，一同去轻蔑现实的限定，一同眺望那无限与绝对，于是互相发现了对方的存在、对方的支持，难离难弃……"[2] 那么基于弗洛姆或史铁生式的灵魂之爱，爱情的双方便很难产生厌倦，正如弗洛姆所说，"如果体验对方达到一定的深度，那你对对方就不会那么熟悉——而克服两个人之间的障碍的奇迹就会一天天地重复"[3]，而作为爱情之仪式、之语言的性爱便也会长久地保持活力。这样来理解和感受爱情的话，一个人要在一生中保持对爱情的专一，应该是无须意志与本能欲望做多么痛苦的斗争的。当然回到现实中，关键的问题在于双方都认为已经找到了自己真正的灵魂伴侣，或许只有意识到这一点，蠢蠢欲动的欲望才会真正止息。

---

1 〔美〕艾·弗洛姆：《爱的艺术》，李健鸣译，上海译文出版社 2008 年版，第 52 页。
2 史铁生：《病隙碎笔 5》第三十篇，载《病隙碎笔》（史铁生作品系列 4），人民文学出版社 2011 年版，第 115 页。
3 〔美〕艾·弗洛姆：《爱的艺术》，李健鸣译，上海译文出版社 2008 年版，第 49 页。

存在先于本质——萨特和波伏娃式的爱情

我们在史铁生推论的基础上,指出弗洛姆关于爱情的认识更为合乎人的理性,或者说更具合理性,因为这种兼具博爱与性的专一的爱情观是建立在对人的本质更为全面因而也更为正确的认识上。由此,弗洛姆的爱情观被当作一种理想,或者是信仰,有关爱情的道德和价值的标杆便树立起来了。这种论述背后似乎隐含着这样的词:"唯一"、"最高"、"最正确"。这一反思启示我们回到史铁生关于理想二重性的认识上:理想是美好的,理想又先天地带有强制的色彩,这就是理想的危险所在。但是人有信仰这一理想的权利,也有放弃这一信仰的权利,史铁生的意思是说,人的自由才是第一位,才是最可宝贵的,我们不能以理想之名剥夺人的自由的权利。在现实的爱情中,史铁生在分析了一个"第三者"的故事后指出,没有一条放之四海而皆准的真理,在爱情的领域里,存在先于本质。当然,他也指出尽管爱情不从属于理性的领域,但也不能全然放弃理性。[1]

"存在先于本质"是萨特的名言,是其存在主义哲学的基本论点。[2]

---

[1] 参见史铁生:《病隙碎笔 5》第三十六篇,载《病隙碎笔》(史铁生作品系列 4),人民文学出版社 2011 年版,第 119 页。

[2] 萨特往往被当作存在主义的代名词,但萨特并不等于存在主义。威廉·巴雷特指出,萨特使存在主义声名鹊起,但存在主义不单单是法国的存在主义,而是一种更为广泛的思潮,深植于西方传统最深的土层之中。在柏拉图的时代,哲学作为一种充满激情的生活方式,就体现出了存在主义的精神。这种精神从未丧失,即使在当代哲学十分奥秘的理性下面,我们也能够看到它的踪迹。而作为现代哲学中一种重要思潮的存在主义,也非法国人的独特成就,而是许多欧洲思想家共同的成果。譬如萨特的思想就直接来源于一些德国哲学家:海德格尔、雅斯贝尔斯。他的方法则来自胡塞尔。再向前追溯,则是克尔凯郭尔和尼采。而法国马塞尔、俄国别尔嘉耶夫、西班牙的乌兰穆诺等哲学家也为存在主义做出了贡献。参见〔美〕威廉·巴雷特:《非理性的人——存在主义哲学研究》,杨照明、艾平译,商务印书馆 1995 年版,第 3—22 页。

史铁生引用这句话，是说我们应该以包容的心态来面对复杂的情爱现实，本质上是包容人在很大程度上是一种非理性的存在这一现实，尤其在情爱的领域，非理性往往僭越理性主导人的选择和行动。史铁生并非完全是在萨特哲学的意义上引用"存在先于本质"，其关于存在的认识更贴近一种普遍意义上的存在主义。萨特哲学与普遍意义上的存在主义的根本区别在于，作为笛卡尔的忠实追随者，萨特是以一种十足理性主义的姿态来思考存在的。在他的哲学视野里，不存在无意识和非理性的领域，而只有人的意识和理性在发光，因此人的存在没有得到一种完整的考量。

在爱情的问题上，一旦意识到"存在先于本质"（且不管这种存在是指人的绝对理性的存在，还是包含了人的幽暗意识、非理性层面的存在），会对我们原先关于爱情的论述产生冲击，而萨特和波伏娃基于其哲学理念的契约式爱情又与弗洛姆的爱情观大相径庭，我们便不得不把萨特的思想及他与波伏娃的契约式爱情纳入进来做进一步的思考。

萨特的哲学诞生于尼采早已宣布"上帝死了"的世界里。萨特说对于人而言，存在先于本质，意思是"人首先存在着，遭遇他们自身，出现于世界之中，然后再规定他们自己"[1]，人创造自身，同时也不可避免地要承担存在的责任。由此，萨特赋予了人不同于一把刀、一块石头或一张桌子的尊严。人的尊严体现在他拥有绝对的主体性的生存。

当我们把萨特的"存在先于本质"应用到爱情的问题上，可以看到，在爱情之中便没有了"理想"的位置。在萨特存在主义的视野里，人的意义并不在于理想所给我们遥指的那个未来，或循着理想所指引的方向行动，而在人此时此地的选择和行动中彰显。陀思妥耶夫斯基说，

---

[1] 〔美〕S.E.斯通普夫、J.菲泽：《西方哲学史 从苏格拉底到萨特及其后》（修订第 8 版），匡宏、邓晓芒等译，世界图书出版公司北京公司 2009 年版，第 421 页。

"假如上帝没有了，人便什么都可以做了"。这是他充满矛盾和焦虑的心声。萨特则在一个"上帝死了"的世界里，果敢而坚定地让人取代了上帝，赋予了人以绝对的自由，"人存在着，人的存在可以是一个自由的设计，他赖以使自己成为他自己那个的样子"[1]。在萨特看来，人正是在其自由的选择、自由的设计与行动中，赋予了自身为人的尊严与意义。如果说在萨特的视野里，并非没有理想，那么于他而言，人的理想的位置便是自由，或者说人的本质就是自由。

作为一个存在主义的哲学家，萨特也确实在生活中践行了他的哲学理念。他与西蒙娜·德·波伏娃维系一生的契约式爱情正是他们存在主义思想的典型实践。他们的爱情契约是灵魂忠诚相依，但彼此肉体自由，关系透明，互不隐瞒。这份契约在他们交往两年后由萨特提出，最初的期限是两年，最终延长为一辈子。他们的一生，基于他们所追求的"自由"的理念，各自都有不少情人，尤其是萨特。但是两人相守了一辈子，死后被安葬在一起。萨特病逝于1980年，波伏娃于1986年去世。1999年，法国通过了一项法律：男女只需办理契约合同而不用办理结婚手续，就可成为契约式的生活伴侣。这无疑是对两位哲学大师生活方式的最大肯定。时至今日，他们这种契约式的情感关系仍为很多人赞叹不已。

萨特的"存在先于本质"显然颠覆了我们原先关于爱情的论述。史铁生和弗洛姆想要呈现给我们的是爱情的理想，或者说是有关爱情的道德蓝图。但在萨特看来，没有什么优先于人的存在的一成不变的本质结构或价值结构，人以其自由的生存塑造自身，人为自身立法。自由的实质就是说"不"的权利。他和波伏娃的契约式爱情和弗洛姆的爱情观

---

[1]〔美〕威廉·巴雷特：《非理性的人——存在主义哲学研究》，杨照明、艾平译，商务印书馆1995年版，第240页。

截然对立：一个标举性爱的自由；一个以性行为的专一作为爱的重要证明。史铁生尽管指出，爱情可能是人真正能够获得自由的一块领地，然而他不得不承认，即使是在爱情中，自由终究只是写在不自由之中的一颗心，绝对的自由难得。《务虚笔记》中的诗人 L 只不过向深爱的恋人袒露了其多情多欲的内心，恋人便离他而去，这归因于一种情绪，这种情绪夹杂着对自我不能成为对方之"唯一"的忧虑及由此而生的嫉妒；《爱情问题》中那位现代女性开明到容许丈夫的婚外性行为，但丈夫真的实行这自由的性爱政策时，她还是陷入了痛苦。然而，萨特和波伏娃在他们的关系中却一生坚守了自由的理念，这又是如何实现的呢？在爱情中，是自由并尊重对方的自由重要？还是应该如弗洛姆所说的，爱情应被看作一种信仰、一项意志的决断，由此人不能放纵自己的自由，而只能以性的专一作为爱情的证明？假如性行为是自由的，那么以什么来证明爱情？又或者在一种彼此都享有性自由的关系中，是否还存在爱情？假如是爱情，性的不专一所导致的嫉妒又是如何克服或超越的？如没有爱情，两人的关系又以什么来维系？萨特和波伏娃标举自由的契约式关系引人深思。

如果说，萨特和波伏娃契约式关系的关键词是"自由"，那么史铁生和弗洛姆思想的关键词则是"爱"。讨论爱情当然离不开"爱"，否则怎么是爱情？在此想要表明的是，无论是史铁生，还是弗洛姆，他们探讨爱情实则是在讨论人之存在的根本意义，寻求人类根本的救赎，而他们将人的存在之根落在"爱"上，只有爱才是人类根本的救助。萨特则将人的存在之根放在"自由"上。史铁生也突出自由的意义，他关于"理想之双刃剑"的论述，指出在爱情的领域，存在先于本质，申言了人在情爱的领域应享有的自由的权利。但他所主张的自由并非是萨特的"人取代了上帝"的绝对自由，史铁生的自由是"上帝"在场的，它基于爱的原则。那么在萨特的自由中，是否能够找到爱神的位置？由此需要进一步回到他的哲学之中。

萨特对人之自由的高彰，从根本上在于他对人之虚无的认识。作为一个彻底的无神论者，他看到在一个没有了上帝的宇宙间，人的存在充满了荒谬与不合理，人被抛入了虚无之中。在他的著作中，萨特对人类存在的否定方面给予了非常详细的阐述，威廉·巴雷特说，在西方的思想中，自我从未像在萨特笔下那样充满否定性，只有东方龙树的大乘空宗，才能找到像萨特列出的"这种令人生畏的各种各样的否定性"。[1] "在萨特笔下，自我就像在佛教中那样，不过是个气泡，而气泡的中心是什么也没有的。"[2] 当然，萨特和龙树都没有落入纯粹消极的虚无主义，但二者走出虚无的路径却是不一样的。佛教对虚无的认识导致了神圣与怜悯，走向了对人类乃至万物的无分别的爱；萨特借以走出虚无的是赋予人自由行动的意志，"只有通过他从自己的虚无中着手实行自由设计，他才能赋予自己以意义"[3]。萨特就这样将人的主体性的自由推到了极致的地步。萨特的哲学是在极端形势中发展起来的哲学，是一种历史情绪的表达。[4] 或许可以说，作为一个伟大的哲学家，萨特对人类的爱，是以赋予人说"不"的自由来体现的。然而真正的爱也许只有在"我与你"的关系中才能发生。在萨特的哲学原则下，人被封闭在"不"中，封闭在绝对的主体性中。不仅除"我"之外的其他人对于"我"而言，

---

[1] 〔美〕威廉·巴雷特：《非理性的人——存在主义哲学研究》，杨照明、艾平译，商务印书馆1995年版，第243页。

[2] 〔美〕威廉·巴雷特：《非理性的人——存在主义哲学研究》，杨照明、艾平译，商务印书馆1995年版，第243页。

[3] 〔美〕威廉·巴雷特：《非理性的人——存在主义哲学研究》，杨照明、艾平译，商务印书馆1995年版，第244页。

[4] 萨特的存在主义产生于第二次世界大战时期，当时法国沦为德国的占领区。萨特认为，面对强大的占领军，即使无法做出实质性的抵抗行为，但只要说"不"，即使这"不"只是在心里发出的，人也足以挽回他的尊严和自由。

是他者，连自我中的无意识也是自我中的他者。他人的目光总是令人惊恐的，因为他触碰不到我的主观性和内在自由，却总倾向于把我变成一个他观察的客体。萨特指出，在爱的领域也是如此，在爱中，尤其是性爱，不可能存在和谐，只能处于永久的紧张状态，甚至交战状态。"爱慕者希望占有被爱者，但是被爱者的自由（这是他或她的人类本质）是不能被占有的；因此爱慕者为了占有对方往往要把被爱者贬成一个客观物体。性爱总是受到在性虐待狂和性受虐狂之间永远摇摆的威胁……"[1]在这个意义上，萨特说出了另一句流传甚广的名言"他人即地狱"。可见，在萨特的哲学中，自由是面对虚无的起点，同时也是终点。在个体的绝对自由中，"我"永远处在与他者的对立中，"我"与"你"无法真正的相遇，爱便无从发生。正是由此，威廉·巴雷特评价说，萨特成了他自己哲学原则的牺牲品。[2]

不过，在萨特和波伏娃的契约式关系中，似乎并没有萨特所言的相爱双方的永恒对立，呈现在公众面前的是彼此之间的默契、绝对的信心和尊重，这是一种只有在"我与你"的关系中才能达成的和谐。表面看来，这似乎成了萨特哲学的反证，但事实并非如此。我们会发现，两位哲学大师之间的和谐，本质而言，并非是情爱的和谐，而是在智性的平等与互助中所达成的和谐。这种和谐当然也含有爱的因素，但或许可以说，其本质上并非是基于爱的原则。

在萨特看来，存在有两种类型：一种是自在的存在，这是大自然的原始形态，女人就在其中；另一种是自为的存在，这是人类心理的雄性方面。在他看来，自在的存在缺乏存在的终极原因；自为的存在

---

[1] 〔美〕威廉·巴雷特：《非理性的人——存在主义哲学研究》，杨照明、艾平译，商务印书馆1995年版，第253—254页。

[2] 参见〔美〕威廉·巴雷特：《非理性的人——存在主义哲学研究》，杨照明、艾平译，商务印书馆1995年版，第254页。

意味着人具有自由的意志和行动，赋予了人存在的价值和意义。就这样，萨特把自在的存在和自为的存在、雌性（心理）和雄性（心理）、男人和女人对立起来。不过，波伏娃不是一个普通的女人，而是一个"长了男人脑袋"的女人。在萨特看来，只有波伏娃才能激发他思想的灵感，他的作品也只有在波伏娃审阅之后才会拿去发表。"她理解他所有的哲学，他找不到比她更出色的人来充当向大众传播他思想的使者，也找不到比她更有奉献精神的合作者。二十多年来她讨论、修改、注释他的手稿，甚至重新整页撰写。"[1]在萨特心中，波伏娃不是一个他在哲学中贬低的作为"自在的存在"的女性，而是一个与他有着同样思想高度的人。他一直叫波伏娃"海狸"，从未叫她"西蒙娜"。而海狸"castor"在法语中是个阳性的名词。[2]也许在一开始，萨特就下意识地抹去了波伏娃的性别，他心仪她美丽的容貌，但更震惊于她男人般智慧的脑袋。

萨特跟波伏娃说，他们之间是"必然的爱情"，而他们各自与其他异性的关系，则是"偶然的爱情"，他们之间的结合才是最本质的结合。基于他坚定的男性的理性和意志，萨特在这种"必然的爱情"与"偶然的爱情"（有的时期甚至同时几段"偶然的爱情"）并存的情形中是自由而放松的。他面对波伏娃的"偶然的爱情"，表现得平静而淡然，在他自己一段段的"偶然的爱情"中，他也坚持着自己的理念，可以发生肉体的关系，但决不能交付自己的灵魂，不能让那些因崇拜而对他生出爱意的女人把他视为一个占有物。即使是对那个美国情人多洛蕾丝，萨特也坚守着这一理念，尽管他曾一度对之痴迷到差点放弃自己的信念，放弃与波伏娃的契约，与其结婚，但一旦多洛蕾丝干涉到他的自由，想成

---

[1] 〔法〕伊雷娜·弗兰：《恋爱中的波伏瓦》，徐晓雁译，南海出版公司2015年版，第27页。
[2] 〔法〕伊雷娜·弗兰：《恋爱中的波伏瓦》，徐晓雁译，南海出版公司2015年版，第12页。

为他的唯一时，他便开始讨厌她，"发现她的真面目就是一个任性、贪婪、幼稚的女冒险家，她褊狭的唯一野心就是成为萨特夫人"[1]。他因此毅然决然地放弃了多洛蕾丝。萨特可以说是其哲学理念的坚定实践者，又或者像巴雷特所说的，"萨特的全部理论，就像可能所有的心理学理论都必然会是的那样，只是他自己个人心理的投影"[2]。

不过，波伏娃在这种复杂的情爱关系中，却无法做到萨特那样洒脱。尽管在书中，在公众面前，她维护着或者说塑造着她与萨特"自由爱侣"的理想姿势，但在晚年的回忆录中，她也承认："我试图在这种关系中得到满足，但我白费了力气，我在其中从未感到过自在。"[3]面对萨特一次次的"偶然的爱情"，她无法表现得像萨特那样平静。为了占据在萨特那里"必然的爱情"的位置，波伏娃还曾把迷恋她的女孩子也设法弄到了萨特床上，这样她就能掌控全局。这发生在1936、1937、1938年，在她和萨特交往的早期。伊雷娜·弗兰说，他们的契约就这样变了味，"虽然最本质的结合，精神上的投契，共同的野心及同舟共济的誓言得以延续，但肉体早已分道扬镳"[4]。对波伏娃"必然的爱情"的地位造成的最大威胁，来自1947年萨特对美国记者多洛蕾丝的痴迷，波伏娃意识到，萨特是真的陷入了情网，而不只是单纯的肉体欲望。在伊雷娜·弗兰基于大量真实资料创作的小说《恋爱中的波伏瓦》中，可以看到，多洛蕾丝让波伏娃几近失控，因为多洛蕾丝的存在，波伏娃陷入了从未有过的愤怒和嫉妒中。萨特因为对多洛蕾丝的痴迷而造成的对

---

1 〔法〕伊雷娜·弗兰：《恋爱中的波伏瓦》，徐晓雁译，南海出版公司2015年版，第320页。
2 〔美〕威廉·巴雷特：《非理性的人——存在主义哲学研究》，杨照明、艾平译，商务印书馆1995年版，第257页。
3 那海：《西蒙·波伏娃：在激情与落寞中行走》，载《写作的女人危险》，东方出版社2014年版，第101页。
4 〔法〕伊雷娜·弗兰：《恋爱中的波伏瓦》，徐晓雁译，南海出版公司2015年版，第16页。

她的疏离，让波伏娃深感孤独和无助。

在这种情形下，波伏娃失去了她的自由。萨特的哲学只强调人的意识和理性的层面，而否定人的无意识。但是真正的自由应该发生在意识和无意识、理性和情感交融的地带。萨特在这种复杂的情爱中表现的自由，大概在于他的意识和无意识是高度契合的，他的哲学就是他潜在心理的投影。波伏娃的痛苦、嫉妒则在于她的理性和情感之间是有裂痕的，就像伊雷娜·弗兰在《恋爱中的波伏娃》中一直强调的，波伏娃身上存在着两个形象：一个是感性、脆弱的"西蒙娜"，一个是理性克制的"海狸"。伊雷娜·弗兰在小说中多次带着同情说，波伏娃在精神上受控于萨特，波伏娃也许是中了萨特契约的魔咒。但她也意识到，对于波伏娃而言，"海狸"的身份并非是萨特强加的，而更多是她的自主选择。正如波伏娃的养女希尔维所说："不是因为波伏娃选择了萨特而使她变成西蒙·波伏娃，而是因为她是西蒙·波伏娃，她才选择了萨特。"[1]

当人们看到波伏娃和雅克·罗兰·博斯特的《情书集》，看到她和美国作家纳尔逊·艾格林的《越洋情书》，会感觉到这是真正处在爱中的波伏娃。她的信中充满了火热的激情、滚烫的话语，而这些在她和萨特之间却从未发生。面对萨特，即使内心翻滚着再大的嫉妒和失落，波伏娃仍竭力表现得理性克制、开明大度，因为这是萨特喜欢的；而在她的情人们的眼里，波伏娃是"真正的女人"、"完全的女人"，是让人心碎的"小姑娘"。然而，无论与其他男人的情爱如何使她沉醉，波伏娃总有更高的理性坚守她和萨特的那份契约，坚守他们的"必然的爱情"，这是他们认为的最本质的爱。

---

[1] 那海：《西蒙·波伏娃：在激情与落寞中行走》，载《写作的女人危险》，东方出版社2014年版，第109页。

史铁生和弗洛姆都认为,爱情必定和性是分不开的,由此爱情中性行为的专一与否才被如此重视。显然,波伏娃和萨特之间的"必然的爱情"并非史铁生和弗洛姆所言的爱情,也就是并非我们通常意义上的爱情。他们的"爱情"和性没有太大关系,事实上他们只在最初的八年有着肉体的关系,在这八年里,各自的性关系,尤其是萨特,也是足够自由、甚至是混乱的。那么是什么维系了他们的"必然的爱情",成就了他们所说的"最本质的爱"?应该说正是伊雷娜·弗兰所说的"精神上的投契"、"共同的野心"。

对于萨特和波伏娃而言,写作是人生中的头等大事,写作给予了存在以最根本的意义。波伏娃曾向纳尔逊承认,她和萨特曾是情人,但后来的关系只是工作上的,因为再没有人能像萨特那样与她有思想上的融合。[1]在她陷入思想的困惑时,往往萨特几句话就让她有如醍醐灌顶。波伏娃那本女性主义的著作《第二性》就源自萨特一句话带给她的启发。[2]对于萨特,波伏娃在他创作中的意义更是不言而喻的。正如前面所提到的,波伏娃无疑是萨特思想上的最佳盟友,也是最具奉献精神的合作伙伴。因此,或许可以说,萨特和波伏娃之间从本质上并不是爱的共同体,而是思想和精神上的共同体。这是他们"必然的爱情"的本质,也正是他们的"爱情"何以在性自由的前提下仍能如此稳固长久的原因。那么,既然如此,如何解释波伏娃对萨特偶然情事的醋意呢?嫉妒在某种程度上不正是因为爱的原因吗?但是,联系

---

1 参见〔法〕伊雷娜·弗兰:《恋爱中的波伏瓦》,徐晓雁译,南海出版公司2015年版,第180页。
2 波伏娃曾对萨特说,她渴望书写她的生活,写她的忏悔、她的记忆,类似这样的作品……作为开始,她先要问自己,对她来说,身为女人意味着什么?萨特回答说,她会这么思考因为她是个女人……这件事需要更进一步的考察。萨特的话使得波伏娃有如醍醐灌顶。"女孩子的教育,是事先预设了方向的……突然一切都有了意义,每一次他们的思想才能高度融合,用以破译这个世界。"参见〔法〕伊雷娜·弗兰:《恋爱中的波伏瓦》,徐晓雁译,南海出版公司2015年版,第19页。

弗洛姆对性爱（或曰爱情）的独占性的解释，可以看到，与其说嫉妒是出于爱的原因，不如说忠诚是基于爱，基于对对方作为独一无二个体的尊重，基于对对方情感的体贴，这就意味着人不能放纵自己的自由。对于波伏娃而言，自由是他们的旗帜，她的嫉妒不在于要求性爱的独占，萨特肉体关系上的放纵并不会引起她的嫉妒和痛苦，但是，一旦其他的女人威胁到她作为萨特灵魂伴侣的地位，她的嫉妒便不可遏止地爆发了（幸亏在萨特的情史中，这样的事情很少发生）。这时，只有投入到写作，投入到思想的激情中，才能减弱她情感的嫉妒。萨特灵魂伴侣的角色让她确认自己的独特性，而写作所带来的成就感更赋予她存在的价值。

正是因为坚信只有写作，且只有在萨特身边写作才能成就存在的价值和意义，波伏娃痛苦地放弃了与美国情人艾格林那段真挚动人的感情。尽管这段感情令她终生难忘，至死都戴着艾格林送她的那枚银戒指，但是在她心中，男女的情爱终究比不上她和萨特之间思想的交融所带来的精神上的愉悦。在艾格林和萨特之间，波伏娃原本两者都不愿放弃。她既想保证在巴黎她和萨特之间的"必然的爱情"不会被动摇，又想时不时到芝加哥艾格林那里享受"偶然的爱情"带来的激情和甜蜜。但对于艾格林而言，所谓的"偶然的爱情"就是对情感、对人的侮辱。艾格林只想与波伏娃结婚，成为她的"必然的爱情"，终因她的暧昧和犹豫的态度寒了心，离她而去。经历的一段段"偶然的爱情"的最终消逝，让波伏娃更加坚信，只有她和萨特之间的"必然的爱情"才是她真正的栖息地。尽管因萨特对多洛蕾丝的痴迷，波伏娃深感伤害，她仍在信中对萨特倾吐衷肠："和你在一起，说到底我有一种安全感、愉悦感，是一种平和的爱情……"[1] 在这里，我们又看到了波伏娃作为一个女人或

---

[1] 〔法〕伊雷娜·弗兰:《恋爱中的波伏瓦》，徐晓雁译，南海出版公司2015年版，第142页。

一个普通人的脆弱，人本能地都想抓住一点永恒的东西，只有意识到永恒，一切才都是有意义的。艾格林愤怒于波伏娃只是将他当作"偶然的爱情"，也在于他要的是永恒，在他看来，假如爱情是偶然的，那就不是爱情。[1]艾格林一生情人无数，在波伏娃之前之后都是。但一旦意识到他对波伏娃产生了真正的爱情，他便不能放纵自己，且要求着爱情的永恒，如伊雷娜·弗兰所说，艾格林对爱情"有一种宗教般的虔诚"[2]。在爱情中，情欲之爱终会由浓转淡，但如史铁生和弗洛姆所说，爱情又是超越于性的，当肉欲的激情退去，使得爱情得以永恒的是怜爱，是一种意志的决断，爱情被升华成一种信仰，这也正是艾格林所力图向波伏娃表明的。但波伏娃只在她和萨特"必然的爱情"的对照下，看到了"偶然的爱情"的脆弱，却没意识到，是她自己没有给予"偶然的爱情"以升华的机会。男女的情爱并非如波伏娃想象的脆弱易逝，当爱情如史铁生、弗洛姆所期待的，成为一种信仰，爱情也可得永恒。

我们说萨特和波伏娃是思想的共同体，而非爱的共同体，但如果说，爱在某种程度上，是一种相互的需要和扶持，那么在萨特和波伏娃之间显然也存在爱。只是在通常的爱情中，这种相互的需要和扶持更多体现在平凡琐碎的生活中，因而更带有感性的色彩，而在萨特和波伏娃之间，他们彼此之间的需要和扶持，主要体现在他们的思想工作中，因而更带有理性的成分。或许可以说，他们是一种柏拉图式的精神之恋，这是在两个有高度且统一的智性追求的男女之间所达成的不寻常的"爱情"。但除了相互的需要和扶持，爱情中最令人感动的，是如史铁生、弗洛姆所说，亦如昆德拉笔下的托马斯所展示给我们的"怜爱"，是为了对方而甘愿做出牺牲或舍弃（尤其对于一个天生多情、自然欲望相对

---

[1]〔法〕伊雷娜·弗兰：《恋爱中的波伏瓦》，徐晓雁译，南海出版公司2015年版，第345页。
[2]〔法〕伊雷娜·弗兰：《恋爱中的波伏瓦》，徐晓雁译，南海出版公司2015年版，第164页。

常人充沛的人，假如为了对方能够克制自己的欲望泛滥，那是非常可贵的），而这正是人们对萨特和波伏娃诟病的地方。在他们以自由为旗的契约式关系中，似乎没有这种无私和怜爱，而是"功利性"的彼此的需要。但客观地说，在萨特和波伏娃之间也并非不存在这种令人感动的爱。假如只有理性的需要，而没有这种爱的联系，他们的关系也许很难维系一生。事实上，自1929年在巴黎大学城第一次见面后，萨特和波伏娃就再也没分开过。萨特晚年疾病缠身，波伏娃一直在他身边充当他的保姆和秘书，陪伴他度过了最后的时光。

史铁生和弗洛姆都认为，人只有在爱中才能走出孤独，也只有在爱中才能建立起生命的意义。但对于波伏娃和萨特而言，写作就足以拯救孤独，建立起为人的价值，或者他们要求的就是"一个孤独者的生存"。然而绝对的孤独是难以忍受的。波伏娃和萨特也无法承受绝对的孤独。他们的孤独仍是在彼此的爱中获得安慰。当然他们的爱主要体现在他们作为思想与精神的共同体，其灵魂与思想的敞开与应答。这种本质的爱或灵魂的爱是令人赞叹的，也是常人难以企及的。同时也是引人深思的。

萨特和波伏娃都将人的绝对的自由作为存在的价值体现，然而在他们这种标举自由的契约式爱情中，自由并没有真正的发生。一方面，性的开放与自由，是建立在他们之间的"必然的爱情"屹立不倒的前提之下的，这便意味着这里面没有绝对的自由，只不过是以彼此灵魂的忠诚取代了通常爱情中对性的专一的要求；同时，尽管灵魂的忠诚成为他们的最高追求，但是性的自由仍带来了痛苦和嫉妒，这是因为伴随着性的自由，灵魂之爱有时也会不受控制地游走。不妨试想一下，假若曾为萨特所痴爱的多洛蕾丝也是波伏娃这样的女子，甚至比波伏娃更为智慧、理性、克制，那么波伏娃的痛苦和嫉妒无疑会更加强烈，而最终也极有可能失去她在萨特那里"必然的爱情"的位置，毕竟萨特对多洛蕾丝还有着肉欲之爱。萨特和波伏娃所标举的人作为主体的绝对自由，本质上与尼采的精神是一脉相承的，彰显的是人的强力意志。然而在强力意志面前，爱是消隐的，而自由也不会真正的发生。这种主体的绝对自由不仅意味着与他者、与世界的对抗，同时也意味着与自身的对抗，因为它的视野里并不是一个完整的人的形象。如果说，萨特身上意识和无意识的高度的契合，使得他切切实实地在这种契约式的关系中践行了自己的自由；那么波伏娃身上女性的脆弱、敏感（实际上这恰是她身上非常动人的地方），则使得她在这种复杂的关系中过得并不轻松。她在《第二性》中宣称："女性不是天生的，而是后天形成的"[1]，呼吁女性走出被男性塑造的历史，成为自己命运的主宰。可以看到她的思想和萨特是契合的，她所要求的也是自由，是对男权的世界说"不"的权利。然而，一旦女性一味地沉浸在"不"中，是否在不知不觉中也遗失了女性的本来面目、违背了她自己内心自然的呼唤，也便失掉了真正的自由？这大概正是波伏娃在这种契约式的关系中感到并不自在的本质原因。可以说，波伏娃并未如她所呼吁的那样，真正走出被男性（萨特）塑造的历史，并未如她所企盼的那样真正成为自己命运的主宰。

---

1 〔法〕西蒙娜·德·波伏娃：《第二性（Ⅱ）》，郑克鲁译，上海译文出版社2011年版，第9页。

第五章 "上帝"与政治
——史铁生的人道主义思想

对命运、死亡、爱情的思考，加上极具思辨性的写作方式，使得史铁生的创作充满了"务虚"的色彩，在实用主义的文化背景和普遍倾向于写实主义的文学书写的参照下，显出了他创作的独特性。不过史铁生也不是一味地仰望天空，他也重视我们脚踩的大地。何怀宏在2012年1月4日"史铁生文学创作研讨会"上，用"上帝与政治"概括了史铁生思想和精神关注的主要空间和维度，"上帝"代表着务虚的一面，"政治"代表着史铁生思想中务实的一端。[1]纵览20世纪80年代初至今关于史铁生的研究文章，可以看到，史铁生"务虚"性的思想主题得到更为普遍的重视，而关于他"务实"性主题的探讨则相对少见。事实上，史铁生的现实关切或"务实"性写作从其早期创作延续到了后期。在《生命——民间记忆史铁生》[2]一书中，通过史铁生朋友们的回忆，可

---

1 参见何怀宏：《上帝与政治》，载"写作之夜"丛书编委会主编：《生命——民间记忆史铁生》，中国对外翻译出版有限公司2012年版，第272—274页。
2 中国对外翻译出版公司为纪念史铁生，于2011年成立"写作之夜"丛书编委会。《生命——民间记忆史铁生》是该丛书的第一本。书中主要收录的是史铁生的同学、朋友、亲人的回忆文章，还有周国平、何怀宏、解玺璋等学者的评述文章。

以看到，时事政治、历史文化方面的问题是史铁生和他的朋友们日常讨论的主要话题。相对于更为年轻的一代，像史铁生和他的朋友们那些于50年代出生的人，可以说是更有历史（感）的一代人。他们的个人史、家族史和国家、民族的历史缠绕在一起，不可分割，他们个人和家庭的命运曾很大程度上受制于国家整体的命运动向。这个背景可能是他们比年轻一代普遍地更为关注时事和历史、对时事和历史的洞察也更有见地的主要原因。

在残疾之后最初的艰难阶段，史铁生在一家很小的街道工厂工作，工作之余他开始写作，希望能够用手中的笔走出一条生路。经过几年的努力，他的作品最初见诸报端是在1978年。这时"文革"刚结束两年，整个社会进入了反思阶段，伤痕文学、知青文学是这一时期文学的主要潮流，史铁生的创作也不可避免地受到这股时代潮流和文学思潮的影响。1978年到1984年，史铁生连续发表了多篇以"文革"武斗、政治压迫、知识青年上山下乡为背景的小说，如短篇小说《法学教授及其夫人》（1978年）、《兄弟》（1978年）、《绵绵的秋雨》（1981年）、《黑黑》（1981年）、《白色的纸帆》（1983年）、《老人》（1983年），及中篇小说《关于詹牧师的报告文学》（1984年）。他的散文名篇《我的遥远的清平湾》（1982年），在其编辑牛志强看来，也是对当代中国肤浅而迷幻的意识形态神话的解构，"那些悲苦而又温情的细节所构筑的现实主义真实性，形成了极其丰富的整体的隐喻性象征，从而使其成为认识和理解一个真实中国的研究性样本"[1]。

---

1 牛志强：《如歌的行板》，载"写作之夜"丛书编委会主编：《生命——民间记忆史铁生》，中国对外翻译出版有限公司2012年版，第289页。牛志强对史铁生的这篇散文做了少许改动，譬如在原题"遥远的清平湾"前加上"我的"；又在作品的结尾处加了一个小小的自然段："哦，我的白老汉，我的牛群，我的遥远的清平湾……"改动虽不大，但确实是锦上添花，使作品具有了更加动人的情感力量。

不过一方面因为时代氛围还不够宽松，另一方面大概也是这一时期史铁生在很多方面还没有想得很透彻，所以在他早期的作品中，有对历史中人性异化的描写，有对历史史实的思考，但都还不够深入，很多时候在小说中间或结尾用简明的语句点到即止，也常采用含蓄的"影射"手法。譬如在《黑黑》中，由一条名叫黑黑的母狗固守"神坛"（早成空屋的主人家），到在原始本能的呼唤下暂别"神坛"追逐感情，看到了人类的境遇，又由黑黑触犯人类被处死，看到了狗类的无望，同时看见了人类的光明。大多数作品则表现出一种迷惘和矛盾的情绪，譬如《法学教授及其夫人》中对于社会主义民主与法治的思考与困惑；《白色的纸帆》中对于知识青年"上山下乡"运动的矛盾情感。

后期，史铁生逐渐倾向于哲理思辨，在很多问题上也想得越来越透彻。小说的形式多少会束缚思辨的自由展开，所以这一时期他的创作多以思想随笔为主。后期不多的小说创作，譬如两部长篇小说《务虚笔记》（1995年）、《我的丁一之旅》（2002—2005年），其风格也不拘于前期的写实主义，而是突破了小说注重人物、情节的传统模式，转而以思想探索为中心。当然，史铁生创作后期以思想随笔居多，和他的身体状况应该也有很大关系。下肢瘫痪长年久坐，使得他的肾功能被一点点地损坏，1979年史铁生就不得不造瘘排尿，到1998年，肾功能就彻底丧失了，尿毒堆积，不得不一周三次地做透析，"他上午透析，人累得不行。下午人虚软，做不成事。第二天上午人清新（醒）点儿，能做点儿事。下午，体内毒素又积累，人又不行。等再一天的透析。他的日子，就这么两天一循环"[1]。"我经常看到他在透析回来时，连脖子支撑头的力量都没有，人是软的。就这样，吃了饭，睡一觉，第二天起来后，

---

[1] 谢候之：《高贵的猜想》，载"写作之夜"丛书编委会主编：《生命——民间记忆史铁生》，中国对外翻译出版有限公司2012年版，第404页。

在屋里的院子做少许活动,吃了早饭便又开始写。不过也只干两个多小时,就不得不停笔,结束一天的工作。他倾注了他的全部脑力在每天这两个多小时里,把他的情感融入他的每行字里。"[1]这样的身体状况,显然只适合创作一些篇幅小点的作品,"病隙碎笔"系列正是在透析的间歇写成的,除此之外,还有不少散文和思想性质的随笔。不过令人感佩的是,长篇小说《我的丁一之旅》也是在这个阶段完成的,其中的艰辛是不难想见的。当然,对于后期的史铁生而言,写作已不只是谋生所需,写作所带来的心灵和精神的满足,在很大程度上也使之能够超脱于肉体的痛苦和艰辛。

除了有关命运、死亡、生命意义和宗教信仰的思考,前期社会政治层面的思考也延续到史铁生后期的创作中,主要集中在"病隙碎笔"系列和《老好人》(2007年)等随笔作品中,而两部长篇小说《务虚笔记》和《我的丁一之旅》中也有所涉及。如果说,关于命运、死亡与爱情及在此基础上对生命意义的追寻与建立,主要表达了史铁生对个体生命的精神性关切,那么后面两章中我们要探讨的史铁生以上帝观为核心的信仰探索,则不仅是在普遍意义上对人类精神图景的形而上关注,而更体现了他基于对现实社会、文化、政治的观察与反思所表达的现实关切。除此之外,史铁生的现实热情还体现在他有关人道主义的思考中。他的人道主义思想可以说是对现实社会政治的直接回应,主要围绕着下面几个问题表达了他的困惑和思考:一是有关"叛徒"的难题,史铁生从"叛徒"的困境中看到了人道的蛮荒之处;二是从"立场"演变而出的魔法,看到了"左"的意识形态对个人情感和思想的钳制;三是意识到在"左"的政治下,所谓的"民主"、"法治"不过是虚饰,无法成为

---

[1] 刘瑞虎:《高山流水 四海神游——谈天说地话铁生》,载"写作之夜"丛书编委会主编:《生命——民间记忆史铁生》,中国对外翻译出版有限公司2012年版,第157页。

人权的保障。这三个问题是特殊时代的特殊产物,在史铁生看来,它们反映的其实是同一个问题,即如何来理解并践行人道主义的问题。

　　人道主义在中国的命运很曲折,这与当时意识形态的导向有着密不可分的关系。[1] 史铁生前期作品中关于现实政治的矛盾与困惑,正是因为他在当时巨大的意识形态洪流中看到了人道的蛮荒,这显然也是所有从那段历史中走过的人会留下的深刻体验。这种深刻体验,也正是大多数人思考政治哲学的起点。当思想日益成熟后,史铁生首先想搞清楚,意识形态究竟是以一种怎样的魔法蛊惑人心、扭曲人性的?历史的悲剧究竟是如何发生的?他以其亲身的体认、设身处地的感同身受,以及思辨的追问与探询,在"叛徒"的困境中、在"我们"的位置里试图洞穿意识形态的魔法,而在这种探询中也看到了人性的脆弱与残缺。同时可以说,他对人道主义的理解,也触到了历史悲剧的核心问题。

　　何怀宏曾说:"史铁生的地坛也是天坛,在他那里,地坛和天坛是相通的。"[2] 史铁生的人道主义思想尽管强调人的自由、尊严、权利与价

---

[1] 因为20世纪初对旧文化批判的成功,对旧文化"非人道"的意识,使得"人道主义"在1949年以前成为一种深得人心的概念。但20世纪50年代后,人道主义则成了严厉批判的对象。言论话语中,人道主义被看作资产阶级的意识形态,是同无产阶级占统治地位的中国社会相对立的;在实际生活中,人道主义的影响逐步缩小,而被"阶级的爱与恨"等观念取代,只认可"自己人"(工人阶级、贫下中农、革命干部等),对"自己人"之外的人不但不能人道、仁慈,而且应该采取仇恨敌对的态度。这种意识形态的宣传与灌输导致的众所周知的后果,便是"文化大革命"(1966—1976)期间全国范围内大规模和普遍的相互迫害和暴力行为。"文革"后期,人们逐渐清醒,对荒诞和暴行开始感到厌恶和反感,到"文革"结束,人道的常识便自然逐步恢复了,且更深刻地体认到人道主义的正面意义。到20世纪80年代上半叶,在一些中国共产党理论家之间发生的一场关于"人道主义"的论战,便是一种历史的必然。关于人道主义在中国的历史命运,参见何光沪:《基督宗教与人文主义——从误解走向对话》,载《三十功名尘与土》,复旦大学出版社2010年版,第152—154页。

[2] 何怀宏:《上帝与政治》,载"写作之夜"丛书编委会主编:《生命——民间记忆史铁生》,中国对外翻译出版有限公司2012年版,第273页。

值,但没有落入狭隘的人本中心主义,他的人道主义思想与超越性的信仰追求密切相关。对于史铁生而言,"政治"问题和"上帝"信仰不可分,人道之上有"神在",有"天命",只有站在信仰的高度,才能真正切中时弊,找到出路。

| "叛徒"的难题

孙立哲曾回忆,在 1977 年,他和史铁生躺在雍和宫的小屋里,设想自己假若被敌人抓去,棍棒伺候,有没有可能成为叛徒。当时史铁生"狡猾"地避开了正面的回答,而孙立哲说他自己也耍了个心眼儿,认为假如换个"美人计"就有可能招,因为他还没娶上媳妇。20 年后,1997 年,史铁生在孙立哲的安排下,躺在大房车里,横游美国时,孙立哲又用这个话题调侃史铁生。[1] 但"叛徒"的问题在史铁生这里,显然不只是一个玩笑、一次闲谈,而成为一道需要解答的难题。从 1988 年的《"文革"记愧》、1999 年的《病隙碎笔》,再到写于 1995 年、出版于 2005 年的《务虚笔记》中那个隐藏在"葵林"中的故事,以及 2007 年《老好人》中关于希腊悲剧《安提戈涅》的思索,史铁生反复地讲述着"叛徒"的故事,通过自己的诘问、辩驳,一点点深入到问题的本质。史铁生对这个问题的兴趣,不仅在于他个性中凡事喜欢穷根究底的探索精神,可以看出,也与他对自我道德完善的严苛要求相关。他说:"知道世上有这样的人的那天,我也是找了个没人的地方呆坐很久,心中全是愕然,以往对叛徒的看法似乎都在动摇。我慢慢地看见,

---

[1] 参见孙立哲:《想念史铁生》,载"写作之夜"丛书编委会主编:《生命——民间记忆史铁生》,中国对外翻译出版有限公司 2012 年版,第 53—54 页。

勇猛与可敬之外还有着更为复杂的人生处境。"[1] "这样的事让我不寒而栗。这样的事总向我提出这样的问题：你是他，你怎么办？这问题常使我夜不能寐。"[2]

在1988年的《"文革"记愧》[3]中，他以小说的形式把自己放到这一位置进行人格的"拷问"。他讲述了1974年夏天，因为一本手抄本小说《普通的人》所引发的事件。那时"我"双腿瘫痪已两年，闲在家里没事做。朋友们怕"我"寂寞，常来看"我"，带书来，带新闻来，带新的朋友来。朋友A带来了朋友B，不久，朋友B带来三篇手抄本小说，其中一篇《普通的人》让"我"很受震动，但以"我"当时的眼光，"我"真心相信它的艺术水平很高而思想太反动，并为此与B激烈地争辩。后来因为闲得无事，"我"答应了B帮他抄小说，抄了一两篇后，因为作品与自己的观念相悖，便不愿意抄了。但不久就出事了。B把稿子存放在A处，朋友C从A处拿了那篇《普通的人》到学校里去看，结果被同学告发。C被隔离审问，那篇稿子也落在公安人员手里，而那稿子上却全是"我"的笔迹。A、B和"我"惶恐万分，其他的朋友也来出谋划策。"我"内心备受煎熬，开始充当了会儿英雄，最后还是顺水推舟卸去责任，B独自一人承担了责任，"我"最终平安无事。然而多年来，这件事却始终在心里，不知如何处置。在回忆中，"我"寻找种种的逻辑作为良心的庇护，譬如，众人之中，唯有"我"是反对这篇小说的，因此，不应该让一个人去殉自己的反信

1　史铁生：《病隙碎笔3》第二十篇，载《病隙碎笔》（史铁生作品系列4），人民文学出版社2011年版，第80页。

2　史铁生：《病隙碎笔3》第二十一篇，载《病隙碎笔》（史铁生作品系列4），人民文学出版社2011年版，第80页。

3　史铁生：《"文革"记愧》，载《我与地坛》（史铁生作品系列3），人民文学出版社2011年版，第149—153页。

念。但这逻辑终显苍白，因为"我"清楚"我"当时主要是害了怕，设若当时"我"赞成这小说，"我"也依然没有勇气去承担。一想到被抓去后，可能受到的残酷对待，再想到父母亲人，想到他们的出身和成分本来就坏，这下不知要遭受怎样的连累，"确乎身上轮番出了几回汗"。"夜里躺在床上不能睡，光抽烟，体会着某些叛徒的苦衷"。对于史铁生而言，一个人的"道德"，或者说一个人是善或是恶，并不由一个人日常生活中的表现来衡量，而是面临一种情境，尤其是一种相对极端的处境，你会如何去选择？你的行为的动因是什么？主要是行为的动因而不是行为的结果，决定了行为的道德性。这也正是康德建立在"自由意志"基础上的道德观。[1] 一个真正追求道德纯洁感的人绝不会逃避这样的反思和追问。

"叛徒"的难题所引发的不仅是对自身道德水准的质疑和反思，史铁生更从"叛徒"的两难处境中看到了人道的蛮荒之处。一边是屈辱，一边是死亡。选择生，便刻下了"叛徒"的烙印，意味着永恒的耻辱与惩罚；而死呢？死固然是可怕的，但如果能干净利落地死了倒是幸事，问题是大多却不可能让你速死，等候你的是无休无止的酷刑折磨，甚至是亲人遭连累。《务虚笔记》中那个葵林里的年轻女人，为了爱情，便将自己置身于这样的境地："无所不用其极的刑法，不让你死只让你受的刑法，让你死去活来，让你天赋的神经仅为疼痛而存在。刑法间歇之

---

[1] 根据康德的道德哲学，没有绝对的善人，也没有绝对的恶人，人的本质在于人的自由意志，人时时刻刻处在自由的选择之中。一个众人眼中的"好人"在有些情境下也可能做坏事，而一个"坏人"呢，在某些关头也可能做好事。善恶在每一个具体的选择中体现。善恶并不是由行为的结果来论定的，而是由行为的动机。可以说，史铁生此处的追问与反思触及到了康德道德认识的深度。史铁生意识到，在一种极端境遇中，一个"好人"要能维持他一贯的善行原来是那么艰难。而即使你甘愿冒着危险，继续充当一个"好人"，那么你的动因是什么？是为了保护同伴？是因为勇于承担？还是因为面子抹不开？这个动因决定了你行为的道德性高度。

时，进化了亿万年的血肉细胞尽职尽责地自我修复，可怜的神经却知道那不过是为又一次疼痛做的准备。疼痛和恐惧证明你活着，而活着，只是疼痛只是恐惧，只是疼痛和恐惧交替连成的时间。"[1]史铁生在想象中激起对女人所受煎熬的感同身受，但想象终归是想象，"想象的时候我们顺便把身体在沙发上摆得更舒服些"[2]，而于这个女人，以及历史上无数的英雄与叛徒，他们所曾经历的却是实实在在无止无休的折磨。女人成了叛徒，尽管她原以为她会英勇到底。女人从残酷的刑罚中解脱出来，然而，在外面的人间，她却看到了比拷打、羞辱、轮奸更为残酷的惩罚，那就是"歧视与孤独"。"歧视不是来自敌人，而是来自亲人。孤独，不是在空茫而寒冷的大海上只身漂流，而是在人群密集的地方，在美好生活展开的地方——没有你的位置。也许这仍然不是最残酷的惩罚，最残酷的惩罚是：悔恨，但已不能改变（就像时间不可逆转）。使一个怕死的人屈服的惩罚不是最残酷的惩罚，使一个怕死的人想寻死的惩罚才是最残酷的惩罚。"[3]这歧视与孤独让这个女人明白，"未来，只是一场漫长的弥留"[4]。叛徒的命运在史铁生的多篇作品中都有描述，唯在此处表现得最令人心碎。

史铁生所说的"叛徒"，并非为了荣华富贵出卖朋友或背离正义的那一类人，而是那些曾经主动或被动地介入了所谓人类的理想或美好的事业中，但一朝不幸落入敌手，禁受不住敌人对其肉体的摧残而求生自

---

1 史铁生：《务虚笔记》，载《务虚笔记》（史铁生作品系列5），人民文学出版社2011年版，第260页。

2 史铁生：《务虚笔记》，载《务虚笔记》（史铁生作品系列5），人民文学出版社2011年版，第261—262页。

3 史铁生：《务虚笔记》，载《务虚笔记》（史铁生作品系列5），人民文学出版社2011年版，第267页。

4 史铁生：《务虚笔记》，载《务虚笔记》（史铁生作品系列5），人民文学出版社2011年版，第267页。

保,或不忍亲人被连累而屈服的人。史铁生是坦诚的,他承认,在那样的非人处境中,也可能诞生英雄,英雄立场坚定,不惧怕死亡,能承受肉体的痛苦。但是正如他在《"文革"记愧》中的"自我揭露"一样,他承认,一旦那样的危难降临在他身上,他做不了英雄,只能为这世界又添加一个叛徒。也正基于此,他对古希腊著名悲剧《安提戈涅》做了不同寻常的解读。通常认为,不顾国王律法要去埋葬哥哥的安提戈涅是这出悲剧的中心人物,但史铁生认为,真正的悲剧人物是安提戈涅的妹妹伊斯墨涅。在亲情与国王的律法之间,安提戈涅无惧生命的危险,立场坚定地选择了前者;而伊斯墨涅既不像国王克瑞昂那样藐视诸神所珍视的亲情,但她也没有力量、没有勇气冒着生命的危险,像安提戈涅那样与城邦对抗。由此,她便陷入了疑难,只能卑贱地生,卑贱地死。史铁生指出:"不被感受的东西等于没有,不被发现的冲突则不能进入灵魂的拷问,而只有这样的感受力使悲剧诞生,使灵魂成长。"[1] 立场坚定、取舍明确的安提戈涅固然令人感佩,但伊斯墨涅的处境却更能引发我们的同情,唤醒我们的感受力,因为善良却又怯懦的伊斯墨涅一生都将处在被撕裂的感受之中。

对"叛徒"处境的深切感受,也激起了史铁生对"叛徒"难题的理性质询:"叛徒"的困境是否就应该成为人道的禁地呢?史铁生在《务虚笔记》中曾尝试对此做出解答,而在《病隙碎笔》中,则走到三方当事者的位置,进行了一番清晰明了的演算:"大凡这类事,必具三方当事者:A——或叛徒,或英雄,或谓之'两难选择者';B——敌人;C——自己人。演算的结果是:大家都害怕处于 A 的位置。甚至,A 的位置所以存在,正由于大家都在躲避它。比如说,B 不可以放过 A 吗?

---

[1] 史铁生:《老好人》,载《扶轮问路 妄想电影》(史铁生作品系列7),人民文学出版社2011年版,第30页。

但那样的话，B 也就背叛了他的自己人，从而走到了 A 的位置。再比如，C 不可以站出来，替下你所担心的那个可能成为叛徒的人吗？但那样 C 也就走到了 A 的位置。可见，A 的位置他们都怕——既怕做叛徒，也怕做英雄。"但是，B、C 双方都把一件可怕的事推给了 A，"一方备下了屠刀、酷刑和株连，一方备下了赞美，或永生的惩罚"。由这样的演算，史铁生清晰地看到，一个叛徒的位置是大家都惧怕的，而一个叛徒的困境只不过是敌对双方的一次恶毒的"合谋"。在求胜心的驱动下，敌对双方一样地轻蔑了人道，践踏和泯灭着人道。[1]

　　但是史铁生指出，任何事业和信仰都应该建立在人道主义之上，而"人道主义者是不能使用'个别现象'这种托词的"[2]。真正的人道主义不应被意识形态或固化的道德思维绑架，应该尊重每一个个体存在；真正的人道主义应该有其超越性的指向，它指向自明的真理，指向神所珍爱的东西：爱！这"爱"不偏不倚应该洒向每一个人。神命的真理并不一定否认人定的真理和正义，但是，任何的相对价值都要经受绝对信仰的拷问，人定的真理和正义应该放到神命的天平上去衡量比照。史铁生指出，安提戈涅一方面说她天性不喜欢跟着人恨，而更喜欢跟着人爱；另一方面又对伊斯墨涅说会恨她，死者也会恨她。这种前后的矛盾说明了安提戈涅所秉持的只是立场、鲜明的家族立场，她的诸神还远非博爱的基督。不过，幸得克瑞昂最后悔悟：一个人最好是一生遵守神定的律条。[3]

....

1　史铁生：《病隙碎笔 3》第二十二篇，载《病隙碎笔》（史铁生作品系列 4），人民文学出版社 2011 年版，第 81 页。

2　史铁生：《病隙碎笔 3》第二十篇，载《病隙碎笔》（史铁生作品系列 4），人民文学出版社 2011 年版，第 80 页。

3　参见史铁生：《老好人》，载《扶轮问路 妄想电影》（史铁生作品系列 7），人民文学出版社 2011 年版，第 32—33 页。

史铁生是将人道主义精神与基督宗教的博爱联系起来的,认为真正的人道主义需要绝对信仰的光照。在《病隙碎笔3》第二十七篇中,史铁生引用《圣经》中的一个故事也做出了这样的声明:法利赛人抓来一个行淫的妇女,认为按照摩西的法律应砸死她,他们等待耶稣的决定。耶稣说,你们中谁没有犯过罪,就去用石头砸死她吧。那些人听罢,沉默片刻,纷纷离去……史铁生指出,把那个行淫的妇女换成叛徒,耶稣的话同样成立:你们中谁不曾躲避过 A 的位置,就可以朝他吐唾沫、扔石头。如果人们因此而犹豫,而看见了自己的恐惧和畏缩,那便是绝对信仰在拷问相对价值的时刻。那时,"普遍情感便重新化作万千独具的心流。那时,万千心流便一同朝向了终极的关怀。于是就有了忏悔,于是忏悔的意义便凸显出来。比如,这忏悔的人群中如果站着 B 和 C,是否在未来,就可以希望不再有 A 的位置了呢?"[1]

"叛徒"的困境,本质在于对个体生命价值的忽略和漠视,而这除了特定的历史时代的原因,还有更久远、更深层的历史文化渊源。史铁生曾借用赵子龙枪下的死鬼遥想历史中死去的兵丁们:"某一无名的死者,曾有着怎样的生活,怎样的期待,曾有着怎样的家,其家人是在怎样的时刻得知了他的死讯,或者连他的死讯也从未接到,只知道他去打仗了,再没回来,好像这人生下来就是为了在某一天消失,就是为了给他的亲人留下一个永远的牵挂,就是为了在一部中国名著中留下一行字:只一回合便被斩于马下……"[2] 然而,历史不应该只是英雄的,也应该是普通人的。那些普通的人不应该只是"一个王命难违

---

[1] 史铁生:《病隙碎笔3》第二十七篇,载《病隙碎笔》(史铁生作品系列4),人民文学出版社2011年版,第84—85页。

[2] 史铁生:《病隙碎笔3》第二十九篇,载《病隙碎笔》(史铁生作品系列4),人民文学出版社2011年版,第83页。

的士兵,一个名将的活靶,一部名著里的道具"[1]。普通人的心流不能用普遍的情感概括。对于写作而言,所谓普遍的情感,不应该是其止步的地方,史铁生指出,文学和艺术应该向着更深处寻觅,把目光从那些普遍的情感转向一个个具体的独特的心魂。他格外欣赏已故艺术家甘少诚未完成的创意:"用青铜铸造一千个古代士兵的首级,陈于荒野,面向苍天……"[2]

"我们"的位置

　　1966年5月29日,在圆明园的乱石之中,清华附中的一群学生成立了全国第一支红卫兵组织,就此掀开了"文化大革命"的序幕。清华附中,这个有许多党、政、军高级干部子弟的学校,成了"文化大革命"的前沿阵地。这时,15岁的史铁生正在这所学校读初二。"文革"一来,学校停课。"一时惊天动地,历史变脸",孙立哲在纪念史铁生的长篇回忆文章《想念史铁生》中,详细记述了几段血腥的惨剧:清华附中受人尊敬的万邦儒校长在批判大会上被棍棒毒打;一个瘦小的青年教师刘树华禁受不住人格的侮辱和肉体折磨,跳烟囱惨死;还有郑光召等学生的挨打等。[3] 也许是这段历史太过惨烈,已经深深刻入

---

[1] 史铁生:《病隙碎笔3》第二十五篇,载《病隙碎笔》(史铁生作品系列4),人民文学出版社2011年版,第83页。

[2] 史铁生:《病隙碎笔3》第二十六篇,载《病隙碎笔》(史铁生作品系列4),人民文学出版社2011年版,第84页。

[3] 郑光召当时是清华附中高三的学生,是全面发展的顶尖人物,还是文艺能手,是全校学生眼中的偶像,史铁生也是郑光召的铁杆"粉丝"。郑光召后来写出了《老井》等反思"文革"武斗和人性冲突悲剧的作品。1997年,史铁生在孙立哲的陪同下游历美国时,尽管已经出现尿少、头晕等肾功能衰竭的症状,仍坚持去看生活在芝加哥的郑光召。后来闻听史铁生去世,

亲历者的灵魂深处,虽然几十年过去了,但孙立哲的记述,其细节之清晰让观者如在眼前,被打者的痛苦让人不忍目睹,打人者的嚣张凶残简直让人匪夷所思。"革命激情是一种威力无比的传染病。学校成了从理性中剥走爱愿的试验场;怀疑一切、打倒一切,社会成了凝练仇恨的蒸馏炉。"[1]面对这一出出人间惨剧兼闹剧,史铁生和孙立哲他们"目不暇接,像是第一次坐上过山车的孩子们,强大的震荡翻卷出狂野嘶吼。天旋地黑、方向迷失"[2]。他们有迷惘:原来大家都好好的,怎么忽然就翻天覆地了呢?

史铁生的同学樊玲玲曾记录了这样一件事:"文革"初期的某一天,他们班一个被剃了阴阳头的女生在教室里遭到几个所谓"红五类"的男生毒打,一群同学围着看,"我"不忍心看,但因为自己是"红五类",也只能硬着头皮看着。这时,一声问话让教室里静了下来,"她怎么了你们就打她?"问话的正是史铁生,他的脸上没有表情,似乎就是想追问。有人小声嘀咕了一句"她出身不好吧","出身不好就该打吗?"史铁生又追问了一句,还是平平的声音,没有表情的脸。没有人回答,也没有人能够回答,于是大家就都散了。正如作者所说,"史铁生用这样的方式阻止了一个无辜同学被打,表明他对弱者的同情;更是以这样的发问,表达了年少的他当时对'文革'的不解与思考"[3]。但是,革命的

(接上页)郑光召惊痛至极,说道:"这样的朋友离去,等于我的中国离去!"参见孙立哲:《想念史铁生》,载"写作之夜"丛书编委会主编:《生命——民间记忆史铁生》,中国对外翻译出版有限公司2012年版,第35—38页,第44—46页。

[1] 孙立哲:《想念史铁生》,载"写作之夜"丛书编委会主编:《生命——民间记忆史铁生》,中国对外翻译出版有限公司2012年版,第36页。

[2] 孙立哲:《想念史铁生》,载"写作之夜"丛书编委会主编:《生命——民间记忆史铁生》,中国对外翻译出版有限公司2012年版,第31页。

[3] 樊玲玲:《不做中国保尔》,载"写作之夜"丛书编委会主编:《生命 民间记忆史铁生》,中国对外翻译出版有限公司2012年版,第221页。

洪峰巨浪扑打得人犹如一片叶子，不由你不被裹挟而去，在当时的中国，又有几个人能保持清醒呢？更何况年少的他们。出身高知的孙立哲，学校轮不上表现，便回到教授楼实施革命活动。在一场全院的"破四旧"活动中，被红卫兵抓住，便带头揭发了自己的母亲。自此以后，母亲的脸就落下了抽搐的病根，后来又发展成迎风流泪，成了史铁生《法学教授及其夫人》的原型。史铁生也在多处记述自己曾有一回随着几个激进的同学去抄老教授钱伟长的家，后来因为是"非红五类"，被清除出局，和几个同样是"非红五类"的学生在路上惶然地走着，买了几包梅子各自回家的事。而史铁生的心中还藏着一个秘密，一道阴影：他因"反革命"被枪毙的姥爷、他的戴着"摘帽地主"帽子的奶奶，一旦被揭露，都有可能让他沦落到"黑五类"的境遇。幸亏史铁生母亲前瞻性的安排，悄悄把奶奶送回了老家，又叫史铁生留校不要回家，史铁生才躲过一劫。但是，他的心中从此留下了一道伤痕，对疼爱他的奶奶永远怀着感情上的愧疚。[1]

"文化大革命"的疯狂、惨烈令人震惊，如何光沪所言，在"文革"浩劫中最令人深感痛苦的，正是"人道"之丧失，正是"人道主义"之绝迹。[2]而身在"文化大革命"的前沿阵地的清华附中，史铁生对这场政治运动更是有着深刻的体验。他多次和孙立哲提到"文化大革命"是他观察道德冲突、理解人性本质，以及后来思考政治哲学的起点。[3]他早期几乎所有的作品，都是以"文化大革命"为背景的。《爱情的命

---

[1] 参见史铁生：《奶奶的星星》，载《命若琴弦》（史铁生作品系列1），人民文学出版社2011年版，第180—192页。

[2] 何光沪：《基督宗教与人文主义——从误解走向对话》，载《三十功名尘与土》，复旦大学出版社2010年版，第153页。

[3] 参见孙立哲：《想念史铁生》，载"写作之夜"丛书编委会主编：《生命——民间记忆史铁生》，中国对外翻译出版有限公司2012年版，第7页。

运》（1978年）中，大海和秀儿因为家庭出身的不同，各自命运浮沉起落，两人尽管相爱也终因此不能结合；《法学教授及其夫人》（1978年）中，"因言获罪"有如一道魔咒让善良软弱的教授夫人得了神经质的恐惧症，正直的老教授则陷入"真理"的迷途；《绵绵的秋雨》（1981年）中，参加"文革"武斗的大勇至死都认为是在为革命和真理而战，含着童稚的笑离开人间，而他的母亲则一直活在儿子是个烈士的谎言中；《黑黑》（1981年）中，"我"因言获罪被贬谪回乡，在一条名叫黑黑的母狗身上，反观人的境遇，从狗类的无望，看到人类的光明；《白色的纸帆》（1983年）中，一个在"文革"中被迫害至疯的大汉头脑里依然是对过去革命理想的追忆和怀念；《奶奶的星星》（1983年）里，"我"的善良仁慈的奶奶吃了一辈子的苦，却愧悔于自己的地主出身，参加学习班进行改造。这让无意中发现奶奶是地主的"我"心里产生阴影，对奶奶的感情变得矛盾而复杂。这是个严峻的事实，童年就此结束了；《老人》（1983年）这篇短篇小说，以两位半百老人的对话、内心独语推进，在1978年的场景中透露出1968年的惨剧；中篇小说《有关詹牧师的报告文学》（1984年）则以极度精巧的构思、讽刺幽默的语调，刻画出了"文革"中种种荒诞的行径，及政治洪流对人性的扭曲。

  在这些早期作品中，史铁生尽管已经开始反思，但历史的迷雾还没有完全消散。就如在《绵绵的秋雨》中，"我"只能以设法忘掉来逃避恐怖的回忆，以求得内心的安宁；在《白色的纸帆》里，看清了那不是一场革命，那是一场浩劫；而上山下乡也不过是权宜之计。青春倏忽而逝，无数知识青年的作为与理想却不知被带往了何方。可是困惑的是，为何至今仍然看不起"那些及时躲进书斋去的'于永泽'"，而"仍然热爱那些满腔热血的勇敢的'卢嘉川'"？到底是什么左右了他们的抉择，钳制了他们的思想？……直到几年后在陕北插队，在山里放牛，史铁生说，青天黄土，崖陡沟深，思想倒可以不受拘束，才忽然间看清了那个把戏："我不是'我们'，我又不想是'他们'，算来我只能是'你们'。'你们'是不可以去打的，但也还不至于就去挨打。'你们'是一种候补状态，有希望成为'我们'，但稍不留神也很容易就变成'他们'，这很关键，把越多的人放在这样的候补位置上，'我们'就越具权势，'他们'就越遭鼓励，'你们'就越要乖乖的。而这逻辑再行推演下去就更加令人胆寒：'你们'若不靠拢'我们'，就是在接近'他们'；'你们'要是不能成为'我们'，'你们'还能总是'你们'吗？"于是"我们"就发散出"符咒般的魔力，这魔力使人昏头昏脑地渴望被它吞噬"。而"'文革'中的行暴者，无不是被这魔法所害。"[1] 这也正是孙立哲为什么把自己的母亲拉到红卫兵前，史铁生参加抄家时被作为"非红五类"清出场时，为什么走在路上内心惶然。史铁生也设想，假如那时要有人把皮带塞到他手里，即使手心攥出了汗，也是不敢不抢下去的，因为抢了就成了"我们"，"不抢"就成了"他们"。而上山下乡也正是跟着"我们"走的，跟与不跟便树立起忠与不忠的标识。"我们"的旗帜下留给个人思考和选择的余地太小了，"我们"是唯一安全的领地，等待"他们"甚至"你们"的则是暴力凌辱。面对强权暴力，人大多是软弱的。可以说，史铁生通过这种"我们"、"你们"、"他们"的逻辑演绎，把一场极左政治运动的"战术"本质袒露了出来。

而在小说《不能承受的生命之轻》中，昆德拉则是通过对"媚俗"这个词的阐释来揭露这种极左政治的"谋略"的，同时也揭示了人性对"媚俗"的本能屈从，这既可谓是人性的弱点，但可能也是人类境况的

---

[1] 史铁生：《病隙碎笔1》第十九篇、第二十一篇，载《病隙碎笔》（史铁生作品系列4），人民文学出版社2011年版，第12页、第13页。

组成部分。[1] 所谓"媚俗",也正是史铁生所言的,人人都要努力站到"我们"的位置中,因为一旦不在其中,在一个极"左"的社会里,其命运是可以想象的。媚俗或者说努力站到"我们"的位置中的真正作用,正如《不能承受的生命之轻》中特蕾莎的梦所揭示的:"媚俗是掩盖死亡的一道屏风"。在梦中,特蕾莎看见自己跟一群赤身裸体的女人围着游泳池走,被迫唱着欢快的歌曲。她不能同任何一个女人讲一句话或提一个问题,她甚至不能朝任何一个女人偷偷地看一眼,否则其他女人会立即向那个站在泳池上方篮子里的男人揭发她,让他开枪毙了她。[2] 当然,特蕾莎的这个梦是因爱情的受挫引起的,在爱情的语境里解读的话,是因为托马斯的不断出轨让她痛苦地以为自己在托马斯心中与他其他的性对象并无区别,当她要突出自我,显出与众不同时,便会遭来厄运。但昆德拉也指出,特蕾莎这个梦的意象和梦中的恐惧与苏联式的媚俗及其在萨比娜(托马斯的艺术家情人)心中激起的情绪是很像的。这个梦显然也符合那特殊的十年中中国人的境遇:人不能突出自己是一个个体的存在,只有附庸大流、融入群体才是安全的。在男性占主导地位的爱情

---

1 媚俗 kitsch 作为一个德语词,其原本形而上学的美学意义为"对生命的绝对认同",从而将人类生存中不予接受的一切都排除在视野之外,而这种情感必须让大多数人来分享与认同。昆德拉指出,政治家都深谙"媚俗"的力量或能量。所有政治运动的美学理想,正是媚俗。昆德拉认为:"在一个多种流派并存、多种势力互相抵消、互相制约的社会里,多少还可以摆脱媚俗的专横;个人可以维护自己的个性,艺术家可以创造出不同凡响的作品。但是在某个政治运动独霸整个权力的地方,人们便一下置身于极权的媚俗之王国。"在昆德拉看来,任何政治运动,都并非建立在理性的态度上,而是以表演、形象、词语等为基础,使其总体构成这种或那种的政治媚俗。回顾十年"文革",正是种种夸张的标语口号、种种荒诞的表演,形成了一股巨大的力量,将全社会都裹挟进了这一"媚俗"的大军之中。昆德拉对"媚俗"的阐释参见〔法〕米兰·昆德拉:《不能承受的生命之轻》,许钧译,上海译文出版社 2011 年版,第 289—307 页。

2 参见〔法〕米兰·昆德拉:《不能承受的生命之轻》,许钧译,上海译文出版社 2011 年版,第 69 页、第 302 页。

领域，女人无法逃避这样的命运；而在极左政治环境里，每个人都不得不面临这样的境遇。

昆德拉的"媚俗"，以及史铁生在逻辑演绎中呈现的"我们"、"你们"、"他们"的政治魔法，也指向了这样一个词，即"立场"。在政治运动中，可以说"立场"这一词语构成了政治媚俗的重要基础。史铁生回忆"文革"时代的一首童谣：我们都是木头人，不许说话不许动，看谁立场最坚定。他认为这首童谣童言无忌道破天机。个体是如何被挟持的？正是极左政治将"我们"的位置变成了一种强权的"立场"："立场说穿了就是派同伐异，顺我派者善，逆我派者恶，不需再问青红皂白"[1]，"文革"中的惨剧，大半都是立场做着前导，"明知某事是假是恶是丑，但立场却能教你违心相随或缄口不言，甚而还要忏悔自己的立场不坚定"[2]。在出现立场的地方，各种主义产生，而"民族主义是最悠久也最坚固的主义，是最容易被煽动起来的热情"[3]。史铁生认为，通过足球最能了解地球上的人类，足球场上浓缩着地上人间的所有信息。在一场盛大的比赛开始前，球场就像盛装的舞台，狂欢的人群传达着自由和平等的讯息；然而，比赛一旦开始，人们便落入差别之中，全副的热情都变成争夺的热情，自由和平等不再，"立场"在其中大行其事，比赛俨然成为战争的模型。史铁生指出，正是"立场"这个词把我们害了。

所谓的站"立场"，也就是昆德拉所言的政治媚俗。词语有其本质

---

[1] 史铁生：《足球内外》，载《我与地坛》（史铁生作品系列3），人民文学出版社2011年版，第350页。

[2] 史铁生：《足球内外》，载《我与地坛》（史铁生作品系列3），人民文学出版社2011年版，第350页。

[3] 史铁生：《足球内外》，载《我与地坛》（史铁生作品系列3），人民文学出版社2011年版，第356页。

的力量，至今"立场"不仅保存在中国人的语汇里，实际上作为一种集体无意识大概也仍残留在中国人的思想和灵魂深处。史铁生对"立场"这个词非常警惕，不仅在政治的领域，在日常生活中、在表达文学主张的时候，他也反对使用"立场"，而提倡使用"观点"。史铁生认为，立场是集体对思想的强制，而观点才体现了个人思想的自由。

极左政治标举"我们"的立场，人道主义也倡扬"我们"的位置。究竟什么才是正确的"我们"的位置呢？史铁生说，直到那年奥运会的主题曲"We are the world, we are the children……"响起，他才恍然明白"我们"的位置应该是这样用的："飘荡在宇宙中的万千心魂，苍茫之中终见一处光明，'我们是世界，我们是孩子'，于是牵连浮涌，聚去那声音的光照中。那便是皈依吧，不管你叫他什么，佛法还是上帝。所以，'我们'的位置并不在与'他们'的对立之中，而在与神的对照之时。"[1]

无论是史铁生有关"我们"、"你们"、"他们"的逻辑演绎以及关于"立场"的阐述，还是昆德拉对政治媚俗的形象解剖，都将批判的刀锋指向了极左意识形态。按照汉娜·阿伦特的定义，"文革"时代的中国无疑具备了她所言的极权主义的一些要素[2]：譬如某种意识形态的存在；全面的恐怖；人类天然纽带主要是家庭的瓦解（民众之间互相监视，发展到家庭成员之间也会互相检举揭发，"家庭"这个人类存在最小也是最紧密最牢固的情感共同体的瓦解是全面恐怖的结果，也是全

---

1 史铁生：《病隙碎笔1》第二十四篇，载《病隙碎笔》（史铁生作品系列4），人民文学出版社2011年版，第14页。

2 汉娜·阿伦特对极权主义和暴君制及威权主义体制做了区分。她认为，一个极权主义政体就像一颗多层外皮的空心洋葱，领袖处于空心当中；它迥异于有着金字塔结构的其他政体：在金字塔的暴君制下，统治者位于塔顶统治人民，无须有居间的权威结构；在威权主义政体中，统治者通过权威结构进行统治。参见〔美〕伊丽莎白·扬-布鲁尔：《阿伦特为什么重要》，刘北成、刘小鸥译，译林出版社2009年版，第30—31页。

面恐怖最令人触目惊心的表征);法律制度的败坏(尤其是那些旨在保护私人空间和政治空间,包括演讲自由、出版自由、集会权利等等的法律制度败坏)。[1] 在阿伦特所列举的极权主义的关键要素中,"意识形态"是关键要素中的关键。哈维尔对"意识形态"有着鞭辟入里的分析,他指出意识形态是"权力的核心支柱","为权力的存在制造了借口,提供了内在的凝聚力",但意识形态并不是权力的附庸,从根本上而言,"不是现实决定理论,而是理论决定现实"。意识形态具有"特异而实在的力量",在权力的内部,这样一个提供幻象的自我封闭的理论体系比真正的现实还更有力量。"权力从理论中汲取力量,成为理论的附庸",由此就导致了一种悖乎常情的结果:"不是理论和意识形态为权力服务,而是权力为意识形态服务。就好像意识形态在权力中凌驾权力之上,自己变成了独裁者。"[2] 台湾学者林毓生按照音译意译结合的方法将"ideology"翻译成"意缔牢结",显然比"意识形态"更为形象准确地点明了这一词语的本质。

不过,极左意识形态并不是唯一的罪恶之源,恶还有着人性的根源。昆德拉对"媚俗"的阐释,不仅指向了体制和意识形态,也暗示出人的媚俗有其心理层面的基础。在他看来,媚俗是人的一种心理本能。昆德拉所言的人的媚俗的本能也正是别尔嘉耶夫所言的人的奴隶意识。别尔嘉耶夫指出,人的奴隶意识和统治者意识及自由人意识是人之意识

---

1 有关极权主义的关键要素参见〔美〕伊丽莎白·扬-布鲁尔:《阿伦特为什么重要》,刘北成、刘小鸥译,译林出版社 2009 年版,第 33—39 页。
2 〔捷克〕瓦茨拉夫·哈维尔:《无权者的权力——纪念扬·巴托契卡》,吴小洲、张娅曾、刘康译,《哈维尔文集》,http://4a.hep.edu.cn/NCourse/ep/resource/part2/DOWNLOAD/haweierwj/hwewjindex.html。哈维尔文中分析的是他所说的后极权社会的意识形态,不过李慎之在文集序论中指出,哈维尔所说的极权主义社会与后极权主义社会,在道统上与法统上并无改变,在性质上也没有本质的区别。

的本体结构,三者在人的意识深处并存。[1] 在对极左的批判中,史铁生也意识到了人性的问题,他指出一些中国人奴性深重,但他不是在别尔嘉耶夫精神哲学的角度谈论奴性,而是从社会哲学的角度来谈论的。他指出国民性的背后是几千年的文化病根,因此格外强调文化启蒙对于人突破奴性意识的重要性。或许可以说,同哈维尔一样,史铁生也认为,只有个体的觉醒,最终所带动起的社会整体的觉醒才有可能从根本上促进社会的发展。

真正的人道主义

史铁生对"叛徒"困境的深切同情,以及对十年"文革"的反思,是建立在他人道主义的思想与情怀之上的。同时他也把关注的目光投向了生活的其他领域。身为一个残疾人,他对残疾人在社会中所遭受的不公正待遇有着切身的体会。如何对待残疾人才是真正人道主义的?对此他提出了自己的看法。除此之外,"安乐死"的问题也是他关注的一个焦点,让人更少痛苦、有尊严地离开无疑是更为人道的。人死得

---

[1] 别尔嘉耶夫认为,人有三种状态,即三种意识结构。他将之分别称为"统治者"、"奴隶"和"自由人"。"如果统治者的意识是他人为自己而生存,那么奴隶的意识则是自己为他人而生存。自由人的意识是每个人为自己而生存,当然,这也意味着自由人要走出自己,走向他人,走向一切。"而事实上,如柏拉图所说,"暴君是奴仆",统治者对他人的奴役,也同样意味着对自己的奴役,"统治与奴役一钻出来就被原始的魔力粘合在一起。这魔力不是自由,是人的强力意志",也就是说,统治者受自身强力意志的奴役,强力意志实质上总是奴隶意志。由此,人的意识便变成了人的奴隶意识与人的自由意识的抗衡。在别尔嘉耶夫看来,人应该做自由人,而不是做奴隶,这有赖于人自身意识结构的变革。参见〔俄罗斯〕尼古拉·别尔嘉耶夫:《人的奴役与自由——人格主义哲学的体认》,徐黎明译,贵州人民出版社1994年版,第41—51页。

要有尊严,活着更要有尊严,因此史铁生认为对于天生重残的婴儿实施安乐死,也是基于人道的选择。当然这一点值得商榷。在《答自己问》(1987年)、《康复本义断想》(1989年)、《"安乐死"断想》(1989年)、《病隙碎笔》(1999—2001年)、《"自由平等"与"终极价值"》(2008年)等思想随笔中,史铁生对人道主义做了较为深入的探讨。

一、有关残疾人和"安乐死"的问题

史铁生首先指出,旧有的人道主义已经约定俗成的内涵:救死扶伤、周贫济困、怜孤恤寡等,是远远不够的。极好的人道主义应该不仅关怀人的肉体,更尊重和倡导人的精神自由实现。因为人的根本标志是精神。[1] 在史铁生的作品中可以看到,尽管十年"文革"反人道主义暴行对人的肉体摧残是令人触目惊心的,但史铁生控诉最多的不是"文革"对人肉体的迫害,而是"文革"对人精神自由的压制。如《法学教授及其夫人》中,被因言获罪的恐惧包围,最终在恐惧中死去的教授夫人;《绵绵的秋雨》中,被所谓的"真理"、革命的激情蛊惑的一代青年;《白色的纸帆》中,被迫害至疯的大汉;中篇小说《关于詹牧师的报告文学》更是详尽描述了极左政治对人性的扭曲、对人的精神自由的压迫。在残疾题材的作品里,史铁生强调的也不是残疾人肉体生存的困境,而是残疾人在就业、爱情上受到的不平等对待,及由此带来的精神上的孤独。譬如《没有太阳的角落》(1980年)里,三个在就业、爱情中遭遇种种歧视与冷遇的残疾青年,不平等的对待让他们痛呼"既然灵魂失去了做人的尊严,何必还在人的躯壳里滞留?!"《在一个冬天的晚上》(1983年)里,一对残疾人夫妇,在一个寒冷的冬夜,搭极远的车,走了极远的路,怀着极大的爱愿和期盼去领养一个私生子,终因为

---

[1] 史铁生:《答自己问》,载《病隙碎笔》(史铁生作品系列4),人民文学出版社2011年版,第187页。

是残疾人而愿望落空。

那么，是什么造成了对人道主义的粗浅理解？史铁生将原因指向了中国传统文化。他说："中国文化的兴趣，更多的是对自然之妙构的思问，比如人体是如何包含了天地之全息，比如生死是如何地像四季一样轮回……"由此，中国人的养生之道特别发达，却不大重视对生命意义的追问。[1] 他指出，中国文化中有一个极其糟糕的东西，便是"仅把人生看成生物过程，仅将人当作社会工具，而未尊重精神的自由权利与实现"[2]，但事实是"只有人才不满足于单纯的生物性和机器性，只有人才把怎样活着看得比活着本身更要紧，只有人在顽固地追问并要求着生存的意义，因而只有人创造出了灿烂的文明和壮丽的生活，于是人幸运地没有沦落到去街头随了锣声钻火圈"[3]。从本质上可以说，人是精神性的存在，这是人区别于动物的最根本特征。由此史铁生认为，真正的人道主义必是以对人作为一个独立的精神个体的尊重为前提的，它尊重人的精神的自我实现。真正的人道主义在关心人的生存问题的同时，不能漠视且更应该重视人对生命意义的追求，而残疾人也理应得到同等的待遇。

在《康复本义断想》中，史铁生就对于残疾人的援助怎样才体现了真正的人道主义，做了非常详细的阐述。他说，为丧失谋生能力的人提供生存保障，这无疑很重要。但假若仅此而已，"就像把一辆破汽车、一台坏机床修理好，就像在笼中养肥一只鸟儿"。更为重要的应该是"使那些不幸残疾了的人失而复得做人的全部权利、价值、意义和欢乐，

---

[1] 史铁生：《病隙碎笔6》第二十三篇，载《病隙碎笔》（史铁生作品系列4），人民文学出版社2011年版，第147页。

[2] 史铁生：《答自己问》，载《病隙碎笔》（史铁生作品系列4），人民文学出版社2011年版，第188页。

[3] 史铁生：《康复本义断想》，载《我与地坛》（史铁生作品系列3），人民文学出版社2011年版，第239—240页。

不单是为了他们能够生存能够生产，因为"人来到这个世界上，不是为了完成一连串的生物过程，而是为了追寻一系列的精神实现；不是为了当一部好机器，而是为了创造幸福，也享有幸福"。由此，对于残疾人，关心他们生存问题的同时，不能漠视了他们生而为人的权利，否则就不能算是人道的。在这篇文章里，史铁生主要探讨了残疾人的爱情问题。他针对一种普遍的观点，即人不能活着又怎么去爱，提出另一种看法，即人不能去爱又怎么能活。他认为这是对于生命意义的不同理解。他指出爱是人能生存下去的最大理由，也是人能活得像人的根本，"美好的爱情正是理想之一种，甚或是一切美好理想之动因"，"美好的爱情可以使人愿意活、渴望活，并焕发出千百倍创造生活的力量"。而"人道主义指引下的康复事业，是要使残疾人活成人而不是活成其他，是要使他们热爱生命迷恋生活，而不是在盼死的心境下去苦熬岁月"。史铁生最后指出，为了一切残疾人都可能享有美好的爱情，康复工作应该给性功能有缺憾的残疾人，提供性科学咨询和性工具。他认为，这并非淫秽、低级、流氓，因为在爱情的引导下，无论多么丰富多彩的性行为都是正当、美妙、高尚的。[1]

　　史铁生对人道主义的理解也体现在他对"安乐死"的态度上。他在《"安乐死"断想》和《病隙碎笔6》中对此进行了探讨。所谓安乐死，其定义是：患不治之症的病人在危重濒死状态时，由于精神和躯体的极端痛苦，在病人或亲友的要求下，经过医生的认可，用人为的方法使病人在无痛苦状态下渡过死亡阶段而终结生命的全过程。史铁生认为，在此定义前提下的"安乐死"是人道的，反之恰恰是不人道的。他批驳这样的观点，即"只要是生命，就应该无条件地让它存活下去，这才人

---

[1] 参见史铁生：《康复本义断想》，载《我与地坛》（史铁生作品系列3），人民文学出版社2011年版，第239—244页。

道，这才体现出一个社会的进步程度"。他认为这一观点是极其糊涂的，因为人是不能无条件地活着的。人的独特性正在于人有创造生活和享受生活的精神需求，而一个绝症晚期毫无康复可能的病人，已经完全无望继续创造和享受生活了，对于他们，活着就是等死，活着就意味着不得不忍受种种非人的精神和肉体的折磨。那么，究竟是在可能的情况下遵循他们的意愿实施"安乐死"人道，还是让他们毫无做人尊严、忍受超出极限的痛苦活着更人道？答案是显而易见的。史铁生认为，医生和法律帮助病人实现安乐死的愿望是符合人道主义的。但迄今我们的现实却是，大量的医疗费被用在延长身患绝症濒死的人身上，只是为了延长他们的痛苦，而还有很多的病人却因为医疗费短缺得不到更好的治疗。不得不说，这样的现实是非人道而且是极其荒诞的，是值得深刻反思，并为改变这种现状而行动起来的。[1]

史铁生在《"安乐死"断想》中，对于初生的重残儿童，能否施行安乐死也提出了自己的观点。在这篇思想随笔中史铁生的观点和他在《夏天的玫瑰》（1983年）、《来到人间》（1985年）这两篇小说里是一致的。在《夏天的玫瑰》里，一位截瘫的老人劝导一个年轻的父亲放弃先天残疾的婴儿；《来到人间》里，一对优秀的父母面对患先天侏儒病的女儿陷入了痛苦与挣扎。扼杀一个先天残缺的孩子于他（她）未知人事之时？还是努力培养残疾孩子的自我认知，以期他（她）能以后天精神的强大来对抗先天的不幸？尽管在现实中确实有一些残疾人活出了比健康人更精彩的人生，史铁生自己最终也走出了残疾的阴影，甚至对这生命的重击怀抱感恩之心，他也深刻地意识到，残缺或有限是生而为

---

[1] 史铁生：《"安乐死"断想》，载《我与地坛》（史铁生作品系列3），人民文学出版社 2011 年版，第 245 页。文中表明"安乐死"的定义引自《安乐死》（楚东平著，上海文化出版社 1970 年版，第 15 页）。

人无法避免的处境,在这个意义上,肉体的残缺相对而言似乎并不是那么可怕,但史铁生对残疾人普遍的命运依然是不乐观的。他指出,一个重残的儿童注定会有一个比常人百倍严酷的人生,那么,还不如让这些注定要备受折磨的灵魂回去,而让一些更幸运的孩子来。史铁生的这一观点大概会引起一些非议,譬如父母有没有权利替一个初生的孩子决定他(她)的生存权?再如,既然人的标志是精神,肉体的残缺并不意味着精神的残缺,一个重残的儿童,也许注定在肉体生存上比常人严酷,但是否意味着其就必定不能以精神的努力克服肉体的困境?是否意味着其必定无法享受与常人同等的精神待遇?先天没有四肢的尼克·胡哲似乎可以作为一个杰出的例子成为此类质疑的有力论据。尼克·胡哲身体残缺的程度令人震惊,但他精神之强大更给人极大的震撼。这样一个人似乎能够活着就已经相当不易,但父母的爱成为他生命的支柱,爱的信仰赋予他生命的能量和灵魂的光辉,不仅支持他活下去,更支持他成为一个对世界有贡献的人,他以他的演讲鼓舞了全世界无数的人,给予无数人以精神的支持。或许可以说,相比绝大多数健康人,尼克·胡哲拥有更为强大而健康的精神。然而,史铁生的悲观态度也并非难以理解。他的悲观一方面源于对社会现实的不乐观,在一个对人的本质是一种精神性的存在缺乏认识的社会,残疾人很难获得真正平等、真正人道主义的对待;另一方面大概也源于他在残疾后的真切体会。尽管史铁生终以强大的精神力量走出困境,活出了超脱的境界,但他经历的肉体和精神的痛苦远非常人能够想象。让那些先天重残的婴儿"回去",不要承受这注定痛苦的一生,可以说是出自史铁生发自内心的深深的悲悯。

通过对残疾人及"安乐死"问题的阐述,史铁生强调人道主义除了关心人的肉体生存,更应关注人的精神性生存,因为人的根本标志是精神,人之所以为人,人之所以与动物有所不同,就在于人是有精神的。史铁生进一步指出，人最根本的精神性需求是自由和平等。人固然生而受限，但人之精神渴望自由地伸展。对自由的意识树立起为人的标识，使人摆脱被物化、被奴役的命运；自由又必然和平等相关联。当我们说人是自由时，也即意味着人人都是自由的，只要你承认他（她）是人，就必须承认他（她）有为人的自由，由此人享有平等的权利。平等的原则又进一步规定了人的自由，意味着个体的自由不是泛滥的自由，而是应受约束的自由，因为自由如果毫无限制，那么必定侵犯他者的自由，平等也便不存在了。自由和平等是人所应享有的基本的精神权利，也是人道主义的核心观念。

二、自由、平等与博爱

在小说《不能承受的生命之轻》中，昆德拉以个体的反叛来强调个体的自由，小说中托马斯和萨比娜都是极具反叛精神、崇尚自由的人。如果说，昆德拉所强调的自由带有更多形而上的意味，史铁生则主要是在个体形而下的处境中呼唤自由的回归。叛徒的困境，正在于人作为一个精神个体，失去了在无法忍受的肉体痛苦下更改决定的自由，失去了对所谓的"理想"、所谓的"正义"说"不"的自由，也即从根本上失去了选择生存权利的自由；"我们"的位置则是强权体制及意识形态以"立场"的魔法对个体选择的强制、对其自由的剥夺；残疾人的困境也在于自由的缺失。在一个健全者居多的世界，残疾人有意无意中被划归为"异类分子"，一个健全的人在生活的方方面面所能享受到的相对自由的选择权，对于残疾人却是一种奢侈；安乐死之所以是人道的，也在于它尊重了人的自由选择，如果活着痛苦，为什么要强逼一个人痛苦地活着？史铁生还指出，中国历史上一段时期以平均主义取代人道主义的平等原则，也是以牺牲掉个体的自由为代价的。平等指向人的精神权利，但平均却是物质至上。平均绝难平均到全面富裕，只可能平均到一致的贫穷，而既然不能平均到全面富裕，便只好把一些不听话的削头去足码码齐。因此平均主义必然以强制为依靠。[1]

对自由的掠夺不可避免地造成对平等的僭越、对人权的漠视。如何来保障人权？如何在人权的意义上使每个人都能享有自由和平等？何光沪说，人在精神层次上有四项内容构成了一个不可分割的整体："人的精神性要求自由，自由要求平等，平等要求人权，人权要求正义。"[2]按照这个思路，坚持正义显然就成了保障人权、保障人享有自由平等之权利的先决条件。而正义可以指个人正义，也可以指社会正义，很显然单靠个人正义不足以保障人的自由、平等的权利，正义只有成为社会的氛围，成为社会体制的一个方向，人才能真正享有自由和平等。

但历史地来看，"正义"似乎没有一个绝对的内涵，不同的思想家曾做出过不同的界定，而从历史的事实来看，基于"正义"的出发点还往往导致非正义的横行，在这个意义上，厘清正义的观念、思考正义是非常重要的。在此我们无须对"正义"的观念、概念作历史性的梳理，不过可以稍加提及历史上曾经存在的一种正义观——这种正义观秉持的是一种目的论、效果论的原则，它以理想、信念作为至上的准则，在这一准则下，为了达成预想的结果，手段是无须思考的，事实上，暴力革命被认为是最有效率达成目的的手段。在这样一种"正义"的原则下，人不知不觉中沦为了工具或手段，成为数字一样的存在。而基于这样的"正义"原则，很多历史的惨剧似乎都应被视为历史的必然进程得到理解和原谅。史铁生所言"叛徒"的困境正是在这样一种历史的境遇中产生的：坚守信念，为了伟大的理想，不惜流他人的血，同样也不惜流自己的血，被视为是英雄的壮举，我们的历史曾经提供给我们很多这

---

[1] 参见史铁生：《病隙碎笔6》第五篇，载《病隙碎笔》（史铁生作品系列4），人民文学出版社2011年版，第136页。

[2] 何光沪：《从"普适价值"到"普世价值"》，载《三十功名尘与土》，复旦大学出版社2010年版，第297页。

样的英雄形象；而无法面对"敌人"挥起皮带甚至举起屠刀，则被视为立场不坚定的可疑分子；在酷刑下忍受不了肉体痛苦而屈服的人不得不戴上"叛徒"的帽子，最终生活在耻辱之中。相对英雄的无畏豪勇，通过电视、图片、文字等渠道提供给人们的叛徒形象是那样的猥琐、怯懦、令人憎恶。可以看出，在这样的"正义"原则下，人不知不觉中被理想挟持而异化，失去了思考的权利，事实上在强力之下，在风起云涌的媚俗大潮中，绝大多数人也失去了思考的能力。[1] 由此，这样的"正义"观是格外需要警醒的。

真正能够促进和保障人的自由和平等的正义只有在民主与法治的社会土壤中才是有可能的。在1978年的短篇小说《法学教授及其夫人》中，史铁生对民主和法治进行了初步的思考，在他后来的作品中，虽然专门谈论民主、法治的地方不多，但这样的思考并没有中断。而值得一提的是，在后期史铁生跳出了政治或法律自身的框架，引入了信仰的维度展开了对社会政治的思考。在2007年的思想随笔《老好人》中，史铁生对古希腊悲剧《安提戈涅》进行了比较详尽的解读，其主要目的是为"叛徒"正名，但同时也涉及法律和信仰的关系问题。悲剧中涉及的冲突双方：一方是人定的律法与正义；一方是亲情，是神所珍视的爱，是自明的真理。史铁生指出，人命不能成为法律的根据，其依据正在于人性是不完善的。任何人定的真理和正义，都必须放到神爱的杠杆上去衡量。譬如，人有生的权利，有种种与生俱来的平等的权利，这是天之

---

[1] 在理想、伟大进军的旗帜下所掀起的运动最具蛊惑性，人类的意识又或许本能地潜藏有理想的情结，由此极易为"理想"催眠而意识不到"理想"所潜在的危险。史铁生在关于爱情的探讨中指出，理想是把双刃剑，它既是美好的，又是危险的。理想的危险在于先天有着推行或扩大的欲望，由此极有可能走向强权、专制，剥夺了人权从而也毁灭了理想本身。史铁生是在分析爱情问题时提出这一论断的，但这一关于理想的论断显然也适用于（应该说是更适用于）社会政治的语境。

赋予，即神命，一旦在法律的框架内，人活着的权利及平等的权利得不到保障，那便是需要去检点和完善法律的时候了。正是在这个意义上，可以说，神命高于人定的律法，只有从神命出发，我们才能真正体谅伊斯墨涅的悲剧处境。故事的最终也是国王克瑞昂顺从了神命，才使得勇敢的安提戈涅摆脱了危险。

神命虽然高于律法，但史铁生又进一步指出，这并不意味着人定的真理和正义就该废除。相反，在人间的现实中，我们依然遵循法律先于信仰的主张。史铁生以婚姻为例进行说明。婚姻是人约，属于法律管辖范畴；爱情却属神约，超越法律，要用灵魂来回答。那么，婚姻中的出轨如何看待呢？史铁生指出，人约可变，神约莫违。因此，假如婚姻中没有爱情，离婚就是正当的。假如婚姻中没有爱情，第三者中却有，那么出轨需承担法律责任，但并不违背信仰。但是，假若第二者不肯离，第三者又不放，怎么办？"唯一的希望是大家都懂得：婚姻即法律，不可以不尊重，但爱情即信仰，毕竟是根本。也就是说，你先得守法，否则淫乱滋生，连神圣的爱情也将被混淆得面目全非；然而，何去何从，终归还是得面神而问——以你的诚实之心，看你的爱情何在。"[1] 由此他做出这样的评述："法律先于信仰，信仰高于法律。这差不多是和谐社会的特征。"[2] 信仰高于法律，其合理的逻辑结果似乎应该是信仰也将先于法律。但是史铁生跳出了逻辑框架，遵循现实的规则做出了他的结论。除了以婚姻为例，他在2008年《从"身外之物"说起》中，也以人权和主权之争为例，做出了同样的推断：主权在法律的范畴，人权属于信仰。

---

[1] 史铁生：《从"身外之物"说起》，载《扶轮问路 妄想电影》（史铁生作品系列7），人民文学出版社2011年版，第13页。

[2] 史铁生：《从"身外之物"说起》，载《扶轮问路 妄想电影》（史铁生作品系列7），人民文学出版社2011年版，第13页。

人道主义的践行需要法治护航，而在这里，史铁生格外强调的是，只有在法治之上树立起信仰的维度，以信仰来作为法律的衡量标准，法律才有可能体现真正的人道主义。而对于真正的人道主义的核心，即人的自由和平等的权利，史铁生也认为需要将之置于"绝对价值"和神性之光照下做一番审视。他指出，自由不是绝对的，自由一旦被视为个体绝对的、完全的权利，必会导致价值的相对主义和虚无主义，那么便只能是"真理战胜真理，子弹射中子弹"[1]，而在此自由之下，真正的平等也将不复存在。史铁生强调，在人的自由和平等之上还应该有个根深蒂固的最高判断。这最高判断来源于"天命"或"神在"。但神在哪儿？神命又是什么呢？在这里史铁生所言的上帝或神并不是人格化的，也不全然是外在的，主要等同于一种先天的或曰先验的价值原则，具体来说，便是真、善、美、公正、爱愿……他指出，"人类心中，早已先验地埋下了神命的受体，或对善爱的响应"[2]。但问题是，我们又如何辨别何为神说，何为人传呢？也就是如何证明先验价值的存在呢？史铁生举出了两条证据："证据之一是：任何人干了坏事心里都不自在，尽管显意识可以掩盖它，甚至掩盖到只在梦里莫名其妙地显现；而相反的行为则会让人心安理得，甚至引以为荣耀。证据之二是：素不相识者，只要语言相通，都可以毫无障碍地讨论善恶，无须先做界定；否则，没有价值标准，人与人之间其实不能说话。"[3] 不过还有一个问题是，假如承认了先验价值，神是不是就多余了呢？史铁生认为，"人会掩盖罪恶、夸

---

[1] 史铁生：《"自由平等"与"终极价值"》，载《扶轮问路 妄想电影》（史铁生作品系列7），人民文学出版社2011年版，第59页。

[2] 史铁生：《"自由平等"与"终极价值"》，载《扶轮问路 妄想电影》（史铁生作品系列7），人民文学出版社2011年版，第60页。

[3] 史铁生：《"自由平等"与"终极价值"》，载《扶轮问路 妄想电影》（史铁生作品系列7），人民文学出版社2011年版，第61页。

大光荣、模仿激情、假冒真诚……"[1]。可见，基于对人性的认识，史铁生并不赞成古希腊"知识就是美德"的说法，先验价值的存在并不能保证人不作恶。康德的意志自由也决定了人既有行善的可能，也有作恶的可能，甚至后者的可能性更大，那么，如何防止作恶？康德更强调的是人基于理性的自律精神，人为自己立法，同时对自己负责。而史铁生强调神的他律。先验价值的落实需要神或神性的监督。在这个意义上，他所指的"神"又是外在的，具有了人格化的特征。[2]

康德的哲学体现了启蒙哲学理性至上的原则，而史铁生则坚信人是有限的，人的理性不能保证人行为的道德性，唯有依靠上帝的监管，人性之恶才不会泛滥。史铁生一再强调，自由平等虽是天赋人权，可以说是人之底限，但这个"底限"需要"上线"的确保。"'上线'一定是高于'底限'的，但他们不是轻蔑与被轻蔑的关系，而是存在的必然，是保持存在的动态与和谐的必要。这个必然与必要，是不可以在其任何一点上被破坏的；而破坏，从来都在两个方向上显示：一是'上线'对'底限'的轻蔑、甚至打击，即精英主义的过度；二是'底限'对'上线'的抹杀，甚至敌视，通常是价值虚无的泛滥。"[3] 在史铁生看来，自由平等作为人道主义的核心原则，不需取消也不应该取消，需要取消的

---

1 史铁生：《"自由平等"与"终极价值"》，载《扶轮问路 妄想电影》（史铁生作品系列7），人民文学出版社 2011 年版，第 61 页。

2 康德也强调上帝的存在。不过在传统基督教中，上帝是尘世的立法者，是道德的原因，也是人及人性的监管者。但在康德的哲学里，二者的关系是倒置的，康德是以道德释《圣经》，而非以《圣经》释道德。康德对上帝及永生的设定，是基于其道德形而上学之完善性的需要。尽管康德强调责任，强调人为责任而行动，而不是为了个体的幸福或其他功利的目的。但是在他看来，高尚的德性仍需要与之匹配的幸福才是最理想的，而只有上帝和永生的存在才能提供这种保障。这似乎是康德哲学里没有放弃上帝的主要原因。

3 史铁生：《"自由平等"与"终极价值"》，载《扶轮问路 妄想电影》（史铁生作品系列7），人民文学出版社 2011 年版，第 62 页。

是人为的中介,需要警惕的是人心或人性的有限。自由不能是自由的根据,平等不能请平等来捍卫。自由、平等之上还有不自由和不平等,即"天命"与"神在"。这便是史铁生基于对人性的洞察,从基督宗教的精神中所汲取的关于"自由平等"与"终极价值"的辩证认识。

除了自由和平等,史铁生也格外阐扬一种博爱的精神。事实上,他对"叛徒"的难题、对"我们"的位置、对信仰与法治的关系等社会政治层面的思想探索,既表达了对自由平等的渴望,也表达了其博爱的情怀。他认为博爱的情怀是人道主义的崇高理想,且一再强调指出,唯有宏博的爱愿才是人类根本的拯救之道。他从"神命"、"终极价值"的思想出发,将"博爱"从有限的人际的视域一步步提升到无限的宇宙的层次,由此他所言的"博爱"具有了宗教的性质。在1988年的随笔《自言自语》中,他指出,如果仅以"齐家治国平天下"为最高目的,将视野局限在阶级、民族之上,那么,正如惨痛的历史所证明的,人性将被压抑扭曲,人类将永远走不出强权、争斗的怪圈。而他在此文中阐释"绿色和平组织"的理念时又更加明确地提出,绿色和平组织是在一个更大的系统中看到了人的位置与处境。当我们"如神一样地俯察这整个的人类之时,我们就把系统扩大了一维"。我们不仅应该跳出有限的人群、跳出阶级、民族的视野,还应该从人类的人,到自然场中的人,将系统一步步扩大,而这样的扩大是永无止境的。[1]

应该说,在世界各大宗教与文明中,博爱都是最根本的精神指向,在中国文化中,尽管没有"博爱"的说法,但儒、释、道三家作为中国传统文化的代表实际上均有博爱的精神追求。譬如儒家的"四海之内皆兄弟"之说、道家的"万物一体"观念、佛教的"众生平等",包括墨

---

[1] 史铁生:《自言自语》,载《病隙碎笔》(史铁生作品系列4),人民文学出版社2011年版,第206—207页。

家的"兼爱"都指向了博爱的精神。博爱是爱的最高境界,也应被视作人性的最高理想,它又是具有宗教性的,而博爱的宗教性质在道德实践中具有重要意义。何光沪在《宗教、道德与爱的维度》一文中曾指出,仁爱或曰博爱具有深刻的道德性质,但这种道德性质并不能仅限于人间的伦理,否则就很难得出任何具有绝对性或无条件性的道德命令。在几乎所有的文化传统中,具有绝对性或无条件性的道德命令都必须以宗教诫命的形式得到表述,并在宗教经典中得到阐扬,而"仁爱"或曰"博爱"就是其中的基本概念,"它构成了以宗教为基础的道德核心。它很好地例证,要提升人间的道德,某些宗教性的概念是必不可少的"[1]。这大概也是史铁生要将博爱与"神命"、"终极价值"关联起来的原因。

---

[1] 何光沪:《宗教、道德与爱的维度》,载《月映万川——宗教、社会与人生》,中国社会科学出版社2003年版,第21—22页。

第六章 "看不见而信"
——史铁生的上帝观（一）

作家李锐在《自由的行魂或史铁生的行为艺术》一文中，将史铁生的长篇小说《我的丁一之旅》看作是一场"生命的行为艺术"[1]。如果说，独立的姿态、自由的追求，是行为艺术也正是艺术之精神本质的话，"生命的行为艺术"也可以看作是对史铁生一生创作的准确比喻。这一比喻之恰切还在于写作之于史铁生的特殊意义，正如李锐所说，生生不息的写作行为，是"史铁生一息尚存的生命活下去的理由和证明"[2]，对于史铁生而言，活着不是为了写作，写作是为了活着，正是凭借着手中的笔，史铁生走出了生命的苦海，活出了常人无法企及的境界。在这个意义上，我们也可以说，写作是史铁生终其一生，以其病弱之躯进行的

---

1 李锐：《自由的行魂或史铁生的行为艺术》，《读书》2006年第4期。李锐之所以对《我的丁一之旅》得出这一论断，主要在于，他认为史铁生在此之前的作品，包括《务虚笔记》和《病隙碎笔》等，都没能摆脱肉身的体验、经历和肉身立场的羁绊。而《我的丁一之旅》则完全摆脱了羁绊，是"自由自在跨越时空和生死，跨越精神和肉体"的生命的自由行为。将《我的丁一之旅》比作一场"生命的行为艺术"，既表达了对其在叙事上呈现出的超越以往的灵动和张力的欣赏，也是对这种自由叙事背后所体现的作者精神之舒展、灵魂之自由的赞誉。

2 李锐：《自由的行魂或史铁生的行为艺术》，《读书》2006年第4期。

一场"行为艺术"。

这一行为艺术有它鲜明的主题——"信仰与救赎"。"信仰与救赎"勾连起了史铁生生命、写作的全部主题。信仰的追问开始于对生命之苦难的深刻体认：命运的无常、死亡的必然、人与人之间的差异与距离注定了人本质上的孤独；而在历史进程中，还有社会政治所施加于人的苦难。苦难要求超越，渴望救赎。尘世现实、一切有限之在，不能成为人的安身立命之本，因此所谓超越，便意味着超越现实现世，超越一切有限之在。任何宗教都具有这种超越性。但是从个体生命的角度，对命运、死亡、孤独的体认并没有让史铁生依附于基督教、佛教或其他具体宗教，以寻求终极救助或最终救赎，他是以一种哲学性的探索来超越生命之苦难的。而当史铁生将关注的目光转向社会、民族的发展，以及普遍的人类命运时，基督文化、基督精神的价值和意义得到了强调，这主要体现在他的人道主义思想及以基督教上帝观为核心的信仰探索中。在他的人道主义思想中，史铁生强调了"终极价值"、"神性之光照"、"基督之爱"之于人在自由、平等的追求及个体尊严上的意义；在《病隙碎笔》及其后多篇思想随笔中，他以基督教上帝观为核心的信仰阐述，则让我们对基督文化与基督精神有了更为深入的了解。同时史铁生的思想也从两个方面启发了我们的思考：第一个方面在于认识论层面，史铁生强调"看不见而信"，也即强调信仰的非理性特质，而深入他的这一阐述，我们需要面对这样的问题，即理性之人该如何感知或走近非理性之存在——"上帝"？在有关"上帝"信仰的问题上，人的理性和信仰之间能否达成和解？又如何达成和解？这是本章所要阐述并力图解决的问题；二是在西方神学与宗教哲学中，神人关系有很多种思路，史铁生在救赎论的意义上，格外强调其中的一个思路，即神人距离说。史铁生认为，人是有限，"上帝"是无限，人只能走近"上帝"，却永远无法真正走进"上帝"。他为什么格外强调这一思路？这样一种神人关系的设置或表述,是否在某种意义上与人对自由及对自我人性之尊严的追求产生冲突?这是下一章要面对的问题。

史铁生关于信仰的阐述,是在耶佛的比照下展开的。尽管他说他"昼信基督夜信佛",但是在他有关信仰的阐述中,佛教时常是被作为反例来运用的。总体来看,史铁生所批评的并非是原旨意义上的佛教思想,而是流于世俗化、功利化的民间信仰,这是需要指出的。在论述史铁生的上帝观时,阐发其佛教思想会破坏论述的逻辑和结构平衡。因此将这一部分放在"补编 —— 史铁生的佛教观"中。

两种上帝:创世主与救世主

总有些人似乎天生与宗教有着特殊的缘分,史铁生就是如此。在尚还年幼懵懂的时期,教堂和庙宇就以各自不同的形式力量触动了他的灵魂。在《庙的回忆》一文中,史铁生说,回想起来,他住过以及他熟悉的胡同里,都曾有庙或庙的遗迹。在他幼时,离家不远的一个胡同里,就有一个香火犹存的庙,或是庵,那是奶奶经常带他去的地方。"庙院很大,松柏森然","夏天的傍晚不管多么燠热难熬,一走进那庙院立刻就觉清凉,我和奶奶并排坐在庙堂的石阶上,享受晚风和月光,看星星一个一个亮起来"。"庙堂中常有法事,钟鼓声、铙钹声、木鱼声,噌噌吰吰,那音乐让人心中犹豫。诵经声如无字的伴歌,好像黑夜的愁叹,好像被灼烤了一白天的土地终于得以舒展便油然飘缭起的雾霭。奶奶一动不动地听,但鼓励我去看看。我迟疑着走近门边,只向门缝中望了一眼,立刻跑开。那一眼印象极为深刻。现在想,大约任何声音、光线、形状、姿态,乃至温度和气息,都在人的心底有着先天的响应,因而很多事可以不懂但能够知道,说不清楚,却永远记住。那大约就是形式的力量。气氛或者情绪,整体地袭来,它们大于言说,它们进入了言不可及之域,以致一个五六岁的孩子本能地审视而不单是看见。我跑回到奶奶身旁,出于本能我知道了那是另一种地方,或是通向着另一种地方;比如说树林中穿流的雾霭,全是游魂。……我钻进奶奶的怀里不敢看,不敢听也不敢想,惟觉幽冥之气弥漫,月光也似冷暗了。"[1]

庙宇的肃清、令人心生犹豫不安的木鱼声、诵经声、寺庙整体笼罩的幽瞑之气,给童年的史铁生留下了难忘的印象。寺庙整体的氛围指向了"另一个地方",这对一个初来世间的生命,是一种"严重的威胁"。及至年长,大多庙宇已被拆除,庙的时代已经成为过去,史铁生说他开始怀念起庙的形式,怀念起那些让人心生犹豫的音乐,因为"终于符合了我的已经不太年轻的生命",然而他坦言,他仍然不是多么喜欢那样的音乐。"那音乐,想一想也依然令人压抑、惶恐、胆战心惊。"[2]

相对于庙宇及庙宇的一切形式,教堂悠扬的音乐与钟声,还有那怀抱婴儿慈目低垂的圣母像对童年的史铁生更有天然的吸引力。在《消逝的钟声》一文中,史铁生回忆奶奶曾带他到一所幼儿园去的情景。那是苏联东正教会办的一所幼儿园,他的堂兄当时正在那所幼儿园上学。[3]史铁生平生第一次看见了教堂,"细密如烟的树枝后面,夕阳正染红了

---

[1] 史铁生:《庙的回忆》,载《我与地坛》(史铁生作品系列 3),人民文学出版社 2011 年版,第 51—60 页。

[2] 史铁生:《庙的回忆》,载《我与地坛》(史铁生作品系列 3),人民文学出版社 2011 年版,第 58 页。

[3] 史铁生的堂弟史铁桥在《永远的背影》一文中说,史铁生印象中的教会幼儿园就是他的大哥当时所上的位于南馆的苏联东正教会幼儿园。参见史铁桥:《永远的背影》,载"写作之夜"丛书编委会主编:《生命——民间记忆史铁生》,中国对外翻译出版有限公司 2012 年版,第 178 页。

它的尖顶"。"我跟着奶奶进了一座拱门,穿过长廊,走进一间宽大的房子。那儿有很多孩子,他们坐在高大的桌子后面只能露出脸。他们在唱歌。一个穿长袍的大胡子老头儿弹响风琴,琴声飘荡,满屋子里的阳光好像也随之飞扬起来。……那样的琴声和歌声我从未听过,宁静又欢欣,一排排古旧的桌椅、沉暗的墙壁、高阔的屋顶也似都活泼起来,与窗外的晴空和树林连成一气。那一刻的感受令我终生难忘,仿佛有一股温柔又强劲的风吹透了我的身体,一下子钻进我的心中。后来奶奶常对别人说:'琴声一响,这孩子就傻了似的不哭也不闹了。'我多么羡慕我的堂兄,羡慕所有那些孩子,羡慕那一刻的光线与声音,有形与无形。我呆呆地站着,徒然地睁大眼睛,其实不能听也不能看了,有个懵懂的东西第一次被惊动了——那也许就是灵魂吧。"跟着奶奶从幼儿园出来的时候,晚祷的钟声敲响了,"唔,就是这声音,就是他!这就是我曾听到过的那种缥缥缈缈响在天空里的声音啊!"[1]

教堂的钟声敲醒了史铁生的记忆,他恍然忆起他一来到世上就听到的那种声音正是这教堂的钟声,就是从那尖顶下发出来的。这是多么奇妙的事,一个人刚来到世上就产生了对外界的觉知,并且这觉知保存了下来成为长久的记忆。或许教堂(基督教)之于史铁生的确存在某种先天的宿缘。教堂和那所教会幼儿园,在史铁生那次去过之后不久就被拆除了。再次听到钟声是在40年后的某天,在异国的某个城市。钟声响起,他和妻子在那钟声里慢慢地走,认真地听,钟声唤起了一种辽阔无比的心情,让他好像一下子回到了童年,回到了故乡……[2] 当生命中一系列的厄运袭来:20岁出头忽然残疾,从小把他带大的奶奶突然无疾

---

[1] 史铁生:《消逝的钟声》,载《我与地坛》(史铁生作品系列3),人民文学出版社2011年版,第24—25页。

[2] 史铁生:《消逝的钟声》,载《我与地坛》(史铁生作品系列3),人民文学出版社2011年版,第25页。

而终，深爱他的母亲默默承受着儿子残疾带来的巨大痛苦，终于支撑不住，久病成疾，尚值中年便离开了人间，至死都放心不下残疾的儿子和还年幼的女儿……[1]史铁生所曾暗自向之祈祷，也曾诅咒而终于对之有所领悟的不是佛菩萨，而是"神"或"上帝"。这种看似微不足道的细节，似乎意味着在潜意识中，西方宗教的"神"或"上帝"更能指引他破解生命之谜，也更能给他温暖与慰藉。

"神"和"上帝"是史铁生作品中出现频率最高的字眼，在他发表的第一篇作品《爱情的命运》（1978年）中，"神"就出现了。纵览史铁生提到"神"或"上帝"的篇章，可以清晰地看到如下轨迹：在他早期的作品中，"上帝"或"神"尽管不时被提到，但或是面对厄运自然生起的求助反应，如他所说，"危卧病榻，难有无神论者"，在命运的混沌之点，人自然会向着虚嗅寄托一份虔敬的祈盼[2]；或是他理解命运、承纳苦难的一种心理慰藉。譬如在他第一篇小说发表后，想到深爱他的母亲早已离去，不能分享他的一点点快乐，史铁生说有那么一

1　见史岚：《我和哥哥》，载"写作之夜"丛书编委会主编：《生命——民间记忆史铁生》，中国对外翻译出版有限公司2012年版，第165—174页。在这篇纪念哥哥史铁生的文章里，史岚详细记述了自史铁生双腿瘫痪后，他们一家所经历的磨难：哥哥瘫痪，狂躁易怒，几度自杀；远在云南的母亲牵挂儿子，申请调回北京以便照看家庭，却不被批准，只能一个人躲在草丛、老树下嚎啕。最后放弃工资回京，全家经济陷入困境。家里要照看，单位又一再催回去，本来体弱的母亲承受不住煎熬，肝硬化大出血，痛苦地离开了人间，至死放心不下年幼的女儿和残疾的儿子；母亲去世后，内在的痛苦，对母亲的思念，让父子三人从来不敢提起母亲。家庭一系列的变故也让原本聪慧的史岚变得精神游离，成绩一落千丈。"常常欲哭无泪，每时每刻都感到孤独和无助，心里的悲伤和恐惧就像一个巨大的网把我紧紧地缠绕着"，总是担心家里再出事，"有时候放学回家，看到院门口停着一辆救护车，我会一下两腿发软，勉强走到家，知道不是我们家又出事，才慢慢放下心。有时候回到家，发现他们都不在，又会忽然泪流满面，感到从未有过的孤独。有时候想哭、哭不出来，有时候又会哭得死去活来，把自己哭累……"。当时小小年纪的她甚至想到了死，觉得死是件幸福的事。

2　史铁生：《我二十一岁那年》，载《我与地坛》（史铁生作品系列3），人民文学出版社2011年版，第175页。

会儿，他对世界、对上帝充满了仇恨和厌恶，他在那个安静的树林里，痛苦地闭目沉思：上帝为什么早早地召母亲回去呢？"很久很久，迷迷糊糊地，我听见了回答：'她心里太苦了。上帝看她受不住了，就召她回去。'我似乎得到一点儿安慰，睁开眼睛，看见风正从树林里穿过。"[1] 再如1987年的短篇小说《原罪·宿命》。《原罪》篇讲述了生来残疾的十叔的故事。生来残疾就是无辜受苦，这是人的原罪。史铁生并不是在基督教的意义上言说原罪，十叔之"原罪"指的是人的有限性，是生而为人无法摆脱也无力去抗争的境遇。《宿命》篇里写了一个前程似锦的青年突遭厄运变成残疾的悲剧。围绕这一个体的悲剧推问下去，不过是由于一条狗放了一个屁。这显然是一个荒诞的隐喻，暗示着命运之荒谬，面对这荒谬，你的无数个"为什么"的质问都得不到合理的回答。唯一的回答就是："上帝看这是好的，事情就这样成了，有晚上有早晨，这是第七日以后所有的日子。"[2] 总起来看，在史铁生前期的作品中，或许隐约藏有对某种神秘性的感悟，但至少文中言及的"上帝"还只是被借用来理解命运、承纳苦难的语词，对"上帝"的言说，尚未进入宗教的语境。事实上，史铁生在这一阶段的多篇作品中否认了"上帝"的存在。譬如在《爱情的命运》（1978年）和《山顶上的传说》（1984年）中，对辩证法的认识使史铁生在肯定命运之神秘莫测的同时否定了造物主的确有。他指出，人们看不透命运，并不是因为背后有个神秘莫测的造物主，而是因为人的认识能力是有限的，但世界上的矛盾和规律却是无限的；在《我二十一岁那年》（1991年）中，他

---

[1] 史铁生：《合欢树》，载《我与地坛》（史铁生作品系列3），人民文学出版社2011年版，第138页；也可见史铁生：《我与地坛》，载《我与地坛》（史铁生作品系列3），人民文学出版社2011年版，第5页。

[2] 史铁生：《原罪·宿命》，载《原罪·宿命》（史铁生作品系列2），人民文学出版社2011年版，第250页。

说他常默念着"上帝保佑"而陷入茫然,最终明白,神实际上就是人的精神,"在科学的迷茫之处,在命运的混沌之点,人惟有乞灵于自己的精神。不管我们信仰什么,都是我们自己的精神的描述和引导"[1]。需要指出的是,在这一阶段史铁生所否定的只是传统宗教中人格化的上帝或神,但是他在有关命运和死亡的阐释中涉及的关于世界之无限的认识,表明其思想中隐含着一个"物自体"的领域,而这正为宗教的神秘性或上帝预留了位置。

史铁生前期作品中,"上帝"或"神"被提及主要还是因为一己之境遇,而他中期的作品开始面向普遍的人类之生存,在这一时期,关于"上帝"有不少寓言化的写法。譬如在1988年《小说三篇》之"脚本构思"中,史铁生站在上帝的视角,揣度上帝对人间的构思与安排:上帝是全能的,却独独不能做梦,无梦的日子最为难熬。上帝在萎靡不振中创造的火花闪现,想到虽然他不能做梦,但他可以令万物入梦,由此他观赏万物之梦,便一样有了梦的痴迷与欢乐。上帝为这个如梦的游戏和玩具起了个名字,叫作:戏剧。随后上帝开始考虑脚本。首先要在角色们的能力与欲望之间布置一个永恒的距离。"不是不让他们的欲望实现,而是让他们每一次欲望的实现都同时是一个至一万个新欲望的产生!"为了让角色们保持对脚本的新奇感,"当一些角色乏了、腻了、老了,果真看透了这是个无目的的戏剧,就要及时撤换他们,让他们消失让一批尚不知天高地厚的角色们出现,或让他们去渡一条河,在那儿忘记以往的一切,重新变得稚嫩变得鲜活,变成激情满怀踌躇满志的角色"。偶尔上帝一时疏忽忘记撤换下某些看透了上帝意图的角色,那么他们便有两种选择,一是退回到舞台边缘,临时成为一个驴;一是仍活跃在舞

---

[1] 史铁生:《我二十一岁那年》,载《我与地坛》(史铁生作品系列3),人民文学出版社2011年版,第183页。

台中心，慢慢体会上帝最初不得不做此脚本的苦衷。当然，也可能有些角色会把他们看透的事四处声张，从而可能使戏剧失去魅力，但是也不用害怕，上帝令其余角色绝不相信这几个角色的话。一切都安排停当，上帝最后要做的就是像摇签筒一样，把他创造的这个舞台摇一摇，从而每一个角色占据的位置都是偶然的。这样戏剧便有了悬念，戏剧也就有了梦的效果。[1] 如果说，前期作品中的"上帝"仍带有一定的宗教神秘性的话，那么在中期以《小说三篇》（1988年）为代表的寓言化的作品中，史铁生更多只是借由"上帝"形象化地表达了他这一时期对于生命日益成熟坚定的理性思考：命运注定是无常的；死亡是必然的；而人之欲望显然具有积极的意义，否则生命该是多么的无趣。

不过到了后期，史铁生作品中的"神"或"上帝"明显具有了宗教性意涵。主要见于1999年开始发表的《病隙碎笔》系列，以及2007年和2008年的多篇思想随笔，譬如《智能设计》（2007年）、《看不见而信》（2008年）、《"自由平等"与"终极价值"》（2008年）、《欲在》（2008年）。这一阶段，史铁生进入了基督宗教的领域来言说上帝，且对上帝信仰有了极其思辨的深入论述。这种思想上的转变主要在于他将目光从生命本体的境遇转向了对社会、民族，及普遍意义上人类命运的关注，而这一时期对于西方文化、宗教思想广泛深入的阅读，则让史铁生意识到了基督信仰之于人类文明的价值与意义。

在后期作品中，史铁生区分了两种上帝形象：一种上帝全知全能，是至高存在，他神秘莫测地把人的处境安排停当，不由分说地给人以困阻与苦难，高不可攀到人休想与他讨价还价；如果说这一位上帝是作为有限之在的人永不可及的无限之在，那么另一位上帝则借由

---

[1] 参见史铁生．《小说三篇》，载《命若琴弦》（史铁生作品系列1），人民文学出版社2011年版，第321—325页。

基督临在于世，通过耶稣的生、死、复活显示自己，以他的苦弱、谦卑，及至十字架上的牺牲给人启示，唤醒人类内心深处情感和道德的觉知。这一位上帝教人不屈，给人希望，与人同苦，教人互爱，希望人们"把一条困苦频仍的人生（真）路，转变成一条爱愿常存的人生（善）路；把一条无休无止、颇具荒诞的人生（实）路，转变成热情浪漫、可歌可泣的人生（美）路"[1]。可见两种上帝截然不同：前者高高在上、冷若冰霜；后者慈爱、谦卑，为了人类得以救赎，甘于牺牲自己的全部。前一种上帝，史铁生称之为创世主或造物主，接近于《旧约圣经》里的上帝；后一种上帝，史铁生称之为救世主，符合《新约圣经》所提供的上帝形象，是基督教意义上的上帝，也是现当代西方神学、宗教哲学更为重视的上帝。在《病隙碎笔》中，史铁生还没有将二者分开，还是统称为"神"，在同一段的描述中，有时既有创世之神的影子，也有救世之神的影子。关于二者分别的赋名与论述，是在2007年和2008年的几篇作品里。[2]

早中期作品中，史铁生尽管在理性认识的层面否认了上帝的存在，但仍可看出其潜意识中保留着一块神秘主义的领域。这一神秘的领域给我们呈现的正是那样一个全能而又冷漠，只能让人揣度其善意的造物主（创世主）的形象：《树林里的上帝》（1981年）中，看到动物界和人类之间的弱肉强食，让人不得不对之发出质疑的上帝：既是芸芸众生的救星，又为什么一定要搞成你死我活？《合欢树》（1985年）里，想到母亲一生艰难的命运而难以排解痛苦时给予他安慰的上帝：因为母亲心里太苦了，上帝怕她受不住了，就召她回去了；《原罪·宿命》（1987

---

[1] 史铁生：《看不见而信》，载《扶轮问路 妄想电影》（史铁生作品系列7），人民文学出版社2011年版，第64页。

[2] 参见史铁生：《智能设计》、《看不见而信》、《"自由平等"与"终极价值"》、《欲在》，载《扶轮问路 妄想电影》（史铁生作品系列7），人民文学出版社2011年版。

年）里对人的苦难与荒谬的命运无动于衷的上帝；《小说三篇》（1989年）"脚本构思"里，出于自己做梦的愿望，而让人间充满偶然性的上帝；《我与地坛》（1990年）、《游戏·平等·墓地》（1992年）里，让人间充满矛盾、差别、偶然，使得人间犹如一出戏剧，让人领悟其脚本设计得周密却很难说得上公正的上帝；《病隙碎笔1》（1999年）中，让虔诚的信徒约伯屡遭厄运，最终又把约伯失去的一切还给他的上帝……在史铁生早中期的作品中，似乎没有"救世主"的形象，而在后期的作品中，"救世主"的形象与精神得到了格外强调，体现了他对基督文化与精神的由衷欣赏。

从宗教哲学史来看，在很多哲学家那里，"创世主"形象的上帝和"救世主"形象的上帝是对立而不可调和的，譬如我们在第一章关于史铁生"存在"观的反思中提到的，别尔嘉耶夫就曾严厉地拒斥了前一种上帝，认为其是人奴性意识的产物，但高扬了后一种上帝的形象和精神，认为唯有这一种上帝才能解放人，才能真正给人以爱与自由的启示。但是在史铁生的思想里这两种上帝始终并存，而到了后期，在《病隙碎笔》，尤其是上述提到的2007年和2008年的几篇作品中，史铁生则通过"三位一体"的说法，将两种上帝合二为一，并由救世主的存在领悟到创世主冷漠背后的恩慈，从而在一种不自由的宿命下力图找回人的自由，并由此阐述了信仰的真意。

史铁生指出，在人类信仰的早期，人们无一例外都是向那神秘的创世者祈求好处的，但直到十字架上的耶稣，才使得人类信仰迈出了全新的一步，即不再是向神祈求优惠，而是转而要求自己跟从神的引领：人要互爱。救世之神的诞生，让我们看清了信仰的歧途，即在于求实利而忘虚心，但信仰的真意则在于灵魂的拯救，寄望于善美的天国降临人心。也正是因此，面对毫无来由的接连不断的巨大不幸，约伯的信心是真正的信心，最终上帝把约伯失去的一切还给了约伯，赐福给了这个屡遭厄运的老人。这个赐福不是信心之前的许诺，不是信心的回扣，而是苦难极处不可以消失的希望。"上帝不许诺光荣与福乐，但上帝保佑你的希望。人不可以逃避苦难，亦不可以放弃希望——恰是在这样的意义上，上帝存在。命运并不受贿，但希望与你同在，这才是信仰的真意，是信者的路。"[1] 由此，可以意识到那个高高在上、冷若冰霜的创世之神背后的恩慈：若非他的恪尽职守、严格拒斥人的贪心，人怎会相信救世之神的倡导呢？而人的这种领悟，便是救世之神诞生于人心的时刻，便是圣灵降临的时刻。创世主（圣父）、救世主（圣子）、人的灵魂的觉醒（圣灵）原是一个本体、三个位格，也即"三位一体"[2]。创世主依旧冷漠，这个世界依然充满苦难，但正是这不尽的苦难，唤醒了人类的灵魂觉知，正是这冷漠的物界为生命开启了善美之门。面对苦难，人不可以逃避，但也不是被宿命牵动的玩偶，而应该是一个充满想象力的自由艺术家，接受宿命，又相信在这一宿命下，生命充满了无限的可能性。[3]

史铁生指出，正是因为造物主的冷漠、苦难的永恒，救世主的存在才具有了其宝贵的价值。救世主强调的是信心、希望与爱，天国即在人心，提供的是一条"过程式"的天堂观，由此信仰具有了非同凡响的方向。也正基于这种认识，史铁生对佛教提出了批评，他指出，佛教的"灭欲"、离苦得乐的思想，许诺了一条"到达式"的天堂观，使得佛教

---

[1] 史铁生：《病隙碎笔1》第十篇，载《病隙碎笔》（史铁生作品系列4），人民文学出版社2011年版，第6页。

[2] 事实上，在"三位一体"的思路里，如果创世主（圣父）依然取一种人格化的意象，便依然无法摆脱理性和道德的质疑，正如我们在本书第一章第三节中所阐述的。只有把创世主（圣父）放置到超人格的领域，才可被理解和接受的。

[3] 参见史铁生：《欲在》，载《扶轮问路 妄想电影》（史铁生作品系列7），人民文学出版社2011年版，第72—73页。

信仰沾染上了功利性色彩，由此背离了信仰的正途。[1]

"上帝"无疑是理解和接纳基督文化、基督精神的关键点。史铁生关于两种上帝的辨析，提示了上帝作为精神象征的内涵及其意义，但是要真正走进基督教的世界，还应该更加深入地涉及有关上帝的如下问题：上帝是谁？上帝在哪儿？上帝和人、和世界是什么关系？而关于上帝这样一种超越性的存在，更为重要的问题也许是，上帝存在吗？或者说，人该如何认识和走近上帝？如果不能确信上帝的存在，人又该如何在基督宗教的意义上建立起信心，获得希望及爱的动力呢？上帝存在的问题也即上帝的本体论问题，一直是西方神学和宗教哲学史上的重大问题。而这一问题对于中国语境下的我们，更是理解和接纳基督文化不可回避的首要问题。

史铁生关于上帝的思辨刻下了其自身生存的及理性的烙印。如果说西方文化、思想的阅读，提供了他方法论，开阔了其思维的视野，强化了其思维的深度；那么他自身的苦难经历，及其由自身苦难所引发的对人普遍的生存境况的反思，则是他直接的精神资源，这是他思想的重要根基。史铁生早中期关于上帝的文学性表达及其关于命运等主题的理性思索，有助于我们理解他后期关于上帝日益抽象化的论述；而通过他后期理性的论述，又能进一步帮助我们厘清他早中期关于上帝、关于命运的表达和思考。尽管他早中期并不认同上帝的存在，但关于上帝思想的精神脉络在其作品中是贯通的。因此，下文及下 章中关于史铁生上帝观的论述，并不局限于他后期的几部作品，而会贯穿起他的生命经历和

---

[1] 尽管如史铁生所说，他批判的大抵是流行之佛说，是被实用主义或功利主义歪曲或异化了的佛说，不过，他对信仰之非功利性的强调也引发我们对佛教的思考：相对于基督教以上帝之爱为宣传要旨，佛教在中国民间普及化的过程中，则是以因果报应之说为先导，由此在信佛者内心首先埋下的是趋利避害之种子，而非慈悲大爱之情怀。由此可以说，民间佛教功利性之流弊很大程度上是佛教基于普及的需要所带来的后果。

思想历程。

|"看不见而信"

在西方宗教和神学史上,神学家和哲学家们就上帝存在的问题,也即上帝的本体论问题,做出了种种理性的推论或证明,譬如著名的安瑟伦的本体论证明[1]和阿奎那的五项论证[2],然而,"历史证明,关于上帝存在的证明,尤其是传统形式的证明,从哲学角度来看,都属于对人类理性能力的僭越和滥用"[3]。这些推论和证明被认为只是加强了已有的信

---

[1] 中世纪早期哲学家安瑟伦在思想史上之所以著名,正是因为他关于上帝存在的证明,在哲学史上,被称之为"本体论证明"。他的方法是"信仰寻求理解",也就是说,人并非为了相信而去理解,而是为了理解而相信。在这样的认识下,他给予了上帝存在的证明以一种极为简洁利落的推理形式,即上帝是"无法设想比他更伟大的存在的存在",或者说,上帝是可以想象得到的最伟大的存在。参见〔美〕S.E.斯通普夫、J.菲泽:《西方哲学史 从苏格拉底到萨特及其后》(修订第8版),匡宏、邓晓芒等译,世界图书出版公司北京公司2009年版,第138—141页。这一论证从其诞生伊始就遭到了反驳,但这一证明也给予了后来神学家及宗教哲学家们以启发。

[2] 托马斯·阿奎那是中世纪晚期的经院哲学家,他的重大贡献是完善了"经院哲学的方法",把信仰和理性的结合提升到了它的最高的形式。在接受启示和传统神学真理的同时,他力图提供理性的论证以使这些启示的真理成为可以理解的。可见,他与安瑟伦的思想是完全不同的,他提供的上帝存在的五项证明,其方法与安瑟伦是相反的。阿奎那认为,所有的知识都必须开始于我们对感觉对象的经验。他的五项证明全都以我们凭着感官经验到的日常对象的观念为基础。从运动、致动因以及必然存在出发的证明被称为"宇宙论证明";另外两项分别是从我们在日常事物中看到完满性等级出发的证明及基于我们在世界中看到的秩序而提出的关于上帝存在的证明。阿奎那的证明是一种实质性的理智成就,属于西方哲学最著名的论证之列,但依然是可以提出质疑的。参见〔美〕S.E.斯通普夫、J.菲泽:《西方哲学史 从苏格拉底到萨特及其后》(修订第8版),匡宏、邓晓芒等译,世界图书出版公司北京公司2009年版,第148—155页。

[3] 何光沪:《多元化的上帝观——20世纪西方宗教哲学概览(增订版)》,中国人民大学出版社2010年版,第124页。

仰，而不能证明上帝的存在。康德在《纯粹理性批判》中就逐一反驳了传统的关于上帝存在的三种论证[1]，但他所提出的关于上帝存在的道德论证，也被指明了局限。[2] 现代宗教哲学家约翰·希克就对几乎每一种传

---

[1] 对于上帝存在的传统证明，主要有三种：本体论的、宇宙论的和目的论的。本体论的证明以安瑟伦的证明为代表，这一证明的本质就是断言，既然我们拥有最完善的存在的观念，那么，如果否认这样一个存在者的存在就会导致矛盾。康德认为这一推理的过程"源于判断而不是源于事物和它们的存在"。最高存在者的"存在"只是一个谓词，这个谓词并不能表明为什么我们必然拥有最高存在者即上帝这个主词，更不能表明他的实际存在；宇宙论证明的经典表述是托马斯·阿奎那的前三项论证。与本体论证明不同的是，宇宙论证明是"以经验为立足点"的，但康德指出，这一论证的错误在于它虽然从经验开始，但是它很快超越了经验。在感性经验的领域，为每个事件推导出一个原因是合法的，但是，"因果性的原则除在可感世界中外，其应用都是没有意义、没有标准的"；目的论证明是基于我们对在世界上所看到的完满性和秩序所做的证明，托马斯·阿奎那的后两项论证属于此列。康德对这一论证的回答是，我们对宇宙中秩序的经验很有可能暗示了一个安排者，但是世界中的秩序并没有证明世界的物质材料没有这个安排者就不存在。康德对诸论证批判性评论的结果必然是，我们不能够证明上帝存在，同样也不能够证明上帝不存在。参见〔美〕S.E.斯通普夫、J.菲泽：《西方哲学史 从苏格拉底到萨特及其后》（修订第8版），匡宏、邓晓芒等译，世界图书出版公司北京公司2009年版，第278—279页。

[2] 在对关于上帝存在的传统证明做了批判之后，康德指出，神学只有以道德为基础才能建立起来，即在道德目的论的基础上建立起来，人的理性只有从它的道德原理上才能推导出上帝的概念。康德的论证在思想史上得到不少认同，由其激发的道德论论证在20世纪曾经非常兴盛，但同时也受到一些批评。譬如20世纪两位著名的宗教思想家约翰·希克和汉斯·昆就认为康德的论证可能会导致武断的结论。他们认为，按照康德的论证，上帝的规定性就在于"无条件的道德"和"合乎道德的幸福追求"，但问题是，一方面，作为这种论证的出发点，"无条件的绝对命令"是否合法呢？每个人都会承认我们的义务是上帝的诫命吗？这似乎表明康德所做的是一种循环论证，即先规定了道德义务的无条件性，再来规定上帝的存在；另一方面，康德理论中假定道德义务与追求幸福是相和谐的，理由何在呢？上帝能够保证服从道德法则必然会得到幸福吗？总之，道德论论证不是严格意义上的逻辑证明，而是作为解释道德现象或道德的指向、保证或完成的可行假设而提出来的。参见李艳辉：《康德的上帝观》，北京师范大学出版社2010年版，第68—76页，何光沪：《多元化的上帝观——20世纪西方宗教哲学概览（增订版）》，中国人民大学出版社2010年版，第115—117页。

统的和现代的上帝存在证明都做了十分中肯的批判。[1] 有关上帝存在的问题之所以困难，究其根本，在于人的理性与信仰的矛盾。人是理性的生存，人以理性建构起人的形象，树立起为人的尊严，而上帝的存在却超越了人的理性。那么，理性如何向信仰、向生命的启示敞开大门？乌纳穆诺认为："这是一场悲怆的战斗，这是在悲怆的深处进行着生命与理性的战斗。"[2]

但是，有关上帝存在的问题，或者说，理性与信仰的关系问题，并没有引起史铁生思想的艰难斗争。尽管我们看到，史铁生是一个长于理性思考，也热衷于逻辑推演的人，这尤其明显地表现在他关于死亡及爱情难题的探讨中，但是在上帝存在的问题上，他却自觉放弃了逻辑理性求解的执着。这是因为在他看来，信仰从其本义来看，无须理性的论证；而同时，他也确信，理性的有限使之无能论证信仰。史铁生指出，信仰的真意，在于人的信心、信念，在于人面对无尽的苦难，永不放弃希望，而一旦要求实证，或盖然性的证明，就谈不上是信仰了。真正的信仰是不依据神迹的，而"依据神迹的所谓信仰，一定是期待着神的物质性（或福利性）施予，一旦神迹未现，信心便会动摇"[3]。所以，他一再强调神不是被证实的，而是被相信的，"看不见而信的人有福"了；同时他又指出，信仰源自生命固有的谜团，及在这谜团之下求问一条人生道路（或意义）的欲望。生命的谜团是无限的，而人的理性是有限的，由此，信仰是非理性的——这里的非理性，不是无理性，而是超理性的意思——理性不能是信仰，理性也无能论证

---

[1] 参见何光沪：《多元化的上帝观——20世纪西方宗教哲学概览》（增订版），中国人民大学出版社2010年版，第124页。

[2] 〔西班牙〕乌纳穆诺：《生命的悲剧意识》，段继承译，花城出版社2007年版，第15页。

[3] 史铁生：《给Z兄》，载《病隙碎笔》（史铁生作品系列4），人民文学出版社2011年版，第368页。

信仰，上帝是"理性看到了理性的无能才听见的启示"[1]。正是在这个意义上，他质疑了佛教的"更为究竟"，即佛教对客观性的追求、对理性求解的执着。[2] 由此，上帝存在与否的问题，在史铁生看来，无须理性的挣扎。可以看到，在他的作品里，上帝是以一正一反两条思路自然呈现的。

正向的思路是，由对人之有限的认识，推到了无限之在。这无限之在，即指上帝。或者说，当人意识到自己是有限的存在时，便同时意识到了无限与永恒。在这里，人的有限既指人力的有限，也指人智的有限。人力的有限，意味着人是被抛入世间的生灵，人无力抗拒命运，只能承领生命中的苦难和最终必然的死亡。在对人的有限性的认识中，在对非存在的震骇中，人自然地有了无限的、绝对的观念，这就是上帝。史铁生正是在对命运的感悟中意识到人的有限，从而领悟到创世主的存在；人智的有限主要指的是人的理性的有限。人作为理性的存在物，当他意识到理性的有限性，便同时意识到必然存在着理性所无能触及的领域，由此同时达成了对永恒、无限的认知。这正是史铁生为什么会由对理性之有限性的认识，一下子过渡或跳跃到非理性之信仰的原因。这样的思想或逻辑，在宗教哲学史上早已存在，尤其为有神论的存在主义哲学家们所持有，譬如雅斯贝尔斯、舍斯托夫、克尔凯郭尔。而存在主义哲学家的代表之一蒂利希就曾明确指出："关于上帝的问题产生于人对自身有限性的意识。意识到有限性，就是已经有了某种关于无限、无条件和绝对的观念。……人在生存中对于焦虑和有限性的体验，导致了对于可能的非存在的'震骇'；对于非存在的震骇，又导致了对于存在的

1　史铁生：《病隙碎笔6》第二十九篇，载《病隙碎笔》（史铁生作品系列4），人民文学出版社2011年版，第150页。

2　参见本书"补编——史铁生的佛教思想"。

惊奇。人就这样意识到了存在本身即上帝。"[1]

由有限的认识直接达成对无限的意识,从逻辑上看,似乎是合理的,因为观念在逻辑理性中往往以二元的方式呈现。但是从个体经验来看,这应该是不必然的。加缪就是可以列举的著名反证。加缪是坚定的无神论者,他之所以坚持无神论的立场,除了道德方面的原因(这个原因同于陀思妥耶夫斯基笔下伊万对上帝的质疑[2]),还在于他所坚持的理性主义的立场。这并不意味着他没有意识到理性的有限,但他指出理性在其范畴内仍是有效的。他也并不否认也许存在着一种超越于这世界之上的意义,即超验之物,但他坚信,这些超验的存在,不能为人的理性与经验所把握,而他也认识不到他们的意义。加缪坚称他只能在自己的理性与经验范围内选择与行动,即使这意味着荒诞的不可避免,他也绝不会超越自己的理性去寻找所谓的永恒与无限。加缪明确指出了自己所认清并坚持的中间道路:"至少我不愿在难于理解的东西上面奠定任何东西。我要知道,我是否能够和我所知的并仅仅和我所知的东西一起生活。……如果我承认理性的诸种局限,我并不因此否认它,而是承认它的权利是相对的。我只是要坚持一条中间的道路,在这条道路上,知能够始终保持清楚明白。"[3]在《西西弗神话》里,加缪逐一分析了雅斯贝尔

---

1 参见 P. Tillich, *Systematic Theology*, Chicago: University of Chicago Press, 1976, vols 1-3. 转引自何光沪:《多元化的上帝观——20世纪西方宗教哲学概览》(增订版),中国人民大学出版社2010年版,第72页。蒂利希是后有神论者,他的上帝不同于传统的上帝,他的上帝是超越上帝的上帝,是存在本身。

2 伊万·卡拉马佐夫的痛苦在于不愿意接受上帝所创造的这个世界,这个上帝是绝对君主似的上帝,基于世界和谐的目的,让人间充满了苦难。尤其是历史上现实中无数孩童的受难更让伊万痛苦不堪,他声明为了孩童的一滴苦泪,也要退还掉和谐之门的入场券。加缪对上帝的拒绝,在很大程度上也正基于这种道德上的原因。加缪不认为这样一个绝对君主似的上帝值得我们去信仰追随。

3 〔法〕加缪:《西西弗神话》,杜小真译,人民文学出版社2012年版,第48—49页。

斯、舍斯托夫、克尔凯郭尔以及胡塞尔的思想，指出他们意识到理性的无能转而走向对非理性的肯定，是一种跳跃，它跨越了此岸经验世界和彼岸超验世界的鸿沟，但是他认为，这种跳跃究其本质是一种逃避。加缪这样写道："纵观各种存在哲学，我看到它们无一例外都号召我逃遁。在一个对人封闭而又有限的世界中，这些哲学通过独特的推理，从理论废墟出发，把那些挤压它们的东西奉若神明，并且在把它们抛弃的世界里找到了一种希望的理性。这种强制的希望就是一切宗教的本质。"[1] 在加缪看来，由理性向非理性的跳跃是一种逃避，对于无限、永恒，以及对于上帝的希望与信念是强制的。但对于史铁生和那些有神论的存在主义哲学家们来说，这种希望与信念究竟是强制的，还是人基于自身经验的一种自主自觉的选择，因而就仍处在人的经验理性的范围之内呢？这是需要进一步去认识的问题。

史铁生推出上帝的第二条思路建立在价值哲学的基础上，也就是说，上帝之所以存在，在于我们需要一个上帝。他从救赎的意义上，强调了上帝存在的必要、上帝信仰的价值。这可以说是对上帝存在的反向论证。因为上帝，人类理解了苦难，承纳起命运的重负；因为上帝，人类对人性的认识更加深刻，人性的傲慢被关于人性原罪的意识所取代；也正因为上帝，一个良性的社会秩序、一个健康的道德体系有望建立。史铁生的这个思路，从逻辑方向上，与康德关于上帝的道德论证是一致的，都是基于目的所做的证明。从目的推导出存在，从逻辑上似乎可以成立，但就经验而言，则属主观性的逆向推导。康德在《纯粹理性批判》一书中，将传统关于上帝的三项理性论证，即本体论证明、宇宙论证明及自然神学的证明，都逐一雄辩地驳倒，然后他指出，关于上帝的论证存在一项有力和无可争议的证明，这就是关

---

1 〔法〕加缪：《西西弗神话》，杜小真译，人民文学出版社2012年版，第42页。

于上帝的道德证明。这是和他的"至善"学说相关的。康德认为,幸福和美德在今生往往不能相称,但理性要求着它们的相称,由此,道德与正义才能确立,这便意味着必须有一个上帝的存在,这个上帝是为了事物符合一个终极目的的实存。上帝与灵魂不死一样,都是基于康德的"至善"学说,出于道德性所做的实践理性公设。[1] 如果说,康德的证明是为了在理性上建立起道德确定性,使道德能够在我们的现实生活中生效,那么,史铁生的思路则主要着眼于道德实践,指出上帝的存在是引发道德行为的诱因。在他看来,一个无神论者,其人性易得全面的"自主"和"自由"[2],而一不留神也就纵容了人性恶;而一个有神论者,则看到了上帝的精神引领,更易克服人性之恶而发扬人性的善端。[3] 与康德相同的是,史铁生也是将上帝的存在建立在世界的合目的性,建立在人的道德希望上,从根本上说,是建立在人的道德情感上的。康德在《纯粹理性批判》中写道:"相信上帝和来世同我的道德感情是这样紧密地交织在一起,以致正像我没有失去后者的危险,也同样没有理由害怕会从我身上取走前者。"[4] 但问题是,道德情感的要求、道德目的及效用的需要,是否一定指向上帝存在的真实性呢?事实上,康德自己明言:"这种道德的论证不是要提供上帝存在的一种客观有效的证明,不是要向信念不坚定的人证明有一个上帝存在,而是要向他证明,如果他想在道德上始终如一地思维,他就必须把这一命

---

[1] 参见段德智:《死亡哲学》,湖北人民出版社 1996 年版,第 193—194 页。

[2] 这里,史铁生所讲的无神论者的"自由"不是正面意义上的自由。正面意义上的自由,强调的不仅是个体自由的权利,更强调自我对他者、对世界的责任,因此是有约束的自由。而一个无神论者身上所体现的"自由",往往是以自我私欲为出发点的放任的自由。

[3] 参见史铁生:《智能设计》,载《扶轮问路 妄想电影》(史铁生作品系列 7),人民文学出版社 2011 年版,第 56 页。

[4] 转引自段德智:《死亡哲学》,湖北人民出版社 1996 年版,第 194 页。

题的假定接受进他的实践理性的准则中去。"[1]因此,这个论证的性质就在于,它出于道德性是必要的,但它的充足性却仅是针对道德的存在者,从主观上而言的。那么,这种论证在什么意义上是真实的呢?而如罗素所言,离开了真实问题,我们对于效用的问题也不可能做出正确的判断。[2]因此,即使我们认可有了上帝,对于我们,对于我们这个世界,会更好些,但是,一种渴望真实性的强烈的理性要求,将使我们在上帝的门槛前止步或踌躇。

同时,沿着史铁生的思路,还可能引发出另一个问题。从史铁生的思想来看,上帝类似于康德的理性公设,或是一种象征,因此,对于没有上帝信仰传统的我们而言,上帝的存在似乎只具有应然性,而没有必然性。那么,当我们抱着希望的情感,认可上帝存在价值的同时,理性却可能指向这样一个问题,即当我们通过上帝之无限、上帝之绝对的圆满与美善,意识到了人之有限、人性之原罪,意识到了绝对价值的神性之光对于人类是何等重要之后,我们能否取消上帝呢?或者说,当我们对人、对人性以及对绝对价值之意义的认识达到这一理性层面,我们是否可以不信仰上帝?[3]对此,邓晓芒的回答是肯定的。在《康德宗教哲学和中西人格结构》一文中,邓晓芒通过对康德宗教哲学的解读,将中西文化和人格心理结构的异同做了深入而发人深省的分析后指出,即使

---

1 〔德〕伊曼努尔·康德:《康德论上帝与宗教》,李秋零编译,中国人民大学出版社2004年版,第264页。
2 参见〔英〕伯特兰·罗素:《自由之路》(下),许峰、上官新松译,文化艺术出版社1998年版,第633页。
3 在康德的思想里,我们不能引出这样的假设,因为上帝和来生是他确保道德实践有效性的唯一条件,因此也是绝对条件。由此他说:"我将不可避免地相信上帝和一个来世的存在,并且肯定没有任何东西能够摇动这一信念,因为那样一来我的道德原理本身就会被倾覆,而我不可放弃这些道德原理而不在我自己的眼中是可憎的。"参见〔德〕伊曼努尔·康德:《康德论上帝与宗教》,李秋零编译,中国人民大学出版社2004年版,第203页。

没有一个上帝,我们也应该造出一个上帝以作为标准来衡量我们现实的道德生活,以使我们对自己有所警惕,因为有上帝在检查我们的行为和内心。但是,他又指出,这个眼光,其实就是我们自己的眼光,是我们把它寄托在上帝身上,造成一种对自己的警醒。所以邓晓芒主张:"尽管不信上帝,我们也可以从康德的意义上面去吸取基督教的谦逊的精神、反省的精神、忏悔的精神,或者自我警惕的精神,也就是说,通过自我意识,自己跟自己拉开一点距离。"[1]也就是说,邓晓芒认为,当我们汲取了这些精神或意识后,不信仰上帝是可以的,他明确表示他并不相信有一个上帝的存在。[2]

那么,史铁生对此持何种态度呢?史铁生对此问题的回答是否定的:即使我们拥有了这些理性认识,我们也不可放弃上帝。这让我们联想到陀思妥耶夫斯基。他在上帝存在的问题上,经受着理性和道德的痛苦折磨,这集中体现在《卡拉马佐夫兄弟》里的伊万身上,尤其是道德上的原因,让伊万坚决地拒绝了上帝。可是面对这样一个假设——"假如没有上帝,人将会怎么样,世界将会怎么样",伊万或者说陀思妥耶夫斯基不得不痛苦地折返了:我们不能没有上帝。不过,史铁生肯定上帝的必须存在,其原因尽管与陀思妥耶夫斯基有相似之处,但根本上是不相同的。在陀思妥耶夫斯基看来,假若没有上帝,从个体生命来看,其正义和幸福都无法得以保障;而从社会层面来看,正常的社会秩序无法建立,因为没有上帝及与之相关的永生不朽的观念,根本意义上的

---

[1] 邓晓芒:《康德哲学讲演录》,广西师范大学出版社2006年版,第183页。
[2] 邓晓芒认为,康德是不相信上帝的。但是康德真的不相信上帝吗?从单纯理性的角度来看,康德对上帝的态度也并非是不信,而是出于对人的理性的审慎,对上帝抱不可知论的态度;但是从实践理性来看,康德又是信仰上帝的,而这种信仰,在罗素看来,是因为盲目地崇信幼时在他母亲那里所学到的道德律条。罗素认为,康德对上帝的信仰,说明了精神分析学家们一再强调的东西:早期接触的事物比起晚期接触的,对人具有更强大得多的影响。参见〔英〕伯特兰·罗素著:《自由之路》(下),许峰、上官新松译,文化艺术出版社1998年版,第618页。

罪与罚、有关善恶、正邪、功罪的道德判断都失去了最终根据。[1]可见，陀思妥耶夫斯基是在康德的意义上肯定了"不能没有上帝"，只是如何怀宏所言，康德是理智地在道德的远景保留一位上帝的形象，陀思妥耶夫斯基则是站在道德崩溃的边缘以其全部的心灵力量呼吁上帝。[2]而在史铁生的思想里，个体生命的幸福、价值以及社会层面上的道德判断，并不依赖于上帝的观念。

对于史铁生而言，个体生命的幸福与价值是建立在他"意义即永恒"的价值观，及关于灵魂不朽的实证体验和科学观点之上的。[3]史铁生的"灵魂不朽"是独立于上帝而存在的，因此不需要借助于上帝，个体生命的幸福与价值就能得以保障。而在康德和陀思妥耶夫斯基那里，上帝和永生不可分离，在他们看来，只有上帝才能带来永生，只有二者同在，才能确保人的幸福、正义或价值；而在道德方面，陀思妥耶夫斯基和康德一样，没有上帝和永生，道德判断、道德价值将失去最终根据。史铁生尽管也强调过上帝所代表的终极价值、终极判断，但是在他看来，善恶、正邪、功罪，并非是上帝赋予人类的，而是人心中先验自明的真理，是人人心中都有的价值本能。他指出这是有证据的："证据之一是：任何人干了坏事心里都不自在，尽管显意识可以掩盖它，甚至掩盖到只在梦里莫名其妙地显现；而相反的行为则会让人心安理得，甚至引以为荣耀。证据之二是：素不相识者，只要语言相通，都可以毫无障碍地讨论善恶，无须先做界定；否则，没有价值标准，人与人之间其

---

1 何怀宏：《道德·上帝与人——陀思妥耶夫斯基的问题》，北京大学出版社2010年版，第148—159页。何怀宏围绕这个假设的问题，通过对陀思妥耶夫斯基《卡拉马佐夫兄弟》、《群魔》、《罪与罚》等作品的分析，对陀思妥耶夫斯基的思想做了深入的阐述。
2 何怀宏：《道德·上帝与人——陀思妥耶夫斯基的问题》，北京大学出版社2010年版，第159页。
3 参见本书第二章"意义与永恒——史铁生的死亡哲学"。

实不能说话。"[1] 那么，既然这样的话，正如史铁生所反问的"神不多余吗？"[2] 史铁生认为，神不是多余的，即使人具有价值本能，即使先验地有善、恶观念，即使有了对人性、对人的有限性等的理性认识，上帝仍有必要存在。因为，人从根本上是一种会作伪的动物，"人会掩盖罪恶、夸大光荣、模仿激情、假冒真诚……"[3]。只有神才能揭穿这一切丑行，而"神性的取消，恰是宣布恶行的解放，所以任何恶都从中找到了轻松的心理根据"[4]。也就是说，在史铁生看来，人的理性认识、人的价值本能即使是确定的，但是单凭人自身，并不能保证其理性认识、价值本能的落实与坚守，这从根本上还是源于人性之罪、人之残缺。如果达成了理性认识，便可取消上帝，实际上仍体现了人性的虚妄与自大。因此，人性仍需要神性之光的照耀，人仍需要上帝的存在，以作提醒与监督。而在陀思妥耶夫斯基那里，也是存在这样的认识的，一旦道德主体化、个人化，是会被人在内心消解掉的，因此，需要上帝作为一个外在的威慑。[5] 即使是荒淫无度的老卡拉马佐夫，一想到上帝的存在，也不免犹豫不安。这种认识不是出于单纯理性的推导，而是基于对人、对人性现

---

[1] 史铁生：《"自由平等"与"终极价值"》，载《扶轮问路 妄想电影》（史铁生作品系列7），人民文学出版社2011年版，第61页。

[2] 史铁生：《"自由平等"与"终极价值"》，载《扶轮问路 妄想电影》（史铁生作品系列7），人民文学出版社2011年版，第61页。

[3] 史铁生：《"自由平等"与"终极价值"》，载《扶轮问路 妄想电影》（史铁生作品系列7），人民文学出版社2011年版，第61页。

[4] 史铁生：《给GZ》，载《病隙碎笔》（史铁生作品系列4），人民文学出版社2011年版，第335页。

[5] 陀思妥耶夫斯基认为，"没有上帝，也就没有永生，也就不可能有稳定的道德秩序。……法律的惩罚是有可能逃避的，甚至道德的内心制裁也有可能在内心化解，尤其是在道德被主体化、个人化、相对化的时候——而这种主体化、个人化、相对化在没有上帝的情况下几乎无法避免。只有在上帝的面前，人所犯的罪才无可遁形……"。参见何怀宏：《道德·上帝与人——陀思妥耶夫斯基的问题》，北京大学出版社2010年版，第153页。

实的深入洞察做出的判断。

上帝信仰的合理性

　　罗素是坚决反对基督教的，他反对的理由之一便是上帝存在的真实性问题。在他看来，真实性无法建立的话，其效用也难免可疑，而缺乏对真实性的热情，也难免是危险的。[1] 史铁生则站在罗素观点的对立面，他坚信"看不见而信"。这一信念内在的根本动力在于他对上帝价值的确认，同时也基于以下两点理由，使得他从一开始就认为，对于上帝存在之真实性的追求是不必要的。首先是因为在他看来，信仰是一种信念，如果有神迹，能够实证，那么就谈不上是信念。信念恰是因为得不到真实性的确认而存在，否则便违背信仰本义；他也指出祈盼神迹再去信仰，往往滋生出功利性的目的，这就歪曲了信仰，这也是他认为无须执着于上帝是否真实存在的重要原因。但是这两点理由其实并不具备绝对的说服力。首先将信仰等同于信念，只是概念上的同义翻转，无法构成合理的逻辑以取消对信仰或信念如何达成的追问；其次，对于真实性的追问是理性之本然要求，这种追问显然并不一定意味着有功利性企图或必然导致功利性信仰；另外，对于上帝之真实性的渴望，并不一定意味着要亲证神迹。我们意识到，上帝作为一种超验的存在，他是不可能以某种客观面貌呈现以体现其真实的。上帝的真实性从根本上建立在人心中，是人在心中的视之为真，从这个意义上看，上帝的真实性确实关

---

[1] 参见〔英〕伯特兰·罗素：《自由之路》（下），许峰、上官新松译，文化艺术出版社1998年版，第633—635页。罗素反对基督教基于知识和道德两个方面的原因，上帝存在的真实性问题是他反对基督教的知识方面的原因。

乎信念。但关键是，对于信念这种主观的因素，如康德所言，"如果它对每一个只要具有理性的人都是有效的，那么，它的根据就是客观上充足的，而视之为真在这种情况下就叫做确信"[1]；反之，"如果它仅仅在主体的特殊形状中才有自己的根据，那么，它就被称为臆信"[2]。由此可见，按照康德的意思，信念还有"臆信"和"确信"之分。因此，即使我们认可对于上帝的信仰从根本上是一种信念，但并不意味着我们只需停留在"信仰即是信念"的认识上，而不能对这一信念做进一步的追问和探索。

史铁生曾在给孙立哲的一封信中指出，尽管"有关神（上帝）的存在"这一问题超越出了人思维的边界，然而，"但凡智力健全者，都必然地会在那'边界'上为自己树立一种信念——这便是启示神的作为"[3]。不过联系康德有关信念问题的分析，即使不能武断地说对于上帝存在的信念是一种臆信，但是当我们反省内心，确实发现对于上帝存在的信念，并非对每一个只要具有理性的人都是有效的。从哲学史上来看，加缪就是一个著名的反证。而我们这些在无神论氛围下成长起来的

---

[1] 〔德〕伊曼努尔·康德：《康德论上帝与宗教》，李秋零编译，中国人民大学出版社2004年版，第199页。

[2] 〔德〕伊曼努尔·康德：《康德论上帝与宗教》，李秋零编译，中国人民大学出版社2004年版，第199页。当然，在康德的学说里，道德为上帝立法，道德的确定性使得上帝与来生的信念，作为道德信念，成为一种确信。但是，在哲学史上是有疑问的：在人文启蒙学者那里，上帝并非是道德的根本支柱，只不过在历史上，这两种问题交织在一起。神的信仰也许给人的道德与价值提供支持，但并非必不可少。参见何怀宏：《道德·上帝与人——陀思妥耶夫斯基的问题》，北京大学出版社2010年版，第152—153页。而罗素则认为，康德关于上帝的道德信念，只不过因为受到他笃信宗教的母亲的影响。参见〔英〕伯特兰·罗素著：《自由之路》（下），许峰、上官新松译，文化艺术出版社1998年版，第618页。总之，在康德的学说里，上帝的真实性也是不稳靠的。

[3] 史铁生：《给立哲（2）》，载《病隙碎笔》（史铁生作品系列4），人民文学出版社2011年版，第404页。

人，其心中关于上帝的希望与犹疑不也是反证吗？因此可以说，对于上帝的信念是主观的、个体的，并不具有普遍有效性。事实上，关于上帝的信仰，在大多数情况下，的确如别尔嘉耶夫所说，"是一种为了取得意义而进行的精神斗争"[1]。然而我们不能止步于此，不能只停留在理性与信仰的纠缠或斗争中，也不能快刀斩乱麻了结疑难，譬如断然宣称理性的无能，信仰超越理性，信仰必须在理性面前维护自己。人是理性的生存，人不能轻易地放弃理性，尤其是在信仰的问题上，尽管信仰是非理性的，但不是无理性的，也许正是因为信仰的非理性，理性的追问与沉思才显得尤为重要。

尽管史铁生一再强调"看不见而信"，强调理性只是一种可能，理性是有限的，信仰是非理性的，但同时他也格外强调理性之于信仰的意义。他指出，"理性绝不可以是信仰，但无理性却可能导致迷狂。是理性（而不是无理性）看到了理性的无能，看到了人智的有限，这才可能放弃了人智的傲慢，转而仰望和谛听神的声音。不经理性之如此的寻找与自我扬弃……仅凭机缘，于今日就显得更加凶多吉少"[2]。可以注意到，在史铁生的语境里，"理性"一词指向两种意涵：史铁生所说的不可以成为信仰的"理性"，指的是人的逻辑理性和经验理性，是就人智而言，这个"理性"是有限的。而信仰之"非理性"指的是信仰超越人智，超越于人有限的逻辑理性和经验理性之上；除此之外，史铁生认为对于信仰之追寻有重大意义的"理性"，则指的是人诚实独立的思考态度，与之相反应该在信仰之路上被否弃的"无理性"，则指的是人缺乏独立的思考而盲从的

---

[1] Nicolas Berdyaev, *The Beginning and the End*, New York: Harper, 1952, p. 37. 转引自何光沪：《多元化的上帝观——20世纪西方宗教哲学概览》（增订版），中国人民大学出版社2010年版，第83页。

[2] 史铁生：《给CL》，载《病隙碎笔》（史铁生作品系列4），人民文学出版社2011年版，第421页。

态度。在加缪看来，人如果诚实独立地面对自己、面对世界，便无法超越人的逻辑理性而尤其是经验理性来思考行事。人的理性能力固然有限，但只有在这有限的理性范围内可得到确认的观点、行动才是可靠的，永恒、上帝等观念超越了人的理性，因此应该被放置在人的世界之外。罗素的观点与加缪是一致的，当罗素说在信仰的问题上，人如果缺乏对真实性的热情，便往往是危险的，他强调的也是人诚实独立而不盲从的态度。只是与加缪一样，罗素也认为人类的逻辑理性尤其是经验理性，在现实情境中是无法超越的，唯有在逻辑理性而尤其是在人的经验理性的范畴内思考行事，才是一种真正的诚实独立的姿态；但在史铁生看来，只有当"理性看到了理性的无能"，"这才可能放弃了人智的傲慢，转而仰望和谛听神的声音"，第一个"理性"是指诚实独立的思考态度，第二个"理性"则是就人智而言的人的逻辑理性和经验理性。也就是说，当人诚实独立地思考，就必然会意识到人智的有限，在这一认识的基础上，超越人智，超越人有限的逻辑理性和经验理性，"仰望和谛听神的声音"就既是一种必然，也成为完善生命境界的一种必要。可以看出，尽管在人之理性（智性）的边界，究竟是跳跃或超越以走向神性之域，还是折返人之有限的理性，在现实现世之中寻求价值建立意义，史铁生和加缪、罗素的观点是不一样的。史铁生如有神论的哲学家一样，倾向于前者，加缪和罗素则选择了后者。但真正的思想者都无一例外地坚信诚实独立思考之理性的重要，尤其是在信仰的问题上。尽管史铁生一再强调信仰之非理性的特征，但他从未放弃对"非理性之信仰"的理性言说。他认为，"信仰的问题特别需要讨论"，"信仰恰是在不断的言说中长大的"。[1]很显然，史铁生也不会希望我们停留在他的言说上，而是希望我们能在

---

[1] 史铁生：《给CL》，载《病隙碎笔》（史铁生作品系列4），人民文学出版社2011年版，第431页。

他言说的激发下进一步去追问,因为"人是以语言的探问为生长,以语言的构筑为存在的。从这样不息的询问之中才能听见神说"[1]。所以,出于理性[2]自身的要求,因为关于上帝的疑难还在,也是出于史铁生理性精神的感召,我们需要在上帝的问题上进一步追问,以求更明晰的思想带领我们走出上帝信仰所布下的迷雾。

问题还是在于上帝的真实性。如果不能在心中建立起上帝的真实性,确实对于某一些人而言,便无法真正地走近上帝。对于上帝的疑问及矛盾的情感,尤其明显地表现在理性很强的人身上,或者向来就有不可知论或怀疑主义倾向的人身上,譬如陀思妥耶夫斯基笔下的伊万。但我们终归认识到,上帝的真实性,作为一种主体的信念,是个人化的,也就说明了它最终的不可证明,如有些神学家所言,"只有通过个人与上帝的某种直接的、启示性的相遇,才有可能认识上帝"[3]。那么,这是否意味着执着于追求上帝真实性的人们只能被动等待机缘呢?而另一个问题是,史铁生也是一个理性很强的人[4],他为什么能如此容易地在理性的盲域实现非理性的跳跃,从而走近上帝信仰?他和上帝之间是否有过"某种直接的、启示性的相遇"?20世纪的宗教哲学家约翰·希克的观点为我们在这一问题上进一步的理性努力给予了提示。在对几乎所有传

---

[1] 史铁生:《病隙碎笔6》第三十五篇,载《病隙碎笔》(史铁生作品系列4),人民文学出版社2011年版,第155页。

[2] 这里的"理性"主要是指人的经验理性。信仰关乎真实的个体生存,信仰从根本上是一种个体心理学上的事实,由此,在信仰的问题上,我们也许可以放弃逻辑理性,因为逻辑理性只是在逻辑的范围内自圆其说,但是我们却不能忽略人的经验理性的需要。而我们基于此对信仰的进一步追问,则体现了史铁生所说的理性的态度,即诚实独立的态度。

[3] 何光沪:《多元化的上帝观——20世纪西方宗教哲学概览》(增订版),中国人民大学出版社2010年版,第92页。

[4] 这里说史铁生"理性很强",指的是在他的作品中,一贯地表现出逻辑理性主义的倾向。这在他关于"命运"、"死亡"、"爱情"的论述中体现得非常鲜明。

统和现代的关于上帝本体论的证明,即上帝存在与否的证明都做了十分中肯的批判后,约翰·希克提出了这样一个问题:既然上帝的存在不可证实,那么,问题便不在于是否能从零开始证明上帝存在。问题在于:宗教徒有了他所参与的宗教性的人生,是否还能作为理性的人去信仰?即"在没有证明的情况下,能否有一种合理的有神论信仰呢?"可以发现,在这里,约翰·希克已经将关于上帝存在之推论的健全性置换成了上帝信仰的合理性,即"判断信仰者是否在经验和理性基础上有权相信其所信的东西。它不要求不信者由此而建立信仰,而仅仅要求不信者去更深入地理解信仰者"[1]。那么,约翰·希克的思想给我们的启发是,既然在史铁生的思想里,无法建立起上帝的真实性——事实上,历史上任何的推论证明都无法提供关于上帝存在的充足有效论证——那么,我们是否可以通过对史铁生上帝信仰的合理性研究,加深对他思想的理解?

可以看出,在前面的论述中,史铁生主要说明的是上帝信仰的价值,出于人性与道德的要求,我们需要上帝信仰的支持。但是这种希望的情感,在我们看来,转化成对于上帝信仰的虔诚信念,无论在逻辑理性还是经验理性的范畴里都不是必然的,因此,我们需要更多的依据来探索他上帝信仰的合理性,即他的上帝信仰在经验、理性的范畴内是如何可能的。通过对史铁生思想的梳理,我们发现,在他上帝信仰的背后,他对宇宙、世界、对人的本质生存等的认识,构成了他信仰的理性支撑;同时,他具体的人生经历、生存境遇,由此激发的对生命的感悟,也是他走向上帝信仰的重要原因,而这让我们意识到,信仰的探讨绝不能停留在抽象的知识和逻辑上,信仰从根本上源自个体的生存性领会。在这种考察中,我们看到了一种扩大了的经验和理性的范畴。正是

---

[1] 何光沪:《多元化的上帝观——20世纪西方宗教哲学概览》(增订版),中国人民大学出版社2010年版,第124—126页。

在这广义的理性和经验里,史铁生的上帝信仰具有了合理性,而这也为我们理解上帝信仰、走近上帝提供了启示。

一、宇宙的不确切性

史铁生的思想中,早就存在这样一种认识,即"不确切是宇宙的本质"。"不确切"并不意味着宇宙本体的变幻莫测,而是史铁生一再强调的"宇宙的无限"。而宇宙的无限本质上又是相对于人的认知的有限而言的。由此,史铁生说宇宙是不确切的,其准确的意思是,即使宇宙是确切的,凭借人有限的能力,也永远无法确知宇宙的实相。[1] 人无法穷尽宇宙的奥秘,人永远面对着无穷的未知。在发表的第一篇作品《爱情的命运》(1978年)中,史铁生有关命运的思考就流露出这种对人的认识能力的"悲观"态度。小说结尾,"我"在给深爱却终不能在一起的秀儿的信里这样写道:"我相信了命运,当然不是因为我发现了造物主的确有,而是因为当我在数学界寻求安慰之际,懂得了有限的系数无论多大,在无限面前也等于零。世界上的矛盾和规律是无限的,而人们的认识永远是有限的。"[2] 在1986年的随笔《随想与反省》中,史铁生温和地反驳了罗素的观点也表达了这一思想。罗素说:"一切确切的知识都属于科学。一切涉及超乎确切知识之外的

---

[1] 史铁生认为"宇宙是不确切的",让我们联想到康德的"物自体"之说。康德将世界分为现象世界和本体世界,我们所能认识的只有现象世界,而本体或"物自体"是永不可知的。不可知的"物自体"是对于人的认识能力的哲学判断,但这一哲学判断也能得到科学的佐证。基于对人脑建构图像的认知,科学家同样指出,一个纯然客观的世界并非不存在,只是囿于人感知的生理功能与有限的认识能力,人永远无法获得直接的认识,人所获得的世界图景只是经过头脑加工过的意识图像,一个纯然客观的世界是永不可知的。参见〔英〕彼得·罗素:《从科学到神——一位物理学家的意识探秘之旅》,舒恩译,深圳报业集团出版社2012年版,第49—55页。

[2] 史铁生:《爱情的命运》,载《命若琴弦》(史铁生作品系列1),人民文学出版社2011年版,第11页。

教条都属于神学……介乎神学与科学之间的就是哲学。"史铁生认为罗素的话是不正确的。他指出科学也在不确切之列,在爱因斯坦的时代,牛顿不够确切,而在现今,爱因斯坦也已被发现有不够确切的地方,譬如他的"光速不可超越"说。哲学则早就承认自己不在确切之列。所以,"这样看来,科学与哲学在任何具体的时候都不确切得像是神学了。差别在于这二者都不是教条。看来只有教条是坏宗教,不确切是宇宙的本质"[1]。

应该说史铁生对罗素的反驳存在着理解上的偏误。罗素所说的科学之"确切",指的是在具体历史阶段的确切,罗素的意思应该是,在特定阶段,科学知识能够在现实中得到印证,或者能在人的逻辑理性及经验理性的范围内被理解与接受,从而被视之为真。史铁生则是将"确切"理解成超越具体时代的绝对正确,由此指出科学也是不确切的,因为科学永远没有收获绝对真理,永远只是在向绝对真理迸发。这样在他看来,科学与宗教、哲学便是同质的,都具有不确定性。不过,即使我们的目光超越具体时代,在科学家看来,也很难说某一历史阶段的科学是不确切的,譬如从牛顿到爱因斯坦再到量子力学,科学范式的一步步更迭,并不意味着对前者的抛弃,牛顿力学、爱因斯坦相对论等在特定领域、在特定条件下,仍是确切的、不可放弃的真理,而正是在旧有范式的基础上,新的范式才得以被一步步建立,人类也正是这样一步步走近了神秘莫测的宇宙。史铁生没有看到这一点,他是力图通过对罗素的反驳,为宗教之不确定性正名。在他看来,人类在科学、哲学乃至所有方面的努力都与宗教同源同质,所谓"同质",即指都具有不确定性;所谓"同源",是指面对未知与未来永远

---

[1] 史铁生:《随想与反省》,载《病隙碎笔》(史铁生作品系列4),人民文学出版社2011年版,第168页。

怀抱着信心与希望。无论是科学、哲学还是宗教，其探索本质上都根源于人的宗教意识与信念。他指出，"只要人不能尽知穷望，宗教就不会消灭"，"人类面对无穷的未知和对未来怀着美好希望与幻想，是永恒的事实"，这也正是宗教生命力强盛的重要原因。[1] 史铁生超越了具体的时空领域看待人类的知识和精神追求，摒弃了不同层面知识和精神追求表面的迥异，直指本质和内在一致的本原动力：宇宙是"不确切的"，是无限的，人的智性是有限的，在人类前进的道路上，信心与希望却如指路的明灯，是永远不灭的。

在1987年的中篇小说《原罪·宿命》之《原罪》篇中，史铁生通过十叔的故事也生动地传达了这一思想。天生重残无辜受罪的十叔为自己编织一个个神话，以维持生存的动力。而阿夏的知识分子爸爸则告诉孩子们，十叔的"神话"都是迷信，应该相信科学。然而，针对这样一个问题——"总有一天宇宙也要老，要走完生命的旅程，要毁灭，我们该到哪里去？"——在孩子的追问下，爸爸的"科学"也显露出了它和十叔的"神话"同样的性质：它们都是靠着信念、希望与爱在引导着、支撑着。因此，史铁生指出，智力的有限性与世界的无限性这个大背景无以逃遁，便意味着"无论科学还是哲学每时每刻都处在极限和迷途之中，因而每时每刻它们都在进入神话，借一种不需实证的信念继续往前走。这不需实证也无从实证的信念难道不是一种迷信吗？但这是很好的迷信，必要的迷信，它不是出自科学论证的鼓舞，而是出于生存欲望的逼迫，这就是常说的信心吧。……信心从来就是迷途上的迷信，信心从来就意味着在绝境中'蛮横无理'地往前走，因而就得找一个非现

---

[1] 史铁生：《随想与反省——〈礼拜日〉代后记》，载《病隙碎笔》（史铁生作品系列4），人民文学出版社2011年版，第168—169页。

实的图景来专门保护自己的精神"[1]。如果说，宇宙"不确切"的本质使得人类无论是在知识的探求中还是在个体生存中的信心、信念，具备了其产生的必然性，那么个体人"生存欲望的逼迫"则证明了信心、信念的必要，即使这信念"蛮横无理"，也有它存在的权利、存在的必要。在《原罪》篇中，史铁生这样写道："人有权利不去听自己不喜欢的故事，因为，人最重要的一个长处，就是能为自己讲一个使自己踏实使自己愉快的故事。"[2] 这是他为十叔"神话"所作的生动辩词，实际上也是他自己的信念宣言。

宇宙的"不确切性"所指向的人之有限与世界之无限的永恒对峙，是史铁生的基本思想，也是他有关上帝信仰认知的起点，或者说是其信仰的基本范式。这一思想在他的作品中是一以贯之的。在 2008 年的思想随笔《门外有问》中，史铁生自称是数学与物理的"门外汉"，援引了玻尔、海森堡、爱因斯坦、哥德尔等现代物理学家和数学家的一些观点，对这些观点表达了或赞同或否定的态度，以此进一步诠释了世界无限与人之有限的永恒关系，并将之与其上帝信仰的合理性、必然性明确地勾连起来。

近代物理学的发现基本上都在支持这样一种观点，即传统的人作为一个观察的主体，世界作为被观察客体的关系已经需要被新的范式所取代，即不再是一个单向的观察与被观察的关系，人的"观察者"的身份应被"参与者"所代替，"在原子物理学中，科学家无法作为独立的客观观察者，而是被卷入自己所观察的世界中，以至于他影响着被观察对

---

[1] 史铁生：《给杨晓敏》，载《病隙碎笔》（史铁生作品系列 4），人民文学出版社 2011 年版，第 295 页。

[2] 史铁生：《原罪·宿命》，载《原罪·宿命》（史铁生作品系列 2），人民文学出版社 2011 年版，第 235 页。

象的性质"。[1] 在这种新范式中，人与宇宙建立了一种双向的关系，实际上，宇宙已经变成了一个"物质与精神相互关联的网络"[2]，这种认识便摆脱了传统的机械认识论而向东方神秘主义靠近了。不过，科学家们的认识与东方神秘主义者还是存在着不容忽视的差别。正如本书第二章中所指出的，在东方神秘主义者的深度沉思中，观察者（主）与被观察者（客）的区别完全消失，进入了一种浑然无差别的境界，人与万物处在绝对的平等无碍的关系中；而在以玻尔、海森堡为代表的量子力学家们的视野里，观察者与被观察者尽管不可分割，但仍是可以区别的。实际上，海森堡的"测不准原理"及玻尔的"波函数消失"等理论，在一定程度上强化了主（观察者）客（被观察者）的分化。他们的理论指出，在观察之前，原子世界只有波函数描述，即只存在可能性，而无客观现实；只有进行观察，波函数消失，一种可能性转化为现实性，其他可能性转化为零。[3] 也就是说，观察者的观察是可能性转化为现实性的根本原因，这就赋予了观察者以绝对的主体地位，构建了一种以观察者（人）为中心的宇宙观。[4]

史铁生早期受到玻尔、海森堡量子力学的影响。譬如在写于1986年以生死为主题的短篇小说《我之舞》中，史铁生就汲取了量子力学关

---

[1] 〔美〕卡普拉：《物理学之"道"——近代物理学与东方神秘主义》，朱润生译，中央编译出版社2012年版，第107页。

[2] 〔美〕卡普拉：《物理学之"道"——近代物理学与东方神秘主义》，朱润生译，中央编译出版社2012年版，第108页。

[3] 玻尔、海森堡的量子理论建立在对微观原子世界的描述中，但是如《爱因斯坦与玻尔关于世界本质的伟大论战》一书的作者曼吉特·库马尔所说，玻尔从来没有非常明白过微观和宏观的界限应该从哪里划起，因为归根结底，我们的宏观世界不过是微观原子的集合体。参见〔英〕曼吉特·库马尔：《爱因斯坦与玻尔关于世界本质的伟大论战》，包新周、伍义生、余瑾译，重庆出版社2012年版，第230页。

[4] 参见本书第二章"意义与永恒——史铁生的死亡哲学"。

于世界本质的描述：除了一个人们所知道的世界外便没有别的世界了，世界独立于我们之外而存在的观点是不正确的。以此作为论据支持他对死亡的论证：主体是绝对的，即"我"是绝对的，"我"不死。[1]但到2008年的思想随笔《门外有问》，可以看出史铁生思想的转变。

文章开头，史铁生援引玻尔的话"物理学并不能告诉我们世界是怎样的，只能告诉我们关于世界我们可以怎样说"[2]指出，世界自有其本来面目，但是人不可能认识它，无论我们怎样观察和描述它，都注定是片面的、甚至是歪曲的。接着他指出，海森堡的"测不准原理"被纠正为"不确定性原理"，反而有失准确。因为在他看来，世界的不确定性，并非是因为其本身的变动不居，因为即使变动亦有规律，只是不能被人所掌握，所以最终仍要归因于"测"；而《上帝掷骰子吗》一书中的说法更让他深陷迷茫。书中这样写道："不存在一个客观、绝对的世界。唯一存在的，就是我们能够观测到的世界……测量行为创造了整个世界。"这一观点正是玻尔、海森堡由其量子力学推出的关于世界本质的描述，也正是爱因斯坦所竭力反对的。史铁生在探讨死亡的《我之舞》（1986年）中引用了这一观点，但在《门外有问》（2008年）中对这一观点做了如下反驳：首先，他指出，"我们能够观测到的世界"一语，已然暗示了还有我们观测不及的世界，或拒绝被我们观测的世界；其次，"测量行为"又怎么会"创造了整个世界"呢？最多只能说它创造了一个人的世界，即被人的观测半径所限定的世界，或是人可赖以建立意义的世界，因而它当然还是主观或相对的世界；为示区分，则不得不称那"整个世界"为

---

1 参见本书第二章"意义与永恒——史铁生的死亡哲学"。
2 这是史铁生在《门外有问》中引用的玻尔的一段话，没有标明出处。玻尔的这段话与史铁生所言的宇宙的不确切，或康德物自体不可知之说，是一致的。但与量子力学关于世界本质的描述是矛盾的。量子力学所说的是，这个世界就是我们所观测、所说的样子，因为世界在观测之前，只处于波函数阶段，即只存在可能性，而不存在现实性。

"一个客观、绝对的世界";最后,"一个客观、绝对的世界"之确在的证明是:它并不因为我们的观测不及,就满怀善意地也不影响我们,甚至伤害我们。由此,史铁生认为,人并非如量子力学所阐明的是"一个世界的参与者的角色",并以自己的参与对世界产生影响。恰恰相反,人在很大意义上,只是作为一个"被迫的接受者和承载者"。这个世界,总有人观测之不及的地方,人对于世界的认识只能是在柏拉图的意义上,囿于"洞穴"的认识。[1] 他还对哥德尔的"不完备性定理"做了如下引申:"任何一种认知系统都注定是不完备的,即一切人为的理论,都难于自我指证。"[2] 但是,观测不及并不意味着人不受之影响,这样史铁生便为神秘莫测的"创世主"铺垫了位置。而人即使面对未知仍能怀抱希望努力前行的精神信念也是在这一背景上建立起来的。他强调,"精神信念的建立,必须、也必然是要以一个不明其物理真相的世界为前提"。正因为不明其物理世界的真相,才成就了真正的信仰,"信者才不再以物利来辨认他的神","爱者才皈依了十字架上的真"。由此,他指出:"人文精神是

---

[1] "洞穴比喻"是柏拉图的一个著名的寓言,出自《理想国》第七卷。在这个寓言中,柏拉图作了如下设想:有一个洞穴式的地下室,有一条长长的通道通向外面,有微弱的阳光从通道里照进来。有一些人从小就被囚禁在洞穴中,头颈、腿脚都被捆绑着,不能动弹,只能看向前方的洞穴后壁。在他们身后稍远处有一堆火,在火与囚徒之间有一堵矮墙,在矮墙靠近火堆的那边躲着另外一些人,他们手拿各种假人或假兽,将它们高举过墙,做出各种动作,这些人时而交谈,时而沉默不语。而洞内的囚徒只能看到面前墙壁上的投影,他们便会把投影当成真实的东西,把回声当成投影说的话。假如这时有一个囚徒被解除了桎梏,得以活动,能够走到阳光下,他必定要经历一段不适应的过程,但最终他能看到事情真相,并会庆幸自己认识上的变化,但他那些仍被囚禁着的同伴却不会相信他,依然坚信自己所看到的才是真实的。柏拉图以此寓言,说明受过教育者和没有受过教育者的不同。柏拉图认为,受过教育者(摆脱桎梏,走出洞穴的人)是能够最终掌握真理的。但是史铁生显然认为,只要是人,他对世界的认知永远都如那些被囚禁在洞穴中的人那样,只能看到幻象,而无法认识到世界的本质。

[2] 史铁生:《门外有问》,载《扶轮问路 妄想电影》(史铁生作品系列 7),人民文学出版社 2011 年版,第 78—79 页。

独立于科学主义的。实际上,人的聆听,要比人的观察与把握广阔得多。人只能看到一个'洞穴'世界的围困,却能听见一个神性世界的启示,从而那围困中便有了无限可能的道路。"[1]

如果说量子力学家们高彰了人在宇宙间的位置,在有关世界本质的问题上,一直与玻尔、海森堡针锋相对的爱因斯坦,也对人类的认识能力持有乐观态度。爱因斯坦认为,在我们的"视野之外有一个广阔的世界,它独立于我们人类而存在,如同一个伟大而永恒的谜摆在我们面前,然而至少能被我们的观测和思维部分地理解"[2]。史铁生一再强调的却是人认识能力的有限、人在宇宙整体(上帝)面前的谦卑。他坚定地认为,人永远不可能看清上帝的底牌,但看不清上帝的底牌,不等于上帝就没有底牌,"我们只能靠手中这把牌为人的生命建立意义,却不能说这便是上帝手中全部的牌"[3]。由此他流露出对科学以及实证主义和经验主义的质疑。在他看来,科学的伟大并不在于它所取得的成就,"也许恰在于科学的无能"[4]。因为,正是在这无能之处,人的真正智慧才被激发,这种智慧是什么呢?即是人对人在宇宙中的地位的清醒认识:"人——这一有限之在,不过沧海一粟,不过是神之无限标尺中一个粗浅的刻度。"[5]史铁生当然并不否认迄今以来科学所取得的成就,他质疑

---

[1] 史铁生:《门外有问》,载《扶轮问路 妄想电影》(史铁生作品系列7),人民文学出版社2011年版,第78页。

[2] 史铁生:《门外有问》,载《扶轮问路 妄想电影》(史铁生作品系列7),人民文学出版社2011年版,第76页。

[3] 史铁生:《门外有问》,载《扶轮问路 妄想电影》(史铁生作品系列7),人民文学出版社2011年版,第76—77页。

[4] 史铁生:《门外有问》,载《扶轮问路 妄想电影》(史铁生作品系列7),人民文学出版社2011年版,第78页。

[5] 史铁生:《门外有问》,载《扶轮问路 妄想电影》(史铁生作品系列7),人民文学出版社2011年版,第78页。

的是科学曾经坚信"人定胜天"的傲慢。史铁生对人之谦卑的强调不无价值,因为傲慢作为人性的一部分,深植在人性之中,世间恶行大多源出于此。

然而,人的信念与信仰是否只能建立在"人之渺小与宇宙之无限"这样一种对立的关系之上?如果说,科学是以它的伟大及有限共同标注了人在宇宙中的位置,即人的尊严与人应有的谦卑;史铁生对人之有限的强调,是否让人的处境显得过于无奈而"卑微"了呢?在这里,我们注意到了史铁生思想中另一个很重要的侧面,即他对人之精神的强调。正是精神的自由与创造让人突破了虚无、荒诞的存在,构筑了人之为人的独特意义。

二、"精神—经验"的证明

史铁生认为,尽管世界是"不确定"的,有限之人永远无法把握住一个确切的外在世界,但生命的意义在于,"我们能够把握一个主观世界,即一个有意义的、人的精神世界"[1]。精神意味着自由与创造,正是这自由与创造,使我们摆脱物役,由此也区别于仅满足于谋生的畜类,从而超越这平庸而荒诞的生理性生活,开辟出无限可能的精神性生活。在这个意义上,史铁生指出,人的本质生存,即人之所以为人,即在于人是精神性的生存。

"人是精神性的生存",这一思想一方面极大地肯定了人的形象,精神的自由与创造让生命具有了无限可能,人不再是在无限奥妙的压迫下可怜的生灵;而从信仰的角度来看,"人是精神性的生存"这一思想也打开了我们认识信仰的维度。在前面的论述中,我们大多还停留在人的经验和理性层面在追问与思考:"上帝存在吗?如果无法确认

---

[1] 史铁生:《门外有问》,载《扶轮问路 妄想电影》(史铁生作品系列7),人民文学出版社2011年版,第79页。

上帝的存在，我们如何信仰上帝？……"而精神维度的介入，让我们意识到，人的经验和理性的层面有待拓宽。在对信仰或上帝的体认中，也应有如别尔嘉耶夫那样的"精神—经验的证实"[1]，即精神也应被纳入人的经验和理性的范畴被认知。传统的理性是狭义的，它无法囊括人的完整生存，更广意义上的理性应该打通对世界进行精神性揭示的道路，这涉及人的本义、人生的性质、价值与意义等。在这个意义上，康德的实践理性、他基于全部的道德感情对上帝与来世的确信、史铁生因为上帝之于道德实践的意义而对上帝之存在的信念，实际上都突破了传统的理性范畴。

"人是精神性的生存"，不只是一个哲学判断，现代科学也为这一论断提供了依据。传统的科学和世界观告诉我们，世界是由物质组成的，意识或精神不过是物质世界的派生物；现代科学则与宗教接轨，为我们呈现了一种精神性的景观：一个纯然客观的世界或许存在，但人所能把握的只能是经过人的意识、精神过滤过的世界。在这个意义上可以说，意识、精神并非物质世界的派生物，而恰恰是意识、精神创生了世界。意识（精神）创造物质（世界），宗教觉悟者们基于自身的实修体验，往往将这一观点推到绝对，认为一切皆不过是意识（精神）的幻影；科学家们则普遍倾向于在思想中保留一块"物自体"的领域，并没有彻底否定一个纯然客观的世界的存在[2]，但却承认在意

---

1 别尔嘉耶夫坚决反对神学和形而上学的理智概念游戏所塑造的那位绝对的、至高无上的君主式的上帝，但是他全身心地认同十字架上的上帝。如何走近上帝，别尔嘉耶夫认为这取决于内在的精神体认："真正的上帝之国实现在精神的启示之中，它以人的内在精神解放为尺度。"被钉死的基督显示着上帝与人同在，这有十字架为证，更有别尔嘉耶夫自身的精神—经验的证实。参见〔俄罗斯〕尼古拉·别尔嘉耶夫：《人的奴役与自由——人格主义哲学的体认》"别尔嘉耶夫哲学思想概述——代中译序"，徐黎明译，贵州人民出版社1994年版，第18页。

2 以玻尔、海森堡为代表的哥本哈根学派对世界本质的描述与"物自体"之说是冲突的，他们认为"不存在一个客观、绝对的世界。唯一存在的，就是我们能够观测到的世界……测量行

识（精神）的领域，意识（精神）的能力是绝对的，是一切体验的基础——包括对时空的体验。[1] 在"意识（精神）是创生的"这一观点上，科学理性与灵性智慧的契合，证明了人作为"精神体"的生存具有实在而根本的意义。这一观点在信仰层面给予我们的启发是：信仰作为一种意义系统，源自人对意义的建构，诞生于意识之中，取决于人作为精神主体的选择与决断。而既然意义（意识、精神）是创生的，那便意味着无论何种信仰，无论信仰的是佛菩萨还是上帝还是空无，都不会如无神论者想象的那样是一种精神幻觉。事实上，一个人的精神、意识、信仰决定着或者说创生了他所处的世界，这个世界是实在的而不是虚幻的。[2]

在本书第二章"意义与永恒——史铁生的死亡哲学"中，我们提到，史铁生只是在有限的范围内认为，权力意志（精神、意识）是创生的，而把全知全能最终还给了上帝，还给了神秘和无限。[3] 但是史铁生

（接上页）为创造了整个世界"。这种观点类似于宗教的绝对唯心主义。但是基于人的有限性，一个纯然客观的世界是否存在，还是只存在由主观精神意识所决定的世界，是一个应该悬置而无法得到确切回答的问题。宗教觉悟者们在深度的禅定境界中所体验到的是否一定是终极的实相？而玻尔、海森堡等量子力学家们基于统计学上的数据对世界本质下此定论，是否过于跳跃？都是值得追问的问题。

[1] 有关意识的问题可参见〔英〕彼得·罗素：《从科学到神——一位物理学家的意识探秘之旅》，舒思译，深圳报业集团出版社2012年版。作者彼得·罗素是一个物理学家，霍金曾是他的指导老师。这本书正如书评所言，"清晰、易懂、简明"，"结合了神秘主义者的终极体验、数学家的精密分析、哲学家的有力诠释、诗人的感染力以及改革家的紧迫感"。意识是神，是这本书的核心结论。彼得·罗素尽管提到了宗教觉悟者所达到的大心境界，但是他的科学精神使他更为认同康德的"物自体"之说。

[2] 这让我们联想到濒死体验的一些实例，很多基督教或天主教徒濒死回生后，常常回忆说看到了天使、天堂或地狱、炼狱的景象，而在佛教传统下成长起来的人在濒死境界中看到的往往是莲花、菩萨或者牛头马面。我们无须也无法对他们所经历的是幻象还是真实世界作判断，但濒死体验中所经历境界的不同，正可以作为"精神、意识创生世界"的实例，值得去探究。

[3] 参见本书第二章"意义与永恒——史铁生的死亡哲学"第三部分"意义与永恒"。

对人之精神（意识）的强调是贯穿始终的。早在1988年《一种谜语的几种简单猜法》中，史铁生就援引了包括"测不准原理"在内的近代物理学和数学的一些观点作为理性支撑，阐明了精神维度的拓展对于人之存在的意义。

1988年的《一种谜语的几种简单猜法》是一篇构思独特的小说，以一个谜语为中心串联起A、B、C、D四个故事。这四个故事应该是隐射着史铁生的一生：A故事，"我"的降生；B故事，爱情中的"我"与她；C故事，"我"的噩梦（小说中是患癌而非残疾）；D故事，暮年的古园冥思。这四个故事都意在破解那个小说中所指的最古老的谜语。这个谜语"有趣而神奇"，但是，谜面已丢，只知其有三个特点：一、谜面一出，谜底即现；二、已猜不破，无人可为其破；三、一俟猜破，必恍然知其未破。那么，这个谜语是什么呢？——就是"人"。这篇小说的主旨是对人之形象的本体性追问：它涉及人的出生、爱情、死亡及生命的更迭、生命故事的代代重演。人对自我的认识离不开人对他者对世界的认识。人在关系中才能树立起人之形象，破解生命之谜。小说中的四个故事是对人之谜题形象而含蓄的"破解"，最后一篇"Y+X"，则以四条近代物理学的观点清晰阐明了人之谜的破解是建立在我们对主客体关系的认识上的。这个客体既指向世界，也指向人本身，因为人作为主体，亦是他自身的观察者。史铁生一一列举出"测不准原理"、"并协原理"、"嵌入观点"及现代西方宇宙学的"人择原理"，主要表达了这样的观点：客体不是由主体生成的，但客体也不是脱离主体而孤立存在的，"在某种奇特的意义上，宇宙本是一个观察者参与着的宇宙"。客体包括人自身的性质取决于观察者的观察。他指出50亿个人就是50亿个位置、50亿条命定之路、50亿种观测系统或角度，这就是为什么人之谜如此难以勘破的原因了。然而，这实际上又给了人希望，即人是怎样，世界是怎样，既然取决于作为主体的人的认知，这便激发了人的自由与创造。[1]

在 2002 年 6 月 7 日《给 Z 兄》的信中,史铁生说,霍金《果壳中的宇宙》提到现在的科学已经发现了"十一维世界"。他举出"捕蝇器"的例子指出,因为苍蝇只识二维世界,所以,尽管在三维中给它留下了逃生之路,它也无法从三维中逃脱。由此他总结说,你在几维,全靠你的几维认知。在这个意义上,"我思故我在"的说法就是确切的。而在 2003 年 6 月 25 日《给 S 兄》的信中,他甚至指出,"无论多少维,脱离观察,就谈不上存在"[2];在 2005 年 5 月 19 日给《给立哲(2)》又指出"失去观察的所谓'本质',很可能是一种虚妄"[3]。史铁生对"人的认知决定人所处的维度"的多次强调,传达的正是这样的认识,即人不只是四维时空的生物,人还有第五个维度,即精神的维度,人最主要的标志在于精神,"惟与精神连接才能具体"[4]。所以,人应拓展自己的维度,

---

1 参见史铁生:《一种谜语的几种简单猜法》,载《命若琴弦》(史铁生作品系列 1),人民文学出版社 2011 年版,第 326—353 页。在 1986 年的《我之舞》中,史铁生引用玻尔、海森堡量子力学关于世界本质的描述,即除了一个人们所知道的世界外便没有别的世界了,以证明主体的绝对,论证"我"之死是不可能的;在 1988 年的《一种谜语的几种简单猜法》中,他引用海森堡"测不准原理",主要强调的是主体的介入对存在的影响,表明精神维度的拓展之于存在的意义,并没有如哥本哈根学派那样把主体的作用抬至绝对,而升华至世界的本质。这一阶段,在信仰层面,史铁生更强调的是"神就是人的精神";在 2008 年的《门外有问》中,史铁生明确指出"测不准原理"对于世界本质的描述有失虚妄。指出"测不准"并不能说明世界是没准的,世界是有准的,只是有限之人永远不能把握那个确切的世界,由此说明宇宙的"不确切性",强调世界无限与人之有限是永恒对峙的。这一阶段,在信仰层面,史铁生格外强调神人距离说,强调信仰的非理性特质。

2 史铁生:《给 S 兄》,载《病隙碎笔》(史铁生作品系列 4),人民文学出版社 2011 年版,第 383 页。

3 史铁生:《给立哲(2)》,载《病隙碎笔》(史铁生作品系列 4),人民文学出版社 2011 年版,第 405 页。

4 史铁生:《读洪峰小说有感》,载《病隙碎笔》(史铁生作品系列 4),人民文学出版社 2011 年版,第 251 页。

以摆脱物的处境,而建立起人的位置和意义。精神维度的建立,意味着人本质生存的丰盈与延展,将使人的生存呈现出无限丰富的可能。在这个意义上,史铁生对"存在"做出了新的界定。他指出,"存在,既不同于现实,又不等于实现,它还指向着'虚真'——即无形之在,或不实之真"[1],由此,理想、信念、信仰、希望、意义等都在"存在"中找到了它们的位置。这样,我们就不再只是看重真实、真理,我们也应该看重真诚,一座真实的连接两个城市的桥梁固然重要,但是,一座"铺向一片未知,一片心灵的荒地,一片浩渺的神秘"的桥梁也有其重要的价值。[2] 史铁生认为如果科学要求的是真实,那么,信仰的要求便是真诚,对于我们而言,应该闭上迷恋于真实的眼睛,而向内里求真诚。[3]

在此,当我们意识到正是科学的新发现打破了真实与真诚的界限,科学与信仰并非决然对立,我们便已然意识到了一种经验主义和理性主义的扩大。因为科学的发现已经将精神的维度、主体认知的维度引入到人与世界的关系之中,引入到人的经验与理性之中。对于上帝的信仰或信念,从根本上正应建立在这样一种容纳了人之精神的扩大了的理性和经验之上。当我们在"精神—经验"的维度来思考信仰,正如史铁生所说,生命的意义在于克尔凯郭尔所言的"主观性真理","在这些真理中,是不存在供人们建立起合法性以及使其合法的任何客观准则的,这些真理必须通过个体吸收、消化并反映在个体的决定和行动上……"[4] 个

---

[1] 史铁生:《给胡山林(2)》,载《病隙碎笔》(史铁生作品系列4),人民文学出版社2011年版,第415页。

[2] 史铁生:《病隙碎笔5》第二十六篇,载《病隙碎笔》(史铁生作品系列4),人民文学出版社2011年版,第112—113页。

[3] 参见史铁生:《病隙碎笔5》第二十七篇,载《病隙碎笔》(史铁生作品系列4),人民文学出版社2011年版,第113页。

[4] 史铁生:《病隙碎笔2》第三十九篇,载《病隙碎笔》(史铁生作品系列4),人民文学出版社2011年版,第64页。

体的信仰选择也正是这样一种"主观性真理",由此对信仰的探讨也应该超越所谓普遍的经验与理性视域,回到信仰主体之个体性中去发问。

三、"深渊"境遇

宇宙是不确切的,人是精神性的存在。史铁生对宇宙、生命本质的认识,构成了其信仰观的理性支撑。不过,个体的信仰不会仅有其理性的基础,一个人具体的生命境遇或许才是决定其信仰之路最深层最根本的原因所在。《原罪·宿命》中十叔的境遇可以看作是普遍的人类生命处境的极端化,人的有限注定了人永远只能像十叔那样处在无奈的位置上。史铁生认为,"只有回到生命起点,回到人传与不传都是不争的生命处境去,才能听到上帝的声音"[1]。但现实看来,上帝之音对于大多数人总是杳渺不可闻的。人们对生命的境遇缺乏哲学性的洞察,体察不到生命的本真生存,由此认识不到信仰、信念之于生命的意义,除了缺乏一种哲学性的精神外,客观上也在于大多数人不曾陷入生命的深渊。正如别尔嘉耶夫所言,跃出深渊,则需陷入深渊,这是生存的辩证法。[2]别尔嘉耶夫意义上的"深渊"是精神在生命的哲学性探索中所陷入的艰难处境,在他的精神哲学之路上,充满了悖论与挣扎,但这种精神上的"陷入深渊",正是"跃出深渊"必要的思想准备。我们这里所言的"深渊",除了类似十叔的客观痛苦的生存,还意味着别尔嘉耶夫意义上的精神之深渊,意味着面对这痛苦的生存,一个不甘心沉沦的个体在精神上所遭遇的痛苦及其在这种痛苦的求索中所企及的灵魂深度。也许在这双重的"深渊"境遇中,人才能真正走近上帝。这也正是我们在"'爱命运'——史铁生的命运观"中所论及的"绝望"的意义。在这里,如

---

[1] 史铁生:《给肖瀚》,载《病隙碎笔》(史铁生作品系列4),人民文学出版社2011年版,第388页。

[2] 参见〔俄罗斯〕尼古拉·别尔嘉耶夫著:《人的奴役与自由——人格主义哲学的体认》"别尔嘉耶夫哲学思想概述——代中译序",徐黎明译,贵州人民出版社1994年版,第4页。

果说我们并不否认精神的深渊之意义，但显然我们并不是在为客观痛苦的生存之深渊贴金——因为谁也不会期望自己遭遇这样的痛苦，正是这样的不想但不幸仍不期而至，才真正造成了人的深渊处境——我们只是说，对于人们而言，客观痛苦的生存之深渊在大多数时候，确实是造成精神痛苦，从而也可能达成精神超越即跃出深渊的重要原因。但从根本上，人的超越，应该是如别尔嘉耶夫所言，取决于人内在的精神体认，"取决于个体人在发掘生命意义时的内在深度"[1]。由此，我们似乎找到了史铁生非理性超越的现实缘由和精神根基，其上帝信仰的合理性在生存维度上也便建基于此。

十叔实际上就是史铁生自己的形象写真，尽管他的残疾程度较之小说中的十叔轻多了，但是曾经那样青春茁壮的身体突然间就只能被安放于一辆轮椅之上，青春刚刚绽放出一点笑颜就遭霜冻，其深渊的处境是一样的，这不仅仅是肉体的深渊，更是精神的深渊。在这深渊之中，他曾如斗牛般不断地撞墙，痛苦地嘶吼，不屈地反抗；他也曾几度自杀企图放弃这痛苦的生存。然而，亲情之爱让他在死亡的门口踟蹰，而爱情的不期而至，真正将他从死亡门口拉回到了生之道路，是爱的降临唤起了他"欲在"的信念，不管怎样，也要好好活下去，活很久。在这爱情的安抚下，史铁生对生命的认识达到了质的飞跃：由个体的残疾领悟到普遍意义上人之残缺的境遇，由一己之痛苦进入到对普遍人类的深刻同情，由小我之爱上升到对人类的广博爱愿，由对创世主的"臣服"，进而领悟到救世主所启示的救赎之路，从而在上帝的冷漠背后体会到上帝的恩慈……我们看到，史铁生正是这样一步步走出了生命的深渊，也正是这样，一步步走向了上帝信仰。可以说，他的信仰是深植在他曾经

---

[1] 〔俄罗斯〕尼古拉·别尔嘉耶夫：《人的奴役与自由——人格主义哲学的体认》"别尔嘉耶夫哲学思想概述——代中译序"，徐黎明译，贵州人民出版社1994年版，第18页。

痛苦万分而终至释然豁达的生存之上的，而这种非理性的超越背后是他突出的理性能力及其真诚求索的理性精神。由此，我们深切地意识到，史铁生的上帝信仰绝不仅是对于抽象的生存的理性认知，更是基于其自身在具体生命境遇中的深切体悟，基于其发掘生命意义时的内在深度。他的上帝，之于他并非一个信仰的客体对象，而是与他发生着具体的生存性的交会。由此提示我们上帝信仰的生存维度，这也许是上帝信仰最根本的事实。

联系前面提到的约翰·希克的观点，即关于上帝存在之推论的健全性永不可得，我们应该将之转换成对有关上帝信仰之合理性的判断，即"判断信仰者是否在经验和理性基础上有权相信其所信的东西。它不要求不信者由此而建立信仰，而仅仅要求不信者去更深入地理解信仰者"[1]。可以说，至此我们至少可以判断史铁生所持有的信念依然处在其经验和理性范畴内，而在其经验和理性基础上，他是有权去相信其所相信的东西的。也许经历这样一场探索之旅，我们这些非信仰者仍然无法在内心建立起上帝信仰，但可以确信的是，我们已经更深入地理解了史铁生的上帝信仰，或者说更深入地理解了史铁生关于上帝信仰的言说，而在这种理解中，我们或许已经向上帝迈出了重要的一步。

---

[1] 何光沪：《多元化的上帝观——20世纪西方宗教哲学概览》（增订版），中国人民大学出版社2010年版，第124—126页。

第七章 "人与神有着无限的距离"
——史铁生的上帝观（二）

在史铁生早中期的作品中，他否认了神或上帝的存在，但是他关于命运的认识，对世界之无限的看法，实际上为上帝的存在预留了位置。而到后期以"病隙碎笔"系列为代表的作品中，基督文化、基督精神成了他思想的重心。他围绕着基督教意义上的"上帝"在认识论上强调了信仰非理性的特征，在救赎论的意义上，则强调了人之有限、神之无限的"人神距离说"。如果说，在其思想的早中期，尽管也意识到人之有限和世界之无限，但因为在理性上对神的存在的否定，史铁生在这一时期的作品中，尤其高彰面对苦难命运时人之自我精神的突围，突出人精神维度的拓展对于认识无限之宇宙的意义，从根本上强调了人之精神性生存的本质。正是在这个意义上，他声言，神就是人的精神。而到后期，人之精神失去了它的"神位"，而受限于"人神距离说"的信仰框架。此一时期，他着重强调的不是人之精神的无限可能，而是人之有限，强调人在神面前的谦卑，强调人与神有着永恒的距离。史铁生明确指出，这是他在刘小枫的《走向十字架上的真》中

第七章 "人与神有着无限的距离" | 263

最终找到的答案。[1] 确实，史铁生的"人神距离说"与刘小枫在《走向十字架上的真》所表露的思想倾向是一致的，而且这一思想及其表述的坚决语调极易让人联想到刘小枫在此书中极为推崇的卡尔·巴特的思想。但卡尔·巴特的思想尽管具有鲜明的时代意义，却并没有了结其理论上的难题，即他的思想在无限抬高上帝的同时也被认为是无限地贬低了人。事实上，他是20世纪西方宗教哲学的反潮流者，在其诞生初期，已经有人试图扭转其方向，缓和其影响。从西方宗教哲学史来看，关于上帝的属性、上帝与人及世界关系的理解有很多种思路，史铁生为什么格外强调神人关系的这个思路呢？同时，他的思想是否也会遭遇与卡尔·巴特同样的问题，即突出强调人的有限与神的无限是否贬低了人的尊严？基于我们传统文化在理论层面对人性尊严的高彰[2]，而历史地来看，我们对基督宗教的不满或误解也与此相关，那么，深入探讨史铁生这一救赎论上的思路对于我们而言，是一个不可回避也是极有意义的问题。

---

1 参见史铁生：《神位 官位 心位》，载《我与地坛》（史铁生作品系列3），人民文学出版社2011年版，第316页。
2 譬如作为儒教行为活动之依据的《礼记》，对人的评价是这样的："人者，天地之心也，五行之端也"，"人者，其天地之德，阴阳之交，鬼神之会，五行之秀气也"（《礼记·礼运》）。而无论在汉儒、宋儒，还是清儒那里，都可见将人性尊严抬升至极高的地位，可以说，人性之尊严在儒教或儒学中被赋予的地位，几乎天地齐平。而人性尊严和人的崇高地位，并不独以儒家学说为然，例如道家鼻祖老子也说："道大，天大，地大，人亦大。域中有四大，而人居其一焉。"（《老子》第25章）参见何光沪：《基督宗教与儒教中的人性尊严——一个比较研究》，载《三十功名尘与土》，复旦大学出版社2010年版，第195—196页。而佛家强调的平等观点，"众生皆可成佛之说"，也可看作是对人之尊严地位的肯定。

人神距离说

一、三点认识

仔细分析史铁生的思想,可以发现,他强调人与神有着无限的距离,主要基于三点认识:一是基于对命运的感悟,对人力之有限的客观认识;二是基于对人性之恶的洞察;三则是基于他对中国历史、文化与现实的认识,而这一点也建立在他对人性认识的基础上。人与神的距离具体便体现在人力、人性、人智的有限或残缺与神的全能、绝对的圆满与美善的比照。

首先,从个体生命的真实处境,或个体人的命运来看,史铁生认为,人是有限的,而神隐匿在神秘的无限之中,人永远参不透生命与存在的奥秘。这里人力、人智的有限与神的无限广奥形成对照。人的有限注定了苦难的永恒。苦难的永恒,并非是人的主观认识,而是生存的客观事实。史铁生认为,对这客观事实的清醒认识,恰是神的垂怜——由此人才能断除迷执,相信爱是人类唯一的救助。爱,意味着爱命运,爱这苦难的现实。正是苦难的永恒存在,而不是许以实际的福乐,人才意识到为人之可贵不在于物质的丰盈,而在于精神的完善、灵魂的觉醒与人格的提升。佛教说"空性中见悲心",即看到万物皆空,缘缘相系,一种慈悲的情怀就油然生起,那么史铁生的意思大概便是"苦难中见悲心、爱心",无尽的苦难唤醒了人的智慧、勇气与创造力,同时也唤醒了对普遍人类深刻的同情与爱。史铁生正是由此超越了早期"小我"的苦痛之思,而走向对普遍的人类命运的关注,由对自身苦难命运的怨愤不平走向了对人类的大爱之情怀。

其次,史铁生在《病隙碎笔》等后期作品中更为强调的还是人心、人性的有限,这是生而为人无法抹去的人性烙印。而神性则是绝对的圆满与美善。由此,人性与神性有着无限的距离,这里人性的残缺与神性的圆满形成了对照。史铁生明确表示,在人性善恶方面,他更倾向于人性恶,这并不是说他不信人性中埋藏着善的种子,而是说人性是非常复杂的,善恶俱在,但人的本性更倾向于作恶。人性中先天埋藏着罪性,这就是人的"原罪"。史铁生所说的人之罪,并不是通常理解的狭义之罪即法律意义上冒犯他人、对他人造成伤害的行为之罪。法律意义上的罪,在英文中用"crime"表示,而史铁生则是在宗教的意义上言说罪,这个罪,在英文中用"sin"表示。这个罪主要指向思想状态而不是特指行为。

在写《务虚笔记》时,史铁生说他忽然明白,凡他笔下人物的行为或心理,都是他自己也有的,某些已经露面,某些正蛰伏在可能性中伺机而动。"所以,那长篇中的人物越来越互相混淆——因我的心路而混淆,又混淆成我的心路:善恶俱在。"[1]他深切意识到,人的罪不仅在白昼的已明之罪,在你的行为及行为造成的后果中,也在你暗中奔涌的心流,在你的所思所欲里。在对自己心路的警醒与剖析中,人更能意识到人性并不如你想象的那般清洁和善美。当然,人性中不仅先天有罪性,史铁生也指出,人性中还先天地埋藏着善的种子,或者更准确地说,人性中蕴藏着一份向善的人性基因,由此人能够向往清洁和善美,能够看见人的残缺与丑陋。只是在史铁生看来,倘若仅靠一份向善的人性基因,而没有智慧的神性之光的照耀,那一点善的趋势,也是很容易就被高涨着的物欲淹没的。因此,道德的完善,便需要上帝信仰的支撑;人性的提升需要神性的引领。而人对于"原罪"的认识,则时时提醒人们,人永远不能僭越为神,残缺的人性离圆满的神性有着无限的距离。

人是在神性之光的照耀下为善,还是任由物欲私心淹没而作恶,这取决于人个体的选择。尽管史铁生没有明确提到,但实际上他关于人性

---

[1] 史铁生:《病隙碎笔1》第十六篇,载《病隙碎笔》(史铁生作品系列4),人民文学出版社2011年版,第9页。

的认识已经涉及西方文化的一个重要概念,即自由意志。按照康德的看法,关于人性的善恶,从逻辑上不外乎五种认识,即性善论、性恶论、性非善非恶论、性既善又恶论以及善恶相混论,康德认为,这些认识都有一定的道理,都可以接受,但这些都属于现象的领域,不属于本体的领域。而自由意志才是人的本体。[1]西方文化强调人的自由意志,由此人无定性,人性存在无限可能,人的一生都在善恶之间挣扎,单靠人的本性是无法让人得到拯救的,所以人要朝向那无限远大的尽善尽美,上帝便是绝对圆满与美善的象征。而人性的罪本能,又使得"人与神有着永恒的距离,因而向神之路是一条朝向尽善尽美的恒途"[2]。这就是在神性之光的照耀下人性发展的历史。

如果说,人力、人智的有限,以及人性的残缺,客观上决定了人与神的永恒的距离,那么,史铁生对中国历史与现实的洞察、对中国传统文化的反思,则是他在后期作品中格外强调"神性之光照"以及"人神距离说"的根本原因。如史铁生所言,在中国传统文化中,占统治地位的人性观是"人之初性本善",认为人性本善,婴儿是最纯洁的、是至善,而人的恶习都是后天形成的,是由于外界环境的污染,所以主张人要回归自己的本性,回到童心的境界。如果说,西方人基于对人的罪性的认识,需要设定一个彼岸的上帝,在人性中追求的是一种外在的超越;那么中国人则只需追求一种内在的超越,因为中国文化信仰的是人的本心、本性,既然人性本善,那么自然一切无须外求,只需回到童心、回到人的本心中就可以了。但史铁生指出,"童心虽美却娇嫩得不可靠"[3],也就是说自由意志未曾得到开发、童蒙(民智)未开的淳朴是

---

1 参见邓晓芒:《康德哲学讲演录》,广西师范大学出版社 2006 年版,第 166—170 页。
2 史铁生:《给 CL》,载《病隙碎笔》(史铁生作品系列 4),人民文学出版社 2011 年版,第 423 页。
3 史铁生:《答自己问》,载《病隙碎笔》(史铁生作品系列 4),人民文学出版社 2011 年版,第 186 页。

不可靠的，也并非真正的善。他认为，中国文化传统中那种"怕孩子长大失了质朴干脆就不让孩子长大的倾向"，是极糟糕的。[1]世界上的另一种文化主张"进一步去找和谐"，"进一步而进一步，于是遥遥地走在我们前头"，而我们这种不往前看反往后退的文化，或许正是上千年来我们步步落后的根本原因。[2]应该说我们关于人性的认识至今仍受着传统文化的影响，对历史的反思也受此制约，大多仍局限在制度、社会环境等外在因素，史铁生则提出，应该从文化上找根源，应该侧重"从人性入手，从心理入手"，从信仰入手，这样才能做成，也才能做好。[3]在对历史的反思中，他格外强调了西方文化中的谦卑意识和忏悔的传统。

在西方人看来，在神的完满面前，人皆有罪，所以，人应该始终谦卑，保持忏悔。而如史铁生指出的，我们的时代文化缺少这种传统和意识。这显然和我们过分乐观的人性观有着根本的关联。中国人的缺乏忏悔，通常表现在惯于"把惨痛的经验归罪给历史，以为潇洒，以为豁达。好像历史是一只垃圾箱，把些谁也不愿意再沾惹的罪孽封装隐蔽，大家就都可以清洁"[4]。当然，我们也并非不提忏悔，但我们的忏悔是指向别人的，我们经常说"你（你们）要忏悔"，史铁生指出，这种说法是一个病句，"忏悔从来不能用于他人，只能用于自己。一旦用于他人就使人想起了在'文革'中的'你要在灵魂深处闹革命'"[5]。所以他

---

[1] 史铁生：《答自己问》，载《病隙碎笔》（史铁生作品系列4），人民文学出版社2011年版，第186页。

[2] 史铁生：《答自己问》，载《病隙碎笔》（史铁生作品系列4），人民文学出版社2011年版，第186页。

[3] 王克明：《现实关怀》，载"写作之夜"丛书编委会主编：《生命——民间记忆史铁生》，中国对外翻译出版有限公司2012年版，第357页。

[4] 史铁生：《病隙碎笔1》第十七篇，载《病隙碎笔》（史铁生作品系列4），人民文学出版社2011年版，第10页。

[5] 闫阳生：《透析生命》，载"写作之夜"丛书编委会主编：《生命——民间记忆史铁生》，中国对外翻译出版有限公司2012年版，第74页。

指出，王克明他们为反思"文革"的编著作品取的书名"我们忏悔"实在是很响亮的名字。就"文革"而言，忏悔意识，并非只是针对那些在"文革"中作过恶的人。"辉煌的历史倘不是几个英雄所为，惨痛的历史也就不由几个歹徒承办。或许，那些打过人的人中，已知忏悔者倒要多些，至少他们的不敢站出来这一点已经说明了良心的沉重。倒是自以为与那段历史的黑暗无关者，良心总是轻松着——"[1]在他看来，现在的中国这样轻松着的良心依然很多。

而与"我要忏悔"或"我们忏悔"相关联的则是对他人的宽容与宽恕，这也是基于人对自我罪性的意识。史铁生几次提到《圣经》中"行淫的女人"的故事，当众人叫嚣着要用石头砸死那个行淫的女人时，耶稣说，你们中谁没有犯过罪，谁就砸死她吧。众人默然片刻，纷纷离去。在基督教的文化里，人皆是有罪的，当人意识到人普遍的罪性，便自然地学会宽容他人。但这种宽容，并非是对罪恶的纵容，而恰如王克明所讲的"忏悔是拯救我们的灵魂"，宽恕则"是拯救他们的人性"[2]。史铁生说，当我们要求"文革"中的打人者出来忏悔时，你可曾设想，要是那时以革命的名义把皮带塞进你手里，你敢于拒绝或敢于抗议的可能性有多大？而你可曾去制止过那些发生在你身边的暴行？[3]这样一想，理直气壮的人便少了，同时对"文革"中的打人者，也许会怀抱一份同情和宽容。而宽容无论对于个体，还是对于一个社会或族群，都是有益的。对于个体，宽容可以拯救其人性；对于社会、族群而言，没有宽恕

---

[1] 史铁生：《病隙碎笔1》第十七篇，载《病隙碎笔》（史铁生作品系列4），人民文学出版社2011年版，第10页。

[2] 王克明：《现实关怀》，载"写作之夜"丛书编委会主编：《生命——民间记忆史铁生》，中国对外翻译出版有限公司2012年版，第358页。

[3] 参见史铁生：《病隙碎笔1》第十七篇，载《病隙碎笔》（史铁生作品系列4），人民文学出版社2011年版，第10—11页。

就没有未来,仇恨是解决不了问题的。这也正是史铁生几次提到的《没有宽恕就没有未来》一书的主旨。史铁生还进一步指出,"忏悔,不仅使人能够反省自己的罪与恶,还能够使人独立,变官本位社会为人本位社会,这才能有民主与法制,或民主与法制才有了根基"[1]。

人是有限的,任何人都不应该被树为神,史铁生说,正如《圣经》所言:造人为神,无异于请瞎子引路。人言不应被当作神命,一切俗世的偶像崇拜将使信仰误入歧途。史铁生也提示我们由此也应对如今的自由主义有所警惕:自由主义一旦走到极端,其症结便在于,忽视了神的声音,将人智当成终极判断,由此便会导致价值的相对主义。所以,自由不能是自由的根据,自由之上是"不自由",这便是"天命"与"神在"。由此,人言的相对与神命的绝对形成了对照。任何的人言、人命都只是相对价值,而唯有神命、神言才是绝对价值,神命"只可被人领悟,不能由人设定",是"人智不能篡改而非不许篡改的。不许,仍是人智所为,不能,才为人力不逮"[2]。

正是基于以上对人力、人性的认识,及对中国文化、历史与现实的思考,史铁生强调人与神有着无限的距离,也正是在这个意义上,史铁生一再指出,佛教中的"人人皆可成佛",以及中国传统文化中的"人皆可为尧舜",都是成问题的思路。这两种观点所抱持的对人性的乐观态度,和史铁生所强调的人性之罪与人理当谦卑的意识是相对立的。而对人性的乐观思路,在史铁生看来,提供的是一种"到达式"的天堂观,也背离了信仰的真意,他坚信出于对人性之罪的认识所提供的一种"过程式"的天堂观真正为人指明了救赎之路。在这条路上,苦难没有

---

[1] 王克明:《现实关怀》,载"写作之夜"丛书编委会主编:《生命——民间记忆史铁生》,中国对外翻译出版有限公司2012年版,第357页。

[2] 史铁生:《病隙碎笔6》第二十六篇,载《病隙碎笔》(史铁生作品系列4),人民文学出版社2011年版,第149页。

尽头，而由此，信念、希望与爱便成为人的指路明灯。"人人皆可成佛"或"人皆可为尧舜"，强调人或人性可得圆满，而史铁生认为，人或人性永远不得圆满，上帝是绝对的圆满，但人永远不能成为上帝，人与上帝有着永恒的距离。

二、自由的辩证法

史铁生明确指出他的"人神距离说"是他在刘小枫的《走向十字架上的真》一书中找到的答案，而他的这一思想确实容易让人联想到刘小枫在书中极为推崇的卡尔·巴特的思想。书名《走向十字架上的真》正来源于卡尔·巴特的核心观点。史铁生在后期作品中对人神距离的反复强调，与他的历史体验及对现实的洞察是分不开的。卡尔·巴特的思想也是在时代的境遇中被激发的。他针对20世纪的独特境遇[1]看到了人世灾难的根源在于此世的作为、此世的权威、此世的运动被神圣化，其思想根源即在于人性的傲慢，人力图篡夺神位。由此，卡尔·巴特格外强调人神的差异与距离："上帝在天上，而你——人始终在地上"，人是有罪之人，上帝是圆满之在，人与上帝不可通约，人只能走向上帝，但永远走不到上帝，人与神有着无限的距离。[2]但卡尔·巴特的思想尽管具有其鲜明的时代意义，却并没有了结理论上的难题，即他的思想在无限抬高上帝的同时也被认为是无限地贬低了人。在其诞生初期，已经有人试图扭转其方向，缓和其影响，譬如蒂利希、麦奎利等神学家从存在主义的生存角度就对其进行了一些修正。[3]而同一流派，即上帝之道神学的另一杰出代表，也是巴特的终生好友布鲁纳也看到了巴特在神人关系上的矫枉过正，并专门撰写文章与之辩论，

---

[1] 20世纪，无论是东方还是西方，都是苦难的世纪，浩大的政治运动频发，人间灾难频仍。

[2] 参见刘小枫：《走向十字架上的真》，华东师范大学出版社2013年版，第45—80页。

[3] 参见何光沪：《多元化的上帝观——20世纪西方宗教哲学概览》（增订版），中国人民大学出版社2010年版，第136—146页。

力图修正他的激烈。[1]那么,尽管基于史铁生关于人神关系的三点认识,我们看到了人神距离说的客观合理性,及其在个体与群体救赎层面的意义,但这是不是唯一的救赎思路?且史铁生的人神关系说是否也会遇到与卡尔·巴特一样的质疑?

当我们进一步将史铁生的思想与卡尔·巴特进行比较时会发现,尽管其人神关系说的理论表述形态与卡尔·巴特的思想存在着很大的相似性,且二者的观点都是基于对人性之罪、对现实之恶的相同认识,而史铁生在《病隙碎笔》等作品中强调人的有限与神的无限时的激烈语调也确实让我们看到了卡尔·巴特的影子,但二者的精神实质其实存在着根本的不同。如果说,卡尔·巴特的思想是将神人绝对对立的神人隔绝理论,那么,史铁生在强调人与神有着永恒的距离时,并没有将神人绝对对立,这也是我们将其思想称为"人神距离说"而不是"人神对立"或"人神隔绝说"的原因。在卡尔·巴特的神人隔绝视域下,上帝被无限抬高的同时,人被无限地贬低,但在史铁生的思想中,神人之间在认识论上,而根本是在生存论的意义上呈现出辩证的张力,这种神人关系提供了一种关于人的自由的辩证法,由此,我们看到人的主体性地位在史铁生的信仰框架内是可以成立的。

在卡尔·巴特的思想里,人是绝对的有限,而神是绝对的无限,神人不可通约,只有从神到人的路,而没有从人到神的路。人只能聆听到上帝之道,却不能去发现上帝之道,由此他反对人关于上帝的任何言论:"人与上帝、人言与上帝之言,说到底,人的真理——无论它有多真——与上帝之真理,有无限的、不可弥合的差距。人绝不是神,人言绝非上帝之言,人的真理永非上帝之真理。"[2]在卡尔·巴特的语境里,

---

1 参见刘小枫:《走向十字架上的真》,华东师范大学出版社2013年版,第62—64页。
2 刘小枫:《走向十字架上的真》,华东师范大学出版社2013年版,第47页。

神的绝对性与超在性几乎被强调到极致,总之,在他看来,神是不可知的,神是"全然相异者",是绝对的他者。[1] 卡尔·巴特对于神人隔绝、神人不可通约的信念格外坚定,这表现在他第二版的《罗马书释义》中对此观点更加强调。可是即使在认识论的角度,我们能接受这样的神,但在生存论的意义上,这样一个身处彼岸与人完全隔绝毫无沟通的上帝与人又有什么关系呢?这也正是同时代的宗教思想家们力图修正其思想的主要原因。

在史铁生后期的作品中,我们也注意到,他格外强调有限之人与无限之神的对立,而且他也没有否弃神的绝对性,以及神的超在的设定。从认识论的角度来看,在史铁生的思想中,始终留存着一块"物自体"的领域。"物自体"超越人的认知,但并不意味着人不受其影响,它是"一切威赫的存在,一切命运的肇因,一切生与死的劫难"[2],是无限的大神秘,也即是史铁生所言的创世主;而出于对现实人性的警惕,史铁生也认为不能把自由完全交付到人的手中,由此需要设立一个完全外在的神或神性,以监督人性。不过,卡尔·巴特的超在的神与人是隔绝的,只有从神到人的路,却没有从人到神的路,而史铁生却借由人的精神、借由人的精神维度的拓展铺设了一条由人到神的路,尽管这路是永恒无止境的。这首先体现在从认识论的角度他关于有限之人与无限之神辩证关系的阐述中,在阐述中,他格外强调的则是无限(神)有赖于有限(人)对它的比照和猜想。

在2003年和2005年给两位朋友的信中,史铁生指出,有限(人)不能是也不能成为无限(神),无限(神)"只能趋向,或眺望。但

---

1 参见刘小枫:《走向十字架上的真》,华东师范大学出版社2013年版,第47页。
2 史铁生:《病隙碎笔4》第九篇,载《病隙碎笔》(史铁生作品系列4),人民文学出版社2011年版,第97页。

这就又暗示了一个趋向者或眺望者的位置"[1]。事实上,"无限并不独立（或客观）地确有,而是相对于有限而在"[2]。无限与我、你、他等主语是不可分开的,"正所谓'天地无言',无限本身是从来不说话的,岂止不说话,它根本就是无知无觉,既不表达,也无感受,更不对种种感受之后的意见有所赞成与反对。惟有限可以谈论它,感受它,表达它,惟有限看出它是无限本身。无限是如何如何的,怎样并怎样的——这不是别的,这正是有限（譬如人）对它的猜想,或描画"[3]。也就是说,"无限的存在,恰是因为有限的反衬（比照和猜想）,否则它无声无息、无从存在"[4]。"一切讨论无限的尝试,无不先自暗示了一个前提：有限之物,或有限之观察点的先在"[5],"无限之所以在,必以有限的比衬为前提。那么就是说,大凡无限得以显现处,必有有限在那儿猜想,否则无限就会被压缩为零（或大爆炸之前的奇点）"[6]。总之,"彼岸的确有,缘于此岸的眺望；无限的存在,系于有限的与之对立","此岸与彼岸,是互相永恒地不可以脱离的！缺一,则必致有限与无限一同毁灭"。[7]在这里,我们可以看到,史铁生给我们呈现了一

---

[1] 史铁生：《给S兄》,载《病隙碎笔》（史铁生作品系列4）,人民文学出版社2011年版,第379页。

[2] 史铁生：《给立哲（2）》,载《病隙碎笔》（史铁生作品系列4）,人民文学出版社2011年版,第402页。

[3] 史铁生：《给S兄》,载《病隙碎笔》（史铁生作品系列4）,人民文学出版社2011年版,第379—380页。

[4] 史铁生：《给立哲（2）》,载《病隙碎笔》（史铁生作品系列4）,人民文学出版社2011年版,第402页。

[5] 史铁生：《给立哲（2）》,载《病隙碎笔》（史铁生作品系列4）,人民文学出版社2011年版,第403页。

[6] 史铁生：《给立哲（2）》,载《病隙碎笔》（史铁生作品系列4）,人民文学出版社2011年版,第404页。

[7] 史铁生：《给S兄》,载《病隙碎笔》（史铁生作品系列4）,人民文学出版社2011年版,第382页。

种神（无限）与人（有限）的悖异关系[1]，即神既是超在的，在人之外，但同时神又是内在的，有赖于人的聆听与眺望，否则无从存在。从单纯理性的角度来看，这可能令人稍感费解，然而，将其放入人的具体生存中，在人的信仰追求之路的精神体认的核心，这种悖异则显示了人的本真生存所应有的位置。史铁生认为，人的本真生存是由人在存在论上的发问，即有限之在的人对无限之在的追问、猜想与描画，来铺筑的。由此，此岸与彼岸、有限与无限、人与上帝具有了一种生存本体论上的关联。在《病隙碎笔》系列的最后一篇，史铁生以热情的笔调这样写道："问吧，勿以为问是虚幻，是虚误。人是以语言的探问为生长，以语言的构筑为存在的。从这样不息的询问之中才能听见神说，从这样代代流传的言说之中，才能时时提醒着人回首生命的初始之地，回望那天赋事实（第一推动或绝对开端）所给定的人智绝地。或者说，回到写作的零度。神说既是从那儿发出，必只能从那儿听到。"[2] 在这个意义上，人的发问已不只是一种形而上学的认识论，不只

---

[1] 关于有限（人）与无限（世界或神）的论述贯穿在史铁生的作品中，梳理一下他在前后期作品中对二者关系的表述，会发现是比较复杂的。在1986年的《我之舞》中，史铁生指出，有限之人是绝对的主体，是永恒之有，世界（或无限）有赖于人的观察而存在；到1988年《一种谜语的几种简单猜法》中，依然坚持人作为主体的核心作用，但承认客体（世界）不是由主体生成的；在文中提到的2003年和2005年给朋友的信，包括2002年《给Z兄》的信中，史铁生主要强调的是有限之在的人对无限之存在的决定作用，他甚至表示，"失去观察的所谓'本质'，很可能是一种虚妄"；到2008年的《门外有问》中，史铁生则侧重强调一个客观、绝对的世界的确在，这客观、绝对的世界既有可观测的部分，但必定存在人所观测不及的领域。世界之无限衬托出了人之有限，而对神之信念恰是以这样一个不明其物理真相的世界为前提的。在有限（人）与无限（世界、神）的认识上的不断改变，可以看作是史铁生在时间进程中思想的自然变化。没有思想是一成不变的，将一种认识从头坚持到底反而是可疑的。不过仔细分析，尽管史铁生在各个时期的思想表述其表面上是矛盾的，但其本质并不是一种互相否定，而是一种不断的丰富、包容和补充。这也是在这里将之称为悖异而非矛盾的原因。

[2] 史铁生：《病隙碎笔6》第三十五篇，载《病隙碎笔》（史铁生作品系列4），人民文学出版社2011年版，第155页。

是解决了神既在人之外，神又在人之内的关系悖论，而是恰当地建立起了一种关于人的基本本体论。人对无限的发问成为人之为人的前提，因为正是在这种发问中，人具有了一种走出自身有限的存在走向无限（上帝）的精神动姿，这种"走向"意味着人对有限自我的超越与突破，也正是在这种"走向"中，人才得以真正实现自身。这也正是卡尔·拉纳的先验神学向我们传达的核心思想[1]。史铁生以他辩证的神人关系，勾画了人的本真性生存，而卡尔·巴特的神人隔绝理论则无论从认识论还是生存论的角度都是不能贯彻到底的。从认识论的角度来看，既然上帝与人和世界的鸿沟是如此的绝对化，那么任何的上帝之道（巴特的神学被称为上帝之道神学）都不能为人所理解；[2] 而从生存论的角度来看，这样一个身处彼岸与人与世界完全隔绝的上帝与此岸人的生存毫无关联，因此即使这样的上帝存在也毫无意义。正是由此，卡尔·巴特在后期不得不修改了自己的学说，他承认早年过分夸大了

---

[1] 卡尔·拉纳的先验神学，其出发点也正是力图解决上帝既在世界之外（彼岸）又在世界之内（此岸）的悖论，由此，他力图确立人在此世的存在与上帝的一种生存本体论的关联，而这一关联则有赖于人在存在论上的发问。卡尔·拉纳力图表明：人在面临世界和自身的奥秘时的不断发问这一活动本身，已证明人有一个超越时空、趋向于绝对实在的精神动姿。人是一个会发问的存在，当人问这是什么或这是为什么时，发问所指向的实际上是作为整体的存在和人自身的存在。如果进一步追问发问的存在本身，人们就会发现，在人的发问活动背后，伸展着一个无限的、绝对的视域。因而，发问活动本身使人成为世界中的精神性的存在，此一性质为人能听到上帝的传言提供了可能性和条件。所以，卡尔·拉纳指出，发问与否成为人之为人的前提，如果人不发问，就只能是聪明动物而已。卡尔·拉纳强调，人不应对无限的发问漠然置之。逃离到日常奔忙的平庸中去，只表明人在逃避发问，逃避自己的本真生存，因为人自己即是这发问本身。而从此种形而上学认识论出发，实际上可以恰当地建立一种关于人的基本本体论。发问的本体论规定表明，人本身即是一个奥秘，发问呈现为超越性的精神活动，人之奥秘亦为不断超越自身走向上帝的奥秘。参见刘小枫：《走向十字架上的真》，华东师范大学出版社2013年版，第318—353页。

[2] 参见何光沪：《多元化的上帝观——20世纪西方宗教哲学概览（增订版）》，中国人民大学出版社2010年版，第182页。

上帝的"相异性"(尽管这种夸大在当时是必要的),上帝也有他所谓"人性"或朝向人的一面,并在这方面与人相关联。这主要体现在他的辩证神学之中。[1]

史铁生的神人理论与卡尔·巴特思想在精神实质上的不同,还体现在他们对人性的认识上。可以看到,在卡尔·巴特的神人隔绝视域下是他对人性的极端看法,即认为"人是彻彻底底的罪人","人的理性从根本上讲对'上帝的真理'是瞎的"。[2] 而在史铁生的思想里,尽管他也强调人的罪性,但没有到这种极端的程度,他对人性的认识更为客观。在史铁生看来,人从根本上是一种二元性的生存,人性之中对立的二元:处于高端的是"灵魂",处于低端的是"肉体"。"肉体"代表着人的沉沦,意味着人为物役,意味着人的被客体化;而"灵魂"则联通着绝对价值、无限之在(神),代表着人面向无限(神)走出有限自我的可能。那么,是什么决定着人的超越或沉沦呢?史铁生将之指向了人的精神。人的沉沦或超越取决于人作为精神主体的自我选择。精神是一把双刃利剑,它既可能放任本我而沉沦,也可能走出自我而超越。事实上,从人的本性而言,精神更易滑向人性之低端。[3] 由此,尽管人自身中先验地含有超越的因子,但正如别尔嘉耶夫所言,"如果没有一项比个体人格

---

[1] 然而,卡尔·巴特依然强调上帝的超越性,他只是以他辩证的方法指出,任何一个关于上帝的陈述,都必须用另一个相反的(悖谬的)陈述来予以矫正。但是,不管如何,卡尔·巴特以他的辩证思想重新确立了人的生命的辩证境况和人神之间的辩证处境性关系。与史铁生不同的是,在这种辩证关系中,依然是以超越性的上帝为主导的,人处在一种之间的状态,人自身是一种对立与悖论的生存,在这个意义上,人的主体性生存并没有被构建。参见刘小枫:《走向十字架上的真》,华东师范大学出版社 2013 年版,第 45—80 页;何光沪:《多元化的上帝观——20 世纪西方宗教哲学概览》(增订版),中国人民大学出版社 2010 年版,第 182 页。

[2] 刘小枫:《走向十字架上的真》,华东师范大学出版社 2013 年版,第 64 页。

[3] 关于肉身、灵魂与精神的辨析,参见《病隙碎笔 5》第五篇—第十五篇,载《病隙碎笔》(史铁生作品系列 4),人民文学出版社 2011 年版,第 100—106 页。

更高的存在，没有一个可供个体人格进入的冰清玉洁的世界，那么个体人格则不可能走出自身，去实现自身丰盈的生命"[1]。这里"更高的存在"、"冰清玉洁的世界"即指《圣经》中的上帝。同别尔嘉耶夫一样，史铁生也认为没有上帝的自我完成是不可能的。只是在以个体人格为核心，以人的自由为终极指向的存在主义哲学里，别尔嘉耶夫否弃掉了上帝的超在性，强调上帝是人格主体的精神意象，上帝与人的关系"不置于外在的决定王国，而置于内在的自由王国"[2]，而显然史铁生没有完全否弃一个超在的上帝，但又在生存论上把这个上帝与人的精神、与人对存在的发问、对圆满美善的祈盼关联起来，由此上帝又内在于人的精神，处于人的本真生存的核心。由此我们看到，如果说，在卡尔·巴特的神人关系中（主要是指其早期思想），基于他对人性的极度悲观的认识，他实际上彻底取消了人的主体性和自由，在他的理论建构中，人是不自由的生存；而别尔嘉耶夫尽管强调人不能没有上帝的自我完成，但是他的上帝作为人的精神意象而存在，由此，人在面向上帝的超越中，则被赋予了一种绝对的主体性地位，人是彻底自由的生存。这种自由是在精神主体的世界，而不是在客体的世界。同时，别尔嘉耶夫所高扬的人的自由也不会落入自由主义或人本主义哲学的窠臼，因为在他所建构的哲学人学中，他是把"基督教精神与生存的本体论连接在一起，在神性整体的真理那里找寻人的位置"[3]，在人的自由之上是超验价值的光照；相对于卡尔·巴特和别尔嘉耶夫，史铁生的上帝观则提供了一种介于二

---

[1] 〔俄罗斯〕别尔嘉耶夫：《自我认识》，《哲学译丛》1991年第4期。转引自〔俄罗斯〕尼古拉·别尔嘉耶夫：《人的奴役与自由——人格主义哲学的体认》"别尔嘉耶夫哲学思想概述——代中译序"，徐黎明译，贵州人民出版社1994年版，第15页。

[2] 〔俄罗斯〕尼古拉·别尔嘉耶夫：《人的奴役与自由——人格主义哲学的体认》，徐黎明译，贵州人民出版社1994年版，第10页。

[3] 〔俄罗斯〕尼古拉·别尔嘉耶夫：《人的奴役与自由——人格主义哲学的体认》"别尔嘉耶夫哲学思想概述——代中译序"，徐黎明译，贵州人民出版社1994年版，第8页。

者之间的自由观，或许可以说，在史铁生那里，人是一种不自由的自由生存，不自由既是基于人力人智的有限客观上的不得自由，也是基于人性之罪的不应完全的自由。如果说，在别尔嘉耶夫的理论构想中，上帝是人走向自由的护卫者，那么，在史铁生的思想里，上帝则是人行使自由的监管者。对于史铁生而言，上帝的存在提示了我们自由的边界，只有在神与天命的约束之下，在神性之光的照耀与监督下，人才能更为有效而健康地行使自己的自由。在神设定的"不自由"之下，史铁生的思想最终同别尔嘉耶夫一样，也导向了人的超越的主体性，人的自由便在这主体性中彰显。不自由的自由，这即是史铁生为人的本真生存所构建的有关自由的辩证法。

将史铁生的思想与别尔嘉耶夫比照，还可以看到另一个值得思考的问题。史铁生为人的生存建构了一种自由的辩证法，然而，这一辩证法中关于人的自由的部分更多是通过我们的解读去呈现的，这种自由在他的思想中的确存在，但基本只出现在与友人的几封私人书信中。相对而言，在他思想的显意识层面，在他生前正式发表的作品中，他反复阐述且语气颇为激烈地指出的是神在、神命对人的约束，即强调人的不自由。在早中期，因为自身特殊的境遇，他存在一种宿命观，强调的是人客观上的不得自由；在后期，他站在社会和国族的层面思考，基于人的"原罪"，他更为强调的是人的不应完全的自由。纵观史铁生全部的作品，我们会发现，相对于对人的自由的阐发，强调人的不自由（不得自由，及不应完全的自由）才是他真正的思想核心。人的自由是他思想的出发点，也是其思想的最终指向。尽管别尔嘉耶夫对人的精神的阐释可能偏于主观唯心主义，然而，联系到中国的情况，在中国，人的本真形象从来没有在真正意义上被启蒙过，那么，别尔嘉耶夫以个体人格体认为核心，以人的自由、创造与爱为主题的精神哲学应该得到我们的重视。我们看到，别尔嘉耶夫是在人的自由上面唤醒人的自我意识，在这里，别尔嘉耶夫的自由也不是放纵的自由，而是人面向上帝的自我建构，自我确认。而史铁生则倾向于在人的不自由的方面唤醒人的自由、创造，即他首先强调的是人你首先是不自由的，你与上帝有着永恒的距离，在这个基础上，你再去创造自由及自由地创造。由此我们的问题便是：在一个个体人格尚未确立，且缺乏基督教信仰基础的国度，首先强调对于超验存在、超越价值的信仰，是否可行？是否容易沦为盲目的崇拜？而人的本真形象应该先建立在别尔嘉耶夫意义上的自由的生存上？还是先建立在史铁生所一再强调的人的有限性和不自由上？何者更为先决和关键？这可能是一个人文主义者和一个宗教主义者之间的争论。在中国的语境下，这个问题值得我们继续追问和思考。

宗教精神的信仰者

在关于史铁生宗教观或信仰观的探讨中，还有一个需要解决的问题，即史铁生究竟是一个有神论者还是一个无神论者，或一个在神的问题上的不可知论者[1]？这个问题其实也是史铁生作品的读者和研究者们所感兴趣的一个问题。在本书的语境里提出这个问题可能会遭到某种质疑：既然在探讨史铁生的上帝观，尤其是在思想后期史铁生已经明显进

---

1 有神论、无神论、不可知论这是关于神存在与否的问题在认识论上的一个基本划分。有神论是指相信神的存在；无神论是指不相信神的存在；不可知论是指神的存在与否对于人而言是不可知的。除此三者之外，能与之并列的还有另一派观点，即他们不讨论有神无神的问题，而是对神或上帝这个词语有无意义提出了疑问，这即是逻辑实证主义和分析哲学的观点，事实上正是他们在现代对有神论构成了最独特有力的冲击。参见何光沪：《多元化的上帝观——20世纪西方宗教哲学概览》（增订版），中国人民大学出版社2010年版，第25—26页。而在中西方的哲学史上，无论是有神论、无神论还是不可知论都还有更为详细的划分。在此，并无这种详细划分的必要性。

入了基督宗教的领域言说信仰,难道他不是一个有神论者反倒是一个无神论者或不可知论者吗?而假如是一个无神论者或不可知论者,那么前面一直探讨的史铁生的"上帝"究竟是怎么回事?不是自相矛盾了吗?但事实上,有神论者可以谈论上帝,一个无神论者或不可知论者也是可以谈论上帝的。而且"上帝"有着丰富的意涵,并非每一个"上帝"都指向了有神论的上帝。

纵览从20世纪80年代中期迄今关于史铁生的研究,可以发现,学者们普遍认为史铁生的"上帝"并非有神论或宗教意义上的上帝,而是指人的精神。譬如,2000年复旦大学中文系博士生韩元在论文《漫漫朝圣路:史铁生的宗教和哲学》中指出,"菩萨",或"上帝"只是史铁生从具体宗教借来阐发自己生命感喟的某种意象而已,史铁生的神不是上帝或菩萨,而是人的精神或心灵。他作品的宗教色彩源于一种广泛意义上的宗教精神。[1] 再如2013年戚国华的《思与信——史铁生与约伯上帝观的比较》一文指出,史铁生和约伯信仰的上帝是不同的。约伯的上帝显然是一个虔诚的有神论者的上帝,而史铁生的上帝却是可怀疑的上帝,"即他的灵魂知道上帝在哪里,他的理性却僭越地要凭据,没有突破唯物主义的惯性思维的限制",最终作者还是认为史铁生是以精神取代了神。[2] 在此列举这两篇文章,主要在于它们都是在史铁生创作后期发表的,这说明即使史铁生在后期已经在基督宗教的意义上言说信仰,但学者们依然否定其上帝的有神论意指,而强调他的神就是人的精神。史

---

1 参见韩元:《漫漫朝圣路:史铁生的宗教和哲学》,《青岛海洋大学学报(社会科学版)》2000年第1期。

2 参见戚国华:《思与信——史铁生与约伯上帝观的比较》,《湖北社会科学》2013年第4期。戚国华认为史铁生的思想还"没有突破唯物主义的惯性思维的限制",这一说法是不准确的。纵览史铁生的作品可以发现,他的唯心主义倾向远甚于唯物主义思维,他的思想中既有主观唯心主义的倾向,又有客观唯心主义的倾向。这与他自身的精神质素与经历有关,而他关于近代物理学、神秘主义等的阅读也是使得他偏于唯心而非唯物的重要原因。

铁生的研究专家胡山林除了强调史铁生的宗教精神外，还明确指出史铁生的上帝实际上是一种泛神论者的上帝，也即宇宙大自然本身，因此也可以称之为是一种宇宙宗教的上帝。宇宙宗教并不是真正的宗教，而只是一种类宗教，由此胡山林认为史铁生的上帝只具有类宗教意味。[1]这即使没有明申史铁生是无神论者，但已明确将之与有神论划清了界线。学者们的倾向是可以理解的。在史铁生的作品中，确实多次明言，神就是人的精神。比如经常被引用到的1991年《我二十一岁那年》篇末的这句话："有一天我认识了神，他有一个更为具体的名字——精神。"[2]此处史铁生这样的表述是他在生命的绝境中祈求上帝的保佑，终只能默念着"上帝保佑"而陷入茫然之后的生命体悟：一个外在全能、能护佑人平安、幸福的上帝是不存在的，由此人无法求助上帝的"他救"，而只能凭借自己的精神走出困境。所以随之他更加明确地指出，"在科学的迷茫之处，在命运的混沌之点，人唯有乞灵于自己的精神。不管我们信仰什么，都是我们自己的精神的描述和引导"[3]。除了强调神就是人的精神外，史铁生前期的无神论倾向还可以找到其他明证，如在1978年的《爱情的命运》、1984年的《山顶上的传说》中，他就直接否定了神的存在。总起来看，史铁生早期的思想确实倾向于胡山林所指的泛神论。史铁生的泛神论与爱因斯坦的思想颇为相似，爱因斯坦就是一个著名的泛神论者，他不相信传统宗教中关于神的观念，但是他相信，"有一种精神展现着宇宙的规律 这种精神远远高于人类，当我们以谦卑的

---

[1] 参见胡山林：《论史铁生小说的宗教意蕴》，《河南大学学报（社会科学版）》1996年第5期；胡山林：《史铁生作品中的类宗教意味》，《河南师范大学学报（哲学社会科学版）》2000年第4期。

[2] 史铁生：《我二十一岁那年》，载《我与地坛》（史铁生作品系列3），人民文学出版社2011年版，第183页。

[3] 史铁生：《我二十一岁那年》，载《我与地坛》（史铁生作品系列3），人民文学出版社2011年版，第183页。

力量面对它时,会感到自己多么卑微渺小"[1]。泛神论从认识论上是更接近于无神论的,具体来说,应该属于一种客观唯心主义的无神论。[2] 这种泛神论在史铁生思想中贯穿始终,他后期在宗教语境里所言说的作为绝对神秘之在的"创世主",其意涵仍带有泛神论的影子。

但一个人对世界的认知不会早早地就固化,史铁生的思想明显是在发展的。如果说史铁生前期确切无疑是个无神论者的话,那么对于后期的史铁生,我们是不能轻易作这样的论断的。如我们前面所阐述的,史铁生后期受到基督宗教巨大的影响,开始进入了上帝信仰的言说。他除了在认识论上不断强调"看不见而信",还在救赎论的意义上着重阐述了上帝存在的价值,强调了一个外在于人的神对人(人性)的监管,强调了神的无限,人的有限。尽管他又在认识论(而根本上是在人的生存本体论)的意义上,指出无限的神有赖于有限之人的询问、聆听与仰望,由此突出了人在信仰探寻之路上的主体性地位,但此时人受限于"人神距离说"的信仰框架,人的精神已然失去了它的"神位"。在后期处在"神位"上的无疑是那个与人有着永恒距离又有赖于人的聆听与仰望的"上帝"。那么,为什么至此学者们仍不敢断定史铁生是个有神论者呢?其原因大概在于史铁生论述中所呈现的这个"上帝"是非常复杂的。

在史铁生的思想中上帝处在一个悖论的位置,即上帝既是超在的,又是内在的,加之史铁生在后期也曾明确表示,他并不相信有一个人格化的神,这更让一些学者坚定了史铁生后期的上帝仍然并非有神论的上帝的判断。不过,一个既超在又内在的非人格化的上帝,虽然超越

---

1 〔英〕彼得·罗素:《从科学到神——一位物理学家的意识探秘之旅》,舒思译,深圳报业集团出版社2012年版,第149页。

2 无神论可以是唯心的,也可以是唯物的,但唯物主义者一定是无神论者。

了传统有神论,却符合现代基督教有神论的思想主流。[1] 在传统有神论中,"上帝通常被视为一种超越于并独立于世界的自满自足的存在"[2],而且,人格性也被视为上帝属性中最根本的一条。[3] 但在现代基督教有神论的视野下,人格性不再成为对上帝属性的确指,只能如蒂利希所言,成为一种象征性的说法,更应该被注意到的是其中本体论的意涵。[4] 在中后期,史铁生原有的泛神论思想中展现宇宙规律的客观精神,也具有了超在性和人格性,但不同于传统有神论的是,上帝的超在性和人格性在史铁生作品中多是以象征、类比或猜想的方式来描述的,这也正同于现代有神论的倾向。同时,基于生存的本体论,上帝又内在于人,与人的精神产生关联。在史铁生看来,神秘事物的确有并不是信仰的要点[5],真正的信仰必须与人的生存本体相关联。上帝的道成肉身使得这一关联成为可能,作为神—人的基督,是上帝降临此世的最大象征。从救赎论的角度出发,史铁生强调"基督之外无救恩"[6]。正是在基督的意义上,上帝不仅是超在的绝对神圣与绝对神秘,而且是亲临人世,以十字架上的牺牲,给人启示,由此,上帝又内在于这个世界,内在于人,上帝与

---

[1] 上帝既是超在的,又是内在的,在哲学史上被称为是一种"超泛神论",是现代有神论的主要潮流。参见何光沪:《多元化的上帝观——20世纪西方宗教哲学概览(增订版)》,中国人民大学出版社2010年版,第175—183页。

[2] 何光沪:《多元化的上帝观——20世纪西方宗教哲学概览(增订版)》,中国人民大学出版社2010年版,第183页。

[3] 参见何光沪:《多元化的上帝观——20世纪西方宗教哲学概览(增订版)》,中国人民大学出版社2010年版,第146页。

[4] 参见何光沪:《多元化的上帝观——20世纪西方宗教哲学概览(增订版)》,中国人民大学出版社2010年版,第149页。

[5] 参见史铁生:《给严亭亭(2)》,载《病隙碎笔》(史铁生作品系列4),人民文学出版社2011年版,第355页。

[6] 史铁生.《看不见而信》,载《扶轮问路 妄想电影》(史铁生作品系列7),人民文学出版社2011年版,第65页。

人在生存本体论的意义上发生着人格性的相遇。显见，史铁生中后期言说的"上帝"是接近于现代意义上的有神论的。这种既超在又内在的上帝，在宗教哲学史上，被称为是一种"超泛神论"，属于现代有神论的主要潮流。[1]

综上分析，那是不是说史铁生早期是一个泛神论者，即客观唯心主义的无神论者，而到后期，就成为了有神论者，准确地说，是成为了一个现代意义上的有神论者呢？我们认为，史铁生早期是一个泛神论者，这应该是确定无疑的，但他后期言说中的上帝接近于现代意义上有神论的上帝，仍不能就此论定他就是现代意义上的有神论者。这听上去很奇怪：为什么言说中的"上帝"的性质不能与言说者的信仰取向划上绝然的等号呢？这主要基于两点理由。首先，尽管我们说有神论、无神论或不可知论是一个认识论上的判定，但信仰作为一个人生命的决断，其实取决于很多因素，而不单单是理性层面的认知。譬如，精研康德的专家邓晓芒曾经肯定地认为康德是不信神的[2]。不过康德说的是他以他全部的道德感情坚定地相信上帝的存在。而罗素也认为康德是信神的，罗素认为康德的上帝信仰是受到幼时家庭的影响。[3] 所以，一个人究竟是否相信神的存在或是不是有神论者，是一个复杂的问题；其次，我们注意到，史铁生谈论上帝主要是基于救赎的目的，他的上帝观从根本上是建立在他的价值哲学的基础上的，由此我们不能逆推出他在认识论上一定

---

1 参见何光沪：《多元化的上帝观——20世纪西方宗教哲学概览（增订版）》，中国人民大学出版社2010年版，第175—183页。

2 参见邓晓芒：《康德哲学讲演录》，广西师范大学出版社2006年版，第182—183页。

3 罗素说，康德在《纯粹理性批判》一书中——驳倒了历史上有关上帝存在的证明，但是他自己又发明了一个新的论点：道德论。在知识论上，康德无疑是一个怀疑论者，但"在道德方面却盲目地崇信他在母亲膝下学到的道德律条"。罗素认为，这说明了精神分析学家们一再强调的东西，即早期接触的事物比起晚期接触的来，对人具有更强大得多的影响。参见〔英〕伯特兰·罗素《自由之路（下）》，文化艺术出版社1998年版，第618页。

相信有上帝的存在,而一个人究竟是有神论者、无神论者亦或不可知论者,本质上是一个认识论上的断定(这大概也是邓晓芒为什么判定康德不信神的主要原因,康德的上帝也是建立在他价值哲学的基础上的)。尽管我们不能对史铁生后期的信仰取向做一个确定性的判断,但联想到他在生命的早期就对基督宗教有着天然的好感,加上后来对基督宗教大量的阅读和思考,我们有理由认为,在史铁生思想的后期,他已经不再是早先那个纯粹而坚定的泛神论者了,无论是他的灵魂还是思想,应该都融入了一点有神论的因子,他心目中的"神"不再只是那个弥漫在天地宇宙间的他者(客观精神),而是能给尘世之中的"我"带来真切的信心和鼓舞,让"我"仰望虽永不可及但仍无比亲近的"你"了。也许那个关键的纵身一跃的契机还未最终到来,但是无疑史铁生已经踏上了他追寻"上帝"的"天路历程"[1]。

史铁生的"上帝"非常复杂。一方面在于它是发展的变化的;另一方面,它总是在那些诗意的优美的文学性的文字中出场,更显得暧昧不清。不详加思考与辨析,很难得出明晰的结论。而即使绞尽脑汁,也时常感到矛盾和困惑。这在一定程度上,也是受限于我们的知识视野和思维模式。对思想的解读,尤其是对以文学的形式所呈现的思想的解读,要不流于简单化,要不把简单的问题复杂化,总之不能期待所呈现的一定是作者的真实意旨和其思想的真实原貌。这也是我们不敢轻易断定史铁生最终成为了一个有神论者的重要原因。尽管史铁生的宗教思想是复杂的,但有一点却是史铁生的研究者们可以达成共识的,即史铁生是一个宗教精神的信仰者。"宗教精神"是史铁生复杂的思想表述背后的精神核心,是一个更深层次的问题。在其创作中后期,史铁生时常在耶佛

---

[1] 英国文学史上有本名著叫《天路历程》,在西方国家被视为仅次于《圣经》的基督教经典,讲述了人追寻上帝、前往天国的朝圣历程。

比较的视野下，以基督教上帝观为核心阐述信仰，但他并非一个以宣扬上帝、宣扬基督文化为宗旨的基督徒，而是借由基督文化、基督精神传达一种普世意义上的信仰观，这一信仰观是超越具体宗教的，其本质正是一种宗教精神。对"宗教精神"的推崇在史铁生的作品中贯穿始终，这也正是人们对此印象深刻的原因。在此，从五个方面对史铁生的"宗教精神"做一总结，这也可以说是对史铁生思想的全面回顾。

一是超越性追问。人的宗教意识意味着对人的存在本体发问，而存在的本体价值是不能建立在尘世的现实之中的。从尘世的现实中，建立或寻找人的本体价值，要么落入虚无，要么落入狭隘。真正的信仰必然建立在超越性的存在或绝对价值之上。史铁生关于命运、死亡、孤独与爱情的探索，尽管还未进入宗教领域，但他在生命本体的意义上对人如何走出这三大困境的哲思追问同样具有超越性的精神指向。面对这三大困境，他以形而上的演绎或悖论设置提示人们在超越时空的领域寻找救赎之途；他所阐明的"真正的人道主义"不止于对人的现实肉身的关怀，更倡扬要将关怀的目光投向超越物质性生存的精神与灵魂领域。"绝对价值"、"神性光照"之于人道主义的践行、之于一个社会或民族的良性发展的重大意义得到了特别强调；在以"上帝"为核心的基督精神的阐述中，"上帝"作为超越性的存在，及人面向上帝的超越，是思想的中心。可以说，超越性追问是信仰的起点，也是维系真确信仰的动力。

二是理性精神。尽管史铁生在中后期的思想中特别强调"看不见而信"，强调信仰的非理性，认为信仰从根本上就是一种信念，如果非要寻找理性证明，那就背离了信仰的真意，但这并不意味着史铁生放弃了思想的理性追求。如赵毅衡所言，这个阶段可以看作是他"悖论的追寻"阶段，而他前期则倾向于"推理的追寻"，二者都是属于知识分子的思考，而不是信仰或神秘体验。[1]同时，史铁生后期的"悖论式的追寻"应该看作是对前期"推理的追寻"的超越，意味着他从纯粹逻辑理性阶段进入到了生存本体论的层面来看待生命与信仰。生命从根本上是充满悖论的生存，完全凭借逻辑的语言是无法抵达其本质核心的。正是"悖论式的追寻"引导史铁生进入了一种更广意味上的理性和精神空间，体现出他思想与精神之路的成长与飞跃。在这个意义上，可以说，史铁生强调的人的宗教精神是一种理性追求的精神。

三是超越国、族、宗派的爱。尽管史铁生是在基督宗教、基督精神的烛照与启示下去言说上帝、探讨信仰的，然而，他却一再强调他的探索是超越国、族，超越地域，超越宗派的，真正的信仰是"人与神的私自联络，不是哪一国、族、宗的专利（这又是它不同于宗教并高于宗教的地方）"[2]。尽管他对佛教多有批评而对基督教非常亲近，但这并非是立足于基督教对佛教的排斥，而是他基于他所理解的信仰之真义做出的评断。事实上，他更倾向于以"宗教精神"之称切断信仰与任何具体宗教的关联，在他看来，人们对某一具体宗教的信仰，往往容易沦为对那些僵死的教条、教义、教理的盲目遵从，而在任何时候迷信与盲从都是危险的。因此，尽管基督教是他思想的直接渊源，但是他认可的不是作为一个宗教派别的基督教，而是给人启示、传播博爱之理想的基督精神。

四是充满信心、希望与热情的动态过程。有学者指出，史铁生的宗教精神是一个动态的概念。人是有限的生存，但人并不囿于这有限的时空限制，而能进入精神的维度，对世界无穷的未知、对生命永恒

---

[1] 赵毅衡：《神性的证明：面对史铁生》，《开放时代》2001年第7期。
[2] 史铁生：《给CL》，载《病隙碎笔》（史铁生作品系列4），人民文学出版社2011年版，第424页。

的苍茫发问,这未知,这苍茫恰恰成为"一个永恒的诱惑","激发人类猜谜的热情和知性的活力,一步步向那无限突进,又显示出人类精神执著追求的伟大"。[1]这也正是史铁生所说的:"因为人类面对无穷的未知和对未来怀着美好的希望与幻想,是永恒的事实。只要人不能尽知穷望,宗教就不会消灭。不如说宗教精神吧,以区别于死教条的坏的宗教。"[2]他指出,不仅宗教,科学、哲学以及人类一切知识的追求从本质上都是宗教精神的体现。动态过程论思想是史铁生宗教精神的核心内容。这一思想在后期是建立在他对"宇宙不确切性"的认识,及宗教语境下对神之无限与人之有限的比照之上的,体现在他通过阐明信仰非理性的特质对人在信仰(或生命)之路上的信心、信念、希望与热情的强调中;而在早期关于命运、死亡的探讨中,过程论思想也已经成为一条重要的救赎思路。只是在早期,史铁生的过程论思想是建立在他多少有点悲观的世界观和人生观上的。在他看来,无论是这个宇宙的前途,还是个体生命的前途都是渺茫的,个体生命终归有限,而即使有生命的轮回,宇宙仍然逃脱不了最终毁灭的命运,人终归是一堆"无用的热情"。由此,生命的目的从根本上是缺失的。那么,如何来面对这悲剧性的生存?史铁生将我们引向了生命的过程,将过程视为目的。需要指出的是,《命若琴弦》(1985年)经常被作为其过程论思想的范本来进行研究,但《命若琴弦》作为其过程论思想的开端,其明知目的为空,还虚设一个目的以引出过程的解决思路,未免生硬;而在1987年的《答自己问》中,可以看到,史铁生已经拔离出了目的与过程纠缠不清的泥沼,接受了生命目的的

---

[1] 韩元:《漫漫朝圣路:史铁生的宗教和哲学》,《青岛海洋大学学报(社会科学版)》2000年第1期。

[2] 史铁生:《宿命的写作》,《湖南文学》2011年第4期。

虚无，真正坦然地将目光转向了过程；在1990年的《好运设计》里，他对这一思想的叙述更加从容。不过，总体来看，史铁生前期的过程论思想是在生命悲观的前景中被激发的，由此依然摆脱不了阴暗消沉的底调。而他后期指出"人与神有着无限的距离"，人只能走向神，却不能走到神，也强调了一种过程论。前期的过程论思想大多是在逻辑理性层面推演而出的，后期的过程论则是在宗教语境中提出的，突出强调了人的精神性，为人的精神指明了一条不竭的超越之路。尼采的超越被看作是目的缺如的自大，由此其超越带有虚幻性；而后期史铁生的超越不是目的缺如，其目的是上帝，是人面向上帝确立人的位置，又知人的有限生出人的谦卑，由此，人便永远走在朝圣的路上。

五是精神的自救。传统有神论主要是依靠神对人的拯救，即仰仗他救，现代意义上的有神论则摆脱了这种惰性的救赎模式，趋向于对人主体能动性的强调，即人依靠自己的精神力量实现自我的救赎。当史铁生的目光驻留在社会层面，他并不排斥一种神（神性）的他救，事实上，他认为这是必要的。但当他将目光收回到个体人身上，他则强调人基于"宗教精神"的自我救赎。在作品中，他一再指出人应该突破有限的四维时空，进入更高的维度，这个更高的维度即精神的维度。只有在人的精神维度上，才能建立起人的本真生存。然而，精神又是一把"双刃利剑"，从其本性它更倾向于向人的肉身生存妥协，由此，人的精神需要更高精神的引领，这便是超验性的存在——上帝或神。别尔嘉耶夫强调上帝是人的精神意象，是人之精神的高端，是人之本体中神性的象征。由此，别尔嘉耶夫认为，基督是神—人，实际上这也意味着人也可以成为神—人，这一表述显然将触怒大多数的基督神学家们，由此，他换了一个和缓一点的说法，即认为"即便人不是神—人，唯基督才是神—人，那么，人的内在也蕴含了神性因素，具有两重本性，人是两个世界的交叉点，人自身携有人的意象和上帝的意象。人的意象即是上帝的意象在世界中的实现"[1]。但这种对人的乐观态度是史铁生不能接受的。尽管同别尔嘉耶夫一样，史铁生也认为，人是神性—人性的二重性生存，然而，他绝不赞同人可成为基督那样的神人，由此，上帝也不可能被强调为完全内在于人，是人的精神意象。出于其救赎的意图，在本体论上，他必然地把上帝置于人之外。但这并不意味着由此必走向上帝在外对人的拯救，即他救。因为史铁生又在认识论而根本上是人的生存本体论的意义上，把上帝与人的精神关联起来。上帝的存在有赖于人的精神的追问与求索，否则上帝隐匿不见，也就是说，没有人身为精神主体对无限、对超越性存在、对超验价值的追求，上帝本体的有无对人是没有意义的。上帝的奥秘有赖于人的追问去开启，上帝的启示有赖于人的聆听，上帝和人在生存的位置上相遇，这种相遇置于人精神体认的核心。既强调上帝不完全内在于人，又最终指向人的精神自救，正是在这个意义上成立的。

　　史铁生的"宗教精神"正是他在作品中一再阐述的基督精神。基督教意义上的上帝信仰不仅为史铁生的信仰观提供了思想资源，更是史铁生丰富的精神资源。不过，基于中国的文化背景，加上从小所受的无神论教育，以及现代思潮中理性至上的信念，对于大多数现代的中国人而言，要真正像史铁生那样去理解甚至接受这样一种超越性意义的上帝信仰，是非常困难的。也许正因如此，我们看到，理论界一些研究宗教哲学、神学、西方文化的学者尽管都在强调上帝信仰之于我们的意义，但是他们似乎普遍又存在这样的共识，即我们未必一定要去皈依上帝，但关于上帝信仰的探讨，却促使我们可以在上帝信仰的烛照下，对中国的历史、文化、中国人的人格心理等有深入的洞察，而一种谦卑的意识、

---

[1] 〔俄罗斯〕尼古拉·别尔嘉耶夫：《人的奴役与自由——人格主义哲学的体认》，徐黎明译，贵州人民出版社 1994 年版，第 28 页。

忏悔的精神、超越小我的大爱的情怀也正由此引发。这是在当下的中国探讨上帝信仰的价值所在，也是大多数学者基于中国实情对基督宗教之于中国文化、中国人精神的渗透所能达到程度的判断。[1]但史铁生显然并不仅仅意在于此，相反，他以其文学家热情的笔调一再提醒我们超越性信仰的必要，更重要的是，他的言说和探索也为我们提供了一条可能性的路径。这或许不是唯一的路径，但是他的激情和理性引发我们进一步的思索，这正是史铁生的信仰之路之于我们的意义。

---

[1] 譬如上文提到的邓晓芒就流露出这种倾向，他坦然表示自己并不信上帝，但显然他认为上帝信仰、基督宗教对促进我们对中国文化等方面的反思大有裨益。事实上，除了个别学者公开承认自己是基督徒外，譬如何光沪，大多数学者更多还是以知性、理性的态度在审视基督教。

补编　史铁生的佛教观

史铁生说:"大约任何声音、光线、形状、姿态,乃至温度和气息,都在人的心底有着先天的响应,因而很多事可以不懂但能够知道,说不清楚,却永远记住。那大约就是形式的力量。气氛与情绪,整体地袭来,它们大于言说,它们进入了言不可及之域。"[1]在他的童年,教堂与庙宇就曾以各自不同的形式力量触动了他的灵魂:教堂的钟声是沉稳、悠扬的,琴声和歌声是宁静而欢欣的。当钟声、琴声一响,他便傻了似的不哭也不闹了,"似乎有一股温柔又强劲的风吹透了我的身体,一下子钻进我的心中";而庙堂的音乐则"让人心中犹豫","诵经声如无字的伴歌,好像黑夜的愁叹,好像被灼烤了一白天的土地终于得以舒展便油然飘缭起的雾霭",当他在奶奶的鼓励下,迟疑着向门缝中望了一眼,立刻便跑开了。在那难忘的一眼中,出于本能,他知道了那是另一种地方,"或是通向了另一种地方"。他钻进奶奶的怀里不敢看、不敢听也

---

[1] 史铁生:《庙的回忆》,载《我与地坛》(史铁生作品系列3),人民文学出版社2011年版,第52页。

不敢想了,"惟觉幽冥之气弥漫,月光也似冷暗了"[1]。童年对于教堂与庙宇的直觉感受,延续到他后来关于佛教和基督教的理性认知中,表现在他以《昼信基督夜信佛》(遗稿)为代表的关于佛教与基督教的论述中。当然对于史铁生而言,童年的"第一印象"不太可能左右他后来对于宗教信仰的理性探索与追问。但是,当他关于两种宗教的理性认知与他童年的感受相契合时,童年的印象便自然地得到强化。

史铁生对基督教的认识深受刘小枫所写所编书籍的影响,而他对佛教也是有所研读的。他的朋友刘树生说在他自己信佛后,经常送史铁生一些佛教典籍,在水碓子东里史铁生家,还曾请过北京广济寺的青年僧人文贤、建华讲过佛教知识。[2] 史铁生对基督思想、基督精神一贯是推许的,对佛教的态度则相对复杂。一方面,他赞赏佛学的智慧,认为佛教在世界观方面确有高明的地方。譬如"物我同一"、"万象唯识"、"缘起"说、"轮回"说,以及禅宗的"不立文字"、"知不知为上"对人的智力局限所给出的暗示,在他看来,都是确凿的大智慧。从他的作品中,可以看出他对死亡的认识深受佛教思想的影响;但另一方面,站在救赎的角度,史铁生对佛教却基本持批评的态度,他说佛教的观点虽然高妙,但"一触及人生观便似乎走入了歧途"[3]。在遗稿《昼信基督夜信佛》中,史铁生指出,基督教和佛教是两种不同类型的宗教:基督教教人如何面对苦难充斥的白天,佛教则适合于一个人独对苍天的夜晚;基督教告诉你生是什么,生即是苦难,苦难是永恒的,不可逃避的,因此基督教教导人以救世的热情、博大的爱愿投入苦难的生的现实;佛教则更多告诉

---

[1] 史铁生:《庙的回忆》,载《我与地坛》(史铁生作品系列3),人民文学出版社2011年版,第51—52页。

[2] 参见刘树生:《懦之勇——回忆好友史铁生性格杂事》,《三月风》2014年第10期。

[3] 史铁生:《给杨晓敏》,载《病隙碎笔》(史铁生作品系列4),人民文学出版社2011年版,第293页。

你死是什么，死后会怎样，佛教也认为生即是苦，但却认为苦是可以灭的，可以离苦往生，脱离六道轮回，进入涅槃之境。因此，尽管史铁生说正如昼夜交替、阴阳也需互补，基督教和佛教对人而言，各有其价值，但是在他看来，相对于基督教的积极入世，佛教难免是消极逃避的。[1]

归结起来，史铁生对佛教的批评主要在以下三点：一是佛教的"更为究竟"；二是佛教的"灭欲"说；三是佛教思想中的功利色彩。史铁生对佛教的批评有其合理的地方，但也如他自己坦承，他"只是就人们对它们（佛教思想）的一般理解有着自己的看法罢了"[2]。他也曾揣度人们对佛法的一般理解是错误的，譬如灭欲一说，而如果溯本清源，佛的精神或许与基督并无二致。[3]但他似乎没有回溯到佛学源头的兴致，这大概是因为在他看来，"它们（佛教思想）原本是什么并不如它们实际的效用更重要，即：'源'并不如'流'重要"[4]。但是，如果我们不回到佛教的源头，而只停留在世俗化的流行之佛说，那么显然，我们对佛教的批评难免是失之公允的。

| 佛教的"更为究竟"

史铁生认识到，相对于基督教等其他宗教，佛教最大的不同，或许

---

[1] 参见史铁生：《昼信基督夜信佛》，载《昼信基督夜信佛》，北京十月文艺出版社2012年版，第3—27页。

[2] 史铁生：《给杨晓敏》，载《病隙碎笔》（史铁生作品系列4），人民文学出版社2011年版，第296页。

[3] 参见史铁生：《给XL》，载《病隙碎笔》（史铁生作品系列4），人民文学出版社2011年版，第302页。

[4] 史铁生：《给杨晓敏》，载《病隙碎笔》（史铁生作品系列4），人民文学出版社2011年版，第296页。

正表现在佛教的更为"究竟"。所谓更为"究竟",即指佛教更侧重对宇宙本原、对终极真实的思问与探索。由此在他看来,佛教与科学有缘,与科学同根,"二者(科学和佛教)的信念有一个相同的前提,即先弄清楚这个世界的究竟",而近代物理学的很多模型与理论也与佛教思想有着惊人的契合。[1]史铁生的这一认识可以说是关于佛教的一项共识,正因此佛教又常被称为"科学之宗教"。它探索呈现宇宙与生命的终极真实,这确与科学相像而异于其他宗教,不过和科学不同的是,对未知宇宙的好奇可能是科学探索的根本动力,佛教却对纯然的求知没有兴趣,正如史铁生所揣测的,佛的更究竟,也许不是指真相,而是指真意,成佛者的"亲证了一切","想必正是在这流变不居的'量子世界'面前,究竟着人生的处境与人生的态度"。[2]以"缘起性空"为代表的佛教思想尽管逐步得到当代科学的印证,但佛教的宇宙观究其根本是以人生观为基础的,人生问题才是其思想的中心。

史铁生进一步指出,佛教这种更为究竟的品质,也意味着其对人之理性的重视。不过没有具体说明佛教所重视的理性为何种意义上的理性。我们可以看到佛教突出体现的是这样两种意义上的理性:其一便是其作为"科学之宗教"在经验实证意义上的理性。因此,通往佛教的信仰之路,不仅需要闻(听闻智慧)、思(内省反思),还需要修(禅定修行)。佛陀的证悟得道正是建立在这样真切实在的个人体验之上的;其二是佛教教义中深奥的哲学思辨性。原始佛教的"十二因缘"说已显示了其严谨的理性品质,而大乘佛教龙树开创的"般若空"宗,及无著、世亲兄弟的"唯识有"宗,则达到了理性思辨的巅峰,其义理之精

---

[1] 史铁生:《昼信基督夜信佛》,载《昼信基督夜信佛》,北京十月文艺出版社2012年版,第14页。

[2] 史铁生:《看不见而信》,载《扶轮问路 妄想电影》(史铁生作品系列7),人民文学出版社2011年版,第65页。

深、内容之广博、理论体系之严谨非哲学更非其他宗教所能望其项背。所以佛教又被称为"哲学之宗教"。

相对于基督教等启示型宗教对于天启等外力的依赖，佛教的"更为究竟"或佛教的科学与理性，不仅在许多佛教研究者，甚至在许多伟大的哲学家和科学家眼里，都是其殊胜之处。但史铁生指出佛教"更为究竟"，并非为了肯定佛教的殊胜，而意在从信仰的角度及其救赎论的立场，对此提出质疑。他的质疑主要在以下四点：首先，在他看来，终极的真实意味着无限，而对于人而言，再强大的能力相对于无限，也终是有限，因此终极真实也即无限，对于有限的人来说，是永不可及的；其次，假若退一步，即"相信佛门确有其非凡的智慧，确有其慧眼独具的奇妙功法，能够知晓甚至看到理性所无从理解的事物"，但是，这显然仍是极少数人的所能，那么，对于那些尚未究竟和终难究竟的大多数，又究竟拿什么去做信的根基呢？第三，在史铁生看来，对于世界之究竟的执着，使得科学与佛教埋藏了近似的危险：科学的这一信念，及其日新月异的进展，使其产生了"人定胜天"的自负，而显然，这一自负已然付出且仍在付出代价，譬如自然生态的破坏。相应的，佛教的"人人皆可成佛"的心愿也正基于对于世界之究竟的执着，而信仰的变质，在史铁生看来，正是"人人皆可成佛"所带来的心态问题："一个'成'字，一个'究竟'，很容易被理解为认知的极点与困苦的穷尽。"但是，认知没有终点，困苦也不能穷尽，因此，成佛应是一条动态的恒途，绝非一处万事大吉的终点；[1] 第四，当史铁生一再指出，"看不见而信"是信仰的根本，那么基于这种认识，即使他没有明确表达对佛教能否成为一种信仰的质疑，也至少在"信仰的境界"层面将佛教与基督教分出了

---

[1] 以上三点参见史铁生：《昼信基督夜信佛》，载《昼信基督夜信佛》，北京十月文艺出版社2012年版。

高低。

　　首先可以看出，史铁生对佛教"更为究竟"的理性质素的否定，正源于其在基督教立场上有关信仰观的两个主要的思想倾向：一是认识论上对信仰之非理性的认识；二是在救赎论的意义上对神人距离说的强调。在史铁生思想的后期，受刘小枫《走向十字架上的真》的启发，也基于其对命运的感悟、对人性之恶的洞察，以及对中国历史、文化与现实的认识，他放弃了早中期对人的自我精神力量的高彰，而突出地强调有限之人与无限、绝对圆满之神的永恒距离。他对佛教"更为究竟"的第一层质疑正源于对神人关系的这一认识，有限之人永远无法企及无限、绝对真实（或曰上帝），这样看来，佛教对于"无限"、"绝对"的力图究竟，这一努力从根本上便是无意义的。然而从佛教的眼光来看，史铁生所提及的"有限"、"无限"、"绝对真实"，包括"上帝"等都不过是人类创造出来的概念，神人的对立也不过是人类有限性思维的折射，并非真实存有。佛教的般若智慧超越了人类思维的有限性，在般若的洞观下，"空"才是对终极真实的准确描述。正如我们前面曾反复提到的，佛教的"空"，并非消极的虚无，在宇宙论的意义上，"空"可以解释为世间一切均无自性，皆因缘而生；而基于佛教的辩证法，又是色空不二的，所谓"色不异空，空不异色"。应该说，佛教的修习者对"空"的洞观并非臆想，而是深层智慧下的"如实知见"。

　　不过即使承认佛门确有非凡的智慧，可获得终极的非凡认识，但是对于尚未究竟和终难究竟的大多数，又以什么作为其信的根基呢？这是史铁生退一步的质疑。这个疑问里隐含的意思是，佛教如此重视探知究竟，重视人的理性认知，那么，显然与基督教以信念或信仰本身作为其信的根基不同，佛教应是以"究竟"的认知、以理性为其信仰的根基的。但是这种理解是错误的。佛教尽管重视理性，但信念仍是佛门弟子立信的根基或者说先决条件，而一个人假若没有对佛法的坚定信念，也不会入佛教之门。事实上，任何事情都是无信而不立的，更何况宗教信仰。佛教和基督教在信仰问题上的根本区别，并不在于其信的根基，而在于人的理性在两种信仰中所占有的位置。[1]

史铁生曾推论，佛教思想中，实际上并没有一个纯客观的世界让你弄得清或弄不清，要紧的是，一个主观世界看你弄得好还是弄不好。而"从'弄得清或弄不清'到'弄得好还是弄不好'，依然是从'识'转向'信'了"[2]。在这里史铁生对佛教的认识有他的合理成分，即在佛教的思想中，确实不存在一个脱离有情众生的纯客观世界，但是他的这一论述割裂了佛教中"识"（理性）和"信"的关系。佛教认为人的痛苦从根本上在于无明，所谓无明，即指对宇宙、生命缺乏真确的认识，只有破除无明，证悟"空"的实相，才能超脱生死、超越苦乐，获得解脱。由此可见，也并不像史铁生所说的，佛教依然是从"识"转向了"信"。事实上，佛教的"信"离不开"识"，佛教的"信"是建立在"识"的基础之上的，这个"识"既包括了对佛法的理性认知，更强调了个体的实证领悟。在佛教的信仰之域，理性和信仰是并行不悖的。这里便自然回到了史铁生对于佛教"更为究竟"的第二层质疑，即在佛教的修行中，证悟很难，而要悟到"究竟"更难，如果尚未究竟，或终难究竟，那么是否会动摇信仰的根基呢？回答是否定的。在佛教的修行中，对佛教的信仰仍是第一位的，在这个基础上，理性和信仰并不会因为证悟之

---

[1] 就基督教而言，上帝作为其核心观念，无论是将之视为人格神，还是绝对、无限、至善、最高的完满等理念，以及基督教义中复活、末日审判等内容，都使得信仰必然地站在了理性的对立面。要坚定上帝的信仰，人就不得不超越理性，在理性的终点，做出向非理性的信仰之域的飞跃，这是由基督教的特殊性质和特殊内容所决定的。然而佛教信仰则不存在这样的问题，如上文所述，佛教是经验实证主义的宗教。尽管佛教如基督教一样强调信念、信仰，但是它同时更为强调在信念、信仰中个人真切的修行体验的重要性。

[2] 史铁生：《看不见而信》，载《扶轮问路 妄想电影》（史铁生作品系列7），人民文学出版社2011年版，第66页。

难而相互产生冲突。在长期的修行中，对佛法的坚定信念，会促进智慧的增长及开悟的可能，而随着一分分地断无明，一分分地见觉性，又进一步增强了成佛"究竟"的信念。可见，对于佛教而言，理性和信仰之间是圆融无碍、互相增益的。

史铁生针对佛教的"更为究竟"提出的第三点质疑是，对世界之究竟的执着，是否使佛教与科学一样埋藏了近似的危险。可以看出史铁生这一层疑问仍是建立在人（人的理性）是有限，及人与无限将永恒对立这一认识上的。史铁生始终认为，人的有限，注定了其只能趋近无限，却永远不能抵达无限，由此真确的信仰是以人的谦卑为前提的，而佛教的"人人皆可成佛"与科学"人定胜天"的信念，则站在了谦卑的对立面，展现了人的自负，科学无止境的发展带给人类利益的同时，已然使人类付出了巨大的代价，而佛教这一信念所带来的心态问题，在史铁生看来似乎也意味着信仰的变质。那么在此首先值得我们去追问的是，科学发展所暴露出的问题其缘由在于人对自身力量的执着信念吗？其实任何事情都是无信而不立的，对自身力量的信念是人类前进的重要动力。科学发展带来的问题，其本质根源并非人的自负，并非人对穷尽世界的执着，而在于其在发展过程中一度曾有的"人类中心主义"的狭隘视野。不过佛教却不存在这样的问题。在佛教的视野里，万物一体，源源相系，其核心观念"空"，不仅摆脱了"人类中心主义"，在阿部正雄的解读下，"空"的内涵还呈现出"摆脱了任何中心主义的无限开放性"，而他之所以要赋予"空"这一积极的内涵，主要便是针对"人类中心主义"在当今世界造成的危害，想要以此为建立一个人与人、人与宇宙万物和谐共处的人类共同体提供基础。[1] 由此可见，佛教理念可以成为疗治科学之弊的良药。再回到史铁生批评的佛教"人人皆可成佛"这一观点上。

---

1 李宜静：《空与拯救 阿部正雄佛耶对话思想研究》，宗教文化出版社2012年版，第77页。

"人人皆可成佛"其实是佛祖释迦牟尼成佛后的"如实知见",佛祖悟后第一句话即是:"奇哉!奇哉!一切众生皆具如来智慧德相。"[1]但是此话只是指明了佛性的本自具足,指示了成佛的可能性,并未给出成佛的必然保证,因为在佛教看来,善的佛性与恶的无明乃是一体的两面。就此或许我们应该说,信仰的真确性并非建立在是否强调了人的谦卑,强调了信仰之路的永无止境,而在于这一信仰是否指引了一条向善向上的路,是否具有真确的救赎价值。就此而言,佛教和基督教并无高下之别。

至此,我们还要回答史铁生的最后一层质疑。史铁生从基督教的信仰出发,对"看不见而信"的强调应该说是有其积极的意涵的。作为救世主的"救世方针","看不见而信"扭转了人的幸福观——"从物利转向爱愿,从目的转向道路"[2],由此突出了信仰之本质在于精神之皈依或以爱称义。但是,将"看不见而信"视作信仰的本义,由此对佛教的理性质素提出质疑显然是不能成立的。佛教与基督教是性质不同的两种宗教,因此道路不同,但通向的终点是一致的,或称慈悲或称爱愿;另一方面,客观而言,史铁生对于信仰的非理性的强调即使在基督教的视野里也是一种偏于传统的保守主义的观点。事实上,西方的宗教哲学、神学始终在力图弥合基督信仰所带来的理性与信仰的对立,这个努力自中世纪的神学家就开始了,尽管他们对于上帝存在所给出的理性证明实际上仍建立在无意识的信仰之上。而到了现代,科学的发展带来的人类理性的膨胀,及以萨特为代表的存在主义的虚无主义等都使得上帝信仰的非理性特质遭受了更为巨大的冲击。人类愈加强大的理性一方面对宗教提出了挑战,但同时也提供了更为开阔的视野。历史表明,所有传统

---

[1] 参见《大方广佛华严经》卷第五十一、《如来出现品》第三十七之二。
[2] 史铁生:《给CL》,载《病隙碎笔》(史铁生作品系列4),人民文学出版社2011年版,第423页。

与现代关于上帝存在的本体论证明都无法填平理性与信仰的沟壑,以约翰·希克等为代表的当代神学家、宗教哲学家果断地扭转方向,由关于上帝存在之推论的健全性转而去论证上帝信仰的合理性。这一转向提示了信仰的生存性维度,在一种扩大了的经验和理性的范畴内,理性似乎第一次真正与信仰达成了和解。也正是这一观点,启示我们在第六章中真正走进了史铁生的言说,走进了史铁生的信仰。由此或许可以说,如果抛开其他诸多因素,单从认识论的角度,相对于基督教等启示型宗教,具备"更为究竟"之品质的佛教可能更易为现代人所接受。

佛教的"灭欲"[1]

史铁生对佛教最大的"不解",还在于佛教的灭欲说。他指出,流行的佛说认为,人生之苦出自人的欲望,如:贪、嗔、痴,如果能够灭断这欲望,苦难就不存在。也就是说,佛教的灭欲,目的在于脱离生命之苦。但是史铁生认为,欲望虽是痛苦之源,但同时也是生命的根本动力,甚至可以说是生而为人的标识。彻底地灭绝欲望既无可能,也不应该去追求实现。

在史铁生的思想里,欲望有着双重意涵:一可谓是本体意义上的;二则指心理层面的欲求和情感。在2007年的《智能设计》一文中,他

---

[1] 史铁生在《我的梦想》(载《我与地坛》[史铁生作品系列3],人民文学出版社2011年版)、《自言自语》(载《病隙碎笔》[史铁生作品系列4],人民文学出版社2011年版)、《小说三篇》之"脚本构思"(载《命若琴弦》[史铁生作品系列1],人民文学出版社2011年版)、《中篇1或短篇4)》之"众生"及《死国幻记》(载《原罪·宿命》[史铁生作品系列2],人民文学出版社2011年版)中申明了同一主题,即欲望存在的价值,由此在他看来,佛教的"灭欲"正说明了佛教之消极。

探讨生命、世界的开端指出，西方先哲认为无中生有是不可能的，但是，东方先哲的"有生于无"与"万法皆空"则意味着"有生于空"，而空则是"有着趋于无限强大的'势'或'倾向'！——即强烈地要成为'有'的趋势，或倾向"，他认为，在现有的语汇里，"欲望"是对"空"的最准确的表达。而在他未完成的遗稿《我在史铁生》的第二篇"生，或永恒的欲望"里，在追忆自己初入人世的印象时他说"而生命确凿的开始，我说过，在于欲望，或者叫引诱——"，接着便重复了《智能设计》中的这段表述。在这两篇文章里，史铁生所谈及的"欲望"具有本体论上的意涵，让我们联想到叔本华的"生存意志"理论。叔本华的"生存意志"也指向了最初的生命之生成，不过他的"生存意志"是他悲观主义的基础，它是一种盲目的意志，作为生命的必然性，驱使着包括人类在内的从最低级到最高级的一切存在物向前，因此，叔本华从佛教的还灭涅槃中找到超脱欲望苦海的救赎之道。[1] 但是，史铁生的"欲望"却使他看到了人的优势所在，走向乐观。在他看来，欲望的有无，可以说是人与机器人的根本区别，因此他指出如果认为欲望是歧途，那么大致就应该相信为人即是歧途。而"输入欲望，实在是上帝为了使一个原本无比寂寞的世界得以欢腾而做出的最关键的决策"[2]。早在1988年《小说三篇》"脚本构思"里，史铁生就通过寓言性的演绎论证了欲望存在的必要性，正是因为欲望，人生这幕戏剧才变得精彩。史铁生笔下的"欲望"更多还是表现在第二层面，即指心理层面的欲求和情感。在叔本华那里，生命由普遍意志造成，而人的理智也只不过是意志的一种属性，它是被普遍意志造成的。在

---

[1]〔美〕S.E.斯通普夫、J.菲泽：《西方哲学史——从苏格拉底到萨特及其后》（修订第8版），匡宏、邓晓芒等译，世界图书出版公司北京公司2009年版，第303—310页。

[2] 史铁生：《给杨晓敏》，载《病隙碎笔》（史铁生作品系列4），人民文学出版社2011年版，第294页。

哲学的意义上说，理智是偶性。由此，生命失去了自由，一切都是必然性的驱使。[1]但是在史铁生看来，心理层面的"欲求"、"情感"，则是可以为人的理智所认识与调控的，由此生命有了自由，不会为欲望所盲目驱使。这也为史铁生对欲望的乐观提供了思想基础。所以史铁生深信，欲望不可能无，也不应该无。

更何况，欲望灭尽人就可成佛吗？如果众生都成了"忘却物我，超脱苦乐，不苦不乐，心极寂定"的佛，是否就得到一个大圆满的世界？这个大圆满的世界又是一幅怎样的图景呢？在1991年的《中篇1或短篇4》的"众生"篇里[2]，史铁生给我们呈现了这样一幅想象中的"大圆满"世界：全能而善良的T和C为了挽救他们所制造出来的盒子王国中的众生，往盒中输入佛法，他们认为，盒中众生皈依佛法，便可断除无明烦恼，扫尽业惑迷障，达到内心清静、无欲无畏，解脱一切痛苦，进入极乐境界。T和C以为，他们功德圆满，佛法无疑是对众生最大的救助。然而，他们看到的情景却远非他们所想象：皈依佛法的亿万众生呆若亿万朽木枯石，在他们的大脑里几乎观察不到电子的跳跃。"盒子里的正值与负值、真值与假值、善值与恶值、美值与丑值……总之一切数值都正在趋近零，一切矛盾都正在化解，一切差别都正在消失"[3]，而一旦达到零值，便意味着所有的生灵都要毁灭。也就是说，佛教"灭欲"的理想前景，竟是众生的毁灭。在史铁生看来，这样一个"超脱苦乐"甚至"不苦不乐"的效果，一颗原子弹就可以办到，又为什么要

---

1 〔美〕S.E.斯通普夫、J.菲泽：《西方哲学史——从苏格拉底到萨特及其后》（修订第8版），匡宏、邓晓芒等译，世界图书出版公司北京公司2009年版，第308页。

2 文中标明，此篇全文引自道格拉斯·R.霍夫施塔特和丹尼尔·C.丹尼特所著《心我论》第十八章"第七次远足或特鲁尔的徒然自我完善"中所引用的斯坦尼斯瓦夫·莱姆的一篇文字《心我论》，陈鲁明译，上海译文出版社1999年版。

3 史铁生：《中篇1或短篇4》，载《原罪·宿命》（史铁生作品系列2），人民文学出版社2011年版，第297页。

佛，又为什么要活呢？[1]

当然，史铁生也意识到，佛教的还灭、灭欲，似乎并不意味着灭尽一切欲望，而主要意在祛除诸如贪、嗔、痴等恶念，他说他"赞成祛除贪、嗔、痴的教诲，赞成人类的欲望应当有所节制"[2]。但是，从他一贯持有的二元论思想来看，他是更倾向于认为连贪、嗔、痴也不应绝对祛除的。在他看来，"无恶即无善，无丑即无美，无假即无真，没有了妄想也就没有了正念"[3]，因此，T和C被告知，要拯救盒中呆若朽木枯石的众生，需要输入无量的差别和烦恼，同时再输入无量的智慧和觉悟进去。好人的得救，至少需要一个坏人的存在，而也许只有一个魔鬼才能成就并拯救圣者。[4] 同时史铁生关于苦难的认识，显然也是他不赞同佛教以还灭出离命运求得解脱的重要原因。首先，如他指出的，苦难的存在是生而为人的必然处境。人是有限的存在，这便提示着生命的困境与生俱来：无常的命运、注定的孤独、欲望而不得的痛苦、必死的恐惧……人的有限注定了人普遍残缺的处境；其次，他在对命运的理解中以一种二元论的预设和演绎论证了苦难的必然和苦难存在的价值[5]，也正说明了佛教的灭欲离苦思想的消极性及不合理性；除此之外，苦难之于信仰的意义也是他不赞同佛教灭欲离苦的原因所在。他指出："以无苦无忧的世界为目标，依我看，会助长人们逃避苦难的心理，因而看不见人的真实

---

1 史铁生：《给杨晓敏》，载《病隙碎笔》（史铁生作品系列4），人民文学出版社2011年版，第293页。

2 史铁生：《病隙碎笔4》第四篇，载《病隙碎笔》（史铁生作品系列4），人民文学出版社2011年版，第94页。

3 史铁生：《中篇1或短篇4》，载《原罪·宿命》（史铁生作品系列2），人民文学出版社2011年版，第298页。

4 参见史铁生：《中篇1或短篇4》，载《原罪·宿命》（史铁生作品系列2），人民文学出版社2011年版，第298—299页。

5 参见本书第一章"'爱命运'——史铁生的命运观"。

处境,也看不见信仰的真意。"[1] 他认为,苦难是生命的真实处境,对于苦难的不同态度,使得信仰具有了不同的方向:一种信仰认为可以通过消灭贪、嗔、痴的欲念,离苦得乐,福乐可期,其中暗含着竞争福乐的逻辑,反倒助长了贪、嗔、痴。而许以福乐的信仰,只不过是人的贪婪酿造的幻境;而另一种信仰相信苦难是永恒的,则使得信仰有了非同凡响的方向:其妙处之一在于,看见苦难的永恒,在他看来,正是神对人的垂怜,因为唯此人才能真正断除迷执,相信爱是人类唯一的救助。这样的信仰才是"众妙之门"。对于前一种信仰,他质疑道:假如脱离一己之苦可由火断一己之欲来达成,但是众生之苦犹在,一己就可心安理得吗?而与之相反,另一信仰的妙处之二便在于,它不保证人可以离苦得福,而是人人因爱的信念而得福,这样的一己之福人人可为,因此又是众生之福。而爱又指向它者,指向万物万灵,由此,众生源源相系,在这个意义上,正是众生之福景;其妙处之三在于,如果说第一种信仰,许诺了一条"到达式"的天堂观,后一信仰则呈现了一个"过程式"的天堂观,天堂不是一处终点,而是一条无终的皈依之路。由此,天堂之门就不可能由一两个强人把守,而是每个人直接地聆听与领悟。信仰,是因信称义,而不是因结果而信,任何人都不能成为神,或神的代理。[2]

总之,在史铁生看来,任何宗教只有在承认苦难的不可消除这一根本事实上进行救赎才是可行的,真正具有救赎意义的宗教应该是无路之处的寻找、绝望之中的希望、幻灭时的挣扎。而所谓"断灭我执",根本上是要断灭"终点执";所谓"解脱",若是意味着逃跑,大约跑到哪儿也还是难于解脱,惟平心静气地接受一个永动的过程,才可望"得

---

[1] 史铁生:《病隙碎笔4》第五篇,载《病隙碎笔》(史铁生作品系列4),人民文学出版社2011年版,第94页。

[2] 参见史铁生:《病隙碎笔4》第七篇,载《病隙碎笔》(史铁生作品系列4),人民文学出版社2011年版,第96页。

大自在",彼岸并不与此岸分离,并不是在这个世界的那边存在着一个彼岸。因此史铁生指出,当地藏菩萨说"地狱不空,誓不成佛"时,他不忘此岸的拯救,而他的心魂已经进入了彼岸。[1]

佛教信仰的功利性

在史铁生看来,佛家灭断欲望,从根本上是消极的,而它许诺灭欲就可离苦得乐,许诺了一条"到达式"的天堂观,也是使得佛教信仰沾染上功利性色彩的重要原因:正因苦难可灭,福乐可期,人们对佛的虔敬大多便沦为今生或来世福乐的投资。史铁生指出这与基督教"道路式"的天堂观是不同的,"基督也许诺天国,但那是在永恒的道路上,而道路难免会危难重重,所以他其实是说,天国只可能降临于你行走在道路上的心中"[2]。"到达式"的天堂观,易滋生贪、争、贿赂与霸道;而"道路式"的天堂观则倾向于精神的自我完善,相信爱才是意义。[3]史铁生在作品中对佛教和基督教反复做着这样的比较,隐讳地指出这两种信仰在境界上有着高低之别。佛教提供的是一条"到达式"的天堂观,对于史铁生而言,不仅是一种逻辑推断,也是他对当下中国信佛潮流的客观评价。在《神位 官位 心位》一文中,史铁生写道:"在中国信佛的潮流里,似总有官的影子笼罩。求佛拜佛者,常抱一个极实惠的请求。求

---

[1] 参见史铁生:《无答之问或无果之行》,载《我与地坛》(史铁生作品系列3),人民文学出版社2011年版,第324页。

[2] 史铁生:《给胡山林(1)》,载《病隙碎笔》(史铁生作品系列4),人民文学出版社2011年版,第413页。

[3] 史铁生:《给S兄》,载《病隙碎笔》(史铁生作品系列4),人民文学出版社2011年版,第385页。

儿子、求房子、求票子、求文凭、求户口,求福寿双全……所求之事大抵都是官的职权所辖,大抵都是求官而不得理会,便跑来庙中烧香叩首。佛于这潮流里,那意思无非一个万能的大官,且不见得就是清官,徇私枉法乃至杀人越货者竟也去烧香许物,求佛保佑不致东窗事发抑或锒铛入狱。若去香火浓烈的地方做一次统计,保险:因为灵魂不安而去反省的、因为信心不足而去求教的,因为理想认同而去礼拜的,难得有几个。"史铁生认为,这很可能是因为中国的神位,历来少为人的心魂而设置,多是为君的权威而筹谋。"君权神授",求君便是求神。而且中国的诸神务实到连厕所也有专门的神来负责,信徒们便被培养得淡漠了心魂的方位,除了歌功颂德以求实惠,还能有何作为呢?神位的变质和心位的缺失相互促进,使得佛来东土也只热衷俗务,单行其"慈",而"悲"字不见。所以史铁生说当有人劝他去烧香拜佛,认为这样的话,或许有可能挽救他残废的腿,他拒绝了。他说尽管心中犹疑,但在他看来,此"佛"非佛,顶多不过一个吃贿的贪官,或一个专制的君王。他说,若是有郎中能治好他的腿,倾家荡产他也要去求一次。"但若这郎中偏要自称是佛,我便宁可就这么坐稳在轮椅上,免得这野心家一日得逞,众生的人权都要听其摆弄了。"[1]

那么,佛应是什么?究竟什么才是真佛?史铁生说,他相信佛绝不同于图贿的贪官,也不同于专制的君王,佛仅仅是信心,是理想,是困境中的一种思悟,是苦难里心魂的一条救路。佛最当被重视的是佛的忧悲或慈悲。所谓"我佛慈悲",即指那慈爱的理想同时还是忧悲的处境。佛的忧悲恰在于苦难的不能灭尽,"佛因苦难而产生,佛因苦难而成立,佛是苦难不尽中的一种信心,抽去苦难佛便不在了"。尽管佛不能灭尽

---

[1] 参见史铁生:《神位 官位 心位》,载《我与地坛》(史铁生作品系列3),人民文学出版社2011年版,第312—317页。

一切苦难,但是信心依然成立,落空的只是贿赂的图谋。信心不属于现实的酬报,信心仅仅是自己的信心,是属于自己的面对苦难的心态和思路。"这信心除了保证一种慈爱的理想之外什么都不能保证,除了给我们一个方向和一条路程之外,并不给我们任何结果。"所以史铁生困惑,在佛教的源头上"证果"何意?而佛教的"人人皆可成佛",也格外值得探讨。在他看来,"人人皆可成佛"与刘小枫在《走向十字架上的真》里所强调的"人与上帝有着永恒的距离"是两种不同的生命态度,"一个重果,一个重行,一个为超凡的酬报描述最终的希望,一个为神圣的拯救构筑永恒的路途"。[1]

但史铁生又指出,当我们联系佛的本义,"人人皆可成佛"似乎又可理解了。"佛的本义是觉悟,是一个动词,是行为,而不是绝顶的一处宝座。"这样,"成"就不再是终点,"理想中那个完美的状态与人有着永恒的距离,人即可朝向神圣无止地开步"。[2] 所以他不赞同慧能的偈语"本来无一物,何处惹尘埃",却对神秀的"身为菩提树,心如明镜台,时时勤拂拭,莫使惹尘埃"感到亲切。在他看来,慧能描画的是终极方向和成佛后的图景,而神秀的偈语所提示的则是现世修行的方法,是对"身与心的正视,对罪与苦的不惧,对善与爱的提倡,对修与行的坚定态度",他认为,这更体现了大乘佛法的入世精神。[3] 史铁生说,"烦恼即菩提",他信,那是关心与拯救,"一切佛法惟在行愿",他也信,那是无终的理想之路。他指出,真正的宗教精神都是相通的,无论东方

---

[1] 史铁生:《神位 官位 心位》,载《我与地坛》(史铁生作品系列3),人民文学出版社2011年版,第313—317页。

[2] 史铁生:《神位 官位 心位》,载《我与地坛》(史铁生作品系列3),人民文学出版社2011年版,第316—317页。

[3] 参见史铁生:《无答之问或无果之行》,载《我与地坛》(史铁生作品系列3),人民文学出版社2011年版,第320—321页。

还是西方。而任何自以为可以提供无苦而极乐之天堂的哲学和神学,都难免落入不能自圆的窘境。[1]

或许很少有人会像史铁生那样对佛教的理性质素提出质疑,但像他这样指出佛教"灭欲"的消极性和佛教信仰功利性的却不乏其人。实际上,即使在佛学研究内部,认为佛教消极、悲观、具有功利性色彩的断言也不少见。这一方面固然存在佛学研究自身的问题,但佛教本身的广泛复杂无疑也是重要原因。在 1994 年的两篇文章《神位 官位 心位》和《无答之问或无果之行》中,我们看到,史铁生在对流行之佛教提出批评的同时,也在努力理解或揣度佛教的本义。事实上,只有回归佛教的源头,才能更好地理解佛教,也才能更好地面对史铁生提出的这两个问题即佛教的灭欲和佛教的功利性。而在佛教诸多派别中,唯有大乘佛教最为接近佛陀原旨。

基于大乘佛教思想的回应

佛陀去世后,由于在教义和修行制度等方面理解各异,原始佛教遂逐步分裂成诸多派别。而在佛教的传播中,为了与当地文化传统相适应,佛教又自觉不自觉地进行自我改造。佛教这种巨大的可塑性,一方面使得佛教得以全面而深入地普及;另一方面也使得佛教面貌更加复杂。在众多派别中,最主要的两支分别是保守的南传佛教,以及勇于制度创新的北传佛教[2]。前者"依文解义"、"追随教诫",自认为是佛陀说

---

[1] 参见史铁生:《神位 官位 心位》,载《我与地坛》(史铁生作品系列 3),人民文学出版社 2011 年版,第 317 页。
[2] 所谓南传、北传是根据其传播地域来命名的。南传佛教主要是在斯里兰卡、缅甸和泰国等地传播;北传佛教的主要传播地域是中国、朝鲜、日本和越南等地。

法正典的守护者；而后者更重"依义解文"，对佛教大举革新，自认其从精神上更符合佛陀原旨。因为前者更重自我解脱，故称小乘；而后者则着重利他，称作大乘。而我们看到，史铁生尽管对佛教基本持批评的态度，但是，当他不满佛教的灭欲，指出即使一己之欲可灭从而离苦得乐，而众生焉何，当他高度赞赏地藏菩萨"我不入地狱，谁入地狱"，"地狱不空，誓不成佛"的救世精神，当他指出佛的忧悲或慈悲最值得重视，而质疑本土流行的充满功利性、实用主义的佛教，可以看出，他的思想和精神与大乘佛教是契合的。事实上，史铁生确曾表示，他格外欣赏大乘佛教的利他精神、忧悲情怀。而大乘佛教除了其普度众生的宗教慈悲性外，在尊崇大乘思想的佛教研究者看来，大乘佛教还有其他殊胜之处：譬如最富于（心性体认的）精神超脱性；（真实智慧的）义理深邃性；（理路发展的）辩证开放性；（顺应机根的）方便善巧性[1]。在这里，我们不对大小乘或耶佛孰优孰劣做评价，但确实从大乘佛教的思想出发，能够解决史铁生所呈现给我们的佛教难题：佛教真的是消极悲观的吗？佛教的"功利性"有其怎样的意义？佛教如何来解决其义理的高深所带来的普及难题？这些问题，从大乘佛教思想中，我们都可以得出另一种答案，以此可以改变我们对佛学的消极认识。

按照佛教基本教义，即苦、集、灭、道四圣谛之说：人生一切皆苦，苦是生命的根本处境；苦的原因在于渴爱，渴爱也即指人的欲望；只有消除欲念，苦难才会终止，从而进入涅槃，涅槃是解脱之道，是人的终极目标；而通过八正道的修习，便可望获得涅槃。从表面意义看来，四圣谛之说，确实使佛教笼罩上了消极、悲观的色调。但是大乘佛教的"中道"等思想却呈现了关于佛教的另一种理解。在大乘佛学看

---

[1] 参见傅伟勋：《突破传统佛教，开展现代佛法》，载商戈令选编：《生命的学问》，浙江人民出版社1996年版，第24页。

来，佛说生命是苦，人生一切皆苦，并非是指生命只有苦难，没有快乐。在佛教看来，真正的苦在于我们分别苦乐、趋乐避苦的心态或意欲，我们越是趋乐避苦，越会陷入苦乐的二元对立，正是这一过程构成了苦。[1]所以，在这里我们注意到这样两点：第一点，我们注意到史铁生也说苦难是生命的必然处境，但他所说的苦，是与乐相对立的苦，而佛教所说的苦，不是与乐相对之苦，而是在二者之上，将苦乐对立之苦，如果说史铁生的苦更多指向客观境遇，而佛教之苦则更多在主观之意欲；第二点，史铁生指出苦难是生命的必然处境，主要是在一种寓言性的假设及二元对立的逻辑推理的语境中得出结论的，并由此进一步推导出苦难存在的价值，因此不主张灭苦，认为灭苦是消极的，而灭苦的承诺在他看来也是导致佛学异化的重要原因。但佛教关于生命是苦的判断是基于对生命现象、境况的如实观察，这一判断谈不上悲观也谈不上乐观，只是"如实知见"的客观陈述。佛教没有强调苦难存在的价值，而是主张灭苦，意愿更多的人能离苦得乐、进入涅槃。涅槃字义上是指欲望的熄灭或消失，主张欲望的寂灭、消散，看上去是非常消极的。但实际上，佛教并不是主张消灭一切欲望，在佛教中，欲望或欲念分为两种：一种是正念，通常使用"chanda"表示；一种是诸如贪、嗔、痴等恶念，常用"tanha"来表示。在佛教看来，正念带来增益解脱，恶念则是羁绊束缚，因此，佛教主张消除的是贪、嗔、痴等恶念。[2]这样的话，佛陀觉悟后依然去游历说法，佛教主张的行愿，与佛教的灭欲之说并不

---

[1] 参见〔日〕阿部正雄：《佛教的涅槃——它在当代思想和生活中的意义》，载吴平编：《名家说佛》，北京图书馆出版社 2003 年版，第 86 页。

[2] 只是正念 chanda，恶念 tanha，中文翻译都是欲或欲望，而英文也只用 desire 来表示 tanha，而 desire 的意思要宽泛得多，人们对佛教的消极印象，大概与此也有很大的关系。参见〔英〕关大眠：《当代学术入门——佛学》，郑柏铭译，辽宁教育出版社·牛津大学出版社 1998 年版，第 46—48 页。

冲突，史铁生所提出的成佛与善念之间的矛盾便可化解。当然，我们也注意到，与他对苦难存在价值的推断一样，基于一种二元性的思维也可推导出，恶念似乎也无须灭，因为恶念成全善念，没有恶念又哪来善念。但是这种纯粹基于主观预设的逻辑推演，很难具有说服力。尽管从人性的现实出发，善恶确不可分，善念在一定程度上，正因于对恶的深刻觉察而生，但这种客观的人性境况，非但不是我们提出理想人性前景的否定因素，恰恰相反，它催生了这一人性理想的必然设定。

史铁生在1994年的《无答之问或无果之行》中曾经指出，他认为佛的忧悲，诸如地藏菩萨的"地狱未空，誓不成佛"才是佛性所在，但这样的话便逃不过一个悖论：有佛性的誓不成佛，自以为成佛的呢，又没了佛性。这样佛位似乎就没有了。他认为或许这样才好，即佛位已空，才能存住佛性。佛位本无，有的才是佛行。[1] 如此看来，无论是地藏菩萨的话，还是史铁生的解读，都是将菩萨与佛相对立的，菩萨行愿，却永不能成佛。史铁生用佛性、佛行胜于佛位，表明他对菩萨救世情怀的敬意。但同样基于对大乘菩萨道思想的尊崇，有些学者却通过强调"涅槃"超越实存主体范围的社会性甚至宇宙性涵义，及大乘佛学"相即不二"的哲理旨趣，将行愿的菩萨与修得涅槃的佛等同起来，指出"忘却涅槃、不求涅槃才是原本真实的涅槃深意"，菩萨的日日奋勉本身应当做涅槃的显现，而"大乘菩萨时时刻刻普度众生的'现实'工夫即是成道成佛的'理想'实现，菩萨道就是成佛，舍菩萨之外别无佛陀"。[2] 可见"涅槃"意涵丰富，实际上通过对"涅槃"的解读，可以解决我们关于佛教的诸多困惑。而大乘佛教义理之深邃及理路的辩证开放

---

[1] 参见史铁生：《无答之问或无果之行》，载《我与地坛》（史铁生作品系列3），人民文学出版社2011年版，第321页。

[2] 傅伟勋：《理想与现实相即不二的道理》，载商戈令选编：《生命的学问》，浙江人民出版社1996年版，第24—39页。

性，则使得其成为认识"涅槃"的一个有效通途。

如果说史铁生所质疑的佛教"灭欲"、"离苦"的消极性，可通过以上阐述得以化解，那么，他对当下中国信佛潮流的功利性，及佛教思想中功利性因子的"指控"，确实极具观察的敏锐和洞察的深刻：当下的中国，拜神如求官，神位蜕变为官位；而"往生净土"、设定一个无苦无忧的彼岸，这种"到达式"的天堂观在佛教宗派中也确实存在，并且为佛教所包容。我们又该如何理解佛教的这种"功利性"呢？事实上，从大乘佛教思想出发，我们同样可以为佛教的"功利性"提供一种不同的认识。

史铁生曾指出，佛法如此执着于"究竟"，可是又有几人能得究竟？那么，对于芸芸众生而言，信的根基又在哪里？据传佛陀在菩提伽耶觉悟后，确曾因担心教义太过深奥无法向众生传达而踌躇止步[1]，但是佛陀深刻的慈悲终究促使他大半生都在传经布道中度过，而考虑到众生机根的不同，佛陀的说法呈现出应病与根的灵活性[2]，在这个意义上可以说佛陀是深谙心理学的大师。而大乘佛教深刻领悟了佛的宗教慈悲情怀，在其佛法开展上，也采用了高低两个层次：高层的胜义谛佛法以及在低层的道理世俗谛。胜义谛佛法高深莫测，道理世俗谛则是出于佛法慈悲的方便善巧法门。与此相对应的便是大乘佛教善巧地分出的自力圣道门和他力净土门，通过后者下化众生，普度众生，令其获致生命的安顿。一个"无苦无忧"的彼岸，往生净土，便是佛教的一个支派净土宗的观点，在中国，民间老百姓信仰的大多便是净土宗。这种"无苦无忧的彼岸"、往生净土，与业报轮回等民间佛教思想一样，都是一种道理

---

[1] 参见〔英〕关大眠：《当代学术入门——佛学》，郑柏铭译，辽宁教育出版社、牛津大学出版社1998年版，第25页。

[2] 此点在《法华经·譬喻品》中以"火宅"之说作为譬喻。参见〔英〕关大眠：《当代学术入门——佛学》，郑柏铭译，辽宁教育出版社、牛津大学出版社1998年版，第59页。

世俗谛。正如学者傅伟勋指出的，一大半现代中国佛教徒即使常诵《心经》、《金刚经》或《坛经》，内心深处梦寐以求的，还是通过阿弥陀佛的恩典，死后安然往生净土或佛国，而不是什么"生死即涅槃"之类极其高妙的胜义解脱之道。对于普罗大众而言，世俗谛层面的信仰更能被理解和接受，也更具有救赎的意义。[1]应该说，正是佛教的慈悲使得佛教包容世俗谛层面的信仰存在，而史铁生所批评的佛教思想的功利性，则恰恰体现了将胜义谛落实成就于世俗谛之中的大乘菩萨道精神。

当然，对于像史铁生这样具有极强理性思维力和反思精神的人而言，世俗谛层面的佛教信仰确实很难令他们信服。不过按照龙树的中观论，二谛并不对立，而是辩证结合在一起的，胜义谛必须落实于道理世俗谛，而道理世俗谛因胜义谛而有本身的存在意义。譬如"无苦无忧"的彼岸，在胜义谛的层面上，是可以被"涅槃"所取代的。而胜义谛层面的"涅槃"，最终也能落实于当下具体的生活，因为照大乘佛教的解释，"涅槃"本义并非寂灭，而意指超越苦乐的二元对立，因此生死即涅槃，涅槃是在当下，历史终结于涅槃。当我们理解了大乘佛教二谛的辩证关系及道理世俗谛在救赎层面的意义，我们便应该能包容他力净土门等其他民间信仰的存在，由此也更能感受到佛教的慈悲关怀精神。同时，我们也应该意识到，佛教的道理世俗谛层面的信仰，尽管具有功利性色彩，但是它对信仰者的道德也能起到实质性的约束作用。譬如它的"往生净土"、"业报轮回"等都与人的道德行为息息相关。前世、今生、来世之间无尽的因果循环，皆由人自身的道德行为所决定，由此便使得信者比不信者更易产生道德行为上的警醒。尽管信者的道德行为仍有为己积德的功利性因素，但从实际效果来看，却是好的。这和基督教设定

---

[1] 参见傅伟勋：《突破传统佛教，开展现代佛法》，载商戈令选编：《生命的学问》，浙江人民出版社1996年版，第30页。

一个上帝的实质和实际达到的效果应该是一样的。在现实生活中，我们确实可以看到，一个虔诚的民间佛教信徒也往往是一个行为良善之人，尽管他的信仰在不信者或者执着于佛教高深义理者看来，不乏迷信或盲信的因子。

在此，我们至少是从三个层次论证了道理世俗谛层面的佛法存有的必要性，及其产生的积极的现实影响。但不可否认，道理世俗谛中所隐含的"功利性"因子终归有其消极的一面，在现实层面确实造成了人们对佛教信仰的误解，导致了信仰的变质。譬如过去就有一些虔诚的信徒，极端地带着功德簿记下每一笔道德作业，以求"借贷平衡"，这是歪曲了行善的本义，功德只是善行的副产品。为了获得功德而行善其实只是自私的作业，并不能因此获取功德。[1]而史铁生提到的那些在庙门口求佛如求官的现代人，也印证了世俗谛层面的佛教其消极因子流传深远。这提示我们对于佛教应该正本清源，深入思考以纠时弊。

史铁生在作品中曾几次提到宗教的源和流的问题，他说，每一宗教的源头，都有其博大的关注与精深的学问，但要紧的还是看其流脉，看其信众于千百年中对它理解的主流是什么，"就好比据其流域的灌溉效果，来判断一条河渠的优势和弱点"。唯此，或才有发展或"焕然一新"的可能。[2]他指出，这里的"源和流"，也可说是"理论和实践"的问题。重视宗教之流，也正是重视宗教在生活中的实践，这个是有道理的，因

---

[1] 参见〔英〕关大眠：《当代学术入门——佛学》，郑柏铭译，辽宁教育出版社、牛津大学出版社1998年版，第39页。

[2] 类似的论述见于以下文章：史铁生：《给杨晓敏》，载《病隙碎笔》（史铁生作品系列4），人民文学出版社2011年版；《无答之间或无果之行》，载《我与地坛》（史铁生作品系列3），人民文学出版社2011年版；《病隙碎笔4》，载《病隙碎笔》（史铁生作品系列4），人民文学出版社2011年版；《给CL》，载《病隙碎笔》（史铁生作品系列4），人民文学出版社2011年版；《看不见而信》，载《扶轮问路 妄想电影》（史铁生作品系列7），人民文学出版社2011年版；《昼信基督夜信佛》，载《昼信基督夜信佛》，北京十月文艺出版社2012年版。

为任何的宗教都不止于进行义理方面的纯理性探究，而意在对生命产生实际的影响。在这个意义上，正如史铁生所说，不断的言说或研究，对于一种宗教或信仰的完善是非常重要的。但是他没有意识到，对宗教的言说或研究，是不能脱离其源头的。源和流，或者理论和实践，应该是紧密相关不可分割的。流总是由源头而出的，客观上，流离不开源，实践离不开理论的指导。而在千百年的流变中，流终会溢出源，或者是超越，但也有可能是偏离，正如史铁生所意识到的当今流行之佛说，我们由此佛说来认识佛教，不正偏离了佛陀的原旨，产生了对佛教的种种曲解吗？因此，我们又怎能由流行之佛说或佛教之流脉来对佛教做出正确而公允的判断呢？所以，尤其是在宗教的问题上，重流轻源，无论是从逻辑还是现实层面上都是不对的，反之亦然。而从具体宗教来看，以基督教和佛教为例，我们认为，基督教作为一种启示型宗教，它的蕴含在《圣经》中的启示有待于一代代研究者的不断言说，才能不断得以彰明。在这个意义上，对于基督教，我们可能更应注重其流。但是佛教与基督教不同，佛教几乎从其诞生伊始便义理精深，尤其在大乘佛教中发展到顶点，相反却在流变中出现很多偏离佛教原旨的支流，片面粗浅地理解佛教出于慈悲的救赎情怀而实施的方便法门，使得流行的佛说充满了浓厚的功利性色彩及世俗化气息。当然在这个过程中，中国文化自身的重实利主义以及皇权至上等官本位思想也起到了很大的影响。那么，我们便应该意识到，对于佛教，我们更应该追根溯源，回到佛陀的原旨，回到在精神上最接近佛陀原旨的大乘佛教中去认知。这样，我们才有可能使佛教的流脉趋向升华，而现实的功利之风也才有可能扭转方向。

结语 "未完成式"
——思想的文学性书写

赵毅衡说,史铁生的思想探索经历了推理式追寻和悖论式追寻两个阶段[1]。这确实体现了史铁生思想之路的两段式发展。史铁生在早中期就个体生命层面对于命运、死亡、孤独与爱情的探索,尽管偶有悖论的句式表达,但总体而言,呈现出强烈的逻辑理性主义倾向,属于推理式的探索。对生命本真境遇的探索,其出发点是存在主义的,但史铁生早期对逻辑理性的仰重往往让其偏离存在的轨道,而落入形而上学的窠臼。譬如《我之舞》(1986年)中就"死亡"问题展开的逻辑推演就背离了个体面对死亡的真实忧惧而落入抽象性;《爱情问题》(1994年)中对"爱情可否 n 对 n?"这一难题的探索,最终也迷失在逻辑的演绎中未能得出令人信服的结论。到后期史铁生以"病隙碎笔"系列为代表的信仰探索则属于悖论式的追寻。他在认识论上强调"看不见而信"才是信仰的真义,便是对理性与信仰之关系的悖论式表述;而他在救赎论上强调"人神距离说",但同时又在此信仰框架内建立起为人的自由和尊严,则

1　参见赵毅衡:《神性的证明:面对史铁生》,《开放时代》2001年第7期。

主要基于他对"神与人"在认识论实则是生存本体论上的悖论式关系的阐述。推理式的追寻属于古希腊式的思想方式，悖论式的追寻则是具有宗教性的。应该说，宗教性的悖论表达更贴近现实人生和人的本真生存。在这个意义上可以说，史铁生由"推理式的追寻"进入"悖论式的追寻"，由更广层面的理性超越了前期单纯的逻辑理性，体现了其思想与精神之路的成长与飞跃。当然，对于史铁生而言，前后期的这两种思维倾向也不是截然断裂的，实际上，他前期的理性探索有其超越性的宗教指向，而他后期悖论式的追寻，也没有停留在宗教的神秘性上，而是在呈现宗教悖论的同时，也力图给以理性的阐释。

对理性的重视，是史铁生的思想探索给人印象最深刻的地方。他在很多地方所强调的"理性"，主要是指人诚实、独立、不盲从盲信的思想品质；另外史铁生没有指出，但是他以他的思想实践给我们的启发是，"理性"除了指向思想品质，也指向思想或思维的能力，二者是不可分的。诚实、独立的思想追求是首要前提，不过没有理性的思维能力，人也无从体现其诚实、独立的思想品质。中国的文化传统重视体验、直觉，偏于感性，而纵览史铁生的信仰之路，无论是前期"推理式的追寻"，还是后期"悖论式的追寻"，都充分体现了西方文化的智性追求和理性精神。尽管人的智性或理性是有局限的，但是很难想象单凭个体化的体验或直觉，人与人之间能够达成真正的交流和理解，而智性或理性则借助一种普泛的逻辑能够真正实现人际的对话。在他的思想之路上，史铁生总在不断地设问与解疑，他的思想逻辑与脉络清晰可见，从而提供给了读者一种与之理性对话的可能。他不是一个狂热的教徒，也没有扮演"天命的教员"，他在不断地呈现自己的迷途，在不断的追问中不断地自我建构，但终究以一种未完成式向我们敞开，邀约我们与他一样踏上属于自己的信仰之路。这在当今的宗教性书写中，是殊为难得的。

而这种"未完成式"还体现在他的艺术探索中。史铁生是一个思想者,不过他首先是一个文学家,他是借文学创作来传达其思想的。那么,文学如何来承载如此丰富与深刻的思想?而思想的传达又如何能够不损坏文学应有的形象性和情感性?从史铁生的创作来看,他着眼于解决第一个问题,但似乎没有注意到或有意忽略了第二个问题。可以看到,从早期的现实主义写作到中期的寓言化写作再至后期的哲理化书写,写作风格的变化使得史铁生的思想表达臻于自由之境。写作风格上的这种转变,对于他而言,一开始是出于现实的窘迫,他的生活被轮椅限制在那一方小天地,现实主义写作继续下去,很快就是穷途末路。因为这种现实的威逼,以及自身对思想的重视,使得他对文学有了新的认识。他逐渐意识到,活着不是为了写作,写作是为了活着。写作从根本上是为生存寻找理由,只有将生存这事想深想透了,才能更好地活着,也才能更好地写作。因此,思想是写作的主导,如何能更好地思想、如何能更好地传达思想决定了写作本身。这种新的认识使得史铁生写作形式的转变和突破逐渐成为一种自觉的选择。

他将文学分为三种类型:纯文学、严肃文学、通俗文学。严肃文学侧重于社会、政治、阶级层面;通俗文学主要为人的娱乐需要而产生;纯文学则面对着人本的困境,"譬如对死亡的默想、对生命的沉思,譬如人的欲望和实现欲望的能力之间的永恒差距,譬如宇宙终归要毁灭那么人的挣扎奋斗意义何在等等,这些都是与生俱来的问题,不依社会制度的异同而有无。因此它是超越着制度和阶级,在探索一条属于全人类的路"[1]。史铁生认为,这三种文学各有其价值,各有其存在的必要,但显然他更看重的是纯文学,他所坚持的也正是纯文学之路。他将人本的

---

[1] 史铁生:《答自己问》,载《病隙碎笔》(史铁生作品系列4),人民文学出版社2011年版,第178页。

困境看作写作的起点,也是维系写作激情的源泉,指出文学应该超越所谓的"真实",即表面的现实,或常规的生活,向更为广阔、更为深邃的思想和精神领域进发。务虚的写作,比起务实,对于他这样一个"没有生活"的人,显然也更为适宜。他不用担心因为"没有生活"而写不出作品了。他越发坚信,写作不只是对外在世界的观察和描摹,而更是"向着心灵的探险",写作者所要做的是回归心魂的"聆听和跟随",由此,"写作便获得一块无穷无尽的天地了"。[1]

基于这种认识,史铁生不接受"文学家"的称谓,而只认为自己是一个写作者。在他看来,文学和一切其他的艺术一样,应该是自由而真诚的。但在现实中,"文学"二字喻示着规则与标准,因此就埋藏下一种危险,即取消个人的自由,限定探索的形式与范围。自由不在,真诚也就难求。而写作与所谓的普遍世俗精神彻底无关,在他看来,只有给予写作充分的自由,写作才能承担心魂深处有关生命那么多本源性的主题。因此,他的写作日渐脱离了一般意义上文学创作的陈规陋习,对于他而言,只要能表达自己的思想,任何的方式、文体以及语言,都是自然而然的,是在回归心魂的"聆听和跟随"中自然流出的。

史铁生的一大创新便在于文体的创新。他提出"形式即内容"、"有意味的形式"之说以反对现实主义"形式即容器"的观点,并以他超越文体的创作真正践行了这一理论。史铁生指出,有意味的形式,指的不是"形式即容器"的形式,而是"形式即内容"的形式。语言形式并不单指词汇的选择和句子的构造,通篇的结构更是重要的语言形式。所以要紧的不是故事而是讲。有意味的形式,从根本上来自于人与外部世界相处的形式,决定于创作者对世界的态度。形式参与了作品之内容与思

---

[1] 史铁生:《新的角度与心的角度——谈周忠陵小说》,载《病隙碎笔》(史铁生作品系列4),人民文学出版社2011年版,第261页。

想的建构，而非仅是承载内容与思想的容器。[1] 如果说前期以《午餐半小时》（1979年）、《没有太阳的角落》（1980年）为代表的现实主义写作，与中期以《命若琴弦》（1985年）、《毒药》（1986年）为代表的寓言化写作，都是对文学传统的重复或继承，那么，从《礼拜日》（1987年）、《一个谜语的几种简单猜法》（1988年）、《小说三篇》（1989年）、《中篇1或短篇4》（1991年）到《务虚笔记》（1995年），史铁生的大部分作品就跨越了旧有的文体限制。如《礼拜日》（1987年）中故事与神话、寓言的混搭；《一种谜语的几种简单猜法》（1988年）以一个谜语串联起五个故事；《小说三篇》（1989年）里，前两篇的故事形态，与第三篇的寓言相组合；《中篇1或短篇4》（1991年）则是三个不同时态的故事加上一个科技论文的组合；而长篇小说《务虚笔记》（1995年）不仅是内容，其形式也集前期小说之大成。

史铁生在文体上的这种超越曾经造成评论的困难，也带来阅读就像猜谜的感受。不过20世纪90年代初，有评论者就由昆德拉的"复调"理论找到了进入史铁生作品的门径。昆德拉认为，小说的使命是对存在的探询，而叙事只是探询的方式之一，它还可以发动其他的方式。因此他主张小说应当运用所有理性的和非理性的、叙述的和沉思的，举凡人类精神可以运用的一切方式，使它们统统成为揭示人的存在的手段。[2] 昆德拉的大多数作品都打破了文体的界限，但不管文体多么繁杂，都是为了完成同一个主题，即对存在的揭示。由此我们来看史铁生的作品，便也豁然开朗。譬如《礼拜日》（1987年）中，故事、神话、寓言并非各说各事，而是共同完成了同一主题的建构，即爱情

---

[1] 参见史铁生：《答自己问》，载《病隙碎笔》（史铁生作品系列4），人民文学出版社2011年版，第181—183页。

[2] 参见〔捷克〕米兰·昆德拉：《小说的艺术》，董强译，上海译文出版社2004年版，第21页。

是对自由的渴望，对人的孤独境遇的拯救。《中篇1或短篇4》（1991年）也许是这些作品中最令人费解的，但在昆德拉的启示下，有学者也给出了比较完美的解答。[1]

当思想的表达成为重中之重，那么文体的规范便失去了其意义。史铁生不断地通过其思想与悟性，寻找"有意味"的形式，以表达他关于存在的思考。正如有学者所言，把他的写作放到小说圈子去认读，那是一个相当复杂的可以生发出无数话题的形象，但若从寻找表达的角度讲，一切又太自然太简单。[2] 史铁生确实同昆德拉很像，既是先锋的，又是传统的。先锋表现在形式的创新，传统则在于他们对于形式的共同认知：形式是有意味的，形式的创新只是为了更好地表达存在的主题。和昆德拉一样，史铁生的形式创新并非是单纯的形式革命，其意义更是精神层面的。

除了超越文体的创作实践，对话之于史铁生的存在之思也起着重要的作用。可以看到，史铁生的作品中充满大量的对话，对话不仅大量出现在其后期的哲理化写作中，实际上贯穿了他整个的创作历程。其创作前期的《在一个冬天的晚上》（1983年）、《白云》（1984年）、《老人》（1984年）；中期的《毒药》（1986年）、《我之舞》（1986年）、《礼拜日》（1987年）、《小说三篇》之"对话练习"（1989年）；后期的《我的丁一之旅》（2006年），均以对话结构全篇。而假若我们并不把"对话"局限在现实关系中，而在于思想的碰撞与交流的话，也即意味着人物的思想矛盾、自我反省与诘问等等也具有对话性质，那么，史铁生的大部分小说，以及以"病隙碎笔"系列为代表的思想随笔无疑都具有

---

1 参见汪政、晓华：《超越小说——史铁生〈中篇1或短篇4〉讨论》，《当代作家评论》1992年第3期。

2 参见汪政、晓华：《超越小说——史铁生〈中篇1或短篇4〉讨论》，《当代作家评论》1992年第3期。

"对话"的色彩。

史铁生为什么如此重视对话？从前期来看，可能的原因是，生活范围的限制，导致素材的缺乏，于是通过对话去塑造人物、交代情节，便是很便利的选择。在这一时期，对话主要发挥的是叙事学意义上的作用。如《老人》（1984年）中，全篇以一对老人在公园长椅上的对话推进，通过对话，交代了时代的背景，即在1978年对1968年的回望。对话提示了读者两位老人曾有的关系及情感纠葛，以及其余相关人物所遭遇的事件与想法，比较隐晦地透露出对"文革"的反思。而到中后期史铁生自觉回归心魂的写作，更使得对话成为一种必然的选择。因为心魂深处是思想的矛盾与挣扎，是反反复复地辩驳与诘难，而对话无疑是最有利于呈现内在思想的手段。中后期作品中的对话，已经淡化了其叙事学上的意义，具有了纯粹的思想性质。有人这样形容，"阅读这些对话，你也许才第一次有了这样的感觉，你读小说，读中国小说，却直接地生活在真正的思想之中"[1]。史铁生对对话的重视，很容易让人想到巴赫金以"对话"为核心的"复调"小说理论。巴赫金的"复调"理论是在对陀思妥耶夫斯基作品研究的基础上提出的。已有的几篇研究史铁生对话的论文都无一例外地提到了巴赫金和陀思妥耶夫斯基，其目的是借巴赫金的理论及通过对陀思妥耶夫斯基的解读来分析史铁生作品中"对话"的性质和功能，大多数论文都意在求同。[2] 但是如果深入地分析，我们会发现，二者的"对话"其性质并不完全一样。

---

[1] 黄忠顺：《论〈务虚笔记〉的思想对话形式》，《泰安师专学报》2002年7月第4期。

[2] 参见黄忠顺：《论〈务虚笔记〉的思想对话形式》，《泰安师专学报》2002年第4期；张路黎：《〈务虚笔记〉之虚——论〈务虚笔记〉形式上的新探索》，《三峡大学学报》2003年第5期；张建波：《心灵与世界的对话——史铁生复调小说的审美现代性》，《山东社会科学》2010年第3期；郭文勇：《论史铁生小说中的复调艺术》，广东技术师范学院2012年硕士学位论文；曾鹏、傅宗洪：《心魂的自由恋曲——简论史铁生〈务虚笔记〉的复调性》，《重庆科技学院学报》2013年第1期。

陀思妥耶夫斯基是文学家中伟大的思想家，其后期的作品被无数的学者作为思想的文本进行解读，甚至有学者为其思想建立了系统的哲学。陀思妥耶夫斯基作品中的人物都是具备思想光彩的人物，似乎人人都有思想的问题迫切地要去解决。他笔下的人物常常处于一种与他人，及与另一个自我的紧张的对话之中，而陀思妥耶夫斯基却"常常有意让他倾向于赞同的意见出现于那些他并不赞同的人物身上，或让他不怎么赞同的意见出现在他赞同的人物身上"[1]。这种对话便呈现出思想的张力，没有一个占领主导地位的思想，各种对立的意见都获得了平等的对待。巴赫金认为，陀思妥耶夫斯基深刻地揭示了人类思想的对话性质，同时也听到了一个终归要来临的多元对话时代的"众声喧哗"，正是在这个意义上，他将陀思妥耶夫斯基的小说看成是一种"复调小说"。[2]

而在史铁生的小说里，尽管不少的内心独白似乎充满了矛盾与质疑，人物的对话似乎也充满了紧张的对峙，但仔细分析与感受，我们都可以看到一个对话的主导者的存在，其余的声音或人物实际上都服务于这一主导的声音，为得出最终的答案做出追问和层层的铺垫。而终究，对于史铁生而言，众多人物都只不过是"写作之夜"，"我"的心魂所在。"我是我的印象的一部分；而我的全部印象才是我。"[3]"我"只不过在努力抓住"我"的每一个印象，努力从这些印象中整合并辨识出"我"的存在。因此，我们也许还不能简单地把史铁生与陀思妥耶夫斯基等同，认为他的小说就是巴赫金所言的"复调小说"。相对于陀思妥

---

1 何怀宏：《道德·上帝与人——陀思妥耶夫斯基的问题》"前言"，北京大学出版社2010年版，第11页。

2 参见何怀宏：《道德·上帝与人——陀思妥耶夫斯基的问题》"前言"，北京大学出版社2010年版，第11页。

3 史铁生：《务虚笔记》，载《务虚笔记》（史铁生作品系列5），人民文学出版社2011年版，第8页。

耶夫斯基，史铁生的"对话"并非是一种"众声喧哗"，而更像是一种"自我独白"。在他的很多作品中，思想是已完成的。李锐曾对《病隙碎笔》感到颇为为难，原因在于，他认为这本随笔关乎个人的信仰，而且是一个解决了的信仰，解决了的信仰便失去了论证的必要和张力。因此，"也就是说这本书被作者预先取消了叙述动力，作者自己对自己的平面论证，使得叙述本身丧失了自洽性"[1]。李锐是以此引出对《我的丁一之旅》的评价的，他认为，《我的丁一之旅》"终于冲出了那个平面的自我论证"，"打破了自己以往的书写所建立的文学边界，完成了一次出神入化的自由的飞翔"。[2] 但写于2002年10月至2005年7月完成的《我的丁一之旅》，也很难说是一次自由的飞翔。它只是以小说的形式，呈现了早在1994年《爱情问题》中提出，在1999年的"病隙碎笔"系列中经过了反复论证的有关爱情的主题。除了小说的外表，其核心的问题、论证的方式、论证的结果基本源自于《病隙碎笔》中的推理。因此与其说是一次自由的飞翔，不如说是一次"放飞"，看似自由，但线早已在史铁生手里，飞往哪儿，怎么飞是早已确定了的。

陀思妥耶夫斯基作品中的"众声喧哗"，不仅是一种写作的自觉，在某种意义上也是他思想的真实呈现，因为他固然有着强烈的思想倾向，但终其一生，他都未能完全解决他思想中那些激烈的矛盾。同时那频繁来袭，被陀思妥耶夫斯基称为"神圣的痛苦"的癫痫或许也是其作品中奇异的激情的源泉之 ；而史铁生的信仰之路，尽管也充满种种的疑难与焦虑，但是他总力图以理性的推演给予一种暂时性的圆满，这一方面和他偏于理性审慎的性格有一定关系，同时应该说他的残疾、他痛苦的肉身处境在很大程度上也决定了其思想的走向，影响了其作品的风

---

1 李锐：《自由的行魂或史铁生的行为艺术》，《读书》2006年第4期。
2 李锐：《自由的行魂或史铁生的行为艺术》，《读书》2006年第4期。

格。而对史铁生的写作产生决定性影响的还有他的文学观念。

陀思妥耶夫斯基的写作是一种思想的激情推动着的写作，他似乎很少正面表达过他的文学观，史铁生中后期的写作则同于昆德拉，是有明确清晰的理性意识支持的。在《答自己问》（1987年）、《自言自语》（1988年）、《写作四谈》、《宿命的写作》（1995年）、《文学的位置或语言的胜利》（1996年）、《写作与越界》（2006年）等文章，以及给其他作家写的序或评论（如《洪峰〈瀚海〉序》、《读洪峰小说有感》、《新的角度与心的角度——谈周忠陵小说》）中，史铁生充分阐述了他的文学观。可以看出，文体的超越、"内心独白"式的对话、紧扣自我心魂的写作都是他深入思考后的自觉选择，都是建立在他明确的文学观念上的。有评论家说，史铁生是个观念性的作家，观念性的写作在评论界是一个负面的概念，但史铁生的观念性写作却体现了或者说承载了他的深刻和超越。[1]

确实，史铁生的深刻和超越使得他的写作具有了世界性，也使得他成为中国当代文学界一个独特的不可取代的存在。然而，他中后期的观念性或者说思想性写作却值得我们去做一些反思。我们似乎感到他中后期的作品在离哲学越来越近的同时，离文学慢慢地有点远了，由此留给我们一个问题，即思想的传达必然会影响到文学的表现性吗？在早期《秋天的怀念》（1981年）、《我的遥远的清平湾》（1983年）、《奶奶的星星》（1984年）、《合欢树》（1985年）及这一时期的大多数作品中，史铁生充分显露出了他的文学才华和功力，他的语言质朴、准确而简练，对情感的书写节制而深沉，白老汉、奶奶、妈妈等形象真切可感，可爱、善良的人们唤起读者内心深刻而长久的感动。而到中后期，除却

---

[1] 参见汪政、晓华：《超越小说——史铁生〈中篇1或短篇4〉讨论》，《当代作家评论》1992年第3期。

思想随笔不论，短篇小说《我之舞》（1986 年）、《礼拜日》（1987 年），以及长篇小说《务虚笔记》、《我的丁一之旅》等所调动起的也似乎更多是我们的哲思，而少有情感的触动或灵魂的战栗了。

　　史铁生曾说，"哲学不免艰涩且更多的用着大脑，文学便能亲近更多的人而且全部是心声"[1]。文学之能亲近更多的人，应该在于它的形象性和情感性，这是文学与哲学的区别所在。而文学尤其是小说的形象性和情感性，又主要是依托于作品中的人物来体现的，但《务虚笔记》中的众多人物，以及《我的丁一之旅》中的丁一、娥、依、秦汉留在我们脑海的似乎只有模糊的剪影，而无真切的形象。因为对于史铁生而言，他们本不是外在的实在的存在，而只是代表自我心魂的种种可能。纯粹来写思想的人物，将人物视作自我心魂的种种可能，是史铁生的自觉选择。"一个作家，无论他写什么，其实都不过是在写他自己。"在给柳青的一封信里，史铁生说一位先哲的话支持了他这样的选择。[2] 在《务虚笔记》中，他直言："我不认为我可以塑造任何完整或丰满的人物，我不认为作家可以做成这样的事，甚至我不认为，任何文学作品中存在着除作者自己之外的丰满的人物，或真确的心魂。我放弃塑造。所以我放弃塑造丰满的他人之企图。因为，我，不可能知道任何完整或丰满的他人，不可能跟随任何他人自始至终。我经过他们而已。我在我的生命旅程中经过他们，从一个角度张望他们，在一个片刻与他们交谈，在某个地点同他们接近，然后与他们长久地分离，或者忘记他们或者对他们留有印象。但，印象里的并不是真确的他们，而是真确的我的种种心

---

[1] 史铁生：《洪峰〈瀚海〉序》，载《病隙碎笔》（史铁生作品系列 4），人民文学出版社 2011 年版，第 241 页。

[2] 参见史铁生：《给柳青》，载《病隙碎笔》（史铁生作品系列 4），人民文学出版社 2011 年版，第 323 页。

绪。"[1] 事实上，与其说是不可能塑造完整或丰满的他者，不如说是史铁生自己首先在观念上摒弃了这一选择。

但思想的传达，并不必然是以人物形象的弱化或文学性的丧失为代价的，塑造完整或丰满的他者，也并不意味着作家便失去了对自我存在的确定。在《关于陀思妥耶夫斯基的六次讲座》中，安德烈·纪德所关注的核心问题即是思想的文学性表达的问题。他格外注意到陀思妥耶夫斯基笔下的人物。在他看来，陀思妥耶夫斯基作品之永恒的生命力正在于他对人物的塑造。在陀思妥耶夫斯基的作品中，尽管思想是先行的，但是"他从来不以抽象的方式来涉及它，在他的小说中，思想永远是依靠了个体的存在而存在的；思想永恒的相对性就在于此，思想的威力同样也在于此"[2]。如果说史铁生写作的焦点是对准自己的，陀思妥耶夫斯基则恰恰相反。"陀思妥耶夫斯基从来就没有寻找过自己；他只是狂热地投身于自己的作品之中。他迷失在他书中的每一个人物身上"，但恰恰因此，"在他们每个人的身上，我们都能找到他。……他正是通过赋予人物以生命，才找到了他自己。他就活在他们每一个的身上……"[3] 陀思妥耶夫斯基自己在思想上无疑是有倾向的，但是他作品中的人物却不是定型了的被塑造者，人物不是作者思想意识的传声筒，在作品推进的过程中，人物逐渐成为具备独立人格与思想能力的活生生的个体，"众声喧哗"也正是在这个意义上得以成立。忽略自己，忘记自己，把自己投注在作品中的人物身上，在安德烈·纪德看来，这体现了陀思妥耶夫

---

[1] 史铁生：《务虚笔记》，载《务虚笔记》（史铁生作品系列5），人民文学出版社2011年版，第290页。

[2] 〔法〕安德烈·纪德：《关于陀思妥耶夫斯基的六次讲座》，余中先译，广西师范大学出版社2006年版，第31页。

[3] 〔法〕安德烈·纪德：《关于陀思妥耶夫斯基的六次讲座》，余中先译，广西师范大学出版社2006年版，第36页。

斯基的"谦卑",也是其作品及其思想具有永恒生命力的根本原因。

陀思妥耶夫斯基用他特有的激情和宗教式的谦卑面对他笔下的人物,昆德拉则和史铁生一样,是理性的创作者,他更多是在理性和观念的指导下写作的。不过观念性的写作并没有使他笔下的人物落入抽象化。在谈论小说的艺术时,昆德拉指出,他作品中的思想不是以哲学的形式呈现的,"哲学在一个抽象的空间中发展自己的思想,没有人物,也没有处境",而他格外地注重人物的处境。他倾向于抓住关键词来破解个体自我的存在密码。譬如《不能承受的生命之轻》中的几个人物的密码就是由几个关键词组成的。对特雷莎来说,她存在的关键词是:身体、灵魂、眩晕、软弱、田园牧歌、天堂;托马斯的关键词则是:轻与重;弗兰茨和萨比娜的关键词是:女人、忠诚、背叛、音乐、黑暗、光明、游行、美丽、祖国、墓地、力量。以关键词来破解个体的存在,听上去是抽象的,然而,我们可以注意到这些关键词的感性色彩,而如昆德拉所言,这些关键词,或者说个体存在的密码不是抽象地研究的,而是在行动中、在处境中显示出来的。[1]在昆德拉的作品中,处境先于思想,或者说处境的探究就是思想的呈现,由此处境具有了深刻的内涵,同时思想也具有了生动的形式,而人物也因其独特的处境显出了他(她)的独一无二。

如果说文学的目的在于揭示存在之谜,那么文学便无法回避对处境的描写,因为个体是无法抽象地存在的,而只能是处境中的存在。无论是昆德拉还是陀思妥耶夫斯基,他们笔下的人物都是具体处境中的人物,这个处境既包括了大的时代背景,也包括了个体生存的小背景。史铁生中后期的很多作品则倾向于将人物从具体的处境中抽离出来,譬如

---

[1] 参见〔捷克〕米兰·昆德拉:《小说的艺术》,董强译,上海译文出版社2011年版,第37—38页。

《礼拜日》中的男人、女人，《我的丁一之旅》中的丁一、丁一的前女友、娥、依、秦汉，都是属于没有具体处境、纯粹思想型的人物。他们除了以大量的对话表达思想外，也会有行动或选择，但是其行动或选择往往是基于形而上的原因，而不是由于个体生命真切复杂的处境。这种对具体处境的抽离，或许与史铁生的"纯文学"观念是相关的。"纯文学"之纯粹，在他看来，正是超越时代、阶级、社会、制度等因素，对形而上问题的纯粹专注。相对而言，《务虚笔记》中那些被以X、O、Z、C、WR、F、N命名的人物则要生动得多。他们的姓名被虚化，然而在这部作品中史铁生没有虚化他们的存在背景。九岁时的一次经历，打开了画家Z的命运之门；F和N的情感纠葛、他们一生的命运是在历史的变迁中被书写的；与政客WR的过往构成了女教师O的前史，这段失败的恋情，促成了O最终离开她老实善良的丈夫，而走向冷漠自闭、自卑又自大的Z，这一选择又导致了O自杀的结局……但总体而言，《务虚笔记》中人物的处境仍显得单薄，处境对人物的影响是直线行进的，缺少了客观上应有的复杂性。当然，史铁生本意不在于追求人物的完整性和丰满性，这些人物归根结底只代表自我心魂的种种可能。邓晓芒在评价《务虚笔记》时很赞赏史铁生对于"可能性"的表达，在他看来，"正因为人是可能性，才会有共通的人性、人道，才会有共通的语言，才会'人同此心心同此理'"[1]。这是哲学家的认识，但是只书写可能性的人或人的可能性，只能使思想的表达落入普泛性，其本质是以哲学取代了文学的特殊性。

总体看来，史铁生在信仰之路上的理性探索尚未最终完成，然而他思想的理性轨迹使得我们可以与他产生对话，从而参与到他思想的完善之中，他以他执着的理性精神也开启了我们的理性之思，这应该说正是

---

[1] 邓晓芒：《灵魂之旅——九十年代文学的生存境界》，湖北人民出版社1998年版，第155页。

史铁生的思想之于我们的最大意义。同时我们意识到,史铁生思想的文学性书写也以"未完成式"向我们敞开。史铁生反对"文学"之说,以"写作"来取代"文学",但他所反对的并非是文学本身,而是束缚了文学的种种规范和限制。他追求自由的个人化的写作,他中后期的写作突破了传统的范式,确实成就了他写作的自由或自由的写作,然而他自己的文学观念似乎无形中又成了其写作的一种规范或束缚,在这个意义上,可以说,自由并未真正到来。文学如何来承载如此丰富与深刻的思想?而思想的传达又如何能够不损坏文学应有的形象性和情感性?这是史铁生遗留给我们的问题,仍然值得我们继续思考。

参考文献

| 史铁生作品及纪念史铁生的相关作品

史铁生：《昼信基督夜信佛》，北京十月文艺出版社2012年版。

史铁生：作品集《命若琴弦》、《原罪·宿命》、《我与地坛》、《务虚笔记》、《病隙碎笔》、《我的丁一之旅》、《扶轮问路 妄想电影》，"史铁生作品系列（纪念版）"，人民文学出版社2011年版。

史铁生：《史铁生全集》（长篇小说《务虚笔记》、长篇小说《我的丁一之旅》、中篇小说《命若琴弦》、短篇小说·小小说《第一人称》、散文·随笔《我与地坛》、长篇散文与随笔《记忆与印象》、剧本·诗歌《最后的练习》、序跋·杂记《新的角度与心的角度》、书信《信与问》、合作·改写《多梦时节》、访谈《扶轮问路》、未竟稿·涂鸦·手迹《昼信基督夜信佛》），北京出版社2017年版。

陈希米：《让"死"活下去》，湖南文艺出版社2013年版。

"写作之夜"丛书编委会主编：《生命——民间记忆史铁生》，中国对外翻译出版有限公司2012年版。

中文专著

〔澳〕陈廷忠：《苦痛与智慧 ——〈约伯记〉与生命难题》，宗教文化出版社 2010 年版。

邓晓芒：《灵魂之旅 —— 九十年代文学的生存环境》，湖北人民出版社 1998 年版。

邓晓芒：《康德哲学讲演录》，广西师范大学出版社 2006 年版。

邓晓芒：《灵之舞 —— 中西人格的表演性》，东方出版社 1995 年版。

段德智：《死亡哲学》，湖北人民出版社 1996 年版。

冯象：《信与忘 —— 约伯福音及其他》，生活·读书·新知三联书店 2012 年版。

何光沪：《三十功名尘与土》，复旦大学出版社 2010 年版。

何光沪：《月映万川 —— 宗教、社会与人生》，中国社会科学出版社 2003 年版。

何光沪：《多元化的上帝观 —— 20 世纪西方宗教哲学概览（增订版）》，中国人民大学出版社 2010 年版。

何怀宏：《道德·上帝与人 —— 陀思妥耶夫斯基的问题》，北京大学出版社 2010 年版。

何云波：《陀思妥耶夫斯基与俄罗斯文化精神》，湖南教育出版社 1997 年版。

黄晞耘：《重读加缪》，商务印书馆 2011 年版。

胡适：《胡适文选（朱自清点评本）》（上册），中国文史出版社 2017 年版。

赖永海：《佛学与儒学》，浙江人民出版社 1992 年版。

梁漱溟：《中国文化的命运》，中信出版社 2013 年版。

梁漱溟：《中国文化要义》，上海人民出版社 2011 年版。

刘小枫：《走向十字架上的真》，华东师范大学出版社 2013 年版。

李艳辉：《康德的上帝观》，北京师范大学出版社 2010 年版。

李宜静：《空与拯救　阿部正雄佛耶对话思想研究》，宗教文化出版社 2012 年版。

李泽厚：《中国古代思想史论》，生活·读书·新知三联书店 2008 年版。

那海：《写作的女人危险》，东方出版社 2014 年版。

齐宏伟：《文学·苦难·精神资源》，江西人民出版社 2008 年版。

商戈令选编：《生命的学问》，浙江人民出版社 1996 年版。

吴平编：《名家说佛》，北京图书馆出版社 2003 年版。

杨鹏：《"上帝在中国"源流考——中国典籍中的"上帝"信仰》，书海出版社 2014 年版。

周国平：《尼采：在世纪的转折点上》，上海人民出版社 1986 年版。

| 国外译著

〔美〕艾·弗洛姆：《爱的艺术》，李健鸣译，上海译文出版社 2008 年版。

〔美〕埃里希·弗洛姆：《生命之爱》，王大鹏译，国际文化出版公司 2001 年版。

〔法〕安德烈·纪德：《关于陀思妥耶夫斯基的六次讲座》，余中先译，广西师范大学出版社 2006 年版。

〔英〕彼得·罗素：《从科学到神——一位物理学家的意识探秘之旅》，舒恩译，深圳报业集团出版社 2012 年版。

〔英〕伯特兰·罗素：《自由之路》，许峰、上官新松译，文化艺术出版社 1998 年版。

〔奥〕弗兰克：《活出意义来》，赵可式、沈锦惠、朱晓权译，生活·读书·新知三联书店 1998 年版。

〔法〕葛兰言：《中国人的信仰》，汪润译，哈尔滨出版社 2012 年版。

〔英〕关大眠：《当代学术入门——佛学》，郑柏铭译，辽宁教育出版社、牛津大学出版社 1998 年版。

〔英〕哈耶克：《通往奴役之路》，王明毅等译，中国社会科学出版社 2012 年版。

〔法〕加缪：《西西弗神话》，杜小真译，人民文学出版社 2012 年版。

〔美〕卡普拉：《物理学之"道"——近代物理学与东方神秘主义》，朱润生译，中央编译出版社 2012 年版。

〔德〕赖因哈德·劳特：《陀思妥耶夫斯基哲学：系统论述》，沈真等译，广西师范大学出版社 2005 年版。

〔美〕理查德·坎伯：《加缪》，马振涛、杨淑学译，贾安伦校，中华书局 2002 年版。

〔美〕罗伯特·兰札、鲍勃·伯曼：《生物中心主义》，朱子文译，重庆出版社 2012 年版。

〔英〕曼吉特·库马尔：《爱因斯坦与玻尔关于世界本质的伟大论战》，包新周、伍义生、余瑾译，重庆出版社 2012 年版。

〔捷克〕米兰·昆德拉：《不能承受的生命之轻》，许钧译，上海译文出版社 2011 年版。

〔捷克〕米兰·昆德拉：《小说的艺术》，董强译，上海译文出版社 2007 年版。

〔俄罗斯〕尼古拉·别尔嘉耶夫：《人的奴役与自由——人格主义哲学的体认》，徐黎明译，贵州人民出版社 1994 年版。

〔美〕P. 蒂利希：《存在的勇气》，成显聪、王作虹译，贵州人民出版社 1988 年版。

〔法〕让-保罗·萨特：《存在主义是一种人道主义》，周煦良、汤永宽译，上海译文出版社 2006 年版。

〔美〕S. E. 斯通普夫，J. 菲泽：《西方哲学史 从苏格拉底到萨特及其后》（修订第 8 版），匡宏、邓晓芒等译，世界图书出版公司北京公司 2009 年版。

〔奥〕斯蒂芬·茨威格：《三大师——巴尔扎克、狄更斯、陀思妥耶夫斯基》，姜丽、史行果译，西苑出版社 1998 年版。

〔美〕索甲仁波切：《西藏生死书》，郑振煌译，中国社会科学出版社 1999 年版。

〔俄罗斯〕陀思妥耶夫斯基：《卡拉马佐夫兄弟》，耿济之译，吴钧燮校，人民文学出版社 2011 年版。

〔美〕威廉·巴雷特：《非理性的人——存在主义哲学研究》，杨照明、艾平译，商务印书馆 1995 年版。

〔西班牙〕乌纳穆诺：《生命的悲剧意识》，段继承译，花城出版社 2007 年版。

〔法〕西蒙娜·德·波伏娃：《第二性（Ⅱ）》，郑克鲁译，上海译文出版社 2011 年版。

〔法〕伊雷娜·弗兰：《恋爱中的波伏瓦》，徐晓雁译，南海出版公司 2015 年版。

〔美〕伊丽莎白·扬-布鲁尔：《阿伦特为什么重要》，刘北成、刘小鸥译，译林出版社 2009 年版。

〔德〕伊曼努尔·康德：《康德论上帝与宗教》，李秋零编译，中国人民大学出版社 2004 年版。

相关文章及论文

陈朗：《因为追问，所以信仰——〈务虚笔记〉中的基督教思想》，《当代作家评论》2003 年第 1 期。

陈顺馨：《论史铁生创作的精神历程》，《文学评论》1994 年第 2 期。

郭文勇：《论史铁生小说中的复调艺术》，广东技术师范学院 2012 年硕士学位论文。

韩元：《漫漫朝圣路：史铁生的宗教和哲学》，《青岛海洋大学学报（社会科学版）》2000 年第 1 期。

洪治纲：《"心魂"之思与想象之舞——史铁生后期小说论》，《南方文坛》2007 年第 5 期。

黄忠顺：《思索的小说——昆德拉的小说学与史铁生的〈务虚笔记〉》，《荆州师范学院学报》2000 年第 3 期。

黄忠顺：《论〈务虚笔记〉的思想对话形式》，《泰安师专学报》2002 年第 4 期。

胡河清：《史铁生论》，《当代作家评论》1991 年第 3 期。

胡山林：《史铁生小说的宗教性意蕴》，《河南大学学报》1996 年第 5 期。

胡山林：《史铁生作品中的类宗教意味》，《河南师范大学学报》2000 年第 4 期。

胡书庆：《当代作家的宗教性书写》，《时代文学》2011 年第 5 期。

蒋原伦：《史铁生小说几种简单的读法》，《当代作家评论》1991 年第 3 期。

李建军：《论史铁生的文学心魂与精神持念》，《小说评论》2012 年第 2 期。

李劼：《剃刀边缘的两种奏鸣——〈原罪·宿命〉之评》，《文学自由谈》1988年第5期。

李锐：《自由的行魂或史铁生的行为艺术》，《读书》2006年第4期。

〔日〕栗山千香子：《史铁生访谈录》，《花城》1997年第2期。

刘树生：《懦之勇——回忆好友史铁生性格杂事》，《三月风》2014年第10期。

戚国华：《思与信——史铁生与约伯上帝观的比较》，《湖北社会科学》2013年第4期。

齐亚敏：《史铁生的辩证——对〈我的丁一之旅〉的思考和存疑》，《当代文坛》2007年第1期。

史铁生：《写作与超越时代的可能性》，《北京文学》2001年第12期。

史铁生、王尧：《有了一种精神应对苦难时，你就复活了》，《当代作家评论》2003年第1期。

史铁生：《宿命的写作》，《湖南文学》2011年第4期。

孙郁：《通往哲学的路——读史铁生》，《当代作家评论》1998年第2期。

王尧：《阳光穿透窗户洒在铁生身上》，《当代作家评论》2011年第2期。

汪政：《试说史铁生》，《读书》1993年第7期。

汪政、晓华：《 超越小说——史铁生〈中篇1或短篇4〉讨论》，《当代作家评论》1992年第3期。

吴俊：《当代西绪福斯神话——史铁生小说的心理透视》，《文学评论》1989年第1期。

夏维东：《史铁生：中国作家里的约伯》，《南方文坛》2011年第5期。

谢有顺：《史铁生：一个尊重灵魂的人》，《当代作家评论》2011年第2期。

曾鹏、傅宗洪：《心魂的自由恋曲——简论史铁生〈务虚笔记〉的复调性》，《重庆科技学院学报》2013年第1期。

张建波：《心灵与世界的对话——史铁生复调小说的审美现代性》，《山东社会科学》2010年第3期。

张路黎：《〈务虚笔记〉之虚——论〈务虚笔记〉形式上的新探索》，《三峡大学学报》2003年第5期。

张柠：《史铁生的文字般若——论〈务虚笔记〉》，《当代作家评论》1997年第3期。

张新颖：《以心为底——史铁生的文学和他的读者》，《文艺争鸣》2011年第3期。

赵毅衡：《神性的证明：面对史铁生》，《当代作家评论》2001年第12期。

周国平：《读〈务虚笔记〉的笔记》，《天涯》1999年第2期。

后 记

这是我的博士学位论文。就像我的导师高建平研究员在为本书写的序中说的，在博士论文的写作上，我是唯一一个偏离了师门传统的学生。我为什么要做这样一个选题呢？主要是因为在那几年，我忽然觉得最为困扰我的不是其他，而是生命的一些根本问题。尽管脑中一直萦绕着我一定要写有关存在的论题这样的声音，但是该如何切入进行这样的思考，我却一直找不到路径。开题迫在眉睫，焦急无奈之下，我又转回了美学。但是当我在父亲的病榻前翻看美学的书籍，我发现那些文字在那个时刻既入不了眼也入不了心。父亲十年的肝腹水在那一年开春突转成了肝癌，住院不到三个星期就去世了。尽管想到他比医生预判的已经多活了将近十年，但是这并不能给我多少安慰。那时，油菜花开得灿烂，乡间的哀乐声中，我想象着父亲背着他最后的行囊，走在无边的、寂静的、永恒的黑暗之中……回到北京后，我的心安定了，不再在美学和"存在"之间纠结。我从存在主义哲学想到了陀思妥耶夫斯基，又转回国内，就想到了史铁生。当读完人民文学出版社 2011 年版的史铁生全集，我觉得通过对史铁生的研究完成生命主题的探讨，无疑是最为合适的，生命的根本问题正是史铁生写作的主要内容。

我在 2013 年 4 月确定了这个选题，同年 12 月开题，开题时除了社科院文学所的白烨老师、李建军老师、我的导师高建平老师外，李建军老师还特意请来了"写作之夜"丛书编委会的岳建一老师和王克明老师，他们都是非常资深的编辑，也是颇有建树的作家和文化学者。老师们对我的选题给予了肯定，对我的写作也寄予了厚望。2014 年 10 月，我参加了在延安大学召开的史铁生纪念大会，应岳建一老师的要求作了发言。我原本想作一个关于死亡主题的发言，为此写了一篇长文，不过最终还是在岳建一老师的建议下，换成了信仰主题的发言。在准备这篇文章时，我忽然意识到我正是因为死亡、命运等生命的根本问题走向史铁生的，为什么论文不能从这几个主题出发来结构呢？这样一种结构尽管不如我开题时所设想的结构那样"有机圆融"，但是更符合我原本的心意，也更能体现写作的问题意识，而史铁生一生的写作也正是围绕着这样一些问题展开的。就这样，我换成了本书现在所呈现的这种主题式的板块结构。论文在 2015 年 5 月顺利通过了答辩。休息半年后，我花了几个月时间对论文做了修改和补充。王克明老师认真通读了书稿，在书稿中做了细致的批注。他指出他不太认同我对史铁生思想的有些判断，为此我们通了好几封信来讨论。这次讨论促使我对书稿再次进行了修改，深化了书中的几处论述。2016 年底，"写作之夜"丛书编委会特地开会讨论这本书的出版事宜，会后不久，解玺璋老师将书稿推荐给了商务印书馆。迄今，这本书稿在商务印书馆周转已近二年，经过了多番审核和修改。尽管如此，因为我知识视野的限制和写作经验的缺乏，书中一定存在一些疏漏和不足，诚望读者和专家批评指正。

书稿付印在即，回想这几年来，这么多师长、朋友给予的鼓励和帮助，非常感慨，在此一并致谢。首先，我要感谢我的博士导师高建平研究员。我常认为高老师是天生有佛性的人，谦卑、随和、善良像是他的天性。他平等地对待每一个学生，关爱每一个学生，从不试图以他的观点左右学生的思想，而总是给我们充分的自由。论文写作过程中，高老师给予的信任和关心是我很大的动力。他一直牵挂着这本书的出版。如今在百忙之中又为这本书写了序。他或许知道我是个骨子里缺乏自信的人，所以给予了如此真挚的鼓励。谢谢高老师！我还要感谢我可爱善良的师母李明老师。您的乐观热情感染着我们，让我们师门充满了温暖和快乐。我要感谢周国平老师和白烨老师。从准备考博到现在十多年的时间，两位老师给予了我很多的鼓励和无私的帮助。你们是我生命中重要的引路人。我要感谢李建军老师。我现在还清晰地记得当您听到我要写史铁生时激动的神情，记得您热心地为我的开题和答辩忙碌。您在开题和答辩时提出的建议给我启发。我要谢谢张志忠老师、倪学礼老师，谢谢你们的肯定和鼓励。我还要感谢我的师姐宋晓琛和她的爱人王冲，以及我的好友董春利。谢谢你们在我写作过程中提供的帮助。

　　这本书最终得以出版，我要特别地感谢商务印书馆。谢谢总编丁波老师，责编朱竞梅老师、周小薇老师等付出的努力和辛勤的劳动。我还要特别感谢"写作之夜"丛书编委会。编委会是在2010年史铁生去世后由史铁生的终生挚友孙立哲等发起创办的，编委会成员中有史铁生的亲朋挚友，也有诸多文化和思想界的大家。成立这个编委会，是为了出版一系列与史铁生相关的书籍，以使史铁生的思想与精神得到更为广泛和深入的传播。编委会出版的第一本著作是《生命——民间记忆史铁生》，其中收录了史铁生的亲朋挚友、同学以及何怀宏、解玺璋、周国平等知名学者的回忆和评述文章。这本书是我写作论文时的重要资料。从这本书里，我看到了一个真实、生动的史铁生。他的幽默风趣让我忍俊不禁，他的善良、宽厚让我感怀，而他曾经痛苦的精神历程和始终痛苦的肉身生存常常让我无法抑制自己的感情。这本书对于我论文的写作有着很大的帮助。在这里，我特别地感谢"写作之夜"丛书编委会的孙立哲老师、岳建一老师、王克明老师、解玺璋老师、宗颖老师、邢仪老师、庞沄老师、牛志强老师、何怀宏老师、陈徒手老师、叶廷芳老师、刘惊涛老师等所有的老师们,谢谢你们一直以来对这本书、对我的信任和关心,谢谢你们为这本书的最终出版付出的努力!在你们身上,我感受到了真实、自由、单纯和平等的气息!

最后,我要衷心感谢我的爱人王超,你是我的生活伴侣,也是我的良师益友。我要感谢我的奶奶、母亲和父亲,你们永远在我心中!

顾 林

2019年8月24日于北京顺义后沙峪